bibliolycée

Les Liaisons dangereuses

Choderlos de Laclos

Notes, questionnaires et synthèses
par Véronique BRÉMOND BORTOLI,
agrégée de Lettres classiques,
professeur au CNED

Sommaire

ISBN 978-2-01-281409-7

Dossier Bibliolycée

Annexes

Dossier pédagogique téléchargeable gratuitement sur :
www.hachette-education.com

Choderlos de Laclos (1741-1803), d'après un pastel.

PRÉSENTATION

Le succès des *Liaisons dangereuses* de Choderlos de Laclos ne s'est jamais démenti, depuis le scandale que cette œuvre provoqua lors de sa parution jusqu'aux adaptations filmiques qu'elle a suscitées (Vadim, Frears, Forman, Dayan...). Les lecteurs ont pu être frappés par la mécanique inexorable de cette machine infernale inventée par un officier spécialiste en balistique, qui nous montre, comme dans une expérience clinique en milieu clos, des êtres en train de se dévorer et de s'autodétruire, victimes de leur propre système. Ils ont aussi pu être émerveillés par la polyphonie* épistolaire, qui confère aux personnages une présence incomparable : le lecteur a l'impression de voir et d'entendre la vanité libertine de Valmont, la lutte sincère puis la passion tragique de Mme de Tourvel, la sotte naïveté de Cécile ou le rire sardonique d'une Mme de Merteuil tirant toutes les ficelles... Les héros fascinent par leur élégance perverse, l'affirmation de leur liberté face à tous les codes moraux ou sociaux, leur volonté de transformer leur vie en spectacle et leurs actions en chefs-

Illustration de la Lettre 115 par Charles Monnet (1796).

* *Cf.* Lexique.

d'œuvre de stratégie. Le lecteur, troublé et séduit, se retrouve à son insu complice de ces intelligences au service du mal et de leur voyeurisme. Mais la force du roman vient aussi de la part de mystère que Laclos a su préserver à ses personnages en faisant de la lettre un outil de dissimulation autant qu'un « *portrait de l'âme* » : quel est le vrai visage de Valmont derrière tous ces masques et ces mensonges ? le libertin va-t-il se perdre à son propre jeu ? que dissimule la Marquise sous son sourire glacé et son silence final ?

La séduction s'opère également par le pouvoir des mots, maniés avec virtuosité, qui se révèlent des armes pour enjôler, manipuler, se moquer, humilier et même tuer ! Ils participent au plaisir du libertin qui jouit davantage du récit brillant de ses manœuvres que de l'acte lui-même. Et quel plaisir aussi pour le lecteur de lire entre les lignes, de deviner les sous-entendus, de sourire de l'ironie mordante d'une réplique !

Enfin, le roman se présente comme un tableau sans concessions de la société d'Ancien Régime en pleine crise des valeurs : les aristocrates ne s'illustrent plus que dans les combats d'alcôve, les libertins bafouent la morale de la bourgeoisie montante, les relations se dissolvent dans l'hypocrisie et le culte de la respectabilité. En bon lecteur de Rousseau, Laclos s'interroge sur les rapports de l'individu et de la société, sur les voies du bonheur et de l'épanouissement de la sensibilité. À travers deux magnifiques portraits de femmes – la libertine Marquise, éprise d'indépendance, et la sensible Présidente, qui se découvre à travers la passion –, l'auteur met en cause la place des femmes à son époque et plaide pour plus d'égalité. Ce roman représente donc un jalon important dans des questionnements toujours d'actualité, comme la « guerre des sexes », les droits des femmes, ou les conceptions du bonheur et du plaisir.

Les Liaisons dangereuses

ou LETTRES
recueillies dans une société[1] et publiées
pour l'instruction de quelques autres
par M. C... de L...

Choderlos de Laclos

« J'ai vu les mœurs de mon temps, et j'ai publié ces lettres. »
J.-J. Rousseau, *Préface de la Nouvelle Héloïse*[2].

notes

1. ***société*** : ensemble de personnes réunies par un milieu, une culture, des intérêts communs.
2. *Julie ou la Nouvelle Héloïse* est un roman épistolaire de Jean-Jacques Rousseau (1712-1778) paru en 1761. Archétype du roman « sensible » annonciateur du romantisme, il raconte une passion amoureuse sublimée dans le renoncement et comporte de nombreux développements sur des sujets très variés (philosophiques, moraux, sociaux...).

MARCEAU · COCINOR
JEANNE MOREAU
GERARD PHILIPE
INTERDIT
AUX MOINS DE 16 ANS
Les Liaisons
Dangereuses 1960
ROGER VADIM
CHODERLOS de LACLOS
ROGER VADIM
ROGER VAILLAND
ROGER VADIM
CLAUDE BRULE
ROGER VAILLAND
ANNETTE VADIM
MADELEINE LAMBERT . JEANNE VALERIE . NICOLAS VOGEL . GILLIAN HILLS
JEAN-LOUIS TRINTIGNANT
SIMONE RENANT
MARCEAU · COCINOR
COCINOR

Avertissement de l'éditeur[1]

Nous croyons devoir prévenir le Public que, malgré le titre de cet Ouvrage et ce qu'en dit le Rédacteur dans sa Préface, nous ne garantissons pas l'authenticité de ce Recueil, et que nous avons même de fortes raisons de penser que ce n'est qu'un Roman.

Il nous semble de plus que l'Auteur, qui paraît pourtant avoir cherché la vraisemblance, l'a détruite lui-même et bien maladroitement, par l'époque où il a placé les événements qu'il publie. En effet, plusieurs des personnages qu'il met en scène ont de si mauvaises mœurs, qu'il est impossible de supposer qu'ils aient vécu dans notre siècle ; dans ce siècle de philosophie, où les lumières, répandues de toutes parts, ont rendu, comme chacun sait, tous les hommes si honnêtes et toutes les femmes si modestes et si réservées.

Notre avis est donc que si les aventures rapportées dans cet Ouvrage ont un fonds[2] de vérité, elles n'ont pu arriver que dans d'autres lieux ou dans d'autres temps ; et nous blâmons beaucoup l'Auteur, qui, séduit apparemment par l'espoir d'intéresser davantage en se rapprochant plus de son siècle et de son pays, a osé faire paraître sous notre costume et avec nos usages, des mœurs qui nous sont si étrangères.

notes

1. Cet avertissement, très ironique, est aussi de la main de Laclos.

2. **fonds :** fond, fondement (est néanmoins orthographié ainsi dans la plupart des éditions).

Pour préserver au moins, autant qu'il est en nous, le Lecteur trop crédule de toute surprise à ce sujet, nous appuierons notre opinion d'un raisonnement que nous lui proposons avec confiance, parce qu'il nous paraît victorieux et sans réplique ; c'est que sans doute les mêmes causes ne manqueraient pas de produire les mêmes effets, et que cependant nous ne voyons point aujourd'hui de Demoiselle, avec soixante mille livres de rente, se faire Religieuse, ni de Présidente, jeune et jolie, mourir de chagrin.

Préface du rédacteur

Cet Ouvrage, ou plutôt ce Recueil, que le Public trouvera peut-être encore trop volumineux, ne contient pourtant que le plus petit nombre des Lettres qui composaient la totalité de la correspondance dont il est extrait. Chargé de la mettre en ordre par les personnes à qui elle était parvenue, et que je savais dans l'intention de la publier, je n'ai demandé, pour prix de mes soins, que la permission d'élaguer tout ce qui me paraîtrait inutile ; et j'ai tâché de ne conserver en effet que les Lettres qui m'ont paru nécessaires, soit à l'intelligence[1] des événements, soit au développement des caractères. Si l'on ajoute à ce léger travail, celui de replacer par ordre les Lettres que j'ai laissé subsister, ordre pour lequel j'ai même presque toujours suivi celui des dates, et enfin quelques notes courtes et rares, et qui, pour la plupart, n'ont d'autre objet que d'indiquer la source de quelques citations, ou de motiver quelques-uns des retranchements que je me suis permis, on saura toute la part que j'ai eue à cet Ouvrage. Ma mission ne s'étendait pas plus loin*.

* Je dois prévenir aussi que j'ai supprimé ou changé tous les noms des personnes dont il est question dans ces Lettres ; et que si, dans le nombre de ceux que je leur ai substitués, il s'en trouvait qui appartinssent à quelqu'un, ce serait seulement une erreur de ma part, et dont il ne faudrait tirer aucune conséquence.

note

1. **intelligence** : compréhension.

J'avais proposé des changements plus considérables, et presque tous relatifs à la pureté de diction ou de style, contre laquelle on trouvera beaucoup de fautes. J'aurais désiré aussi être autorisé à couper quelques Lettres trop longues, et dont plusieurs traitent séparément, et presque sans transition, d'objets tout à fait étrangers l'un à l'autre. Ce travail, qui n'a pas été accepté, n'aurait pas suffi sans doute pour donner du mérite à l'Ouvrage, mais en aurait au moins ôté une partie des défauts.

On m'a objecté que c'étaient les Lettres mêmes qu'on voulait faire connaître, et non pas seulement un Ouvrage fait d'après ces Lettres ; qu'il serait autant contre la vraisemblance que contre la vérité, que de huit à dix personnes qui ont concouru à cette correspondance, toutes eussent écrit avec une égale pureté. Et sur ce que j'ai représenté[1] que, loin de là, il n'y en avait au contraire aucune qui n'eût fait des fautes graves et qu'on ne manquerait pas de critiquer, on m'a répondu que tout Lecteur raisonnable s'attendait sûrement à trouver des fautes dans un Recueil de Lettres de quelques Particuliers, puisque dans tous ceux publiés jusqu'ici de différents Auteurs estimés, et même de quelques Académiciens, on n'en trouvait aucun totalement à l'abri de ce reproche. Ces raisons ne m'ont pas persuadé, et je les ai trouvées, comme je les trouve encore, plus faciles à donner qu'à recevoir ; mais je n'étais pas le maître, et je me suis soumis. Seulement je me suis réservé de protester contre, et de déclarer que ce n'était pas mon avis ; ce que je fais en ce moment.

Quant au mérite que cet Ouvrage peut avoir, peut-être ne m'appartient-il pas de m'en expliquer, mon opinion ne devant ni ne pouvant influer sur celle de personne. Cependant ceux qui, avant de commencer une lecture, sont bien aises de savoir à peu près sur quoi compter ; ceux-là, dis-je, peuvent continuer : les autres feront mieux de passer tout de suite à l'Ouvrage même ; ils en savent assez.

Ce que je puis dire d'abord, c'est que si mon avis a été, comme j'en conviens, de faire paraître ces Lettres, je suis pourtant bien loin d'en espérer le succès : et qu'on ne prenne pas cette sincérité de ma part pour la modestie jouée[2] d'un Auteur ; car je déclare avec la même franchise que, si ce Recueil ne m'avait pas paru digne d'être offert au Public, je ne m'en serais pas occupé. Tâchons de concilier cette apparente contradiction.

notes

1. **représenté :** montré, dit.

2. **jouée :** simulée.

Préface du rédacteur

Le mérite d'un Ouvrage se compose de son utilité ou de son agrément, et même de tous deux, quand il en est susceptible : mais le succès, qui ne prouve pas toujours le mérite, tient souvent davantage au choix du sujet qu'à son exécution, à l'ensemble des objets qu'il présente, qu'à la manière dont ils sont traités. Or ce Recueil contenant, comme son titre l'annonce, les Lettres de toute une société, il y règne une diversité d'intérêts qui affaiblit celui du Lecteur. De plus, presque tous les sentiments qu'on y exprime, étant feints ou dissimulés, ne peuvent même exciter qu'un intérêt de curiosité toujours bien au-dessous de celui de sentiment, qui, surtout, porte moins à l'indulgence, et laisse d'autant plus apercevoir les fautes qui s'y trouvent dans les détails, que ceux-ci s'opposent sans cesse au seul désir qu'on veuille satisfaire.

Ces défauts sont peut-être rachetés, en partie, par une qualité qui tient de même à la nature de l'Ouvrage : c'est la variété des styles ; mérite qu'un Auteur atteint difficilement, mais qui se présentait ici de lui-même, et qui sauve au moins l'ennui de l'uniformité. Plusieurs personnes pourront compter encore pour quelque chose un assez grand nombre d'observations, ou nouvelles, ou peu connues, et qui se trouvent éparses dans ces Lettres. C'est aussi là, je crois, tout ce qu'on y peut espérer d'agréments, en les jugeant même avec la plus grande faveur.

L'utilité de l'Ouvrage, qui peut-être sera encore plus contestée, me paraît pourtant plus facile à établir. Il me semble au moins que c'est rendre un service aux mœurs, que de dévoiler les moyens qu'emploient ceux qui en ont de mauvaises pour corrompre ceux qui en ont de bonnes, et je crois que ces Lettres pourront concourir efficacement à ce but. On y trouvera aussi la preuve et l'exemple de deux vérités importantes qu'on pourrait croire méconnues, en voyant combien peu elles sont pratiquées : l'une, que toute femme qui consent à recevoir dans sa société un homme sans mœurs, finit par en devenir la victime ; l'autre, que toute mère est au moins imprudente, qui souffre[1] qu'un autre qu'elle ait la confiance de sa fille. Les jeunes gens de l'un et de l'autre sexe pourraient encore y apprendre que l'amitié que les personnes de mauvaises mœurs paraissent leur accorder si facilement, n'est jamais qu'un piège dangereux, et aussi fatal à leur bonheur qu'à leur vertu. Cependant l'abus, toujours si près du bien, me paraît ici trop à craindre ; et, loin de conseiller cette lecture à la jeunesse, il me paraît très important d'éloigner d'elle toutes celles de ce genre. L'époque où celle-ci peut cesser

note

1. souffre : supporte, accepte.

d'être dangereuse et devenir utile, me paraît avoir été très bien saisie, pour son sexe, par une bonne mère qui non seulement a de l'esprit, mais qui a du bon esprit. « Je croirais », me disait-elle, après avoir lu le manuscrit de cette Correspondance, « rendre un vrai service à ma fille, en lui donnant ce Livre le jour de son mariage. » Si toutes les mères de famille en pensent ainsi, je me féliciterai éternellement de l'avoir publié.

Mais, en partant encore de cette supposition favorable, il me semble toujours que ce Recueil doit plaire à peu de monde. Les hommes et les femmes dépravés auront intérêt à décrier un Ouvrage qui peut leur nuire ; et comme ils ne manquent pas d'adresse, peut-être auront-ils celle de mettre dans leur parti les Rigoristes, alarmés par le tableau des mauvaises mœurs qu'on n'a pas craint de présenter.

Les prétendus esprits forts[1] ne s'intéresseront point à une femme dévote, que par cela même ils regarderont comme une femmelette, tandis que les dévots se fâcheront de voir succomber la vertu, et se plaindront que la Religion se montre avec trop peu de puissance.

D'un autre côté, les personnes d'un goût délicat seront dégoûtées par le style trop simple et trop fautif de plusieurs de ces Lettres, tandis que le commun des Lecteurs, séduit par l'idée que tout ce qui est imprimé est le fruit d'un travail, croira voir dans quelques autres la manière peinée[2] d'un Auteur qui se montre derrière le personnage qu'il fait parler.

Enfin, on dira peut-être assez généralement, que chaque chose ne vaut qu'à sa place ; et que si d'ordinaire le style trop châtié des Auteurs ôte en effet de la grâce aux Lettres de société, les négligences de celles-ci deviennent de véritables fautes, et les rendent insupportables, quand on les livre à l'impression.

J'avoue avec sincérité que tous ces reproches peuvent être fondés : je crois aussi qu'il me serait possible d'y répondre, et même sans excéder la longueur d'une Préface. Mais on doit sentir que, pour qu'il fût nécessaire de répondre à tout, il faudrait que l'Ouvrage ne pût répondre à rien ; et que si j'en avais jugé ainsi, j'aurais supprimé à la fois la Préface et le Livre.

notes

1. esprits forts : personnes qui veulent se mettre au-dessus des opinions reçues, surtout en matière religieuse.

2. peinée : où le travail se fait trop sentir.

Première partie

Lettre 1

CÉCILE VOLANGES
À SOPHIE CARNAY
aux Ursulines de...

Tu vois, ma bonne amie, que je tiens parole, et que les bonnets et les pompons ne prennent pas tout mon temps ; il m'en restera toujours pour toi. J'ai pourtant vu plus de parures dans cette seule journée que dans les quatre ans que nous avons passés ensemble ; et je crois que la superbe[1] Tanville* aura plus de chagrin à ma première visite, où je compte bien la demander, qu'elle n'a cru nous en faire toutes les fois qu'elle est venue nous voir *in fiocchi*[2]. Maman m'a consultée sur tout ; elle me traite beaucoup moins en pensionnaire que par le passé. J'ai une Femme de chambre à moi ; j'ai une chambre et un cabinet dont je dispose, et je t'écris à un secrétaire très joli, dont on m'a remis la clef, et où je peux renfermer tout ce que je veux. Maman m'a dit que je la verrais tous les jours à son lever ; qu'il suffisait que je fusse coiffée pour

* Pensionnaire du même Couvent.

notes

1. **superbe** : orgueilleuse, vaniteuse.

2. ***in fiocchi*** : expression italienne signifiant « en tenue d'apparat ».

dîner, parce que nous serions toujours seules, et qu'alors elle me dirait chaque jour l'heure où je devrais l'aller joindre l'après-midi. Le reste du temps est à ma disposition, et j'ai ma harpe, mon dessin et des livres comme au Couvent ; si ce n'est que la Mère Perpétue n'est pas là pour me gronder, et qu'il ne tiendrait qu'à moi d'être toujours à rien faire : mais comme je n'ai pas ma Sophie pour causer et pour rire, j'aime autant m'occuper.

Il n'est pas encore cinq heures ; je ne dois aller retrouver Maman qu'à sept : voilà bien du temps, si j'avais quelque chose à te dire ! Mais on ne m'a encore parlé de rien ; et sans les apprêts que je vois faire, et la quantité d'Ouvrières qui viennent toutes pour moi, je croirais qu'on ne songe pas à me marier, et que c'est un radotage de plus de la bonne Joséphine*. Cependant Maman m'a dit si souvent qu'une Demoiselle devait rester au Couvent jusqu'à ce qu'elle se mariât, que puisqu'elle m'en fait sortir, il faut bien que Joséphine ait raison.

Il vient d'arrêter un carrosse à la porte, et Maman me fait dire de passer chez elle tout de suite. Si c'était le Monsieur ? Je ne suis pas habillée, la main me tremble et le cœur me bat. J'ai demandé à la Femme de chambre si elle savait qui était chez ma mère : « Vraiment, m'a-t-elle dit, c'est M. C ***. » Et elle riait. Oh ! je crois que c'est lui. Je reviendrai sûrement te raconter ce qui se sera passé. Voilà toujours son nom. Il ne faut pas se faire attendre. Adieu, jusqu'à un petit moment.

Comme tu vas te moquer de la pauvre Cécile ! Oh ! j'ai été bien honteuse ! Mais tu y aurais été attrapée comme moi. En entrant chez Maman, j'ai vu un Monsieur en noir, debout auprès d'elle. Je l'ai salué du mieux que j'ai pu, et suis restée sans pouvoir bouger de ma place. Tu juges combien je l'examinais ! « Madame », a-t-il dit à ma mère, en me saluant, « voilà une charmante Demoiselle, et je sens mieux que jamais le prix de vos bontés. » À ce propos si positif, il m'a pris un tremblement tel, que je ne pouvais me soutenir ; j'ai trouvé un fauteuil, et je m'y suis assise, bien rouge et bien déconcertée. J'y étais à peine, que voilà cet homme à mes genoux. Ta pauvre Cécile alors a perdu la tête ; j'étais, comme a dit Maman, tout effarouchée. Je me suis levée en jetant un cri perçant... tiens, comme ce jour du tonnerre. Maman est partie d'un éclat de rire, en me disant : « Eh bien ! qu'avez-vous ?

* Tourière[1] du Couvent.

note

1. Tourière : dans un couvent de femmes, personne chargée des relations avec l'extérieur.

Asseyez-vous et donnez votre pied à Monsieur. » En effet, ma chère amie, le Monsieur était un Cordonnier. Je ne peux te rendre combien j'ai été honteuse : par bonheur il n'y avait que Maman. Je crois que, quand je serai mariée, je ne me servirai plus de ce Cordonnier-là.

Conviens que nous voilà bien savantes ! Adieu. Il est près de six heures, et ma Femme de chambre dit qu'il faut que je m'habille. Adieu, ma chère Sophie ; je t'aime comme si j'étais encore au Couvent.

P.-S. Je ne sais par qui envoyer ma Lettre : ainsi j'attendrai que Joséphine vienne.

*Paris, ce 3 août 17**.*

Lettre 2

LA MARQUISE DE MERTEUIL AU VICOMTE DE VALMONT

au Château de...

Revenez, mon cher Vicomte, revenez : que faites-vous, que pouvez-vous faire chez une vieille tante dont tous les biens vous sont substitués[1] ? Partez sur-le-champ ; j'ai besoin de vous. Il m'est venu une excellente idée, et je veux bien vous en confier l'exécution. Ce peu de mots devrait suffire ; et, trop honoré de mon choix, vous devriez venir, avec empressement, prendre mes ordres à genoux : mais vous abusez de mes bontés, même depuis que vous n'en usez plus ; et dans l'alternative d'une haine éternelle ou d'une excessive indulgence, votre bonheur veut que ma bonté l'emporte. Je veux donc bien vous instruire de mes projets : mais jurez-moi qu'en fidèle Chevalier vous ne courrez aucune aventure que vous n'ayez mis celle-ci à fin. Elle est digne d'un Héros : vous servirez l'amour et la vengeance ; ce sera enfin une *rouerie** de plus à mettre dans vos Mémoires : oui, dans vos

* Ces mots *roué*[2] et *rouerie*, dont heureusement la bonne compagnie commence à se défaire, étaient fort en usage à l'époque où ces Lettres ont été écrites.

notes

1. dont tous les biens vous sont substitués : dont vous êtes le légataire désigné.

2. *roué* : nom donné sous la Régence aux compagnons de débauche du duc d'Orléans, ainsi dénommés parce qu'ils étaient dignes du supplice de la roue ; par extension, « débauché ».

Mémoires, car je veux qu'ils soient imprimés un jour, et je me charge de les écrire. Mais laissons cela, et revenons à ce qui m'occupe.

Mme de Volanges marie sa fille : c'est encore un secret ; mais elle m'en a fait part hier. Et qui croyez-vous qu'elle ait choisi pour gendre ? le Comte de Gercourt. Qui m'aurait dit que je deviendrais la cousine de Gercourt ? J'en suis dans une fureur !... Eh bien ! vous ne devinez pas encore ? oh ! l'esprit lourd ! Lui avez-vous donc pardonné l'aventure de l'Intendante ? Et moi, n'ai-je pas encore plus à me plaindre de lui, monstre que vous êtes* ? Mais je m'apaise, et l'espoir de me venger rassérène mon âme.

Vous avez été ennuyé cent fois, ainsi que moi, de l'importance que met Gercourt à la femme qu'il aura et de la sotte présomption qui lui fait croire qu'il évitera le sort inévitable[1]. Vous connaissez ses ridicules préventions[2] pour les éducations cloîtrées[3], et son préjugé, plus ridicule encore, en faveur de la retenue des blondes. En effet, je gagerais que, malgré les soixante mille livres de rente de la petite Volanges, il n'aurait jamais fait ce mariage, si elle eût été brune, ou si elle n'eût pas été au Couvent. Prouvons-lui donc qu'il n'est qu'un sot : il le sera sans doute un jour ; ce n'est pas là ce qui m'embarrasse : mais le plaisant serait qu'il débutât par là. Comme nous nous amuserions le lendemain en l'entendant se vanter ! car il se vantera ; et puis, si une fois vous formez cette petite fille, il y aura bien du malheur si le Gercourt ne devient pas, comme un autre, la fable de Paris.

Au reste, l'Héroïne de ce nouveau Roman mérite tous vos soins : elle est vraiment jolie ; cela n'a que quinze ans, c'est le bouton de rose ; gauche, à la vérité, comme on ne l'est point, et nullement maniérée : mais, vous autres hommes, vous ne craignez pas cela ; de plus, un certain regard langoureux qui promet beaucoup en vérité : ajoutez-y que je vous la recommande ; vous n'avez plus qu'à me remercier et m'obéir.

Vous recevrez cette Lettre demain matin. J'exige que demain à sept heures du soir, vous soyez chez moi. Je ne recevrai personne qu'à huit, pas même le

* Pour entendre ce passage, il faut savoir que le Comte de Gercourt avait quitté la Marquise de Merteuil pour l'Intendante de ***, qui lui avait sacrifié le Vicomte de Valmont, et que c'est alors que la Marquise et le Vicomte s'attachèrent l'un à l'autre. Comme cette aventure est fort antérieure aux événements dont il est question dans ces Lettres, on a cru devoir en supprimer toute la correspondance.

notes

1. le sort inévitable : celui d'être trompé par sa femme.
2. préventions : préjugés (ici, favorables).
3. cloîtrées : au couvent. Beaucoup de jeunes filles de l'aristocratie étaient pensionnaires dans un couvent jusqu'au moment de leur mariage.

régnant Chevalier[1] : il n'a pas assez de tête pour une aussi grande affaire. Vous voyez que l'amour ne m'aveugle pas. À huit heures je vous rendrai votre liberté, et vous reviendrez à dix souper avec le bel objet ; car la mère et la fille souperont chez moi. Adieu, il est midi passé : bientôt je ne m'occuperai plus de vous.

*Paris, ce 4 août 17**.*

Lettre 3

CÉCILE VOLANGES
À SOPHIE CARNAY

Je ne sais encore rien, ma bonne amie. Maman avait hier beaucoup de monde à souper. Malgré l'intérêt que j'avais à examiner, les hommes surtout, je me suis fort ennuyée. Hommes et femmes, tout le monde m'a beaucoup regardée, et puis on se parlait à l'oreille ; et je voyais bien qu'on parlait de moi : cela me faisait rougir ; je ne pouvais m'en empêcher. Je l'aurais bien voulu, car j'ai remarqué que quand on regardait les autres femmes, elles ne rougissaient pas ; ou bien c'est le rouge qu'elles mettent, qui empêche de voir celui que l'embarras leur cause ; car il doit être bien difficile de ne pas rougir quand un homme vous regarde fixement.

Ce qui m'inquiétait le plus, était de ne pas savoir ce qu'on pensait sur mon compte. Je crois avoir entendu pourtant deux ou trois fois le mot de *jolie* : mais j'ai entendu bien distinctement celui de *gauche* ; et il faut que cela soit bien vrai, car la femme qui le disait est parente et amie de ma mère ; elle paraît même avoir pris tout de suite de l'amitié pour moi. C'est la seule personne qui m'ait un peu parlé dans la soirée. Nous souperons demain chez elle.

J'ai encore entendu, après souper, un homme que je suis sûre qui parlait de moi, et qui disait à un autre : « Il faut laisser mûrir cela, nous verrons cet hiver. » C'est peut-être celui-là qui doit m'épouser ; mais alors ce ne serait donc que dans quatre mois ! Je voudrais bien savoir ce qui en est.

Voilà Joséphine, et elle me dit qu'elle est pressée. Je veux pourtant te raconter encore une de mes *gaucheries*. Oh ! je crois que cette dame a raison !

note

1. Le chevalier de Belleroche, amant en titre de Mme de Merteuil.

Après le souper on s'est mis à jouer. Je me suis placée auprès de Maman ; je ne sais pas comment cela s'est fait, mais je me suis endormie presque tout de suite. Un grand éclat de rire m'a réveillée. Je ne sais si l'on riait de moi, mais je le crois. Maman m'a permis de me retirer, et elle m'a fait grand plaisir. Figure-toi qu'il était onze heures passées. Adieu, ma chère Sophie ; aime toujours bien ta Cécile. Je t'assure que le monde n'est pas aussi amusant que nous l'imaginions.

*Paris, ce 4 août 17**.*

Lettre 4

LE VICOMTE DE VALMONT
À LA MARQUISE DE MERTEUIL
à Paris.

Vos ordres sont charmants ; votre façon de les donner est plus aimable encore ; vous feriez chérir le despotisme. Ce n'est pas la première fois, comme vous savez, que je regrette de ne plus être votre esclave ; et tout *monstre* que vous dites que je suis, je ne me rappelle jamais sans plaisir le temps où vous m'honoriez de noms plus doux. Souvent même je désire de les mériter de nouveau, et de finir par donner, avec vous, un exemple de constance au monde. Mais de plus grands intérêts nous appellent ; conquérir est notre destin ; il faut le suivre : peut-être au bout de la carrière nous rencontrerons-nous encore ; car, soit dit sans vous fâcher, ma très belle Marquise, vous me suivez au moins d'un pas égal ; et depuis que, nous séparant pour le bonheur du monde, nous prêchons la foi chacun de notre côté, il me semble que dans cette mission d'amour, vous avez fait plus de prosélytes[1] que moi. Je connais votre zèle, votre ardente ferveur ; et si ce Dieu-là nous jugeait sur nos œuvres, vous seriez un jour la Patronne de quelque grande ville, tandis que votre ami serait au plus un Saint de village. Ce langage vous étonne, n'est-il pas vrai ? Mais depuis huit jours, je n'en entends, je n'en parle pas d'autre ; et c'est pour m'y perfectionner, que je me vois forcé de vous désobéir.

Ne vous fâchez pas et écoutez-moi. Dépositaire de tous les secrets de mon cœur, je vais vous confier le plus grand projet que j'aie jamais formé. Que me

note

1. **prosélytes :** nouveaux convertis.

proposez-vous ? de séduire une jeune fille qui n'a rien vu, ne connaît rien ; qui, pour ainsi dire, me serait livrée sans défense ; qu'un premier hommage ne manquera pas d'enivrer, et que la curiosité mènera peut-être plus vite que l'amour. Vingt autres peuvent y réussir comme moi. Il n'en est pas ainsi de l'entreprise qui m'occupe ; son succès m'assure autant de gloire que de plaisir. L'amour qui prépare ma couronne, hésite lui-même entre le myrte et le laurier[1], ou plutôt il les réunira pour honorer mon triomphe. Vous-même, ma belle amie, vous serez saisie d'un saint respect, et vous direz avec enthousiasme : « Voilà l'homme selon mon cœur. »

Vous connaissez la Présidente de Tourvel, sa dévotion, son amour conjugal, ses principes austères. Voilà ce que j'attaque ; voilà l'ennemi digne de moi ; voilà le but où je prétends atteindre ;

Et si de l'obtenir je n'emporte le prix,
J'aurai du moins l'honneur de l'avoir entrepris.

On peut citer de mauvais vers, quand ils sont d'un grand Poète*.

Vous saurez donc que le Président est en Bourgogne, à la suite d'un grand procès (j'espère lui en faire perdre un plus important). Son inconsolable moitié doit passer ici tout le temps de cet affligeant veuvage. Une messe chaque jour, quelques visites aux Pauvres du canton, des prières du matin et du soir, des promenades solitaires, de pieux entretiens avec ma vieille tante, et quelquefois un triste Wisk[2], devaient être ses seules distractions. Je lui en prépare de plus efficaces. Mon bon Ange m'a conduit ici, pour son bonheur et pour le mien. Insensé ! je regrettais vingt-quatre heures que je sacrifiais à des égards d'usage. Combien on me punirait, en me forçant de retourner à Paris ! Heureusement il faut être quatre pour jouer au Wisk ; et comme il n'y a ici que le Curé du lieu, mon éternelle tante m'a beaucoup pressé de lui sacrifier quelques jours. Vous devinez que j'ai consenti. Vous n'imaginez pas combien elle me cajole depuis ce moment, combien surtout elle est édifiée de me voir régulièrement à ses prières et à sa Messe. Elle ne se doute pas de la Divinité que j'y adore.

* La Fontaine.

notes

1. Le myrte est l'arbre des amoureux et le laurier symbolise le succès et la gloire.

2. Wisk : ou *whist*, jeu de cartes venu d'Angleterre.

Me voilà donc, depuis quatre jours, livré à une passion forte. Vous savez si je désire vivement, si je dévore les obstacles : mais ce que vous ignorez, c'est combien la solitude ajoute à l'ardeur du désir. Je n'ai plus qu'une idée ; j'y pense le jour, et j'y rêve la nuit. J'ai bien besoin d'avoir cette femme, pour me sauver du ridicule d'en être amoureux : car où ne mène pas un désir contrarié ? Ô délicieuse jouissance ! Je t'implore pour mon bonheur et surtout pour mon repos. Que nous sommes heureux que les femmes se défendent si mal ! nous ne serions auprès d'elles que de timides esclaves. J'ai dans ce moment un sentiment de reconnaissance pour les femmes faciles, qui m'amène naturellement à vos pieds. Je m'y prosterne pour obtenir mon pardon, et j'y finis cette trop longue Lettre. Adieu, ma très belle amie : sans rancune.

*Du Château de…, 5 août 17**.*

Lettre 5

LA MARQUISE DE MERTEUIL AU VICOMTE DE VALMONT

Savez-vous, Vicomte, que votre Lettre est d'une insolence rare, et qu'il ne tiendrait qu'à moi de m'en fâcher ? mais elle m'a prouvé clairement que vous aviez perdu la tête, et cela seul vous a sauvé de mon indignation. Amie généreuse et sensible, j'oublie mon injure pour ne m'occuper que de votre danger ; et quelque ennuyeux qu'il soit de raisonner, je cède au besoin que vous en avez dans ce moment.

Vous, avoir la Présidente de Tourvel ! mais quel ridicule caprice ! Je reconnais bien là votre mauvaise tête qui ne sait désirer que ce qu'elle croit ne pas pouvoir obtenir. Qu'est-ce donc que cette femme ? des traits réguliers si vous voulez, mais nulle expression : passablement faite, mais sans grâces : toujours mise à faire rire ! avec ses paquets de fichus sur la gorge, et son corps[1] qui remonte au menton ! Je vous le dis en amie, il ne vous faudrait pas deux femmes comme celle-là, pour vous faire perdre toute votre considération. Rappelez-vous donc ce jour où elle quêtait à Saint-Roch, et où vous me remerciâtes tant de vous avoir procuré ce spectacle. Je crois la voir encore, donnant la main à ce grand échalas en cheveux longs, prête à tomber à chaque

note

1. corps : corset.

pas, ayant toujours son panier[1] de quatre aunes[2] sur la tête de quelqu'un, et rougissant à chaque révérence. Qui vous eût dit alors : vous désirerez cette femme ? Allons, Vicomte, rougissez vous-même, et revenez à vous. Je vous promets le secret.

Et puis, voyez donc les désagréments qui vous attendent ! quel rival avez-vous à combattre ? un mari ! Ne vous sentez-vous pas humilié à ce seul mot ! Quelle honte si vous échouez ! et même combien peu de gloire dans le succès ! Je dis plus ; n'en espérez aucun plaisir. En est-il avec les prudes ? j'entends celles de bonne foi : réservées au sein même du plaisir, elles ne vous offrent que des demi-jouissances. Cet entier abandon de soi-même, ce délire de la volupté où le plaisir s'épure par son excès, ces biens de l'amour, ne sont pas connus d'elles. Je vous le prédis ; dans la plus heureuse supposition, votre Présidente croira avoir tout fait pour vous en vous traitant comme son mari, et dans le tête-à-tête conjugal le plus tendre, on reste toujours deux. Ici c'est bien pis encore ; votre prude est dévote, et de cette dévotion de bonne femme qui condamne à une éternelle enfance. Peut-être surmonterez-vous cet obstacle, mais ne vous flattez pas de le détruire : vainqueur de l'amour de Dieu, vous ne le serez pas de la peur du Diable ; et quand, tenant votre Maîtresse dans vos bras, vous sentirez palpiter son cœur, ce sera de crainte et non d'amour. Peut-être, si vous eussiez connu cette femme plus tôt, en eussiez-vous pu faire quelque chose ; mais cela a vingt-deux ans, et il y en a près de deux qu'elle est mariée. Croyez-moi, Vicomte, quand une femme s'est *encroûtée*[3] à ce point, il faut l'abandonner à son sort ; ce ne sera jamais qu'une *espèce*[4].

C'est pourtant pour ce bel objet que vous refusez de m'obéir, que vous vous enterrez dans le tombeau de votre tante, et que vous renoncez à l'aventure la plus délicieuse et la plus faite pour vous faire honneur. Par quelle fatalité faut-il donc que Gercourt garde toujours quelque avantage sur vous ? Tenez, je vous en parle sans humeur : mais, dans ce moment, je suis tentée de croire que vous ne méritez pas votre réputation ; je suis tentée surtout de vous retirer ma confiance. Je ne m'accoutumerai jamais à dire mes secrets à l'amant de Mme de Tourvel.

notes

1. **panier** : pièce de costume destinée à élargir et faire bouffer la jupe de chaque côté de la taille.
2. L'aune est une ancienne unité de mesure utilisée surtout pour les étoffes.
3. ***encroûtée*** : embarrassée de préjugés.
4. ***espèce*** : personne sans intérêt.

Sachez pourtant que la petite Volanges a déjà fait tourner une tête. Le jeune Danceny en raffole. Il a chanté avec elle ; et en effet elle chante mieux qu'à une Pensionnaire n'appartient. Ils doivent répéter beaucoup de Duos, et je crois qu'elle se mettrait volontiers à l'unisson : mais ce Danceny est un enfant qui perdra son temps à faire l'amour[1], et ne finira rien. La petite personne de son côté est assez farouche ; et, à tout événement, cela sera toujours beaucoup moins plaisant que vous n'auriez pu le rendre : aussi j'ai de l'humeur, et sûrement je querellerai le Chevalier à son arrivée. Je lui conseille d'être doux ; car, dans ce moment, il ne m'en coûterait rien de rompre avec lui. Je suis sûre que si j'avais le bon esprit de le quitter à présent, il en serait au désespoir ; et rien ne m'amuse comme un désespoir amoureux. Il m'appellerait perfide, et ce mot de perfide m'a toujours fait plaisir ; c'est, après celui de cruelle, le plus doux à l'oreille d'une femme, et il est moins pénible à mériter. Sérieusement, je vais m'occuper de cette rupture. Voilà pourtant de quoi vous êtes cause ! aussi je le mets sur votre conscience. Adieu. Recommandez-moi aux prières de votre Présidente.

*Paris, ce 7 août 17**.*

Lettre 6
LE VICOMTE DE VALMONT
À LA MARQUISE DE MERTEUIL

Il n'est donc point de femme qui n'abuse de l'empire qu'elle a su prendre ! Et vous-même, vous que je nommai si souvent mon indulgente amie, vous cessez enfin de l'être, et vous ne craignez pas de m'attaquer dans l'objet de mes affections ! De quels traits vous osez peindre Mme de Tourvel !... quel homme n'eût point payé de sa vie cette insolente audace ? à quelle autre femme qu'à vous n'eût-elle pas valu au moins une noirceur ? De grâce, ne me mettez plus à d'aussi rudes épreuves ; je ne répondrais pas de les soutenir. Au nom de l'amitié, attendez que j'aie eu cette femme, si vous voulez en médire. Ne savez-vous pas que la seule volupté a le droit de détacher le bandeau de l'amour ?

Mais que dis-je ? Mme de Tourvel a-t-elle besoin d'illusion ? non ; pour être adorable il lui suffit d'être elle-même. Vous lui reprochez de se mettre

note

1. faire l'amour : faire la cour.

mal ; je le crois bien : toute parure lui nuit ; tout ce qui la cache la dépare. C'est dans l'abandon du négligé qu'elle est vraiment ravissante. Grâce aux chaleurs accablantes que nous éprouvons, un déshabillé de simple toile me laisse voir sa taille ronde et souple. Une seule mousseline couvre sa gorge ; et mes regards furtifs, mais pénétrants, en ont déjà saisi les formes enchanteresses. Sa figure, dites-vous, n'a nulle expression. Et qu'exprimerait-elle, dans les moments où rien ne parle à son cœur ? Non, sans doute, elle n'a point, comme nos femmes coquettes, ce regard menteur qui séduit quelquefois et nous trompe toujours. Elle ne sait pas couvrir le vide d'une phrase par un sourire étudié ; et quoiqu'elle ait les plus belles dents du monde, elle ne rit que de ce qui l'amuse. Mais il faut voir comme, dans les folâtres[1] jeux, elle offre l'image d'une gaîté naïve et franche ! comme, auprès d'un malheureux qu'elle s'empresse de secourir, son regard annonce la joie pure et la bonté compatissante ! Il faut voir, surtout au moindre mot d'éloge ou de cajolerie, se peindre, sur sa figure céleste, ce touchant embarras d'une modestie qui n'est point jouée !... Elle est prude et dévote, et de là vous la jugez froide et inanimée[2] ? Je pense bien différemment. Quelle étonnante sensibilité ne faut-il pas avoir pour la répandre jusque sur son mari, et pour aimer toujours un être toujours absent ? Quelle preuve plus forte pourriez-vous désirer ? J'ai su pourtant m'en procurer une autre.

passage analysé

J'ai dirigé sa promenade de manière qu'il s'est trouvé un fossé à franchir ; et, quoique fort leste, elle est encore plus timide : vous jugez bien qu'une prude craint de sauter le fossé*. Il a fallu se confier à moi. J'ai tenu dans mes bras cette femme modeste. Nos préparatifs et le passage de ma vieille tante avaient fait rire aux éclats la folâtre Dévote : mais, dès que je me fus emparé d'elle, par une adroite gaucherie, nos bras s'enlacèrent mutuellement. Je pressai son sein contre le mien ; et, dans ce court intervalle, je sentis son cœur battre plus vite. L'aimable rougeur vint colorer son visage, et son modeste embarras m'apprit assez *que son cœur avait palpité d'amour et non de crainte*. Ma tante cependant s'y trompa comme vous, et se mit à dire : « L'enfant a eu peur » ; mais la charmante candeur[3] de *l'enfant* ne lui permit pas le mensonge, et elle répondit naïvement : « Oh non, mais... ». Ce seul mot m'a éclairé. Dès ce moment, le doux espoir a remplacé la cruelle inquiétude. J'aurai cette

* On reconnaît ici le mauvais goût des calembours, qui commençait à prendre, et qui depuis a fait tant de progrès.

notes

1. **folâtres :** gais, insouciants.
2. **inanimée :** qui manque de vivacité.
3. **candeur :** innocence.

femme ; je l'enlèverai au mari qui la profane : j'oserai la ravir au Dieu même qu'elle adore. Quel délice d'être tour à tour l'objet et le vainqueur de ses remords ! Loin de moi l'idée de détruire les préjugés qui l'assiègent ! ils ajouteront à mon bonheur et à ma gloire. Qu'elle croie à la vertu, mais qu'elle me la sacrifie ; que ses fautes l'épouvantent sans pouvoir l'arrêter ; et qu'agitée de mille terreurs, elle ne puisse les oublier, les vaincre que dans mes bras. Qu'alors, j'y consens, elle me dise : « Je t'adore » ; elle seule, entre toutes les femmes, sera digne de prononcer ce mot. Je serai vraiment le Dieu qu'elle aura préféré.

Soyons de bonne foi ; dans nos arrangements, aussi froids que faciles, ce que nous appelons bonheur est à peine un plaisir. Vous le dirai-je ? Je croyais mon cœur flétri, et ne me trouvant plus que des sens, je me plaignais d'une vieillesse prématurée. Mme de Tourvel m'a rendu les charmantes illusions de la jeunesse. Auprès d'elle, je n'ai pas besoin de jouir pour être heureux. La seule chose qui m'effraie, est le temps que va me prendre cette aventure ; car je n'ose rien donner au hasard. J'ai beau me rappeler mes heureuses[1] témérités, je ne puis me résoudre à les mettre en usage. Pour que je sois vraiment heureux, il faut qu'elle se donne ; et ce n'est pas une petite affaire.

Je suis sûr que vous admireriez ma prudence. Je n'ai pas encore prononcé le mot d'amour ; mais déjà nous en sommes à ceux de confiance et d'intérêt. Pour la tromper le moins possible, et surtout pour prévenir l'effet des propos qui pourraient lui revenir, je lui ai raconté moi-même, et comme en m'accusant, quelques-uns de mes traits les plus connus. Vous ririez de voir avec quelle candeur elle me prêche. Elle veut, dit-elle, me convertir. Elle ne se doute pas encore de ce qu'il lui en coûtera pour le tenter. Elle est loin de penser qu'*en plaidant*, pour parler comme elle, *pour les infortunées que j'ai perdues*, elle parle d'avance dans sa propre cause. Cette idée me vint hier au milieu d'un de ses sermons, et je ne pus me refuser au plaisir de l'interrompre, pour l'assurer qu'elle parlait comme un prophète. Adieu, ma très belle amie. Vous voyez que je ne suis pas perdu sans ressource.

P.-S. À propos, ce pauvre Chevalier s'est-il tué de désespoir ? En vérité, vous êtes cent fois plus mauvais sujet que moi, et vous m'humilieriez si j'avais de l'amour-propre.

*Du Château de…, ce 9 août 17**.*

suite, p. 37

note

1. heureuses : couronnées de succès.

Le projet libertin

Lecture analytique de l'extrait, pp. 25-26.

Après avoir refusé de séduire Cécile, proie trop facile, pour se lancer à la conquête de Mme de Tourvel, *« l'ennemi digne de* [lui] *»* (Lettre 4, p. 21), Valmont, dans cette deuxième lettre, vante à sa complice son projet et sa tactique de séduction. En effet, pour le libertin du XVIIIe siècle, la séduction ne consiste pas à rechercher un plaisir sensuel, mais un plaisir intellectuel, fondé sur une stratégie érigée en chef-d'œuvre, un spectacle où le personnage jouit d'observer ses propres manœuvres et la lente défaite de sa victime. Exaltation de la vanité et de la volonté de puissance, la lettre est aussi pour Valmont un moyen d'affirmer sa réputation et sa « gloire » aux yeux de Mme de Merteuil qui se moque de son *« ridicule caprice »* (Lettre 5, p. 22) et met sans cesse en doute son image de libertin.

Mais cette lettre nous interroge aussi d'emblée sur l'ambiguïté du personnage : Valmont ne montre-t-il ici que le détachement cérébral dont il se vante ? Il reconnaît d'ailleurs, dès la Lettre 4, le risque de se prendre à son propre piège : *« J'ai bien besoin d'avoir cette femme, pour me sauver du ridicule d'en être amoureux »* (p. 22). Laclos pose ainsi, dès le début, la question de savoir où s'arrêtent la duplicité et le jeu, et qui se cache derrière le masque cynique du « roué », tout en refusant, jusqu'à la fin, de nous apporter une réponse certaine...

L'exaltation du moi

❶ Relevez les passages où Valmont expose son projet de séduction : en quoi ce projet est-il vraiment libertin ?
❷ Comment Valmont met-il en valeur sa stratégie ?
❸ Comment, dans les termes employés et la forme des phrases, se manifeste la vanité de Valmont ?

❹ Comment Valmont s'adresse-t-il à sa destinataire ? Que veut-il provoquer chez elle ?

Le cynisme de Valmont

❺ Relevez les traits d'humour ou d'ironie du personnage. Que révèlent-ils de sa personnalité ?
❻ Comment se manifestent sa perspicacité et sa distance dans l'analyse de la scène et des réactions d'autrui ?
❼ De quoi Valmont se moque-t-il chez Mme de Tourvel ?
❽ En quoi Valmont se montre-t-il cruel ?

Valmont ambigu ?

❾ Dans le deuxième paragraphe de l'extrait, relevez toutes les oppositions. Que révèlent-elles du personnage ?
❿ À quoi Valmont paraît-il sensible dans la personnalité de Mme de Tourvel ?
⓫ À quels moments de cette lettre Valmont semble-t-il s'écarter des principes libertins ?

Figures de séducteurs

Lectures croisées et travaux d'écriture

Le séducteur est un personnage clé de la littérature : élevé d'emblée au rang de mythe au théâtre avec Dom Juan (créé par l'Espagnol Tirso de Molina et repris par Molière), il s'illustre aussi dans le roman (auquel nous limiterons ce corpus). Au départ grand seigneur, riche et puissant, il fascine par sa prestance, son intelligence et son pouvoir de séduction. Le libertin, tels Dom Juan et Valmont, enrichit le type par son hypocrisie virtuose et lui donne une autre dimension en revendiquant la liberté individuelle jusqu'à ses limites extrêmes, en défiant toutes les lois religieuses, sociales et morales et en réalisant des fantasmes refoulés chez les autres. Ces personnages prennent alors un côté monstrueux et terrifiant, par leur capacité perverse à faire le mal sans scrupule ni remords, et leur sort est souvent tragique.

Cependant, à partir du XVIIIe siècle, avec la remise en cause de la noblesse, le statut du séducteur perd de sa prestance : le comte Almaviva, dans *Le Mariage de Figaro* de Beaumarchais, se voit berné par les femmes et son propre valet Figaro. Au XIXe siècle, il hérite de la mélancolie du romantique, dont les aspirations à la pureté se heurtent à la médiocrité de la réalité (comme c'est le cas pour Lorenzaccio, héros éponyme* du drame de Musset), ou il se démocratise : la perversité séduisante devient grossière débauche (Octave Mouret dans *Pot-Bouille* d'Émile Zola) ou conquête intéressée (*Bel-Ami* de Guy de Maupassant).

Ce groupement présente l'évolution historique de ce personnage littéraire à travers quatre siècles de littérature romanesque. Il permet également d'observer le fonctionnement de la séduction et, plus largement, les relations entre les sexes, tout en nous interrogeant sur les conceptions de l'amour, du plaisir, du bonheur...

* *Cf.* Lexique.

Texte A : extrait de la Lettre 6 des *Liaisons dangereuses* de Choderlos de Laclos (pp. 25-26)

Texte B : Mme de Lafayette, *La Princesse de Clèves*

Mme de Lafayette (1634-1693), célèbre pour son salon où se réunirent tous les beaux esprits de son temps, peut être considérée, avec **La Princesse de Clèves,** ***comme l'auteur du premier véritable roman français d'analyse psychologique.***

Le début de l'œuvre nous présente le cadre prestigieux de l'histoire, la cour du roi Henri II, où se rassemblent **« tant de belles personnes et d'hommes admirablement bien faits »,** ***en particulier le héros, le duc de Nemours.***

Mais ce prince [le duc de Nemours] était un chef-d'œuvre de la nature ; ce qu'il avait de moins admirable, c'était d'être l'homme du monde le mieux fait et le plus beau. Ce qui le mettait au-dessus des autres était une valeur incomparable, et un agrément dans son esprit, dans son visage et dans ses actions que l'on n'a jamais vu qu'à lui seul ; il avait un enjouement qui plaisait également aux hommes et aux femmes, une adresse extraordinaire dans tous ses exercices, une manière de s'habiller qui était toujours suivie de tout le monde, sans pouvoir être imitée, et enfin un air dans toute sa personne qui faisait qu'on ne pouvait regarder que lui dans tous les lieux où il paraissait. Il n'y avait aucune dame dans la Cour dont la gloire[1] n'eût été flattée de le voir attaché à elle ; peu de celles à qui il s'était attaché, se pouvaient vanter de lui avoir résisté, et même plusieurs à qui il n'avait point témoigné de passion, n'avaient pas laissé[2] d'en avoir pour lui. Il avait tant de douceur et tant de disposition à la galanterie qu'il ne pouvait refuser quelques soins[3] à celles qui tâchaient de lui plaire ; ainsi il avait plusieurs maîtresses[4], mais il était difficile de deviner celle qu'il aimait véritablement.

Mme de Lafayette, *La Princesse de Clèves*, tome I, 1678.

1. gloire : fierté. **2. n'avaient pas laissé :** n'avaient pas manqué.
3. soins : marques d'attention que l'on donne à la personne aimée.
4. maîtresses : au sens du XVIIe siècle, femmes que l'on courtise.

Texte C : Honoré de Balzac, *La Fille aux yeux d'or*

Honoré de Balzac (1799-1850) a révolutionné la conception du roman en faisant de celui-ci un moyen d'exploration de l'homme et de la société. Inventeur du « cycle romanesque », où les mêmes personnages reparaissent d'un livre à l'autre, il a voulu, avec **La Comédie humaine, « faire**

concurrence à l'état civil » : ***cette œuvre riche de plus d'une centaine d'ouvrages (romans, mais aussi nouvelles ou études analytiques), conçue depuis 1831, veut reproduire tous les milieux sociaux, les lieux et les types psychologiques de son époque. Son génie réaliste nourri par son immense imagination fait de Balzac un véritable*** **« visionnaire »,** ***comme l'a dit Charles Baudelaire.***

Henri de Marsay, que l'on retrouve dans de nombreux romans de **La Comédie humaine,** ***représente le dandy*, beau, riche, et séducteur sans scrupule. Balzac le décrit ici, dans une perspective très romantique, confronté à une violente passion pour Paquita Valdès,*** **« la Fille aux yeux d'or »,** ***qu'il vient de rencontrer.***

Henri resta pendant un moment plongé dans de joyeuses réflexions. Disons-le à la louange des femmes, il obtenait toutes celles qu'il daignait désirer. Et que faudrait-il donc penser d'une femme sans amant, qui aurait su résister à un jeune homme armé de la beauté qui est l'esprit du corps, armé de l'esprit qui est une grâce de l'âme, armé de la force morale et de la fortune qui sont les deux seules puissances réelles ? Mais en triomphant aussi facilement, de Marsay devait s'ennuyer de ses triomphes ; aussi, depuis environ deux ans s'ennuyait-il beaucoup. En plongeant au fond des voluptés, il en rapportait plus de gravier que de perles. Donc il en était venu, comme les souverains, à implorer du hasard quelque obstacle à vaincre, quelque entreprise qui demandât le déploiement de ses forces morales et physiques inactives. Quoique Paquita Valdès lui présentât le merveilleux assemblage des perfections dont il n'avait encore joui qu'en détail, l'attrait de la passion était presque nul chez lui. Une satiété constante avait affaibli dans son cœur le sentiment de l'amour. Comme les vieillards et les gens blasés, il n'avait plus que des caprices extravagants, des goûts ruineux, des fantaisies qui, satisfaites, ne lui laissaient aucun bon souvenir au cœur. Chez les jeunes gens, l'amour est le plus beau des sentiments, il fait fleurir la vie dans l'âme, il épanouit par sa puissance solaire les plus belles inspirations et leurs grandes pensées : les prémices en toute chose ont une délicieuse saveur. Chez les hommes, l'amour devient une passion : la force mène à l'abus. Chez les vieillards, il se tourne au vice : l'impuissance conduit à l'extrême. Henri était à la fois vieillard, homme et jeune. Pour lui rendre les émotions d'un véritable amour, il lui fallait comme à Lovelace une Clarisse Harlowe[1]. Sans le reflet magique de cette perle introuvable, il ne pouvait plus avoir que soit des passions aiguisées par quelque vanité parisienne, soit des partis pris avec lui-même

* *Cf.* Lexique

de faire arriver telle femme à tel degré de corruption, soit des aventures qui stimulassent sa curiosité. Le rapport de Laurent, son valet de chambre, venait de donner un prix énorme à la *Fille aux yeux d'or*. Il s'agissait de livrer bataille à quelque ennemi secret, qui paraissait aussi dangereux qu'habile ; et, pour remporter la victoire, toutes les forces dont Henri pouvait disposer n'étaient pas inutiles. Il allait jouer cette éternelle vieille comédie qui sera toujours neuve, et dont les personnages sont un vieillard, une jeune fille et un amoureux [...].

Honoré de Balzac, *La Fille aux yeux d'or*, extrait du chapitre II, 1835.

1. *Clarisse Harlowe*, roman épistolaire de Richardson, paru en 1748, dans lequel le libertin Lovelace tombe réellement amoureux de Clarisse et est prêt à tout pour l'obtenir.

Texte D : Gustave Flaubert, *Madame Bovary*

Gustave Flaubert (1821-1880), fils d'un chirurgien réputé de Rouen, a voué sa vie essentiellement à la littérature : hanté par la perfection formelle, il consacre plusieurs années à écrire chacune de ses œuvres **(L'Éducation sentimentale, Salammbô...).** ***Ses romans sont empreints de réalisme pessimiste (qui lui vaudra d'ailleurs, en 1857, un procès pour immoralité, à propos de la peinture de l'adultère dans*** **Madame Bovary)*****, mais aussi d'une ironie qui les rend très modernes.***

Emma Bovary, fille d'agriculteur, a reçu une certaine éducation, nourrie de lectures romanesques, et aspire à une vie pleine de grands sentiments, de luxe, d'exotisme... Pour échapper à son milieu, elle épouse un médecin de campagne mais se retrouve finalement confrontée à la médiocrité de la vie provinciale... Elle sera une proie facile pour Rodolphe, séducteur sans scrupule qui vient de la rencontrer.

– Elle est fort gentille ! se disait-il ; elle est fort gentille, cette femme du médecin ! De belles dents, les yeux noirs, le pied coquet, et de la tournure comme une Parisienne. D'où diable sort-elle ? Où donc l'a-t-il trouvée, ce gros garçon-là ?

M. Rodolphe Boulanger avait trente-quatre ans ; il était de tempérament brutal et d'intelligence perspicace, ayant d'ailleurs beaucoup fréquenté les femmes, et s'y connaissant bien. Celle-là lui avait paru jolie ; il y rêvait donc, et à son mari.

– Je le crois très bête. Elle en est fatiguée sans doute. Il porte des ongles sales et une barbe de trois jours. Tandis qu'il trottine à ses malades, elle reste à ravauder des chaussettes. Et on s'ennuie ! on voudrait habiter la ville, danser la polka tous les soirs ! Pauvre petite femme ! Ça bâille après l'amour, comme une carpe après l'eau sur une table de cuisine. Avec trois mots de galanterie, cela vous adorerait, j'en suis sûr ! ce serait tendre ! charmant !... Oui, mais comment s'en débarrasser ensuite ?

Alors les encombrements du plaisir, entrevus en perspective, le firent, par contraste, songer à sa maîtresse. C'était une comédienne de Rouen, qu'il entretenait ; et quand il se fut arrêté sur cette image, dont il avait, en souvenir même, des rassasiements :

– Ah ! madame Bovary, pensa-t-il, est bien plus jolie qu'elle, plus fraîche surtout. Virginie, décidément, commence à devenir trop grosse. Elle est si fastidieuse avec ses joies. Et d'ailleurs, quelle manie de salicoques[1] !

La campagne était déserte, et Rodolphe n'entendait autour de lui que le battement régulier des herbes qui fouettaient sa chaussure, avec le cri des grillons tapis au loin sous les avoines ; il revoyait Emma dans la salle, habillée comme il l'avait vue, et il la déshabillait.

– Oh ! je l'aurai ! s'écria-t-il en écrasant, d'un coup de bâton, une motte de terre devant lui.

Et aussitôt il examina la partie politique de l'entreprise. Il se demandait :

– Où se rencontrer ? par quel moyen ? On aura continuellement le marmot[2] sur les épaules, et la bonne, les voisins, le mari, toute sorte de tracasseries considérables. Ah bah ! dit-il, on y perd trop de temps !

Puis il recommença :

– C'est qu'elle a des yeux qui vous entrent au cœur comme des vrilles. Et ce teint pâle !... Moi, qui adore les femmes pâles !

Au haut de la côte d'Argueil, sa résolution était prise.

– Il n'y a plus qu'à chercher les occasions. Eh bien, j'y passerai quelquefois, je leur enverrai du gibier, de la volaille ; je me ferai saigner, s'il le faut ; nous deviendrons amis, je les inviterai chez moi... Ah ! parbleu ! ajouta-t-il, voilà les comices[3] bientôt ; elle y sera, je la verrai. Nous commencerons, et hardiment, car c'est le plus sûr.

Gustave Flaubert, *Madame Bovary*, fin du chapitre 7 de la deuxième partie, 1857.

1. **salicoques** : crevettes.
2. Emma a une petite fille.
3. **Comices** : concours agricole.

Texte E : Albert Cohen, *Belle du Seigneur*

Albert Cohen (1895-1981) est un écrivain originaire de l'île grecque de Corfou, qui a pris la nationalité suisse. Son œuvre, d'expression française, est fortement influencée par ses racines juives.

Dans* Belle du Seigneur*, Solal, séduisant jeune homme, souffre de pouvoir obtenir si facilement l'amour des femmes. Amoureux d'Ariane et voulant atteindre son rêve de passion sublime, il tente alors de la séduire sous le déguisement d'un vieux juif édenté. Face à son refus horrifié, il lui déclare :* « Femelle, je te traiterai en femelle, et c'est bassement que je te séduirai, comme tu le mérites et comme tu le veux » *(p. 41). L'extrait retenu est la scène de séduction où Solal s'adresse à Ariane comme à un ami auquel il donnerait des conseils.

« Et maintenant elle est mûre pour le dernier manège, la déclaration. Tous les clichés que tu voudras, mais veille à ta voix et à sa chaleur. Un timbre grave est utile. Naturellement lui faire sentir qu'elle gâche sa vie avec son araignon[1] officiel, que cette existence est indigne d'elle, et tu la verras alors faire le soupir du genre martyre. C'est un soupir spécial, par les narines, et qui signifie ah si vous saviez tout ce que j'ai enduré avec cet homme, mais je n'en dis rien car je suis distinguée et d'infinie discrétion. Tu lui diras naturellement qu'elle est la seule et l'unique, elles y tiennent aussi, que ses yeux sont ouvertures sur le divin, elle n'y comprendra goutte mais trouvera si beau qu'elle fermera lesdites ouvertures et sentira qu'avec toi ce sera une vie constamment déconjugalisée. Pour faire bon poids, dis-lui aussi qu'elle est odeur de lilas et douceur de la nuit et chant de la pluie dans le jardin. Du parfum fort et bon marché. Tu la verras plus émue que devant un vieux lui parlant avec sincérité. Toute la ferblanterie[2], elles avalent tout pourvu que voix violoncellante. Vas-y avec violence afin qu'elle sente qu'avec toi ce sera un paradis de charnelleries perpétuelles, ce qu'elles appellent vivre intensément. Et n'oublie pas de parler de départ ivre vers la mer, elles adorent ça. Départ ivre vers la mer, retiens bien ces cinq mots. Leur effet est miraculeux. Tu verras alors frémir la pauvrette. Choisir pays chaud, luxuriances[3], soleil, bref association d'idées avec rapports physiques réussis et vie de luxe. Partir est le maître mot, partir est leur vice. Dès que tu lui parles de départ, elle ferme les yeux et elle ouvre la bouche. Elle est cuite et tu peux la manger à la sauce tristesse. C'est fini. [...] »

Albert Cohen, *Belle du Seigneur*, extrait du chapitre XXXV, Gallimard, 1968.

1. C'est ainsi que Solal évoque les amants de la femme dans le début de sa « tirade ». L'« *araignon officiel* » désigne le mari.
2. ferblanterie : ensemble d'ustensiles en fer-blanc (métal léger). Au sens figuré, objets sans valeur.
3. luxuriances : abondance, vigueur, richesse de la végétation.

Document : Jean Honoré Fragonard, *Le Verrou* (vers 1776)

Jean Honoré Fragonard (1732-1806) est un des grands peintres du XVIIIe siècle, qui se distingua d'abord dans le genre sérieux (sujets mythologiques et religieux), mais fut surtout connu pour ses portraits (celui de Diderot, entre autres) et ses scènes de genre, souvent d'inspiration légère.

Corpus

Texte A : Extrait de la Lettre 6 des *Liaisons dangereuses* de Choderlos de Laclos (pp. 25-26).
Texte B : Extrait de *La Princesse de Clèves* de Mme de Lafayette (p. 30).
Texte C : Extrait de *La Fille aux yeux d'or* d'Honoré de Balzac (pp. 30-32).
Texte D : Extrait de *Madame Bovary* de Gustave Flaubert (pp. 32-33).
Texte E : Extrait de *Belle du Seigneur* d'Albert Cohen (pp. 33-34).
Document : *Le Verrou* de Jean Honoré Fragonard (p. 35).

Examen des textes et de l'image

❶ En quoi peut-on dire que le portrait du duc de Nemours est idéalisé (texte B) ?
❷ En quoi Balzac donne-t-il, à travers le personnage d'Henri de Marsay, une vision romantique du séducteur (texte C) ?
❸ Comment l'image de la femme est-elle dégradée dans les textes de Flaubert et de Cohen (textes D et E) ?
❹ Quels sont les points communs et les différences dans les projets de séduction de Valmont (texte A) et de Rodolphe (texte D) ?
❺ Commentez l'attitude et les caractéristiques des deux personnages du tableau de Fragonard (document).

Travaux d'écriture

Question préliminaire
Quel portrait du séducteur se dessine dans les textes et le tableau ? Montrez comment il évolue progressivement.

Commentaire
Vous ferez le commentaire de l'extrait de *Madame Bovary* de Gustave Flaubert (texte D).

Dissertation
Comment expliquez-vous qu'un roman mettant en scène un héros méchant ou monstrueux puisse intéresser et séduire ? Vous vous appuierez, pour répondre, sur les textes du corpus et sur vos lectures personnelles.

Écriture d'invention
Imaginez la lettre ouverte qu'une femme de notre époque écrit pour s'opposer aux séducteurs, dénoncer leurs comportements et la vision qu'ils ont des femmes. Vous aurez soin de proposer un développement argumenté, nourri d'exemples précis, tenant compte des différentes figures de séducteurs proposées dans le corpus.

Lettre 7

CÉCILE VOLANGES
À SOPHIE CARNAY*

Si je ne t'ai rien dit de mon mariage, c'est que je ne suis pas plus instruite que le premier jour. Je m'accoutume à n'y plus penser et je me trouve assez bien de mon genre de vie. J'étudie beaucoup mon chant et ma harpe ; il me semble que je les aime mieux depuis que je n'ai plus de Maître, ou plutôt c'est que j'en ai un meilleur. M. le Chevalier Danceny, ce monsieur dont je t'ai parlé, et avec qui j'ai chanté chez Mme de Merteuil, a la complaisance de venir ici tous les jours, et de chanter avec moi des heures entières. Il est extrêmement aimable. Il chante comme un Ange, et compose de très jolis airs dont il fait aussi les paroles. C'est bien dommage qu'il soit Chevalier de Malte ! Il me semble que s'il se mariait, sa femme serait bien heureuse[1]... Il a une douceur charmante. Il n'a jamais l'air de faire un compliment, et pourtant tout ce qu'il dit flatte. Il me reprend sans cesse, tant sur la musique que sur autre chose : mais il mêle à ses critiques tant d'intérêt et de gaieté, qu'il est impossible de ne pas lui en savoir gré. Seulement quand il vous regarde, il a l'air de vous dire quelque chose d'obligeant. Il joint à tout cela d'être très complaisant. Par exemple, hier, il était prié d'un[2] grand concert ; il a préféré de rester toute la soirée chez Maman. Cela m'a bien fait plaisir ; car quand il n'y est pas, personne ne me parle, et je m'ennuie : au lieu que quand il y est, nous chantons et nous causons ensemble. Il a toujours quelque chose à me dire. Lui et Mme de Merteuil sont les deux seules personnes que je trouve aimables. Mais adieu, ma chère amie : j'ai promis que je saurais pour aujourd'hui une ariette[3] dont l'accompagnement est très difficile, et je ne veux pas manquer de parole. Je vais me remettre à l'étude jusqu'à ce qu'il vienne.

*De..., ce 7 août 17**.*

* Pour ne pas abuser de la patience du Lecteur, on supprime beaucoup de Lettres de cette Correspondance journalière ; on ne donne que celles qui ont paru nécessaires à l'intelligence des événements de cette société. C'est par le même motif qu'on supprime aussi toutes les Lettres de Sophie Carnay et plusieurs de celles des autres Acteurs de ces aventures.

notes

1. Cécile commet une erreur en croyant Danceny voué au célibat : parmi les chevaliers de Malte (ordre militaire et hospitalier fondé au XIe siècle pour protéger la foi et venir en aide aux malades et aux pauvres), beaucoup étaient laïcs et ne prononçaient pas les vœux monastiques.

2. prié d'un : invité à un.

3. ariette : petit air.

Lettre 8

LA PRÉSIDENTE DE TOURVEL
À MADAME DE VOLANGES

On ne peut être plus sensible que je le suis, Madame, à la confiance que vous me témoignez, ni prendre plus d'intérêt que moi à l'établissement de Mlle de Volanges. C'est bien de toute mon âme que je lui souhaite une félicité dont je ne doute pas qu'elle ne soit digne, et sur laquelle je m'en rapporte bien à votre prudence. Je ne connais point M. le Comte de Gercourt ; mais, honoré de votre choix, je ne puis prendre de lui qu'une idée très avantageuse. Je me borne, Madame, à souhaiter à ce mariage un succès aussi heureux qu'au mien, qui est pareillement votre ouvrage, et pour lequel chaque jour ajoute à ma reconnaissance. Que le bonheur de Mademoiselle votre fille soit la récompense de celui que vous m'avez procuré ; et puisse la meilleure des amies être aussi la plus heureuse des mères !

Je suis vraiment peinée de ne pouvoir vous offrir de vive voix l'hommage de ce vœu sincère, et faire, aussitôt que je le désirerais, connaissance avec Mlle de Volanges. Après avoir éprouvé vos bontés vraiment maternelles, j'ai droit d'espérer d'elle l'amitié tendre d'une sœur. Je vous prie, Madame, de vouloir bien la lui demander de ma part, en attendant que je me trouve à portée de la mériter.

Je compte rester à la campagne tout le temps de l'absence de M. de Tourvel. J'ai pris ce temps pour jouir et profiter de la société de la respectable Mme de Rosemonde. Cette femme est toujours charmante : son grand âge ne lui fait rien perdre ; elle conserve toute sa mémoire et sa gaieté. Son corps seul a quatre-vingt-quatre ans ; son esprit n'en a que vingt.

Notre retraite est égayée par son neveu le Vicomte de Valmont, qui a bien voulu nous sacrifier quelques jours. Je ne le connaissais que de réputation, et elle me faisait peu désirer de le connaître davantage : mais il me semble qu'il vaut mieux qu'elle. Ici, où le tourbillon du monde ne le gâte pas, il parle raison avec une facilité étonnante, et il s'accuse de ses torts avec une candeur rare. Il me parle avec beaucoup de confiance, et je le prêche avec beaucoup de sévérité. Vous qui le connaissez, vous conviendrez que ce serait une belle conversion à faire : mais je ne doute pas, malgré ses promesses, que huit jours de Paris ne lui fassent oublier tous mes sermons. Le séjour qu'il fera ici sera au moins autant de retranché sur sa conduite ordinaire ; et je crois que, d'après sa façon de vivre, ce qu'il peut faire de mieux est de ne rien faire du tout. Il sait que je suis occupée à vous écrire, et il m'a chargée de vous présenter ses respectueux hommages. Recevez aussi le mien avec la bonté que je vous connais, et ne doutez jamais des sentiments sincères avec lesquels j'ai l'honneur d'être, etc.

*Du Château de..., ce 9 août 17**.*

Lettre 9

MADAME DE VOLANGES
À LA PRÉSIDENTE DE TOURVEL

Je n'ai jamais douté, ma jeune et belle amie, ni de l'amitié que vous avez pour moi, ni de l'intérêt sincère que vous prenez à tout ce qui me regarde. Ce n'est pas pour éclaircir ce point, que j'espère convenu à jamais entre nous, que je réponds à votre *Réponse* : mais je ne crois pas pouvoir me dispenser de causer avec vous au sujet du Vicomte de Valmont.

Je ne m'attendais pas, je l'avoue, à trouver jamais ce nom-là dans vos Lettres. En effet, que peut-il y avoir de commun entre vous et lui ? Vous ne connaissez pas cet homme ; où auriez-vous pris l'idée de l'âme d'un libertin ? Vous me parlez de sa *rare candeur* : oh ! oui ; la candeur de Valmont doit être en effet très rare. Encore plus faux et dangereux qu'il n'est aimable et séduisant, jamais, depuis sa plus grande jeunesse, il n'a fait un pas ou dit une parole sans avoir un projet, et jamais il n'eut un projet qui ne fût malhonnête ou criminel. Mon amie, vous me connaissez ; vous savez si, des vertus que je tâche d'acquérir, l'indulgence n'est pas celle que je chéris le plus. Aussi, si Valmont était entraîné par des passions fougueuses ; si, comme mille autres, il était séduit par les erreurs de son âge, en blâmant sa conduite je plaindrais sa personne, et j'attendrais, en silence, le temps où un retour heureux lui rendrait l'estime des gens honnêtes. Mais Valmont n'est pas cela : sa conduite est le résultat de ses principes. Il sait calculer tout ce qu'un homme peut se permettre d'horreurs sans se compromettre ; et pour être cruel et méchant sans danger, il a choisi les femmes pour victimes. Je ne m'arrête pas à compter celles qu'il a séduites : mais combien n'en a-t-il pas perdues ? Dans la vie sage et retirée que vous menez, ces scandaleuses aventures ne parviennent pas jusqu'à vous. Je pourrais vous en raconter qui vous feraient frémir ; mais vos regards, purs comme votre âme, seraient souillés par de semblables tableaux : sûre que Valmont ne sera jamais dangereux pour vous, vous n'avez pas besoin de pareilles armes pour vous défendre. La seule chose que j'aie à vous dire, c'est que, de toutes les femmes auxquelles il a rendu des soins, succès ou non, il n'en est point qui n'aient eu à s'en plaindre. La seule Marquise de Merteuil fait l'exception à cette règle générale ; seule, elle a su lui résister et enchaîner sa méchanceté. J'avoue que ce trait de sa vie est celui qui lui fait le plus d'honneur à mes yeux : aussi a-t-il suffi pour la justifier pleinement aux yeux de tous de quelques inconséquences qu'on avait à lui reprocher dans le début de son veuvage*.

Quoi qu'il en soit, ma belle amie, ce que l'âge, l'expérience et surtout l'amitié, m'autorisent à vous représenter, c'est qu'on commence à s'apercevoir dans le monde de l'absence de Valmont ; et que si on sait qu'il soit resté quelque temps en tiers entre sa tante et vous, votre réputation sera entre ses mains ; malheur le plus grand qui puisse arriver à une femme. Je vous conseille donc d'engager sa tante à ne pas le retenir davantage ; et s'il s'obstine à rester, je crois que vous ne devez pas hésiter à lui céder la place. Mais pourquoi resterait-il ? que fait-il donc à cette campagne ? Si vous faisiez épier ses démarches, je suis sûre que vous découvririez qu'il n'a fait que prendre un asile plus commode, pour quelques noirceurs qu'il médite dans les environs. Mais, dans l'impossibilité de remédier au mal, contentons-nous de nous en garantir.

Adieu, ma belle amie ; voilà le mariage de ma fille un peu retardé. Le Comte de Gercourt, que nous attendions d'un jour à l'autre, me mande que son Régiment passe en Corse ; et comme il y a encore des mouvements de guerre, il lui sera impossible de s'absenter avant l'hiver. Cela me contrarie ; mais cela me fait espérer que nous aurons le plaisir de vous voir à la noce, et j'étais fâchée qu'elle se fît sans vous. Adieu ; je suis, sans compliment comme sans réserve, entièrement à vous.

P.-S. Rappelez-moi au souvenir de Mme de Rosemonde, que j'aime toujours autant qu'elle le mérite.

*De…, ce 11 août 17**.*

* L'erreur où est Mme de Volanges nous fait voir qu'ainsi que les autres scélérats Valmont ne décelait pas ses complices.

Lettre 10

LA MARQUISE DE MERTEUIL AU VICOMTE DE VALMONT

Me boudez-vous, Vicomte ? ou bien êtes-vous mort ? ou, ce qui y ressemblerait beaucoup, ne vivez-vous plus que pour votre Présidente ? Cette femme, qui vous a rendu *les illusions de la jeunesse*, vous en rendra bientôt aussi les ridicules préjugés. Déjà vous voilà timide et esclave ; autant vaudrait être amoureux. Vous renoncez *à vos heureuses témérités*. Vous voilà donc vous conduisant sans principes, et donnant tout au hasard, ou plutôt au caprice. Ne vous souvient-il plus que l'amour est, comme la médecine, *seulement l'art d'aider la Nature* ? Vous voyez que je vous bats avec vos armes : mais je n'en prendrai pas d'orgueil ; car c'est bien battre un homme à terre. *Il faut qu'elle se donne*, me dites-vous : eh ! sans doute, il le faut ; aussi se donnera-t-elle comme les autres, avec cette différence que ce sera de mauvaise grâce. Mais, pour qu'elle finisse par se donner, le vrai moyen est de commencer par la prendre. Que cette ridicule distinction est bien un vrai déraisonnement de l'amour ! Je dis l'amour ; car vous êtes amoureux. Vous parler autrement, ce serait vous trahir ; ce serait vous cacher votre mal. Dites-moi donc, amant langoureux, ces femmes que vous avez eues, croyez-vous les avoir violées ? Mais, quelque envie qu'on ait de se donner, quelque pressée que l'on en soit, encore faut-il un prétexte ; et y en a-t-il de plus commode pour nous, que celui qui nous donne l'air de céder à la force ? Pour moi, je l'avoue, une des choses qui me flattent le plus, est une attaque vive et bien faite, où tout se succède avec ordre quoiqu'avec rapidité ; qui ne nous met jamais dans ce pénible embarras de réparer nous-mêmes une gaucherie dont au contraire nous aurions dû profiter ; qui sait garder l'air de la violence jusque dans les choses que nous accordons, et flatter avec adresse nos deux passions favorites, la gloire de la défense et le plaisir de la défaite. Je conviens que ce talent, plus rare que l'on ne croit, m'a toujours fait plaisir, même alors qu'il ne m'a pas séduite, et que quelquefois il m'est arrivé de me rendre, uniquement comme récompense. Telle dans nos anciens Tournois, la Beauté donnait le prix de la valeur et de l'adresse.

Mais vous, vous qui n'êtes plus vous, vous vous conduisez comme si vous aviez peur de réussir. Eh ! depuis quand voyagez-vous à petites journées et par des chemins de traverse ? Mon ami, quand on veut arriver, des chevaux de poste et la grande route ! Mais laissons ce sujet, qui me donne d'autant plus d'humeur, qu'il me prive du plaisir de vous voir. Au moins écrivez-moi plus souvent que vous ne faites, et mettez-moi au courant de vos progrès. Savez-vous que voilà plus de quinze jours que cette ridicule aventure vous occupe, et que vous négligez tout le monde ?

À propos de négligence, vous ressemblez aux gens qui envoient régulièrement savoir des nouvelles de leurs amis malades, mais qui ne se font jamais rendre la réponse. Vous finissez votre dernière Lettre par me demander si le Chevalier est mort. Je ne réponds pas, et vous ne vous en inquiétez pas davantage. Ne savez-vous plus que mon amant est votre ami-né ? Mais rassurez-vous, il n'est point mort ; ou s'il l'était, ce serait de l'excès de sa joie. Ce pauvre Chevalier, comme il est tendre ! comme il est fait pour l'amour ! comme il sait sentir vivement ! la tête m'en tourne. Sérieusement, le bonheur parfait qu'il trouve à être aimé de moi, m'attache véritablement à lui.

Ce même jour, où je vous écrivais que j'allais travailler à notre rupture, combien je le rendis heureux ! Je m'occupais pourtant tout de bon des moyens de le désespérer, quand on me l'annonça. Soit caprice ou raison, jamais il ne me parut si bien. Je le reçus cependant avec humeur. Il espérait passer deux heures avec moi, avant celle où ma porte serait ouverte à tout le monde. Je lui dis que j'allais sortir : il me demanda où j'allais ; je refusai de le lui apprendre. Il insista ; *où vous ne serez pas*, repris-je, avec aigreur. Heureusement pour lui, il resta pétrifié de cette réponse ; car, s'il eût dit un mot, il s'ensuivait immanquablement une scène qui eût amené la rupture que j'avais projetée. Étonnée de son silence, je jetai les yeux sur lui sans autre projet, je vous jure, que de voir la mine qu'il faisait. Je retrouvai sur cette charmante figure cette tristesse, à la fois profonde et tendre à laquelle vous-même êtes convenu qu'il était si difficile de résister. La même cause produisit le même effet ; je fus vaincue une seconde fois. Dès ce moment, je ne m'occupai plus que des moyens d'éviter qu'il pût me trouver un tort. « Je sors pour affaire, lui dis-je avec un air un peu plus doux, et même cette affaire vous regarde ; mais ne m'interrogez pas. Je souperai chez moi ; revenez, et vous serez instruit. » Alors il retrouva la parole ; mais je ne lui permis pas d'en faire usage. « Je suis très pressée, continuai-je. Laissez-moi ; à ce soir. » Il baisa ma main et sortit.

Aussitôt, pour le dédommager, peut-être pour me dédommager moi-même, je me décide à lui faire connaître ma petite maison[1] dont il ne se

note

1. **petite maison** : maison ordinairement située dans un quartier peu fréquenté et destinée aux rendez-vous galants.

doutait pas. J'appelle ma fidèle *Victoire*. J'ai ma migraine ; je me couche pour tous mes gens ; et, restée enfin seule avec *la véritable*, tandis qu'elle se travestit en Laquais, je fais une toilette de Femme de chambre. Elle fait ensuite venir un fiacre à la porte de mon jardin, et nous voilà parties. Arrivée dans ce temple de l'amour, je choisis le déshabillé le plus galant. Celui-ci est délicieux ; il est de mon invention : il ne laisse rien voir, et pourtant fait tout deviner. Je vous en promets un modèle pour votre Présidente, quand vous l'aurez rendue digne de le porter.

Après ces préparatifs, pendant que Victoire s'occupe des autres détails, je lis un chapitre du *Sopha*[1], une Lettre d'*Héloïse* et deux Contes de La Fontaine[2], pour recorder[3] les différents tons que je voulais prendre. Cependant mon Chevalier arrive à ma porte, avec l'empressement qu'il a toujours. Mon Suisse[4] la lui refuse, et lui apprend que je suis malade : premier incident. Il lui remet en même temps un billet de moi, mais non de mon écriture, suivant ma prudente règle. Il l'ouvre, et y trouve de la main de Victoire : « À neuf heures précises, au Boulevard, devant les Cafés. » Il s'y rend ; et là, un petit Laquais qu'il ne connaît pas, qu'il croit au moins ne pas connaître, car c'était toujours Victoire, vient lui annoncer qu'il faut renvoyer sa voiture et le suivre. Toute cette marche romanesque lui échauffait la tête d'autant, et la tête échauffée ne nuit à rien. Il arrive enfin, et la surprise et l'amour causaient en lui un véritable enchantement. Pour lui donner le temps de se remettre, nous nous promenons un moment dans le bosquet ; puis je le ramène vers la maison. Il voit d'abord deux couverts mis ; ensuite un lit fait. Nous passons jusqu'au boudoir, qui était dans toute sa parure. Là, moitié réflexion, moitié sentiment, je passai mes bras autour de lui, et me laissai tomber à ses genoux. « Ô mon ami ! lui dis-je, pour vouloir te ménager la surprise de ce moment, je me reproche de t'avoir affligé par l'apparence de l'humeur ; d'avoir pu un instant voiler mon cœur à tes regards. Pardonne-moi mes torts : je veux les expier à force d'amour. » Vous jugez de l'effet de ce discours sentimental. L'heureux Chevalier me releva, et mon pardon fut scellé sur cette même ottomane[5] où vous et moi scellâmes si gaiement et de la même manière notre éternelle rupture.

notes

1. *Le Sopha*, roman libertin de Crébillon fils paru en 1742.
2. La Fontaine a écrit des *Contes* assez licencieux, contraires aux bonnes mœurs.
3. **recorder :** répéter afin de le savoir par cœur.
4. **Suisse :** domestique chargé de garder la porte d'une demeure noble.
5. **ottomane :** grand siège sans dossier.

Comme nous avions six heures à passer ensemble, et que j'avais résolu que tout ce temps fût pour lui également délicieux, je modérai ses transports, et l'aimable coquetterie vint remplacer la tendresse. Je ne crois pas avoir jamais mis tant de soin à plaire, ni avoir été jamais aussi contente de moi. Après le souper, tour à tour enfant et raisonnable, folâtre et sensible, quelquefois même libertine, je me plaisais à le considérer comme un Sultan au milieu de son Sérail[1], dont j'étais tour à tour les Favorites différentes. En effet, ses hommages réitérés, quoique toujours reçus par la même femme, le furent toujours par une Maîtresse nouvelle.

Enfin au point du jour il fallut se séparer ; et, quoi qu'il dît, quoi qu'il fît même pour me prouver le contraire, il en avait autant de besoin que peu d'envie. Au moment où nous sortîmes, et pour dernier adieu, je pris la clef de cet heureux séjour, et la lui remettant entre les mains : « Je ne l'ai eue que pour vous, lui dis-je ; il est juste que vous en soyez maître : c'est au Sacrificateur à disposer du Temple. » C'est par cette adresse que j'ai prévenu les réflexions qu'aurait pu lui faire naître la propriété, toujours suspecte, d'une petite maison. Je le connais assez, pour être sûre qu'il ne s'en servira que pour moi ; et si la fantaisie me prenait d'y aller sans lui, il me reste bien une double clef. Il voulait à toute force prendre jour pour y revenir ; mais je l'aime trop encore, pour vouloir l'user si vite. Il ne faut se permettre d'excès qu'avec les gens qu'on veut quitter bientôt. Il ne sait pas cela, lui ; mais, pour son bonheur, je le sais pour deux.

Je m'aperçois qu'il est trois heures du matin, et que j'ai écrit un volume, ayant le projet de n'écrire qu'un mot. Tel est le charme de la confiante amitié : c'est elle qui fait que vous êtes toujours ce que j'aime le mieux ; mais, en vérité, le Chevalier est ce qui me plaît davantage.

*De…, ce 12 août 17**.*

note

1. **Sérail** : harem.

Lettre 11

LA PRÉSIDENTE DE TOURVEL
À MADAME DE VOLANGES

Votre Lettre sévère m'aurait effrayée, Madame, si, par bonheur, je n'avais trouvé ici plus de motifs de sécurité que vous ne m'en donnez de crainte. Ce redoutable M. de Valmont, qui doit être la terreur de toutes les femmes, paraît avoir déposé ses armes meurtrières, avant d'entrer dans ce Château. Loin d'y former des projets, il n'y a pas même porté de prétentions ; et la qualité d'homme aimable que ses ennemis mêmes lui accordent, disparaît presque ici, pour ne lui laisser que celle de bon enfant. C'est apparemment l'air de la campagne qui a produit ce miracle. Ce que je vous puis assurer, c'est qu'étant sans cesse avec moi, paraissant même s'y plaire, il ne lui est pas échappé un mot qui ressemble à l'amour, pas une de ces phrases que tous les hommes se permettent, sans avoir, comme lui, ce qu'il faut pour les justifier. Jamais il n'oblige à cette réserve, dans laquelle toute femme qui se respecte est forcée de se tenir aujourd'hui, pour contenir les hommes qui l'entourent. Il sait ne point abuser de la gaieté qu'il inspire. Il est peut-être un peu louangeur ; mais c'est avec tant de délicatesse qu'il accoutumerait la modestie même à l'éloge. Enfin, si j'avais un frère, je désirerais qu'il fût tel que M. de Valmont se montre ici. Peut-être beaucoup de femmes lui désireraient une galanterie plus marquée ; et j'avoue que je lui sais un gré infini d'avoir su me juger assez bien pour ne pas me confondre avec elles.

Ce portrait diffère beaucoup sans doute de celui que vous me faites ; et, malgré cela, tous deux peuvent être ressemblants en fixant les époques. Lui-même convient d'avoir eu beaucoup de torts, et on lui en aura bien aussi prêté quelques-uns. Mais j'ai rencontré peu d'hommes qui parlassent des femmes honnêtes avec plus de respect, je dirais presque d'enthousiasme. Vous m'apprenez qu'au moins sur cet objet il ne trompe pas. Sa conduite avec Mme de Merteuil en est une preuve. Il nous en parle beaucoup ; et c'est toujours avec tant d'éloges et l'air d'un attachement si vrai, que j'ai cru, jusqu'à la réception de votre Lettre, que ce qu'il appelait amitié entre eux deux était bien réellement de l'amour. Je m'accuse de ce jugement téméraire, dans lequel j'ai eu d'autant plus de tort, que lui-même a pris souvent le soin de la justifier. J'avoue que je ne regardais que comme finesse, ce qui était de sa part une honnête sincérité. Je ne sais ; mais il me semble que celui qui est capable d'une amitié aussi suivie pour une femme aussi estimable, n'est pas un libertin sans retour. J'ignore au reste si nous devons la conduite sage qu'il tient ici, à quelques projets dans les environs, comme vous le supposez. Il y a bien quelques femmes aimables à la ronde ; mais il sort peu, excepté le matin, et alors il dit qu'il va à la chasse. Il est vrai qu'il rapporte rarement du gibier ; mais il assure qu'il est maladroit à cet exercice. D'ailleurs, ce qu'il peut faire au-dehors m'inquiète peu ; et si je désirais le savoir, ce ne serait que pour avoir une raison de plus de me rapprocher de votre avis ou de vous ramener au mien.

Sur ce que vous me proposez de travailler à abréger le séjour que M. de Valmont compte faire ici, il me paraît bien difficile d'oser demander à sa tante de ne pas avoir son neveu chez elle, d'autant qu'elle l'aime beaucoup. Je vous promets pourtant, mais seulement par déférence et non par besoin, de saisir l'occasion de faire cette demande, soit à elle, soit à lui-même. Quant à moi, M. de Tourvel est instruit de mon projet de rester ici jusqu'à son retour, et il s'étonnerait, avec raison, de la légèreté qui m'en ferait changer.

Voilà, Madame, de bien longs éclaircissements : mais j'ai cru devoir à la vérité un témoignage avantageux à M. de Valmont, et dont il me paraît avoir grand besoin auprès de vous. Je n'en suis pas moins sensible à l'amitié qui a dicté vos conseils. C'est à elle que je dois aussi ce que vous me dites d'obligeant à l'occasion du retard du mariage de Mademoiselle votre fille. Je vous en remercie bien sincèrement : mais, quelque plaisir que je me promette à passer ces moments avec vous, je les sacrifierais de bien bon cœur au désir de savoir Mlle de Volanges plus tôt heureuse, si pourtant elle peut jamais l'être plus qu'auprès d'une mère aussi digne de toute sa tendresse et de son respect. Je partage avec elle ces deux sentiments qui m'attachent à vous, et je vous prie d'en recevoir l'assurance avec bonté.

J'ai l'honneur d'être, etc.

*De..., ce 13 août 17**.*

Lettre 12

CÉCILE VOLANGES

À LA MARQUISE DE MERTEUIL

Maman est incommodée, Madame ; elle ne sortira point, et il faut que je lui tienne compagnie : ainsi je n'aurai pas l'honneur de vous accompagner à l'Opéra. Je vous assure que je regrette bien plus de ne pas être avec vous que le Spectacle. Je vous prie d'en être persuadée. Je vous aime tant ! Voudriez-vous bien dire à M. le Chevalier Danceny que je n'ai point le Recueil dont il m'a parlé, et que s'il peut me l'apporter demain, il me fera grand plaisir ? S'il vient aujourd'hui, on lui dira que nous n'y sommes pas ; mais c'est que Maman ne veut recevoir personne. J'espère qu'elle se portera mieux demain.

J'ai l'honneur d'être, etc.

*De..., ce 13 août 17**.*

Lettre 13

LA MARQUISE DE MERTEUIL À CÉCILE VOLANGES

Je suis très fâchée, ma belle, et d'être privée du plaisir de vous voir, et de la cause de cette privation. J'espère que cette occasion se retrouvera. Je m'acquitterai de votre commission auprès du Chevalier Danceny, qui sera sûrement très fâché de savoir votre Maman malade. Si elle veut me recevoir demain, j'irai lui tenir compagnie. Nous attaquerons, elle et moi, le Chevalier de Belleroche* au piquet[1] ; et, en lui gagnant son argent, nous aurons, pour surcroît de plaisir, celui de vous entendre chanter avec votre aimable Maître, à qui je le proposerai. Si cela convient à votre Maman et à vous, je réponds de moi et de mes deux Chevaliers. Adieu, ma belle ; mes compliments à ma chère Mme de Volanges. Je vous embrasse bien tendrement.

*De..., ce 13 août 17**.*

Lettre 14

CÉCILE VOLANGES À SOPHIE CARNAY

Je ne t'ai pas écrit hier, ma chère Sophie : mais ce n'est pas le plaisir qui en est cause ; je t'en assure bien. Maman était malade, et je ne l'ai pas quittée de la journée. Le soir, quand je me suis retirée, je n'avais cœur à rien du tout ; et je me suis couchée bien vite, pour m'assurer que la journée était finie : jamais je n'en avais passé de si longue. Ce n'est pas que je n'aime bien

* C'est le même dont il est question dans les Lettres de Mme de Merteuil.

note

1. piquet : jeu de cartes.

Maman ; mais je ne sais pas ce que c'était. Je devais aller à l'Opéra avec Mme de Merteuil ; le Chevalier Danceny devait y être. Tu sais bien que ce sont les deux personnes que j'aime le mieux. Quand l'heure où j'aurais dû y être aussi est arrivée, mon cœur s'est serré malgré moi. Je me déplaisais à tout, et j'ai pleuré, pleuré, sans pouvoir m'en empêcher. Heureusement Maman était couchée, et ne pouvait pas me voir. Je suis sûre que le Chevalier Danceny aura été fâché aussi ; mais il aura été distrait par le Spectacle et par tout le monde : c'est bien différent.

Par bonheur, Maman va mieux aujourd'hui, et Mme de Merteuil viendra avec une autre personne et le Chevalier Danceny : mais elle arrive toujours bien tard, Mme de Merteuil ; et quand on est si longtemps toute seule, c'est bien ennuyeux. Il n'est encore qu'onze heures. Il est vrai qu'il faut que je joue de la harpe ; et puis ma toilette me prendra un peu de temps, car je veux être bien coiffée aujourd'hui. Je crois que la Mère Perpétue a raison, et qu'on devient coquette dès qu'on est dans le monde. Je n'ai jamais eu tant d'envie d'être jolie que depuis quelques jours, et je trouve que je ne le suis pas autant que je le croyais ; et puis, auprès des femmes qui ont du rouge, on perd beaucoup. Mme de Merteuil, par exemple, je vois bien que tous les hommes la trouvent plus jolie que moi : cela ne me fâche pas beaucoup, parce qu'elle m'aime bien ; et puis elle assure que le Chevalier Danceny me trouve plus jolie qu'elle. C'est bien honnête à elle de me l'avoir dit ! elle avait même l'air d'en être bien aise. Par exemple, je ne conçois pas ça. C'est qu'elle m'aime tant ! et lui !... oh ! ça m'a fait bien plaisir ! aussi, c'est qu'il me semble que rien que le regarder suffit pour embellir. Je le regarderais toujours, si je ne craignais de rencontrer ses yeux : car, toutes les fois que cela m'arrive, cela me décontenance, et me fait comme de la peine ; mais ça ne fait rien.

Adieu, ma chère amie ; je vais me mettre à ma toilette. Je t'aime toujours comme de coutume.

*Paris, ce 14 août 17**.*

Lettre 15

LE VICOMTE DE VALMONT
À LA MARQUISE DE MERTEUIL

Il est bien honnête à vous de ne pas m'abandonner à mon triste sort. La vie que je mène ici est réellement fatigante, par l'excès de son repos et son insipide uniformité. En lisant votre Lettre et le détail de votre charmante journée, j'ai été tenté vingt fois de prétexter une affaire, de voler à vos pieds, et de vous y demander, en ma faveur, une infidélité à votre Chevalier, qui, après tout, ne mérite pas son bonheur. Savez-vous que vous m'avez rendu jaloux de lui ? Que me parlez-vous d'éternelle rupture ? J'abjure ce serment, prononcé dans le délire : nous n'aurions pas été dignes de le faire, si nous eussions dû le garder. Ah ! que je puisse un jour me venger dans vos bras, du dépit involontaire que m'a causé le bonheur du Chevalier ! Je suis indigné, je l'avoue, quand je songe que cet homme, sans raisonner, sans se donner la moindre peine, en suivant tout bêtement l'instinct de son cœur, trouve une félicité à laquelle je ne puis atteindre. Oh ! je la troublerai... Promettez-moi que je la troublerai. Vous-même n'êtes-vous pas humiliée ? Vous vous donnez la peine de le tromper, et il est plus heureux que vous. Vous le croyez dans vos chaînes ! C'est bien vous qui êtes dans les siennes. Il dort tranquillement, tandis que vous veillez pour ses plaisirs. Que ferait de plus son esclave ?

Tenez, ma belle amie, tant que vous vous partagez entre plusieurs, je n'ai pas la moindre jalousie : je ne vois alors dans vos Amants que les successeurs d'Alexandre[1], incapables de conserver entre eux tous cet empire où je régnais seul. Mais que vous vous donniez entièrement à un d'eux ! qu'il existe un autre homme aussi heureux que moi ! je ne le souffrirai pas ; n'espérez pas que je le souffre. Ou reprenez-moi, ou au moins prenez-en un autre ; et ne trahissez pas, par un caprice exclusif, l'amitié inviolable que nous nous sommes jurée.

C'est bien assez, sans doute, que j'aie à me plaindre de l'amour. Vous voyez que je me prête à vos idées, et que j'avoue mes torts. En effet, si c'est être amoureux que de ne pouvoir vivre sans posséder ce qu'on désire, d'y sacrifier son temps, ses plaisirs, sa vie, je suis bien réellement amoureux. Je n'en suis guère plus avancé. Je n'aurais même rien du tout à vous apprendre à ce sujet, sans un événement qui me donne beaucoup à réfléchir, et dont je ne sais encore si je dois craindre ou espérer.

Vous connaissez mon Chasseur[2], trésor d'intrigue, et vrai valet de Comédie : vous jugez bien que ses instructions portaient d'être amoureux de la Femme de chambre, et d'enivrer les gens[3]. Le coquin est plus heureux que

notes

1. L'empire d'Alexandre le Grand (356-323 av. J.-C.) fut démantelé à sa mort et partagé entre ses généraux.

2. **Chasseur** : domestique en costume de chasse, qui montait à l'arrière de la voiture de son maître.

3. **les gens** : les domestiques.

moi ; il a déjà réussi. Il vient de découvrir que Mme de Tourvel a chargé un de ses gens de prendre des informations sur ma conduite, et même de me suivre dans mes courses du matin, autant qu'il le pourrait, sans être aperçu. Que prétend cette femme ? Ainsi donc la plus modeste de toutes ose encore risquer des choses qu'à peine nous oserions nous permettre ! Je jure bien... Mais, avant de songer à me venger de cette ruse féminine, occupons-nous des moyens de la tourner à notre avantage. Jusqu'ici ces courses qu'on suspecte n'avaient aucun objet ; il faut leur en donner un. Cela mérite toute mon attention, et je vous quitte pour y réfléchir. Adieu, ma belle amie.

*Toujours du Château de..., ce 15 août 17**.*

Lettre 16

CÉCILE VOLANGES
À SOPHIE CARNAY

Ah ! ma Sophie, voici bien des nouvelles ! je ne devrais peut-être pas te les dire : mais il faut bien que j'en parle à quelqu'un ; c'est plus fort que moi. Ce Chevalier Danceny... Je suis dans un trouble que je ne peux pas écrire : je ne sais par où commencer. Depuis que je t'avais raconté la jolie soirée* que j'avais passée chez Maman avec lui et Mme de Merteuil, je ne t'en parlais plus : c'est que je ne voulais plus en parler à personne ; mais j'y pensais pourtant toujours. Depuis il était devenu si triste, mais si triste, si triste, que ça me faisait de la peine ; et quand je lui demandais pourquoi, il me disait que non : mais je voyais bien que si. Enfin hier il l'était encore plus que de coutume. Ça n'a pas empêché qu'il n'ait eu la complaisance de chanter avec moi comme à l'ordinaire ; mais, toutes les fois qu'il me regardait, cela me serrait le cœur. Après que nous eûmes fini de chanter, il alla renfermer ma harpe dans son étui ; et, en m'en rapportant la clef, il me pria d'en jouer encore le soir, aussitôt que je serais seule. Je ne me défiais de rien du tout ; je ne voulais même pas : mais il m'en pria tant, que je lui dis qu'oui. Il avait bien ses raisons. Effectivement, quand je fus retirée chez moi et que ma Femme de chambre fut sortie, j'allai pour prendre ma harpe. Je trouvai dans les cordes une Lettre, pliée seulement, et point cachetée, et qui était de lui. Ah ! si tu

* La Lettre où il est parlé de cette soirée ne s'est pas retrouvée. Il y a lieu de croire que c'est celle proposée dans le billet de Mme de Merteuil, et dont il est aussi question dans la précédente Lettre de Cécile Volanges.

savais tout ce qu'il me mande[1] ! Depuis que j'ai lu sa Lettre, j'ai tant de plaisir, que je ne peux plus songer à autre chose. Je l'ai relue quatre fois tout de suite, et puis je l'ai serrée dans mon secrétaire. Je la savais par cœur ; et, quand j'ai été couchée, je l'ai tant répétée, que je ne songeais pas à dormir. Dès que je fermais les yeux, je le voyais là, qui me disait lui-même tout ce que je venais de lire. Je ne me suis endormie que bien tard ; et aussitôt que je me suis réveillée (il était encore de bien bonne heure), j'ai été reprendre sa Lettre pour la relire à mon aise. Je l'ai emportée dans mon lit, et puis je l'ai baisée comme si... C'est peut-être mal fait de baiser une Lettre comme ça, mais je n'ai pas pu m'en empêcher.

À présent, ma chère amie, si je suis bien aise, je suis aussi bien embarrassée ; car sûrement il ne faut pas que je réponde à cette Lettre-là. Je sais bien que ça ne se doit pas, et pourtant il me le demande ; et, si je ne réponds pas, je suis sûre qu'il va encore être triste. C'est pourtant bien malheureux pour lui ! Qu'est-ce que tu me conseilles ? mais tu n'en sais pas plus que moi. J'ai bien envie d'en parler à Mme de Merteuil qui m'aime bien. Je voudrais bien le consoler ; mais je ne voudrais rien faire qui fût mal. On nous recommande tant d'avoir bon cœur ! et puis on nous défend de suivre ce qu'il inspire, quand c'est pour un homme. Ça n'est pas juste non plus. Est-ce qu'un homme n'est pas notre prochain comme une femme, et plus encore ? car enfin n'a-t-on pas son père comme sa mère, son frère comme sa sœur ? il reste toujours le mari de plus. Cependant si j'allais faire quelque chose qui ne fût pas bien, peut-être que M. Danceny lui-même n'aurait plus bonne idée de moi ! Oh ! çà, par exemple, j'aime encore mieux qu'il soit triste : et puis, enfin, je serai toujours à temps. Parce qu'il a écrit hier, je ne suis pas obligée d'écrire aujourd'hui : aussi bien je verrai Mme de Merteuil ce soir, et si j'en ai le courage, je lui conterai tout. En ne faisant que ce qu'elle me dira, je n'aurai rien à me reprocher. Et puis peut-être me dira-t-elle que je peux lui répondre un peu, pour qu'il ne soit pas si triste ! Oh ! je suis bien en peine.

Adieu, ma bonne amie. Dis-moi toujours ce que tu penses.

*De..., ce 19 août 17**.*

note

1. **mande :** dit par écrit.

Lettre 17

LE CHEVALIER DANCENY
À CÉCILE VOLANGES

Avant de me livrer, Mademoiselle, dirai-je au plaisir ou au besoin de vous écrire, je commence par vous supplier de m'entendre. Je sens que pour oser vous déclarer mes sentiments, j'ai besoin d'indulgence ; si je ne voulais que les justifier, elle me serait inutile. Que vais-je faire, après tout, que vous montrer votre ouvrage ? Et qu'ai-je à vous dire, que mes regards, mon embarras, ma conduite et même mon silence, ne vous aient dit avant moi ? Eh ! pourquoi vous fâcheriez-vous d'un sentiment que vous avez fait naître ? Émané de vous, sans doute il est digne de vous être offert ; s'il est brûlant comme mon âme, il est pur comme la vôtre. Serait-ce un crime d'avoir su apprécier votre charmante figure, vos talents séducteurs, vos grâces enchanteresses, et cette touchante candeur qui ajoute un prix inestimable à des qualités déjà si précieuses ? non, sans doute : mais, sans être coupable, on peut être malheureux ; et c'est le sort qui m'attend, si vous refusez d'agréer mon hommage. C'est le premier que mon cœur ait offert. Sans vous je serais encore, non pas heureux, mais tranquille. Je vous ai vue ; le repos a fui loin de moi, et mon bonheur est incertain. Cependant vous vous étonnez de ma tristesse ; vous m'en demandez la cause : quelquefois même j'ai cru voir qu'elle vous affligeait. Ah ! dites un mot, et ma félicité sera votre ouvrage. Mais, avant de prononcer, songez qu'un mot peut aussi combler mon malheur. Soyez donc l'arbitre de ma destinée. Par vous je vais être éternellement heureux ou malheureux. En quelles mains plus chères puis-je remettre un intérêt plus grand ?

Je finirai, comme j'ai commencé, par implorer votre indulgence. Je vous ai demandé de m'entendre ; j'oserai plus, je vous prierai de me répondre. Le refuser, serait me laisser croire que vous vous trouvez offensée, et mon cœur m'est garant que mon respect égale mon amour.

P.-S. Vous pouvez vous servir, pour me répondre, du même moyen dont je me sers pour vous faire parvenir cette Lettre ; il me paraît également sûr et commode.

*De..., ce 18 août 17**.*

Lettre 18

CÉCILE VOLANGES
À SOPHIE CARNAY

Quoi ! Sophie, tu blâmes d'avance ce que je vas[1] faire ! J'avais déjà bien assez d'inquiétudes ; voilà que tu les augmentes encore. Il est clair, dis-tu, que je ne dois pas répondre. Tu en parles bien à ton aise ; et d'ailleurs, tu ne sais pas au juste ce qui en est : tu n'es pas là pour voir. Je suis sûre que si tu étais à ma place, tu ferais comme moi. Sûrement, en général, on ne doit pas répondre ; et tu as bien vu, par ma Lettre d'hier, que je ne le voulais pas non plus : mais c'est que je ne crois pas que personne se soit jamais trouvé dans le cas où je suis.

Et encore être obligée de me décider toute seule ! Mme de Merteuil, que je comptais voir hier au soir, n'est pas venue. Tout s'arrange contre moi : c'est elle qui est cause que je le connais. C'est presque toujours avec elle que je l'ai vu, que je lui ai parlé. Ce n'est pas que je lui en veuille du mal : mais elle me laisse là au moment de l'embarras. Oh ! je suis bien à plaindre !

Figure-toi qu'il est venu hier comme à l'ordinaire. J'étais si troublée, que je n'osais le regarder. Il ne pouvait pas me parler, parce que Maman était là. Je me doutais bien qu'il serait fâché, quand il verrait que je ne lui avais pas écrit. Je ne savais quelle contenance faire. Un instant après il me demanda si je voulais qu'il allât chercher ma harpe. Le cœur me battait si fort, que ce fut tout ce que je pus faire que de répondre qu'oui. Quand il revint, c'était bien pis. Je ne le regardai qu'un petit moment. Il ne me regardait pas, lui ; mais il avait un air qu'on aurait dit qu'il était malade. Ça me faisait bien de la peine. Il se mit à accorder ma harpe, et après, en me l'apportant, il me dit : Ah ! Mademoiselle !... Il ne me dit que ces deux mots-là ; mais c'était d'un ton que j'en fus toute bouleversée. Je préludais sur ma harpe, sans savoir ce que je faisais. Maman demanda si nous ne chanterions pas. Lui s'excusa, en disant qu'il était un peu malade ; et moi, qui n'avais pas d'excuse, il me fallut chanter. J'aurais voulu n'avoir jamais eu de voix. Je choisis exprès un air que je ne savais pas ; car j'étais bien sûre que je ne pourrais en chanter aucun, et on se serait aperçu de quelque chose. Heureusement il vint une visite ; et, dès

note

1. **je vas** : forme encore courante au XVIIIe siècle pour « je vais », mais déjà considérée comme moins élégante.

que j'entendis entrer un carrosse, je cessai, et le priai de reporter ma harpe. J'avais bien peur qu'il ne s'en allât en même temps ; mais il revint.

Pendant que Maman et cette Dame qui était venue causaient ensemble, je voulus le regarder encore un petit moment. Je rencontrai ses yeux, et il me fut impossible de détourner les miens. Un moment après je vis ses larmes couler, et il fut obligé de se retourner pour n'être pas vu. Pour le coup, je ne pus y tenir ; je sentis que j'allais pleurer aussi. Je sortis, et tout de suite j'écrivis avec un crayon, sur un chiffon de papier : « Ne soyez donc pas si triste, je vous en prie ; je promets de vous répondre. » Sûrement, tu ne peux pas dire qu'il y ait du mal à cela ; et puis c'était plus fort que moi. Je mis mon papier aux cordes de ma harpe, comme sa Lettre était, et je revins dans le salon. Je me sentais plus tranquille. Il me tardait bien que cette Dame s'en fût. Heureusement, elle était en visite ; elle s'en alla bientôt après. Aussitôt qu'elle fut sortie, je dis que je voulais reprendre ma harpe, et je le priai de l'aller chercher. Je vis bien, à son air, qu'il ne se doutait de rien. Mais au retour, oh ! comme il était content ! En posant ma harpe vis-à-vis de moi, il se plaça de façon que Maman ne pouvait voir, et il prit ma main qu'il serra... mais d'une façon !... ce ne fut qu'un moment : mais je ne saurais te dire le plaisir que ça m'a fait. Je la retirai pourtant ; ainsi je n'ai rien à me reprocher.

À présent, ma bonne amie, tu vois bien que je ne peux pas me dispenser de lui écrire, puisque je le lui ai promis ; et puis, je n'irai pas lui refaire du chagrin ; car j'en souffre plus que lui. Si c'était pour quelque chose de mal, sûrement je ne le ferais pas. Mais quel mal peut-il y avoir à écrire, surtout quand c'est pour empêcher quelqu'un d'être malheureux ? Ce qui m'embarrasse, c'est que je ne saurai pas bien faire ma Lettre : mais il sentira bien que ce n'est pas ma faute ; et puis je suis sûre que rien que de ce qu'elle sera de moi, elle lui fera toujours plaisir.

Adieu, ma chère amie. Si tu trouves que j'ai tort, dis-le-moi ; mais je ne crois pas. À mesure que le moment de lui écrire approche, mon cœur bat que ça ne se conçoit pas. Il le faut pourtant bien, puisque je l'ai promis. Adieu.

*De..., ce 20 août 17**.*

Lettre 19

CÉCILE VOLANGES
AU CHEVALIER DANCENY

Vous étiez si triste, hier, Monsieur, et cela me faisait tant de peine, que je me suis laissée aller à vous promettre de répondre à la Lettre que vous m'avez écrite. Je n'en sens pas moins aujourd'hui que je ne le dois pas : pourtant, comme je l'ai promis, je ne veux pas manquer à ma parole, et cela doit bien vous prouver l'amitié que j'ai pour vous. À présent que vous le savez, j'espère que vous ne me demanderez pas de vous écrire davantage. J'espère aussi que vous ne direz à personne que je vous ai écrit ; parce que sûrement on m'en blâmerait, et que cela pourrait me causer bien du chagrin. J'espère surtout que vous-même n'en prendrez pas mauvaise idée de moi, ce qui me ferait plus de peine que tout. Je peux bien vous assurer que je n'aurais pas eu cette complaisance-là pour tout autre que vous. Je voudrais bien que vous eussiez celle de ne plus être triste comme vous étiez ; ce qui m'ôte tout le plaisir que j'ai à vous voir. Vous voyez, Monsieur, que je vous parle bien sincèrement. Je ne demande pas mieux que notre amitié dure toujours ; mais, je vous en prie, ne m'écrivez plus.

J'ai l'honneur d'être,

CÉCILE VOLANGES.

*De..., ce 20 août 17**.*

Lettre 20

LA MARQUISE DE MERTEUIL
AU VICOMTE DE VALMONT

Ah ! fripon, vous me cajolez, de peur que je ne me moque de vous ! Allons, je vous fais grâce : vous m'écrivez tant de folies, qu'il faut bien que je vous pardonne la sagesse où vous tient votre Présidente. Je ne crois pas que mon Chevalier eût autant d'indulgence que moi ; il serait homme à ne pas approuver notre renouvellement de bail, et à ne rien trouver de plaisant dans votre folle idée. J'en ai pourtant bien ri, et j'étais vraiment fâchée d'être obligée d'en rire toute seule. Si vous eussiez été là, je ne sais où m'aurait menée cette gaieté : mais j'ai eu le temps de la réflexion et je me suis armée de sévérité. Ce n'est pas que je refuse pour toujours ; mais je diffère, et j'ai raison. J'y mettrais peut-être de la vanité, et, une fois piquée au jeu, on ne sait plus où l'on s'arrête. Je serais femme à vous enchaîner de nouveau, à vous faire oublier votre Présidente ; et si j'allais, moi indigne, vous dégoûter de la vertu, voyez quel scandale ! Pour éviter ce danger, voici mes conditions.

Aussitôt que vous aurez eu votre belle Dévote, que vous pourrez m'en fournir une preuve, venez, et je suis à vous. Mais vous n'ignorez pas que dans les affaires importantes, on ne reçoit de preuves que par écrit. Par cet arrangement, d'une part, je deviendrai une récompense au lieu d'être une consolation ; et cette idée me plaît davantage ; de l'autre votre succès en sera plus piquant, en devenant lui-même un moyen d'infidélité. Venez donc, venez au plus tôt m'apporter le gage[1] de votre triomphe : semblable à nos preux Chevaliers qui venaient déposer aux pieds de leurs Dames les fruits brillants de leur victoire. Sérieusement, je suis curieuse de savoir ce que peut écrire une Prude après un tel moment, et quel voile elle met sur ses discours, après n'en avoir plus laissé sur sa personne. C'est à vous de voir si je me mets à un prix trop haut ; mais je vous préviens qu'il n'y a rien à rabattre. Jusque-là, mon cher Vicomte, vous trouverez bon que je reste fidèle à mon Chevalier, et que je m'amuse à le rendre heureux, malgré le petit chagrin que cela vous cause.

Cependant si j'avais moins de mœurs[2], je crois qu'il aurait dans ce moment, un rival dangereux ; c'est la petite Volanges. Je raffole de cet enfant : c'est une vraie passion. Où je me trompe, ou elle deviendra une de nos femmes les plus à la mode. Je vois son petit cœur se développer, et c'est un spectacle ravissant. Elle aime déjà son Danceny avec fureur ; mais elle n'en sait encore rien. Lui-même, quoique très amoureux, a encore la timidité de son âge, et n'ose pas trop le lui apprendre. Tous deux sont en adoration vis-à-vis de moi. La petite surtout a grande envie de me dire son secret ; particulièrement depuis quelques jours je l'en vois vraiment oppressée et je lui aurais rendu un grand service de l'aider un peu : mais je n'oublie pas que c'est un enfant, et je ne veux pas me compromettre. Danceny m'a parlé un peu plus clairement ; mais, pour lui, mon parti est pris, je ne veux pas l'entendre. Quant à la petite, je suis souvent tentée d'en faire mon élève ; c'est un service que j'ai envie de rendre à Gercourt. Il me laisse du temps, puisque le voilà en Corse jusqu'au mois d'Octobre. J'ai dans l'idée que j'emploierai ce temps-là, et que nous lui donnerons une femme toute formée, au lieu de son innocente Pensionnaire. Quelle est donc en effet l'insolente sécurité de cet homme, qui ose dormir

notes

1. **gage** : preuve.

2. **mœurs** : moralité.

tranquille, tandis qu'une femme, qui a à se plaindre de lui, ne s'est pas encore vengée ? Tenez, si la petite était ici dans ce moment, je ne sais ce que je ne lui dirais pas.

Adieu, Vicomte ; bonsoir et bon succès : mais, pour Dieu, avancez donc. Songez que si vous n'avez pas cette femme, les autres rougiront de vous avoir eu.

*De..., ce 20 août 17**.*

Lettre 21

LE VICOMTE DE VALMONT À LA MARQUISE DE MERTEUIL

Enfin, ma belle amie, j'ai fait un pas en avant, mais un grand pas, et qui, s'il ne m'a pas conduit jusqu'au bout, m'a fait connaître au moins que je suis dans la route, et a dissipé la crainte où j'étais de m'être égaré. J'ai enfin déclaré mon amour ; et quoiqu'on ait gardé le silence le plus obstiné, j'ai obtenu la réponse peut-être la moins équivoque et la plus flatteuse : mais n'anticipons pas sur les événements, et reprenons plus haut.

Vous vous souvenez qu'on faisait épier mes démarches. Eh bien ! j'ai voulu que ce moyen scandaleux tournât à l'édification publique, et voici ce que j'ai fait. J'ai chargé mon confident de me trouver, dans les environs, quelque malheureux qui eût besoin de secours. Cette commission n'était pas difficile à remplir. Hier après-midi, il me rendit compte qu'on devait saisir aujourd'hui, dans la matinée, les meubles d'une famille entière qui ne pouvait payer la taille[1]. Je m'assurai qu'il n'y eût dans cette maison aucune fille ou femme dont l'âge ou la figure pussent rendre mon action suspecte ; et, quand je fus bien informé, je déclarai à souper mon projet d'aller à la chasse le lendemain. Ici je dois rendre justice à ma Présidente : sans doute elle eut quelques remords des ordres qu'elle avait donnés ; et, n'ayant pas la force de vaincre sa curiosité, elle eut au moins celle de contrarier mon désir. Il devait faire une chaleur excessive ; je risquais de me rendre malade ; je ne tuerais rien et me fatiguerais en vain ; et, pendant ce dialogue, ses yeux, qui parlaient peut-être mieux qu'elle ne voulait, me faisaient assez connaître qu'elle

note

1. Sous l'Ancien Régime, la taille royale était un impôt payé principalement par les roturiers.

désirait que je prisse pour bonnes ces mauvaises raisons. Je n'avais garde de m'y rendre, comme vous pouvez croire, et je résistai de même à une petite diatribe[1] contre la chasse et les Chasseurs, et à un petit nuage d'humeur qui obscurcit, toute la soirée, cette figure céleste. Je craignis un moment que ses ordres ne fussent révoqués, et que sa délicatesse ne me nuisît. Je ne calculais pas la curiosité d'une femme ; aussi me trompais-je. Mon Chasseur me rassura dès le soir même, et je me couchai satisfait.

Au point du jour je me lève et je pars. À peine à cinquante pas du Château, j'aperçois mon espion qui me suit. J'entre en chasse, et marche à travers champs vers le Village où je voulais me rendre, sans autre plaisir, dans ma route, que de faire courir le drôle[2] qui me suivait, et qui n'osant pas quitter les chemins, parcourait souvent, à toute course, un espace triple du mien. À force de l'exercer, j'ai eu moi-même une extrême chaleur, et je me suis assis au pied d'un arbre. N'a-t-il pas eu l'insolence de se couler derrière un buisson qui n'était pas à vingt pas de moi, et de s'y asseoir aussi ? J'ai été tenté un moment de lui envoyer mon coup de fusil, qui, quoique de petit plomb seulement, lui aurait donné une leçon suffisante sur les dangers de la curiosité : heureusement pour lui, je me suis ressouvenu qu'il était utile et même nécessaire à mes projets ; cette réflexion l'a sauvé.

Cependant j'arrive au Village ; je vois de la rumeur ; je m'avance ; j'interroge ; on me raconte le fait. Je fais venir le Collecteur ; et, cédant à ma généreuse compassion, je paie noblement cinquante-six livres, pour lesquelles on réduisait cinq personnes à la paille et au désespoir. Après cette action si simple, vous n'imaginez pas quel chœur de bénédictions retentit autour de moi de la part des assistants ! Quelles larmes de reconnaissance coulaient des yeux du vieux chef de cette famille, et embellissaient cette figure de Patriarche[3], qu'un moment auparavant l'empreinte farouche du désespoir rendait vraiment hideuse ! J'examinais ce spectacle, lorsqu'un autre paysan, plus jeune, conduisant par la main une femme et deux enfants et s'avançant vers moi à pas précipités, leur dit : « Tombons tous aux pieds de cette image de Dieu » ; et dans le même instant, j'ai été entouré de cette famille, prosternée à mes genoux. J'avouerai ma faiblesse ; mes yeux se sont mouillés de larmes, et j'ai senti en moi un mouvement involontaire, mais délicieux. J'ai été étonné du plaisir qu'on éprouve en faisant le bien ; et je

notes

1. diatribe : critique.
2. drôle : fripon, coquin (terme péjoratif souvent employé pour les domestiques).
3. Patriarche : chef de famille, âgé et respecté.

serais tenté de croire que ce que nous appelons les gens vertueux, n'ont pas tant de mérite qu'on se plaît à nous le dire. Quoi qu'il en soit, j'ai trouvé juste de payer à ces pauvres gens le plaisir qu'ils venaient de me faire. J'avais pris dix louis sur moi ; je les leur ai donnés. Ici ont recommencé les remerciements, mais ils n'avaient plus ce même degré de pathétique : le nécessaire avait produit le grand, le véritable effet ; le reste n'était qu'une simple expression de reconnaissance et d'étonnement pour des dons superflus.

Cependant, au milieu des bénédictions bavardes de cette famille, je ne ressemblais pas mal au Héros d'un Drame, dans la scène du dénouement. Vous remarquerez que dans cette foule était surtout le fidèle espion. Mon but était rempli : je me dégageai d'eux tous, et regagnai le Château. Tout calculé, je me félicite de mon invention. Cette femme vaut bien sans doute que je me donne tant de soins ; ils seront un jour mes titres auprès d'elle ; et l'ayant, en quelque sorte, ainsi payée d'avance, j'aurai le droit d'en disposer à ma fantaisie, sans avoir de reproche à me faire.

J'oubliais de vous dire que pour mettre tout à profit, j'ai demandé à ces bonnes gens de prier Dieu pour le succès de mes projets. Vous allez voir si déjà leurs prières n'ont pas été en partie exaucées... Mais on m'avertit que le souper est servi, et il serait trop tard pour que cette Lettre partît, si je ne la fermais qu'en me retirant. Ainsi, *le reste à l'ordinaire*[1] *prochain*. J'en suis fâché, car le reste est le meilleur. Adieu, ma belle amie. Vous me volez un moment du plaisir de la voir.

*De..., ce 20 août 17**.*

Lettre 22

LA PRÉSIDENTE DE TOURVEL
À MADAME DE VOLANGES

Vous serez sans doute bien aise, Madame, de connaître un trait de M. de Valmont, qui contraste beaucoup, ce me semble, avec tous ceux sous lesquels on vous l'a représenté. Il est si pénible de penser désavantageusement de qui que ce soit, si fâcheux de ne trouver que des vices chez ceux qui auraient toutes les qualités nécessaires pour faire aimer la vertu ! Enfin vous aimez tant à user d'indulgence, que c'est vous obliger que de vous donner des motifs de

note

1. ***ordinaire*** : jour régulier de levée du courrier.

revenir sur un jugement trop rigoureux. M. de Valmont me paraît fondé à espérer cette faveur, je dirais presque cette justice ; et voici sur quoi je le pense.

Il a fait ce matin une de ces courses qui pouvaient faire supposer quelque projet de sa part dans les environs, comme l'idée vous en était venue ; idée que je m'accuse d'avoir saisie peut-être avec trop de vivacité. Heureusement pour lui, et surtout heureusement pour nous, puisque cela nous sauve d'être injustes, un de mes gens devait aller du même côté que lui* ; et c'est par là que ma curiosité répréhensible, mais heureuse, a été satisfaite. Il nous a rapporté que M. de Valmont, ayant trouvé au Village de... une malheureuse famille dont on vendait les meubles, faute d'avoir pu payer les impositions, non seulement s'était empressé d'acquitter la dette de ces pauvres gens, mais même leur avait donné une somme d'argent assez considérable. Mon Domestique a été témoin de cette vertueuse action ; et il m'a rapporté de plus que les paysans, causant entre eux et avec lui, avaient dit qu'un Domestique, qu'ils ont désigné, et que le mien croit être celui de M. de Valmont, avait pris hier des informations sur ceux des habitants du Village qui pouvaient avoir besoin de secours. Si cela est ainsi, ce n'est même plus seulement une compassion passagère, et que l'occasion détermine : c'est le projet formé de faire du bien ; c'est la sollicitude de la bienfaisance ; c'est la plus belle vertu des plus belles âmes : mais, soit hasard ou projet, c'est toujours une action honnête et louable, et dont le seul récit m'a attendrie jusqu'aux larmes. J'ajouterai de plus, et toujours par justice, que quand je lui ai parlé de cette action, de laquelle il ne disait mot, il a commencé par s'en défendre, et a eu l'air d'y mettre si peu de valeur lorsqu'il en est convenu, que sa modestie en doublait le mérite.

À présent, dites-moi, ma respectable amie, si M. de Valmont est en effet un libertin sans retour ? S'il n'est que cela et se conduit ainsi, que restera-t-il aux gens honnêtes ? Quoi ! les méchants partageraient-ils avec les bons le plaisir sacré de la bienfaisance ? Dieu permettrait-il qu'une famille vertueuse reçût, de la main d'un scélérat, des secours dont elle rendrait grâce à sa divine Providence ? et pourrait-il se plaire à entendre des bouches pures répandre leurs bénédictions sur un réprouvé ? Non. J'aime mieux croire que des erreurs, pour être longues, ne sont pas éternelles ; et je ne puis penser que celui qui fait du bien soit l'ennemi de la vertu. M. de Valmont n'est peut-être

* Mme de Tourvel n'ose donc pas dire que c'était par son ordre ?

qu'un exemple de plus du danger des liaisons[1]. Je m'arrête à cette idée qui me plaît. Si, d'une part, elle peut servir à le justifier dans votre esprit, de l'autre, elle me rend de plus en plus précieuse l'amitié tendre qui m'unit à vous pour la vie.

J'ai l'honneur d'être, etc.

P.-S. Mme de Rosemonde et moi nous allons, dans l'instant, voir aussi l'honnête et malheureuse famille et joindre nos secours tardifs à ceux de M. de Valmont. Nous le mènerons avec nous. Nous donnerons au moins à ces bonnes gens le plaisir de revoir leur bienfaiteur ; c'est, je crois, tout ce qu'il nous a laissé à faire.

*De..., ce 20 août 17**.*

Lettre 23

LE VICOMTE DE VALMONT À LA MARQUISE DE MERTEUIL

Nous en sommes restés à mon retour au Château : je reprends mon récit.

Je n'eus que le temps de faire une courte toilette, et je me rendis au salon, où ma Belle faisait de la tapisserie, tandis que le Curé du lieu lisait la Gazette à ma vieille tante. J'allai m'asseoir auprès du métier. Des regards, plus doux encore que de coutume, et presque caressants, me firent bientôt deviner que le Domestique avait déjà rendu compte de sa mission. En effet, mon aimable Curieuse ne put garder plus longtemps le secret qu'elle m'avait dérobé ; et, sans crainte d'interrompre un vénérable Pasteur dont le débit ressemblait pourtant à celui d'un prône[2] : « J'ai bien aussi ma nouvelle à débiter », dit-elle ; et tout de suite elle raconta mon aventure, avec une exactitude qui faisait honneur à l'intelligence de son Historien. Vous jugez comme je déployai toute ma modestie : mais qui pourrait arrêter une femme qui fait, sans s'en douter, l'éloge de ce qu'elle aime ? Je pris donc le parti de la laisser aller. On eût dit qu'elle prêchait le panégyrique[3] d'un Saint. Pendant ce temps, j'observais, non sans espoir, tout ce que promettaient à l'amour son regard animé, son geste devenu plus libre, et surtout ce son de voix qui, par

notes

1. liaisons : ici au sens de « mauvaises fréquentations ».
2. prône : sermon.
3. panégyrique : sermon à la louange d'un saint ; par extension, éloge enthousiaste d'une personne.

son altération déjà sensible, trahissait l'émotion de son âme. À peine elle finissait de parler : « Venez, mon neveu, me dit Mme de Rosemonde ; venez, que je vous embrasse. » Je sentis aussitôt que la jolie Prêcheuse ne pourrait se défendre d'être embrassée à son tour. Cependant elle voulut fuir ; mais elle fut bientôt dans mes bras ; et, loin d'avoir la force de résister, à peine lui restait-il celle de se soutenir. Plus j'observe cette femme, et plus elle me paraît désirable. Elle s'empressa de retourner à son métier, et eut l'air, pour tout le monde, de recommencer sa tapisserie ; mais moi, je m'aperçus bien que sa main tremblante ne lui permettait pas de continuer son ouvrage.

Après le dîner, les Dames voulurent aller voir les infortunés que j'avais si pieusement secourus ; je les accompagnai. Je vous sauve l'ennui de cette seconde scène de reconnaissance et d'éloges. Mon cœur, pressé d'un souvenir délicieux, hâte le moment du retour au Château. Pendant la route, ma belle Présidente, plus rêveuse qu'à l'ordinaire, ne disait pas un mot. Tout occupé de trouver les moyens de profiter de l'effet qu'avait produit l'événement du jour, je gardais le même silence. Mme de Rosemonde seule parlait et n'obtenait de nous que des réponses courtes et rares. Nous dûmes l'ennuyer : j'en avais le projet, et il réussit. Aussi, en descendant de voiture, elle passa dans son appartement, et nous laissa tête à tête, ma Belle et moi, dans un salon mal éclairé ; obscurité douce, qui enhardit l'amour timide.

Je n'eus pas la peine de diriger la conversation où je voulais la conduire. La ferveur de l'aimable Prêcheuse me servit mieux que n'aurait pu faire mon adresse. « Quand on est si digne de faire le bien, me dit-elle, en arrêtant sur moi son doux regard : comment passe-t-on sa vie à mal faire ? – Je ne mérite, lui répondis-je, ni cet éloge, ni cette censure ; et je ne conçois pas qu'avec autant d'esprit que vous en avez, vous ne m'ayez pas encore deviné. Dût ma confiance me nuire auprès de vous, vous en êtes trop digne, pour qu'il me soit possible de vous la refuser. Vous trouverez la clef de ma conduite dans un caractère malheureusement trop facile. Entouré de gens sans mœurs, j'ai imité leurs vices ; j'ai peut-être mis de l'amour-propre à les surpasser. Séduit de même ici par l'exemple des vertus, sans espérer de vous atteindre, j'ai au moins essayé de vous suivre. Eh ! peut-être l'action dont vous me louez aujourd'hui perdrait-elle tout son prix à vos yeux, si vous en connaissiez le véritable motif ! (Vous voyez, ma belle amie, combien j'étais près de la vérité.) Ce n'est pas à moi, continuai-je, que ces malheureux ont dû mes secours. Où vous croyez voir une action louable, je ne cherchais qu'un moyen de plaire. Je n'étais, puisqu'il faut le dire, que le faible agent de la Divinité que j'adore (ici elle voulut m'interrompre ; mais je ne lui en donnais pas le temps). Dans ce moment même, ajoutai-je, mon secret ne m'échappe que par faiblesse. Je m'étais promis de vous le taire ; je me faisais un bonheur de rendre à vos vertus comme à vos appas[1] un hommage pur que vous ignoreriez toujours ; mais, incapable de tromper, quand j'ai sous les yeux l'exemple de la candeur, je n'aurai point à me reprocher avec vous une dissimulation coupable. Ne croyez pas que je vous outrage par une criminelle espérance. Je serai malheureux, je le sais ; mais mes souffrances me seront chères ; elles me prouveront l'excès de mon amour ; c'est à vos pieds, c'est dans votre sein que je déposerai mes peines. J'y puiserai des forces pour souffrir de nouveau ; j'y trouverai la bonté compatissante, et je me croirai consolé, parce que vous m'aurez plaint. Ô vous que j'adore ! écoutez-moi, plaignez-moi, secourez-moi. » Cependant j'étais à ses genoux, et je serrais ses mains dans les miennes : mais elle, les dégageant tout à coup, et les croisant sur ses yeux avec l'expression du désespoir : « Ah ! malheureuse ! » s'écria-t-elle ; puis elle fondit en larmes. Par bonheur je m'étais livré à tel point, que je pleurais aussi ; et, reprenant ses mains, je les baignais de pleurs. Cette précaution était bien nécessaire ; car elle était si occupée de sa douleur, qu'elle ne se serait pas aperçue de la mienne, si je n'avais pas trouvé ce moyen de l'en avertir. J'y gagnai de plus de considérer à loisir cette charmante figure, embellie encore par l'attrait puissant des larmes. Ma tête s'échauffait, et j'étais si peu maître de moi, que je fus tenté de profiter de ce moment.

Quelle est donc notre faiblesse ? quel est l'empire des circonstances, si moi-même, oubliant mes projets, j'ai risqué de perdre, par un triomphe prématuré, le charme des longs combats et les détails d'une pénible défaite ; si, séduit par un désir de jeune homme, j'ai pensé exposer le vainqueur de Mme de Tourvel à ne recueillir, pour fruit de ses travaux, que l'insipide avantage d'avoir eu une femme de plus ! Ah ! qu'elle se rende, mais qu'elle combatte ; que, sans avoir la force de vaincre, elle ait celle de résister ; qu'elle savoure à loisir le sentiment de sa faiblesse, et soit contrainte d'avouer sa défaite. Laissons le Braconnier obscur tuer à l'affût le cerf qu'il a surpris ; le vrai Chasseur doit le forcer. Ce projet est sublime, n'est-ce pas ? mais peut-être serais-je à présent au regret de ne l'avoir pas suivi, si le hasard ne fût venu au secours de ma prudence.

note

1. **appas** : beautés (vocabulaire galant).

Nous entendîmes du bruit. On venait au salon. Mme de Tourvel, effrayée, se leva précipitamment, se saisit d'un des flambeaux, et sortit. Il fallut bien la laisser faire. Ce n'était qu'un Domestique. Aussitôt que j'en fus assuré, je la suivis. À peine eus-je fait quelques pas, que, soit qu'elle me reconnût, soit un sentiment vague d'effroi, je l'entendis précipiter sa marche, et se jeter plutôt qu'entrer dans son appartement dont elle ferma la porte sur elle. J'y allai ; mais la clef était en dedans. Je me gardai bien de frapper ; c'eût été lui fournir l'occasion d'une résistance trop facile. J'eus l'heureuse et simple idée de tenter de voir à travers la serrure, et je vis en effet cette femme adorable à genoux, baignée de larmes, et priant avec ferveur. Quel Dieu osait-elle invoquer ? en est-il d'assez puissant contre l'amour ? En vain cherche-t-elle à présent des secours étrangers : c'est moi qui réglerai son sort.

Croyant en avoir assez fait pour un jour, je me retirai aussi dans mon appartement et me mis à vous écrire. J'espérais la revoir au souper ; mais elle fit dire qu'elle s'était trouvée indisposée et s'était mise au lit. Mme de Rosemonde voulut monter chez elle, mais la malicieuse malade prétexta un mal de tête qui ne lui permettait de voir personne. Vous jugez qu'après le souper la veillée fut courte, et que j'eus aussi mon mal de tête. Retiré chez moi, j'écrivis une longue Lettre pour me plaindre de cette rigueur, et je me couchai, avec le projet de la remettre ce matin. J'ai mal dormi, comme vous pouvez voir par la date de cette Lettre. Je me suis levé, et j'ai relu mon Épître[1]. Je me suis aperçu que je ne m'y étais pas assez observé, que j'y montrais plus d'ardeur que d'amour, et plus d'humeur que de tristesse. Il faudra la refaire ; mais il faudrait être plus calme.

J'aperçois le point du jour, et j'espère que la fraîcheur qui l'accompagne m'amènera le sommeil. Je vais me remettre au lit ; et, quel que soit l'empire de cette femme, je vous promets de ne pas m'occuper tellement d'elle, qu'il ne me reste le temps de songer beaucoup à vous. Adieu, ma belle amie.

*De..., ce 21 août 17**, 4 heures du matin.*

note

1. **Épître** : lettre.

Lettre 24

LE VICOMTE DE VALMONT À LA PRÉSIDENTE DE TOURVEL

Ah ! par pitié, Madame, daignez calmer le trouble de mon âme ; daignez m'apprendre ce que je dois espérer ou craindre. Placé entre l'excès du bonheur et celui de l'infortune, l'incertitude est un tourment cruel. Pourquoi vous ai-je parlé ? que n'ai-je pu résister au charme impérieux qui vous livrait mes pensées ? Content de vous adorer en silence, je jouissais au moins de mon amour ; et ce sentiment pur, que ne troublait point alors l'image de votre douleur, suffisait à ma félicité : mais cette source de bonheur en est devenue une de désespoir, depuis que j'ai vu couler vos larmes ; depuis que j'ai entendu ce cruel *Ah ! malheureuse !* Madame, ces deux mots retentiront longtemps dans mon cœur. Par quelle fatalité, le plus doux des sentiments ne peut-il vous inspirer que l'effroi ? quelle est donc cette crainte ? Ah ! ce n'est pas celle de le partager : votre cœur que j'ai mal connu, n'est pas fait pour l'amour ; le mien, que vous calomniez sans cesse, est le seul qui soit sensible ; le vôtre est même sans pitié. S'il n'en était pas ainsi, vous n'auriez pas refusé un mot de consolation au malheureux qui vous racontait ses souffrances ; vous ne vous seriez pas soustraite à ses regards, quand il n'a d'autre plaisir que celui de vous voir ; vous ne vous seriez pas fait un jeu cruel de son inquiétude, en lui faisant annoncer que vous étiez malade sans lui permettre d'aller s'informer de votre état ; vous auriez senti que cette même nuit, qui n'était pour vous que douze heures de repos, allait être pour lui un siècle de douleurs.

Par où, dites-moi, ai-je mérité cette rigueur désolante ? Je ne crains pas de vous prendre pour juge : qu'ai-je donc fait ? que céder à un sentiment involontaire, inspiré par la beauté et justifié par la vertu ; toujours contenu par le respect, et dont l'innocent aveu fut l'effet de la confiance et non de l'espoir : la trahirez-vous, cette confiance que vous-même avez semblé me permettre, et à laquelle je me suis livré sans réserve ? Non, je ne puis le croire ; ce serait vous supposer un tort, et mon cœur se révolte à la seule idée de vous en trouver un : je désavoue mes reproches ; j'ai pu les écrire, mais non pas les penser. Ah ! laissez-moi vous croire parfaite, c'est le seul plaisir qui me reste. Prouvez-moi que vous l'êtes en m'accordant vos soins généreux. Quel malheureux avez-vous secouru, qui en eût autant de besoin que moi ? ne m'abandonnez pas dans le délire où vous m'avez plongé : prêtez-moi votre raison, puisque vous avez ravi la mienne ; après m'avoir corrigé, éclairez-moi pour finir votre ouvrage.

Je ne veux pas vous tromper, vous ne parviendrez point à vaincre mon amour ; mais vous m'apprendrez à le régler ; en guidant mes démarches, en dictant mes discours, vous me sauverez au moins du malheur affreux de vous déplaire. Dissipez surtout cette crainte désespérante ; dites-moi que vous me pardonnez, que vous me plaignez ; assurez-moi de votre indulgence. Vous n'aurez jamais toute celle que je vous désirerais ; mais je réclame celle dont j'ai besoin : me la refuserez-vous ?

Adieu, Madame ; recevez avec bonté l'hommage de mes sentiments ; il ne nuit point à celui de mon respect.

De..., ce 20 août 17★★.

Lettre 25

LE VICOMTE DE VALMONT À LA MARQUISE DE MERTEUIL

Voici le bulletin d'hier.

À onze heures j'entrai chez Mme de Rosemonde ; et, sous ses auspices[1], je fus introduit chez la feinte malade, qui était encore couchée. Elle avait les yeux très battus ; j'espère qu'elle avait aussi mal dormi que moi. Je saisis un moment, où Mme de Rosemonde s'était éloignée, pour remettre ma Lettre : on refusa de la prendre ; mais je la laissai sur le lit, et allai bien honnêtement approcher le fauteuil de ma vieille tante, qui voulait être auprès de *son cher enfant* : il fallut bien serrer[2] la Lettre pour éviter le scandale. La malade dit maladroitement qu'elle croyait avoir un peu de fièvre. Mme de Rosemonde m'engagea à lui tâter le pouls, en vantant beaucoup mes connaissances en médecine. Ma Belle eut donc le double chagrin d'être obligée de me livrer son bras, et de sentir que son petit mensonge allait être découvert. En effet, je pris sa main que je serrai dans une des miennes, pendant que, de l'autre, je parcourais son bras frais et potelé ; la malicieuse personne ne répondit à rien, ce qui me fit dire en me retirant : « Il n'y a pas même la plus légère émotion. » Je me doutai que ses regards devaient être sévères, et, pour la punir, je ne les cherchai pas ; un moment après, elle dit qu'elle voulait se lever, et nous la

notes

1. sous ses auspices : sous sa protection. **2. serrer** : mettre en lieu sûr.

laissâmes seule. Elle parut au dîner qui fut triste ; elle annonça qu'elle n'irait pas se promener, ce qui était me dire que je n'aurais pas occasion de lui parler. Je sentis bien qu'il fallait placer là un soupir et un regard douloureux : sans doute elle s'y attendait, car ce fut le seul moment de la journée où je parvins à rencontrer ses yeux. Toute sage qu'elle est, elle a ses petites ruses comme une autre. Je trouvai le moment de lui demander *si elle avait eu la bonté de m'instruire de mon sort*, et je fus un peu étonné de l'entendre me répondre : *Oui, Monsieur, je vous ai écrit*. J'étais fort empressé d'avoir cette Lettre ; mais soit ruse encore, ou maladresse, ou timidité, elle ne me la remit que le soir, au moment de se retirer chez elle. Je vous l'envoie ainsi que le brouillon de la mienne ; lisez et jugez ; voyez avec quelle insigne[1] fausseté elle affirme qu'elle n'a point d'amour quand je suis sûr du contraire ; et puis elle se plaindra si je la trompe après, quand elle ne craint pas de me tromper avant ! Ma belle amie, l'homme le plus adroit ne peut encore que se tenir au niveau de la femme la plus vraie. Il faudra pourtant feindre de croire à tout ce radotage, et se fatiguer de désespoir, parce qu'il plaît à Madame de jouer la rigueur ! Le moyen de ne pas se venger de ces noirceurs-là !... Ah ! patience... mais adieu. J'ai encore beaucoup à écrire.

À propos, vous me renverrez la Lettre de l'inhumaine ; il se pourrait faire que par la suite elle voulût qu'on mît du prix à ces misères-là, et il faut être en règle.

Je ne vous parle pas de la petite Volanges ; nous en causerons au premier jour.

*Du Château, ce 22 août 17**.*

Lettre 26

LA PRÉSIDENTE DE TOURVEL
AU VICOMTE DE VALMONT

Sûrement, Monsieur, vous n'auriez eu aucune Lettre de moi, si ma sotte conduite d'hier au soir ne me forçait d'entrer aujourd'hui en explication avec vous. Oui, j'ai pleuré, je l'avoue : peut-être aussi les deux mots, que vous me citez avec tant de soin, me sont-ils échappés ; larmes et paroles, vous avez tout remarqué ; il faut donc vous expliquer tout.

note

1. insigne : éclatante, manifeste.

Accoutumée à n'inspirer que des sentiments honnêtes, à n'entendre que des discours que je puis écouter sans rougir, à jouir par conséquent d'une sécurité que j'ose dire que je mérite, je ne sais ni dissimuler ni combattre les impressions que j'éprouve. L'étonnement et l'embarras où m'a jetée votre procédé ; je ne sais quelle crainte, inspirée par une situation qui n'eût jamais dû être faite pour moi ; peut-être l'idée révoltante de me voir confondue avec les femmes que vous méprisez, et traitée aussi légèrement qu'elles ; toutes ces causes réunies ont provoqué mes larmes, et ont pu me faire dire, avec raison, je crois, que j'étais malheureuse. Cette expression, que vous trouvez si forte, serait sûrement beaucoup trop faible encore, si mes pleurs et mes discours avaient eu un autre motif ; si, au lieu de désapprouver des sentiments qui doivent m'offenser, j'avais pu craindre de les partager.

Non, Monsieur, je n'ai pas cette crainte ; si je l'avais, je fuirais à cent lieues de vous ; j'irais pleurer dans un désert le malheur de vous avoir connu. Peut-être même, malgré la certitude où je suis de ne point vous aimer, de ne vous aimer jamais, peut-être aurais-je mieux fait de suivre les conseils de mes amis ; de ne pas vous laisser approcher de moi.

J'ai cru, et c'est là mon seul tort, j'ai cru que vous respecteriez une femme honnête, qui ne demandait pas mieux que de vous trouver tel et de vous rendre justice ; qui déjà vous défendait, tandis que vous l'outragiez par vos vœux criminels. Vous ne me connaissez pas ; non, Monsieur, vous ne me connaissez pas. Sans cela, vous n'auriez pas cru vous faire un droit de vos torts : parce que vous m'avez tenu des discours que je ne devais pas entendre, vous ne vous seriez pas cru autorisé à m'écrire une Lettre que je ne devais pas lire : et vous me demandez de *guider vos démarches, de dicter vos discours !* Hé bien, Monsieur, le silence et l'oubli, voilà les conseils qu'il me convient de vous donner, comme à vous de les suivre ; alors, vous aurez, en effet, des droits à mon indulgence : il ne tiendrait qu'à vous d'en obtenir même à ma reconnaissance... Mais, non, je ne ferai point une demande à celui qui ne m'a point respectée ; je ne donnerai point une marque de confiance à celui qui a abusé de ma sécurité. Vous me forcez à vous craindre, peut-être à vous haïr : je ne le voulais pas ; je ne voulais voir en vous que le neveu de ma plus respectable amie ; j'opposais la voix de l'amitié à la voix publique qui vous accusait. Vous avez tout détruit ; et, je le prévois, vous ne voudrez rien réparer.

Je m'en tiens, Monsieur, à vous déclarer que vos sentiments m'offensent, que leur aveu m'outrage, et surtout que, loin d'en venir un jour à les partager, vous me forceriez à ne vous revoir jamais, si vous ne vous imposiez sur cet objet un silence qu'il me semble avoir droit d'attendre, et même d'exiger de vous. Je joins à cette Lettre celle que vous m'avez écrite, et j'espère que vous voudrez bien de même me remettre celle-ci ; je serais vraiment peinée qu'il restât aucune trace d'un événement qui n'eût jamais dû exister. J'ai l'honneur d'être, etc.

*De..., ce 21 août 17**.*

Lettre 27

CÉCILE VOLANGES
À LA MARQUISE DE MERTEUIL

Mon Dieu, que vous êtes bonne, Madame ! comme vous avez bien senti qu'il me serait plus facile de vous écrire que de vous parler ! Aussi, c'est que ce que j'ai à vous dire est bien difficile ; mais vous êtes mon amie, n'est-il pas vrai ? Oh ! oui, ma bien bonne amie ! Je vais tâcher de n'avoir pas peur ; et puis, j'ai tant besoin de vous, de vos conseils ! J'ai bien du chagrin, il me semble que tout le monde devine ce que je pense ; et surtout quand il est là, je rougis dès qu'on me regarde. Hier, quand vous m'avez vue pleurer, c'est que je voulais vous parler, et puis, je ne sais quoi m'en empêchait ; et quand vous m'avez demandé ce que j'avais, mes larmes sont venues malgré moi. Je n'aurais pas pu dire une parole. Sans vous, Maman allait s'en apercevoir, et qu'est-ce que je serais devenue ? Voilà pourtant comme je passe ma vie, surtout depuis quatre jours !

C'est ce jour-là, Madame, oui je vais vous le dire, c'est ce jour-là que M. le Chevalier Danceny m'a écrit : oh ! je vous assure que quand j'ai trouvé sa Lettre, je ne savais pas du tout ce que c'était ; mais, pour ne pas mentir, je ne peux pas dire que je n'aie eu bien du plaisir en la lisant ; voyez-vous, j'aimerais mieux avoir du chagrin toute ma vie, que s'il ne me l'eût pas écrite. Mais je savais bien que je ne devais pas le lui dire, et je peux bien vous assurer même que je lui ai dit que j'en étais fâchée : mais il dit que c'était plus fort que lui, et je le crois bien ; car j'avais résolu de ne lui pas répondre, et pourtant je n'ai pas pu m'en empêcher. Oh ! je ne lui ai écrit qu'une fois, et même c'était, en partie, pour lui dire de ne plus écrire : mais malgré cela il m'écrit toujours ; et comme je ne lui réponds pas, je vois bien qu'il est triste, et ça m'afflige encore davantage : si bien que je ne sais plus que faire, ni que devenir, et que je suis bien à plaindre.

Dites-moi, je vous en prie, Madame, est-ce que ce serait bien mal de lui répondre de temps en temps ? seulement jusqu'à ce qu'il ait pu prendre sur lui de ne plus m'écrire lui-même, et de rester comme nous étions avant : car, pour moi, si cela continue, je ne sais pas ce que je deviendrai. Tenez, en lisant sa dernière Lettre, j'ai pleuré, que ça ne finissait pas ; et je suis bien sûre que si je ne lui réponds pas encore, ça nous fera bien de la peine.

Je vas vous envoyer sa Lettre aussi, ou bien une copie, et vous jugerez ; vous verrez bien que ce n'est rien de mal qu'il demande. Cependant si vous trouvez que ça ne se doit pas, je vous promets de m'en empêcher ; mais je crois que vous penserez comme moi, que ce n'est pas là du mal.

Pendant que j'y suis, Madame, permettez-moi de vous faire encore une question : on m'a bien dit que c'était mal d'aimer quelqu'un ; mais pourquoi cela ? Ce qui me fait vous le demander, c'est que M. le Chevalier Danceny prétend que ce n'est pas mal du tout, et que presque tout le monde aime ; si cela était, je ne vois pas pourquoi je serais la seule à m'en empêcher ; ou bien est-ce que ce n'est un mal que pour les demoiselles ? car j'ai entendu Maman elle-même dire que Mme D... aimait M. M... et elle n'en parlait pas comme d'une chose qui serait si mal ; et pourtant je suis sûre qu'elle se fâcherait contre moi, si elle se doutait seulement de mon amitié pour M. Danceny. Elle me traite toujours comme une enfant, Maman ; et elle ne me dit rien du tout. Je croyais, quand elle m'a fait sortir du Couvent, que c'était pour me marier ; mais à présent il me semble que non : ce n'est pas que je m'en soucie, je vous assure ; mais vous, qui êtes si amie avec elle, vous savez peut-être ce qui en est, et si vous le savez, j'espère que vous me le direz.

Voilà une bien longue Lettre, Madame, mais puisque vous m'avez permis de vous écrire, j'en ai profité pour vous dire tout, et je compte sur votre amitié.

J'ai l'honneur d'être, etc.

*Paris, ce 23 août 17**.*

Lettre 28

LE CHEVALIER DANCENY
À CÉCILE VOLANGES

Eh ! quoi, Mademoiselle, vous refusez toujours de me répondre ! rien ne peut vous fléchir ; et chaque jour emporte avec lui l'espoir qu'il avait amené ! Quelle est donc cette amitié que vous consentez qui subsiste entre nous, si elle n'est pas même assez puissante pour vous rendre sensible à ma peine ; si elle vous laisse froide et tranquille, tandis que j'éprouve les tourments d'un feu que je ne puis éteindre ; si, loin de vous inspirer de la confiance, elle ne suffit pas même à faire naître votre pitié ? Quoi ! votre ami souffre et vous ne faites rien pour le secourir ! Il ne vous demande qu'un mot, et vous le lui refusez ! et vous voulez qu'il se contente d'un sentiment si faible, dont vous craignez encore de lui réitérer les assurances[1] !

Vous ne voudriez pas être ingrate, disiez-vous hier : ah ! croyez-moi, Mademoiselle, vouloir payer de l'amour avec de l'amitié, ce n'est pas craindre l'ingratitude, c'est redouter seulement d'en avoir l'air. Cependant je n'ose plus vous entretenir d'un sentiment qui ne peut que vous être à charge, s'il ne vous intéresse pas ; il faut au moins le renfermer en moi-même, en attendant que j'apprenne à le vaincre. Je sens combien ce travail sera pénible ; je ne me dissimule pas que j'aurai besoin de toutes mes forces ; je tenterai tous les moyens : il en est un qui coûtera le plus à mon cœur, ce sera celui de me répéter souvent que le vôtre est insensible. J'essaierai même de vous voir moins, et déjà je m'occupe d'en trouver un prétexte plausible.

Quoi ! je perdrais la douce habitude de vous voir chaque jour ! Ah ! du moins je ne cesserai jamais de la regretter. Un malheur éternel sera le prix de l'amour le plus tendre ; et vous l'aurez voulu, et ce sera votre ouvrage ! Jamais, je le sens, je ne retrouverai le bonheur que je perds aujourd'hui ; vous seule étiez faite pour mon cœur ; avec quel plaisir je ferais le serment de ne vivre que pour vous ! Mais vous ne voulez pas le recevoir ; votre silence m'apprend assez que votre cœur ne vous dit rien pour moi ; il est à la fois la preuve la plus sûre de votre indifférence, et la manière la plus cruelle de me l'annoncer. Adieu, Mademoiselle.

Je n'ose plus me flatter d'une réponse ; l'amour l'eût écrite avec empressement, l'amitié avec plaisir, la pitié même avec complaisance : mais la pitié, l'amitié et l'amour sont également étrangers à votre cœur.

*Paris, ce 23 août 17**.*

note

1. réitérer les assurances : montrer de nouveau des signes (de cette amitié).

Lettre 29

CÉCILE VOLANGES
À SOPHIE CARNAY

Je te le disais bien, Sophie, qu'il y avait des cas où on pouvait écrire ; et je t'assure que je me reproche bien d'avoir suivi ton avis, qui nous a tant fait de peine, au Chevalier Danceny et à moi. La preuve que j'avais raison, c'est que Mme de Merteuil, qui est une femme qui sûrement le sait bien, a fini par penser comme moi. Je lui ai tout avoué. Elle m'a bien dit d'abord comme toi : mais quand je lui ai eu tout expliqué, elle est convenue[1] que c'était bien différent ; elle exige seulement que je lui fasse voir toutes mes Lettres et toutes celles du Chevalier Danceny, afin d'être sûre que je ne dirai que ce qu'il faudra ; ainsi, à présent, me voilà tranquille. Mon Dieu, que je l'aime Mme de Merteuil ! Elle est si bonne ! et c'est une femme bien respectable. Ainsi il n'y a rien à dire.

Comme je m'en vais écrire à M. Danceny, et comme il va être content ! il le sera encore plus qu'il ne croit ; car jusqu'ici je ne lui parlais que de mon amitié, et lui voulait toujours que je dise mon amour. Je crois que c'était bien la même chose ; mais enfin je n'osais pas, et il tenait à cela. Je l'ai dit à Mme de Merteuil ; elle m'a dit que j'avais eu raison, et qu'il ne fallait convenir d'avoir de l'amour, que quand on ne pouvait plus s'en empêcher : or je suis bien sûre que je ne pourrai pas m'en empêcher plus longtemps ; après tout c'est la même chose, et cela lui plaira davantage.

Mme de Merteuil m'a dit aussi qu'elle me prêterait des Livres qui parlaient de tout cela, et qui m'apprendraient bien à me conduire, et aussi à mieux écrire que je ne fais : car, vois-tu, elle me dit tous mes défauts, ce qui est une preuve qu'elle m'aime bien ; elle m'a recommandé seulement de ne rien dire à Maman de ces Livres-là, parce que ça aurait l'air de trouver qu'elle a trop négligé mon éducation, et ça pourrait la fâcher. Oh ! je ne lui en dirai rien.

C'est pourtant bien extraordinaire qu'une femme qui ne m'est presque pas parente prenne plus de soin de moi que ma mère ! c'est bien heureux pour moi de l'avoir connue !

Elle a demandé aussi à Maman de me mener après-demain à l'Opéra, dans sa loge ; elle m'a dit que nous y serions toutes seules, et nous causerons tout le temps, sans craindre qu'on nous entende : j'aime bien mieux cela que

note

1. elle est convenue : elle a reconnu.

l'Opéra. Nous causerons aussi de mon mariage : car elle m'a dit que c'était bien vrai que j'allais me marier ; mais nous n'avons pas pu en dire davantage. Par exemple, n'est-ce pas encore bien étonnant que Maman ne m'en dise rien du tout ?

Adieu, ma Sophie, je m'en vas écrire au Chevalier Danceny. Oh ! je suis bien contente.

*De..., ce 24 août 17**.*

Lettre 30

CÉCILE VOLANGES AU CHEVALIER DANCENY

Enfin, Monsieur, je consens à vous écrire, à vous assurer de mon amitié, de mon *amour*, puisque, sans cela, vous seriez malheureux. Vous dites que je n'ai pas bon cœur ; je vous assure bien que vous vous trompez, et j'espère qu'à présent vous n'en doutez plus. Si vous avez du chagrin de ce que je ne vous écrivais pas, croyez-vous que ça ne me faisait pas de la peine aussi ? Mais c'est que, pour toute chose au monde, je ne voudrais pas faire quelque chose qui fût mal ; et même je ne serais sûrement pas convenue de mon amour, si j'avais pu m'en empêcher : mais votre tristesse me faisait trop de peine. J'espère qu'à présent vous n'en aurez plus, et que nous allons être bien heureux.

Je compte avoir le plaisir de vous voir ce soir, et que vous viendrez de bonne heure ; ce ne sera jamais aussi tôt que je le désire. Maman soupe chez elle, et je crois qu'elle vous proposera d'y rester : j'espère que vous ne serez pas engagé[1] comme avant-hier. C'était donc bien agréable, le souper où vous alliez ? car vous y avez été de bien bonne heure. Mais enfin ne parlons pas de ça : à présent que vous savez que je vous aime, j'espère que vous resterez avec moi le plus que vous pourrez ; car je ne suis contente que lorsque je suis avec vous, et je voudrais bien que vous fussiez tout de même.

Je suis bien fâchée que vous êtes encore triste à présent, mais ce n'est pas ma faute. Je demanderai à jouer de la harpe aussitôt que vous serez arrivé, afin que vous ayez ma lettre tout de suite. Je ne peux mieux faire.

note

1. engagé : invité ailleurs.

Adieu, Monsieur. Je vous aime bien, de tout mon cœur ; plus je vous le dis, plus je suis contente ; j'espère que vous le serez aussi.

*De..., ce 24 août 17**.*

Lettre 31

LE CHEVALIER DANCENY À CÉCILE VOLANGES

Oui, sans doute, nous serons heureux. Mon bonheur est bien sûr, puisque je suis aimé de vous ; le vôtre ne finira jamais, s'il doit durer autant que l'amour que vous m'avez inspiré. Quoi ! vous m'aimez, vous ne craignez plus de m'assurer de votre *amour ! Plus vous me le dites, et plus vous êtes contente !* Après avoir lu ce charmant *je vous aime*, écrit de votre main, j'ai entendu votre belle bouche m'en répéter l'aveu. J'ai vu se fixer sur moi ces yeux charmants, qu'embellissait encore l'expression de la tendresse. J'ai reçu vos serments de vivre toujours pour moi. Ah ! recevez le mien de consacrer ma vie entière à votre bonheur ; recevez-le, et soyez sûre que je ne le trahirai pas.

Quelle heureuse journée nous avons passée hier ! Ah ! pourquoi Mme de Merteuil n'a-t-elle pas tous les jours des secrets à dire à votre Maman ? pourquoi faut-il que l'idée de la contrainte qui nous attend vienne se mêler au souvenir délicieux qui m'occupe ? pourquoi ne puis-je sans cesse tenir cette jolie main qui m'a écrit *je vous aime !* la couvrir de baisers, et me venger ainsi du refus que vous m'avez fait d'une faveur plus grande ?

Dites-moi, ma Cécile, quand votre Maman a été rentrée ; quand nous avons été forcés, par sa présence, de n'avoir plus l'un pour l'autre que des regards indifférents ; quand vous ne pouviez plus me consoler par l'assurance de votre amour, du refus que vous faisiez de m'en donner des preuves, n'avez-vous donc senti aucun regret ? ne vous êtes-vous pas dit : Un baiser l'eût rendu plus heureux, et c'est moi qui lui ai ravi ce bonheur ? Promettez-moi, mon aimable amie, qu'à la première occasion vous serez moins sévère. À l'aide de cette promesse, je trouverai du courage pour supporter les contrariétés que les circonstances nous préparent ; et les privations cruelles seront au moins adoucies par la certitude que vous en partagez le regret.

Adieu, ma charmante Cécile : voici l'heure où je dois me rendre chez vous. Il me serait impossible de vous quitter, si ce n'était pour aller vous revoir. Adieu, vous que j'aime tant ! vous, que j'aimerai toujours davantage !

*De..., ce 25 août 17**.*

Lettre 32

MADAME DE VOLANGES
À LA PRÉSIDENTE DE TOURVEL

Vous voulez donc, Madame, que je croie à la vertu de M. de Valmont ? J'avoue que je ne puis m'y résoudre, et que j'aurais autant de peine à le juger honnête, d'après le seul fait que vous me racontez, qu'à croire vicieux un homme de bien reconnu, dont j'apprendrais une faute. L'humanité n'est parfaite dans aucun genre, pas plus dans le mal que dans le bien. Le scélérat a ses vertus, comme l'honnête homme a ses faiblesses. Cette vérité me paraît d'autant plus nécessaire à croire, que c'est d'elle que dérive la nécessité de l'indulgence pour les méchants comme pour les bons, et qu'elle préserve ceux-ci de l'orgueil, et sauve les autres du découragement. Vous trouverez sans doute que je pratique bien mal, dans ce moment, cette indulgence que je prêche ; mais je ne vois plus en elle qu'une faiblesse dangereuse, quand elle nous mène à traiter de même le vicieux et l'homme de bien.

Je ne me permettrai point de scruter les motifs de l'action de M. de Valmont ; je veux croire qu'ils sont louables comme elle : mais en a-t-il moins passé sa vie à porter dans les familles le trouble, le déshonneur et le scandale ? Écoutez, si vous voulez, la voix du malheureux qu'il a secouru, mais qu'elle ne vous empêche pas d'entendre les cris de cent victimes qu'il a immolées. Quand il ne serait, comme vous le dites, qu'un exemple du danger des liaisons, en serait-il moins lui-même une liaison dangereuse ? Vous le supposez susceptible d'un retour[1] heureux ? allons plus loin ; supposons ce miracle arrivé. Ne resterait-il pas contre lui l'opinion publique, et ne suffit-elle pas pour régler votre conduite ? Dieu seul peut absoudre[2] au moment du repentir ; il lit dans les cœurs : mais les hommes ne peuvent juger les pensées que par les actions ; et nul d'entre eux, après avoir perdu l'estime des autres, n'a droit de se plaindre de la méfiance nécessaire, qui rend cette perte si difficile à réparer. Songez surtout, ma jeune amie, que quelquefois il suffit, pour perdre cette estime, d'avoir l'air d'y attacher trop peu de prix ; et ne taxez pas cette sévérité d'injustice : car, outre qu'on est fondé à croire qu'on ne renonce pas à ce bien précieux[3] quand on a droit d'y prétendre, celui-là est en effet plus près de mal faire, qui n'est plus contenu par ce frein

notes

1. **retour** : retour dans la voie du Bien.
2. **absoudre** : pardonner, effacer la faute.
3. **ce bien précieux** : l'estime des autres.

puissant. Tel serait cependant l'aspect sous lequel vous montrerait une liaison intime avec M. de Valmont, quelque innocente qu'elle pût être.

Effrayée de la chaleur avec laquelle vous le défendez, je me hâte de prévenir les objections que je prévois. Vous me citerez Mme de Merteuil, à qui on a pardonné cette liaison ; vous me demanderez pourquoi je le reçois chez moi ; vous me direz que loin d'être rejeté par les gens honnêtes, il est admis, recherché même dans ce qu'on appelle la bonne compagnie. Je peux, je crois, répondre à tout.

D'abord Mme de Merteuil, en effet très estimable, n'a peut-être d'autre défaut que trop de confiance en ses forces ; c'est un guide adroit qui se plaît à conduire un char entre les rochers et les précipices, et que le succès seul justifie : il est juste de la louer, il serait imprudent de la suivre ; elle-même en convient et s'en accuse. À mesure qu'elle a vu davantage, ses principes sont devenus plus sévères ; et je ne crains pas de vous assurer qu'elle penserait comme moi.

Quant à ce qui me regarde, je ne me justifierai pas plus que les autres. Sans doute, je reçois M. de Valmont, et il est reçu partout ; c'est une inconséquence[1] de plus à ajouter à mille autres qui gouvernent la société. Vous savez, comme moi, qu'on passe sa vie à les remarquer, à s'en plaindre et à s'y livrer. M. de Valmont, avec un beau nom, une grande fortune, beaucoup de qualités aimables, a reconnu de bonne heure que pour avoir l'empire dans la société, il suffisait de manier, avec une égale adresse, la louange et le ridicule. Nul ne possède comme lui ce double talent : il séduit avec l'un, et se fait craindre avec l'autre. On ne l'estime pas ; mais on le flatte. Telle est son existence au milieu d'un monde qui, plus prudent que courageux, aime mieux le ménager que le combattre.

Mais ni Mme de Merteuil elle-même, ni aucune autre femme, n'oserait sans doute aller s'enfermer à la campagne, presque en tête à tête avec un tel homme. Il était réservé à la plus sage, à la plus modeste d'entre elles, de donner l'exemple de cette inconséquence ; pardonnez-moi ce mot, il échappe à l'amitié. Ma belle amie, votre honnêteté même vous trahit, par la sécurité qu'elle vous inspire. Songez donc que vous aurez pour juges, d'une part, des gens frivoles, qui ne croiront pas à une vertu dont ils ne trouvent pas le modèle chez eux ; et de l'autre, des méchants qui feindront de n'y pas croire, pour vous punir de l'avoir eue. Considérez que vous faites, dans ce

note

1. **inconséquence** : incohérence.

moment, ce que quelques hommes n'oseraient pas risquer. En effet, parmi les jeunes gens, dont M. de Valmont ne s'est que trop rendu l'oracle[1], je vois les plus sages craindre de paraître liés trop intimement avec lui ; et vous, vous ne le craignez pas ! Ah ! revenez, revenez, je vous en conjure... Si mes raisons ne suffisent pas pour vous persuader, cédez à mon amitié ; c'est elle qui me fait renouveler mes instances, c'est à elle à les justifier. Vous la trouvez sévère, et je désire qu'elle soit inutile ; mais j'aime mieux que vous ayez à vous plaindre de sa sollicitude que de sa négligence.

*De..., ce 24 août 17**.*

Lettre 33

LA MARQUISE DE MERTEUIL AU VICOMTE DE VALMONT

Dès que vous craignez de réussir, mon cher Vicomte, dès que votre projet est de fournir des armes contre vous, et que vous désirez moins de vaincre que de combattre, je n'ai plus rien à dire. Votre conduite est un chef-d'œuvre de prudence. Elle en serait un de sottise dans la supposition contraire ; et pour vous parler vrai, je crains que vous ne vous fassiez illusion.

Ce que je vous reproche n'est pas de n'avoir point profité du moment. D'une part, je ne vois pas clairement qu'il fût venu ; de l'autre, je sais assez, quoi qu'on en dise, qu'une occasion manquée se retrouve, tandis qu'on ne revient jamais d'une démarche précipitée.

Mais la véritable école[2] est de vous être laissé aller à écrire. Je vous défie à présent de prévoir où ceci peut vous mener. Par hasard, espérez-vous prouver à cette femme qu'elle doit se rendre ? Il me semble que ce ne peut être là qu'une vérité de sentiment, et non de démonstration ; et que pour la faire recevoir, il s'agit d'attendrir et non de raisonner ; mais à quoi vous servirait d'attendrir par lettres, puisque vous ne seriez pas là pour en profiter ? Quand vos belles phrases produiraient l'ivresse de l'amour, vous flattez-vous qu'elle soit assez longue pour que la réflexion n'ait pas le temps d'en empêcher l'aveu ? Songez donc à celui qu'il faut pour écrire une Lettre, à celui qui se passe avant qu'on la remette ; et voyez si, surtout une femme à

notes

1. **oracle** : personne qui a de l'influence.

2. **école** : erreur de tactique (que commettrait un débutant, un écolier).

Glenn Close
(dans le film de S. Frears, 1988)
et Jeanne Moreau
(dans le film de R. Vadim, 1959)
interprétant le rôle
de Mme de Merteuil.

principes comme votre Dévote, peut vouloir si longtemps ce qu'elle tâche de ne vouloir jamais. Cette marche peut réussir avec des enfants, qui, quand ils écrivent « je vous aime », ne savent pas qu'ils disent « je me rends ». Mais la vertu raisonneuse de Mme de Tourvel me paraît fort bien connaître la valeur des termes. Aussi, malgré l'avantage que vous aviez pris sur elle dans votre conversation, elle vous bat dans sa Lettre. Et puis, savez-vous ce qui arrive ? par cela seul qu'on dispute, on ne veut pas céder. À force de chercher de bonnes raisons, on en trouve, on les dit ; et après on y tient, non pas tant parce qu'elles sont bonnes que pour ne pas se démentir.

De plus, une remarque que je m'étonne que vous n'ayez pas faite, c'est qu'il n'y a rien de si difficile en amour, que d'écrire ce qu'on ne sent pas. Je dis écrire d'une façon vraisemblable : ce n'est pas qu'on ne se serve des mêmes mots ; mais on ne les arrange pas de même, ou plutôt on les arrange, et cela suffit. Relisez votre Lettre ; il y règne un ordre qui vous décèle à chaque phrase. Je veux croire que votre Présidente est assez peu formée pour ne s'en pas apercevoir : mais qu'importe ? l'effet n'en est pas moins manqué. C'est le défaut des Romans ; l'Auteur se bat les flancs[1] pour s'échauffer, et le Lecteur reste froid. *Héloïse*[2] est le seul qu'on en puisse excepter ; et malgré le talent de l'Auteur, cette observation m'a toujours fait croire que le fonds en était vrai. Il n'en est pas de même en parlant. L'habitude de travailler son organe y donne de la sensibilité ; la facilité des larmes y ajoute encore : l'expression du désir se confond dans les yeux avec celle de la tendresse ; enfin le discours moins suivi amène plus aisément cet air de trouble et de désordre, qui est la véritable éloquence de l'amour ; et surtout la présence de l'objet aimé empêche la réflexion et nous fait désirer d'être vaincues.

Croyez-moi, Vicomte : on vous demande de ne plus écrire : profitez-en pour réparer votre faute et attendez l'occasion de parler. Savez-vous que cette femme a plus de force que je ne croyais ? sa défense est bonne ; et sans la longueur de sa Lettre, et le prétexte qu'elle vous donne pour rentrer en matière dans sa phrase de reconnaissance, elle ne se serait pas du tout trahie.

Ce qui me paraît encore devoir vous rassurer sur le succès, c'est qu'elle use trop de forces à la fois ; je prévois qu'elle les épuisera pour la défense du mot, et qu'il ne lui en restera plus pour celle de la chose.

Je vous renvoie vos deux Lettres, et si vous êtes prudent, ce seront les dernières jusqu'après l'heureux moment. S'il était moins tard, je vous

notes

1. se bat les flancs : se donne beaucoup de mal.

2. *Julie ou la Nouvelle Héloïse* de Jean-Jacques Rousseau (*cf.* note 2, p. 7).

parlerais de la petite Volanges, qui avance assez vite, et dont je suis fort contente. Je crois que j'aurai fini avant vous, et vous devez en être bien honteux. Adieu pour aujourd'hui.

*De…, ce 24 août 17**.*

Lettre 34

LE VICOMTE DE VALMONT À LA MARQUISE DE MERTEUIL

Vous parlez à merveille, ma belle amie : mais pourquoi vous tant fatiguer à prouver ce que personne n'ignore ? Pour aller vite en amour, il vaut mieux parler qu'écrire ; voilà, je crois, toute votre Lettre. Eh mais ! ce sont les plus simples éléments de l'art de séduire. Je remarquerai seulement que vous ne faites qu'une exception à ce principe, et qu'il y en a deux. Aux enfants qui suivent cette marche par timidité et se livrent par ignorance, il faut joindre les femmes Beaux-Esprits, qui s'y laissent engager par amour-propre, et que la vanité conduit dans le piège. Par exemple, je suis bien sûr que la Comtesse de B... qui répondit sans difficulté à ma première Lettre, n'avait pas alors plus d'amour pour moi que moi pour elle, et qu'elle ne vit que l'occasion de traiter un sujet qui devait lui faire honneur.

Quoi qu'il en soit, un Avocat vous dirait que le principe ne s'applique pas à la question. En effet, vous supposez que j'ai le choix entre écrire et parler, ce qui n'est pas. Depuis l'affaire du 19, mon inhumaine, qui se tient sur la défense, a mis à éviter les rencontres une adresse qui a déconcerté la mienne. C'est au point que si cela continue, elle me forcera à m'occuper sérieusement des moyens de reprendre cet avantage ; car assurément je ne veux être vaincu par elle en aucun genre. Mes Lettres mêmes sont le sujet d'une petite guerre : non contente de n'y pas répondre, elle refuse de les recevoir. Il faut pour chacune une ruse nouvelle, et qui ne réussit pas toujours.

Vous vous rappelez par quel moyen simple j'avais remis la première ; la seconde n'offrit pas plus de difficulté. Elle m'avait demandé de lui rendre sa Lettre : je lui donnai la mienne en place sans qu'elle eût le moindre soupçon. Mais soit dépit d'avoir été attrapée, soit caprice, ou enfin soit vertu, car elle me forcera d'y croire, elle refusa obstinément la troisième. J'espère pourtant que l'embarras où a pensé la mettre la suite de ce refus, la corrigera pour l'avenir.

Je ne fus pas très étonné qu'elle ne voulût pas recevoir cette Lettre que je lui offrais tout simplement ; c'eût été déjà accorder quelque chose, et je m'attends à une plus longue défense. Après cette tentative, qui n'était qu'un essai fait en passant, je mis une enveloppe à ma Lettre ; et prenant le moment de la toilette, où Mme de Rosemonde et la Femme de chambre étaient présentes, je la lui envoyai par mon Chasseur, avec ordre de lui dire que c'était le papier qu'elle m'avait demandé. J'avais bien deviné qu'elle craindrait l'explication scandaleuse que nécessiterait un refus : en effet, elle prit la Lettre ; et mon Ambassadeur[1], qui avait ordre d'observer sa figure, et qui ne voit pas mal, n'aperçut qu'une légère rougeur et plus d'embarras que de colère.

Je me félicitais donc, bien sûr, ou qu'elle garderait cette Lettre, ou que si elle voulait me la rendre, il faudrait qu'elle se trouvât seule avec moi ; ce qui me donnerait une occasion de lui parler. Environ une heure après, un de ses gens entre dans ma chambre et me remet, de la part de sa Maîtresse, un paquet d'une autre forme que le mien, et sur l'enveloppe duquel je reconnais l'écriture tant désirée. J'ouvre avec précipitation... C'était ma Lettre elle-même, non décachetée et pliée seulement en deux. Je soupçonne que la crainte que je ne fusse moins scrupuleux qu'elle sur le scandale, lui a fait employer cette ruse diabolique.

Vous me connaissez ; je n'ai pas besoin de vous peindre ma fureur. Il fallut pourtant reprendre son sang-froid, et chercher de nouveaux moyens. Voici le seul que je trouvai.

On va d'ici, tous les matins, chercher les Lettres à la Poste, qui est à environ trois quarts de lieue : on se sert, pour cet objet, d'une boîte couverte à peu près comme un tronc, dont le Maître de la Poste a une clef et Mme de Rosemonde l'autre. Chacun y met ses Lettres dans la journée, quand bon lui semble ; on les porte le soir à la Poste, et le matin on va chercher celles qui sont arrivées. Tous les gens, étrangers ou autres, font ce service également. Ce n'était pas le tour de mon domestique ; mais il se chargea d'y aller, sous le prétexte qu'il avait affaire de ce côté.

Cependant j'écrivis ma Lettre. Je déguisai mon écriture pour l'adresse, et je contrefis assez bien, sur l'enveloppe, le timbre de *Dijon*. Je choisis cette Ville, parce que je trouvai plus gai, puisque je demandais les mêmes droits

note

1. **Ambassadeur :** personne qui agit ou parle au nom d'une autre personne.

que le mari, d'écrire aussi du même lieu, et aussi, parce que ma Belle avait parlé toute la journée du désir qu'elle avait de recevoir des lettres de Dijon. Il me parut juste de lui procurer ce plaisir.

Ces précautions une fois prises, il était facile de faire joindre cette Lettre aux autres. Je gagnais encore à cet expédient d'être témoin de la réception : car l'usage est ici de se rassembler pour déjeuner et d'attendre l'arrivée des Lettres avant de se séparer. Enfin elles arrivèrent.

Mme de Rosemonde ouvrit la boîte. « De Dijon », dit-elle, en donnant la Lettre à Mme de Tourvel. « Ce n'est pas l'écriture de mon mari », reprit celle-ci d'une voix inquiète, en rompant le cachet avec vivacité : le premier coup d'œil l'instruisit ; et il se fit une telle révolution sur sa figure que Mme de Rosemonde s'en aperçut, et lui dit : « Qu'avez-vous ? » Je m'approchai aussi, en disant : « Cette Lettre est donc bien terrible ? » La timide Dévote n'osait lever les yeux, ne disait mot, et, pour sauver son embarras, feignait de parcourir l'Épître, qu'elle n'était guère en état de lire. Je jouissais de son trouble ; et n'étant pas fâché de la pousser un peu : « Votre air plus tranquille, ajoutai-je, fait espérer que cette Lettre vous a causé plus d'étonnement que de douleur. » La colère alors l'inspira mieux que n'eût pu faire la prudence. « Elle contient, répondit-elle, des choses qui m'offensent et que je suis étonnée qu'on ait osé m'écrire. – Et qui donc ? interrompit Mme de Rosemonde. Elle n'est pas signée, répondit la belle courroucée : mais la Lettre et son Auteur m'inspirent un égal mépris. On m'obligera de ne m'en plus parler. » En disant ces mots, elle déchira l'audacieuse missive, en mit les morceaux dans sa poche, se leva, et sortit.

Malgré cette colère, elle n'en a pas moins eu ma Lettre ; et je m'en remets bien à sa curiosité, du soin de l'avoir lue en entier.

Le détail de la journée me mènerait trop loin. Je joins à ce récit le brouillon de mes deux Lettres ; vous serez aussi instruite que moi. Si vous voulez être au courant de ma correspondance, il faut vous accoutumer à déchiffrer mes minutes[1] : car pour rien au monde, je ne dévorerais l'ennui de les recopier. Adieu, ma belle amie.

*De…, ce 25 août 17**.*

note

1. minutes : brouillons.

Lettre 35

LE VICOMTE DE VALMONT
À LA PRÉSIDENTE DE TOURVEL

Il faut vous obéir, Madame, il faut vous prouver qu'au milieu des torts que vous vous plaisez à me croire, il me reste au moins assez de délicatesse pour ne pas me permettre un reproche, et assez de courage pour m'imposer les plus douloureux sacrifices. Vous m'ordonnez le silence et l'oubli ! eh bien ! je forcerai mon amour à se taire ; et j'oublierai, s'il est possible, la façon cruelle dont vous l'avez accueilli. Sans doute, le désir de vous plaire n'en donnait pas le droit ; et j'avoue encore que le besoin que j'avais de votre indulgence, n'était pas un titre pour l'obtenir : mais vous regardez mon amour comme un outrage ; vous oubliez que si ce pouvait être un tort, vous en seriez à la fois et la cause et l'excuse. Vous oubliez aussi, qu'accoutumé à vous ouvrir mon âme, lors même que cette confiance pouvait me nuire, il ne m'était plus possible de vous cacher les sentiments dont je suis pénétré ; et ce qui fut l'ouvrage de ma bonne foi, vous le regardez comme le fruit de l'audace. Pour prix de l'amour le plus tendre, le plus respectueux, le plus vrai, vous me rejetez loin de vous. Vous me parlez enfin de votre haine... Quel autre ne se plaindrait pas d'être traité ainsi ? Moi seul, je me soumets ; je souffre tout et ne murmure point ; vous frappez, et j'adore. L'inconcevable empire que vous avez sur moi vous rend maîtresse absolue de mes sentiments ; et si mon amour seul vous résiste, si vous ne pouvez le détruire, c'est qu'il est votre ouvrage et non pas le mien.

Je ne demande point un retour dont jamais je ne me suis flatté. Je n'attends pas même cette pitié, que l'intérêt que vous m'aviez témoigné quelquefois pouvait me faire espérer. Mais je crois, je l'avoue, pouvoir réclamer votre justice.

Vous m'apprenez, Madame, qu'on a cherché à me nuire dans votre esprit. Si vous en eussiez cru les conseils de vos amis, vous ne m'eussiez pas même laissé approcher de vous : ce sont vos termes. Quels sont donc ces amis officieux ? Sans doute ces gens si sévères, et d'une vertu si rigide, consentent à être nommés ; sans doute ils ne voudraient pas se couvrir d'une obscurité qui les confondrait avec de vils calomniateurs ; et je n'ignorerai ni leur nom, ni leurs reproches. Songez, Madame, que j'ai le droit de savoir l'un et l'autre, puisque vous me jugez d'après eux. On ne condamne point un coupable sans lui dire son crime, sans lui nommer ses accusateurs. Je ne demande point d'autre grâce, et je m'engage d'avance à me justifier, à les forcer de se dédire.

Si j'ai trop méprisé, peut-être, les vaines clameurs d'un public dont je fais peu de cas, il n'en est pas ainsi de votre estime ; et quand je consacre ma vie à la mériter, je ne me la laisserai pas ravir impunément. Elle me devient d'autant plus précieuse, que je lui devrai sans doute cette demande que vous craignez de me faire, et qui me donnerait, dites-vous, *des droits à votre reconnaissance*. Ah ! loin d'en exiger, je croirai vous en devoir, si vous me procurez l'occasion de vous être agréable. Commencez donc à me rendre plus de justice, en ne me laissant plus ignorer ce que vous désirez de moi. Si je pouvais le deviner, je vous éviterais la peine de le dire. Au plaisir de vous voir, ajoutez le bonheur de vous servir, et je me louerai de votre indulgence. Qui peut donc vous arrêter ? ce n'est pas, je l'espère, la crainte d'un refus ? je sens que je ne pourrais vous la pardonner. Ce n'en est pas un que de ne pas vous rendre votre Lettre. Je désire plus que vous, qu'elle ne me soit plus nécessaire : mais accoutumé à vous croire une âme si douce, ce n'est que dans cette Lettre que je puis vous trouver telle que vous voulez paraître. Quand je forme le vœu de vous rendre sensible, j'y vois que plutôt que d'y consentir, vous fuiriez à cent lieues de moi ; quand tout en vous augmente et justifie mon amour, c'est encore elle qui me répète que mon amour vous outrage ; et lorsqu'en vous voyant, cet amour me semble le bien suprême, j'ai besoin de vous lire, pour sentir que ce n'est qu'un affreux tourment. Vous concevez à présent que mon plus grand bonheur serait de pouvoir vous rendre cette Lettre fatale : me la demander encore serait m'autoriser à ne plus croire ce qu'elle contient ; vous ne doutez pas, j'espère, de mon empressement à vous la remettre.

*De..., ce 21 août 17**.*

Lettre 36

LE VICOMTE DE VALMONT À LA PRÉSIDENTE DE TOURVEL

(Timbrée de Dijon.)

Votre sévérité augmente chaque jour, Madame, et si je l'ose dire, vous semblez craindre moins d'être injuste que d'être indulgente. Après m'avoir condamné sans m'entendre, vous avez dû sentir, en effet, qu'il vous serait plus facile de ne pas lire mes raisons que d'y répondre. Vous refusez mes Lettres avec obstination ; vous me les renvoyez avec mépris. Vous me forcez enfin de recourir à la ruse, dans le moment même où mon unique but est de vous convaincre de ma bonne foi. La nécessité où vous m'avez mis de me défendre, suffira sans doute pour en excuser les moyens. Convaincu d'ailleurs par la sincérité de mes sentiments, que pour les justifier à vos yeux il me suffit de vous les faire bien connaître, j'ai cru pouvoir me permettre ce léger détour. J'ose croire aussi que vous me le pardonnerez ; et que vous serez peu surprise que l'amour soit plus ingénieux à se produire, que l'indifférence à l'écarter.

Permettez donc, Madame, que mon cœur se dévoile entièrement à vous. Il vous appartient ; il est juste que vous le connaissiez.

J'étais bien éloigné, en arrivant chez Mme de Rosemonde, de prévoir le sort qui m'y attendait. J'ignorais que vous y fussiez ; et j'ajouterai, avec la sincérité qui me caractérise, que quand je l'aurais su, ma sécurité n'en eût point été troublée : non que je ne rendisse à votre beauté la justice qu'on ne peut lui refuser ; mais accoutumé à n'éprouver que des désirs, à ne me livrer qu'à ceux que l'espoir encourageait, je ne connaissais pas les tourments de l'amour.

Vous fûtes témoin des instances que me fit Mme de Rosemonde pour m'arrêter quelque temps. J'avais déjà passé une journée avec vous : cependant je ne me rendis, ou au moins je ne crus me rendre qu'au plaisir, si naturel et si légitime, de témoigner des égards à une parente respectable. Le genre de vie qu'on menait ici différait beaucoup sans doute de celui auquel j'étais accoutumé ; il ne m'en coûta rien de m'y conformer ; et, sans chercher à pénétrer la cause du changement qui s'opérait en moi, je l'attribuais uniquement encore à cette facilité de caractère, dont je crois vous avoir déjà parlé.

Malheureusement (et pourquoi faut-il que ce soit un malheur ?), en vous connaissant mieux je reconnus bientôt que cette figure enchanteresse, qui seule m'avait frappé, était le moindre de vos avantages ; votre âme céleste étonna, séduisit la mienne. J'admirais la beauté, j'adorai la vertu. Sans prétendre à vous obtenir, je m'occupai de vous mériter. En réclamant votre indulgence pour le passé, j'ambitionnai votre suffrage[1] pour l'avenir. Je le cherchais dans vos discours ; je l'épiais dans vos regards ; dans ces regards d'où partait un poison d'autant plus dangereux, qu'il était répandu sans dessein et reçu sans méfiance.

Alors je connus l'amour. Mais que j'étais loin de m'en plaindre ! résolu de l'ensevelir dans un éternel silence, je me livrais sans crainte comme sans

note

1. **suffrage** : approbation.

réserve à ce sentiment délicieux. Chaque jour augmentait son empire. Bientôt le plaisir de vous voir se changea en besoin. Vous absentiez-vous un moment ? mon cœur se serrait de tristesse ; au bruit qui m'annonçait votre retour, il palpitait de joie. Je n'existais plus que par vous, et pour vous. Cependant, c'est vous-même que j'adjure[1] : jamais dans la gaieté des folâtres jeux, ou dans l'intérêt d'une conversation sérieuse, m'échappa-t-il un mot qui pût trahir le secret de mon cœur ?

Enfin un jour arriva où devait commencer mon infortune ; et par une inconcevable fatalité, une action honnête en devint le signal. Oui, Madame, c'est au milieu des malheureux que j'avais secourus, que, vous livrant à cette sensibilité précieuse qui embellit la beauté même et ajoute du prix à la vertu, vous achevâtes d'égarer un cœur que déjà trop d'amour enivrait. Vous vous rappelez, peut-être, quelle préoccupation s'empara de moi au retour ! Hélas ! je cherchais à combattre un penchant que je sentais devenir plus fort que moi.

C'est après avoir épuisé mes forces dans ce combat inégal, qu'un hasard, que je n'avais pu prévoir, me fit trouver seul avec vous. Là, je succombai, je l'avoue. Mon cœur trop plein ne put retenir ses discours ni ses larmes. Mais est-ce donc un crime ? et si c'en est un, n'est-il pas assez puni par les tourments affreux auxquels je suis livré ?

Dévoré par un amour sans espoir, j'implore votre pitié et ne trouve que votre haine : sans autre bonheur que celui de vous voir, mes yeux vous cherchent malgré moi, et je tremble de rencontrer vos regards. Dans l'état cruel où vous m'avez réduit, je passe les jours à déguiser mes peines et les nuits à m'y livrer ; tandis que vous, tranquille et paisible, vous ne connaissez ces tourments que pour les causer et vous en applaudir. Cependant, c'est vous qui vous plaignez, et c'est moi qui m'excuse.

Voilà pourtant, Madame, voilà le récit fidèle de ce que vous nommez mes torts, et que peut-être il serait plus juste d'appeler mes malheurs. Un amour pur et sincère, un respect qui ne s'est jamais démenti, une soumission parfaite ; tels sont les sentiments que vous m'avez inspirés. Je n'eusse pas craint d'en présenter l'hommage à la Divinité même. Ô vous, qui êtes son plus bel ouvrage, imitez-la dans son indulgence ! Songez à mes peines cruelles ; songez surtout que, placé par vous entre le désespoir et la félicité suprême, le premier mot que vous prononcerez décidera pour jamais de mon sort.

*De..., ce 23 août 17**.*

note

1. **j'adjure** : je prends solennellement à témoin.

Lettre 37

LA PRÉSIDENTE DE TOURVEL À MADAME DE VOLANGES

Je me soumets, Madame, aux conseils que votre amitié me donne. Accoutumée à déférer[1] en tout à vos avis, je le suis à croire qu'ils sont toujours fondés en raison. J'avouerai même que M. de Valmont doit être, en effet, infiniment dangereux, s'il peut à la fois feindre d'être ce qu'il paraît ici, et rester tel que vous le dépeignez. Quoi qu'il en soit, puisque vous l'exigez, je l'éloignerai de moi ; au moins j'y ferai mon possible : car souvent les choses, qui dans le fond devraient être les plus simples, deviennent embarrassantes par la forme.

Il me paraît toujours impraticable de faire cette demande à sa tante ; elle deviendrait également désobligeante, et pour elle, et pour lui. Je ne prendrais pas non plus, sans quelque répugnance, le parti de m'éloigner moi-même : car outre les raisons que je vous ai déjà mandées relatives à M. de Tourvel, si mon départ contrariait M. de Valmont, comme il est possible, n'aurait-il pas la facilité de me suivre à Paris ? et son retour, dont je serais, dont au moins je paraîtrais être l'objet, ne semblerait-il pas plus étrange qu'une rencontre à la campagne, chez une personne qu'on sait être sa parente et mon amie ?

Il ne me reste donc d'autre ressource que d'obtenir de lui-même qu'il veuille bien s'éloigner. Je sens que cette proposition est difficile à faire ; cependant, comme il me paraît avoir à cœur de me prouver qu'il a en effet plus d'honnêteté qu'on ne lui en suppose, je ne désespère pas de réussir. Je ne serai pas même fâchée de le tenter ; et d'avoir une occasion de juger si, comme il le dit souvent, les femmes vraiment honnêtes n'ont jamais eu, n'auront jamais à se plaindre de ses procédés. S'il part, comme je le désire, ce sera en effet par égard pour moi : car je ne peux pas douter qu'il n'ait le projet de passer ici une grande partie de l'automne. S'il refuse ma demande et s'obstine à rester, je serai toujours à temps de partir moi-même, et je vous le promets.

Voilà, je crois, Madame, tout ce que votre amitié exigeait de moi : je m'empresse d'y satisfaire, et de vous prouver que malgré *la chaleur* que j'ai pu

note

1. déférer : me rapporter.

mettre à défendre M. de Valmont, je n'en suis pas moins disposée, non seulement à écouter, mais même à suivre les conseils de mes amis.

J'ai l'honneur d'être, etc.

*De..., ce 25 août 17**.*

Lettre 38

LA MARQUISE DE MERTEUIL AU VICOMTE DE VALMONT

Votre énorme paquet m'arrive à l'instant, mon cher Vicomte. Si la date en est exacte, j'aurais dû le recevoir vingt-quatre heures plus tôt ; quoi qu'il en soit, si je prenais le temps de le lire, je n'aurais plus celui d'y répondre. Je préfère donc de[1] vous en accuser seulement la réception, et nous causerons d'autre chose. Ce n'est pas que j'aie rien à vous dire pour mon compte ; l'automne ne laisse à Paris presque point d'hommes qui aient figure humaine : aussi je suis, depuis un mois, d'une sagesse à périr ; et tout autre que mon Chevalier serait fatigué des preuves de ma constance. Ne pouvant m'occuper, je me distrais avec la petite Volanges ; et c'est d'elle que je veux vous parler.

Savez-vous que vous avez perdu plus que vous ne croyez, à ne pas vous charger de cet enfant ? elle est vraiment délicieuse ! cela n'a ni caractère ni principes ; jugez combien sa société sera douce et facile. Je ne crois pas qu'elle brille jamais par le sentiment ; mais tout annonce en elle les sensations les plus vives. Sans esprit et sans finesse, elle a pourtant une certaine fausseté naturelle, si l'on peut parler ainsi, qui quelquefois m'étonne moi-même, et qui réussira d'autant mieux, que sa figure offre l'image de la candeur et de l'ingénuité. Elle est naturellement très caressante, et je m'en amuse quelquefois : sa petite tête se monte[2] avec une facilité incroyable ; et elle est alors d'autant plus plaisante, qu'elle ne sait rien, absolument rien, de ce qu'elle désire tant de savoir. Il lui en prend des impatiences tout à fait drôles ; elle rit, elle se dépite, elle pleure, et puis elle me prie de l'instruire, avec une bonne foi réellement séduisante. En vérité, je suis presque jalouse de celui à qui ce plaisir est réservé.

Je ne sais si je vous ai mandé que depuis quatre ou cinq jours j'ai l'honneur d'être sa confidente. Vous devinez bien que d'abord j'ai fait la sévère : mais

notes

1. Construction ancienne du verbe *préférer*.
2. **se monte** : s'excite, s'exalte.

aussitôt que je me suis aperçue qu'elle croyait m'avoir convaincue par ses mauvaises raisons, j'ai eu l'air de les prendre pour bonnes ; et elle est intimement persuadée qu'elle doit ce succès à son éloquence : il fallait cette précaution pour ne pas me compromettre. Je lui ai permis d'écrire et de dire *j'aime* ; et le jour même, sans qu'elle s'en doutât, je lui ai ménagé un tête-à-tête avec son Danceny. Mais figurez-vous qu'il est si sot encore, qu'il n'en a seulement pas obtenu un baiser. Ce garçon-là fait pourtant de fort jolis vers ! Mon Dieu ! que ces gens d'esprit sont bêtes ! Celui-ci l'est au point qu'il m'en embarrasse ; car enfin, pour lui, je ne peux pas le conduire !

C'est à présent que vous me seriez bien utile. Vous êtes assez lié avec Danceny pour avoir sa confidence, et s'il vous la donnait une fois, nous irions grand train. Dépêchez donc votre Présidente[1], car enfin je ne veux pas que Gercourt s'en sauve : au reste, j'ai parlé de lui hier à la petite personne, et le lui ai si bien peint, que quand elle serait sa femme depuis dix ans, elle ne le haïrait pas davantage. Je l'ai pourtant beaucoup prêchée sur la fidélité conjugale ; rien n'égale ma sévérité sur ce point. Par là, d'une part, je rétablis auprès d'elle ma réputation de vertu, que trop de condescendance[2] pourrait détruire ; de l'autre, j'augmente en elle la haine dont je veux gratifier son mari. Et enfin, j'espère qu'en lui faisant accroire[3] qu'il ne lui est permis de se livrer à l'amour que pendant le peu de temps qu'elle a à rester fille, elle se décidera plus vite à n'en rien perdre.

Adieu, Vicomte ; je vais me mettre à ma toilette où je lirai votre volume.

*De..., ce 27 août 17**.*

Lettre 39

CÉCILE VOLANGES À SOPHIE CARNAY

Je suis triste et inquiète, ma chère Sophie. J'ai pleuré presque toute la nuit. Ce n'est pas que pour le moment je ne sois bien heureuse, mais je prévois que cela ne durera pas.

notes

1. **Dépêchez [...] votre Présidente :** finissez-en rapidement avec votre Présidente.
2. **condescendance :** complaisance.
3. **accroire :** croire.

J'ai été hier à l'Opéra avec Mme de Merteuil ; nous y avons beaucoup parlé de mon mariage, et je n'en ai rien appris de bon. C'est M. le Comte de Gercourt que je dois épouser, et ce doit être au mois d'Octobre. Il est riche, il est homme de qualité, il est Colonel du régiment de... Jusque-là tout va fort bien. Mais d'abord il est vieux : figure-toi qu'il a au moins trente-six ans ! et puis, Mme de Merteuil dit qu'il est triste et sévère, et qu'elle craint que je ne sois pas heureuse avec lui. J'ai même bien vu qu'elle en était sûre, et qu'elle ne voulait pas me le dire, pour ne pas m'affliger. Elle ne m'a presque entretenue toute la soirée que des devoirs des femmes envers leurs maris : elle convient que M. de Gercourt n'est pas aimable du tout, et elle dit pourtant qu'il faudra que je l'aime. Ne m'a-t-elle pas dit aussi qu'une fois mariée, je ne devais plus aimer le Chevalier Danceny ? comme si c'était possible ! Oh ! je t'assure bien que je l'aimerai toujours. Vois-tu, j'aimerais mieux plutôt ne pas me marier. Que ce M. de Gercourt s'arrange, je ne l'ai pas été chercher. Il est en Corse à présent, bien loin d'ici ; je voudrais qu'il y restât dix ans. Si je n'avais pas peur de rentrer au Couvent, je dirais bien à Maman que je ne veux pas de ce mari-là ; mais ce serait encore pis. Je suis bien embarrassée. Je sens que je n'ai jamais tant aimé M. Danceny qu'à présent ; et quand je songe qu'il ne me reste plus qu'un mois à être comme je suis, les larmes me viennent aux yeux tout de suite ; je n'ai de consolation que dans l'amitié de Mme de Merteuil ; elle a si bon cœur ! elle partage tous mes chagrins comme moi-même ; et puis elle est si aimable, que, quand je suis avec elle, je n'y songe presque plus. D'ailleurs elle m'est bien utile ; car le peu que je sais, c'est elle qui me l'a appris : et elle est si bonne, que je lui dis tout ce que je pense, sans être honteuse du tout. Quand elle trouve que ce n'est pas bien, elle me gronde quelquefois, mais c'est tout doucement, et puis je l'embrasse de tout mon cœur, jusqu'à ce qu'elle ne soit plus fâchée. Au moins celle-là, je peux bien l'aimer tant que je voudrai, sans qu'il y ait du mal, et ça me fait bien du plaisir. Nous sommes pourtant convenues que je n'aurais pas l'air de l'aimer tant devant le monde, et surtout devant Maman, afin qu'elle ne se méfie de rien au sujet du Chevalier Danceny. Je t'assure que si je pouvais toujours vivre comme je fais à présent, je crois que je serais bien heureuse. Il n'y a que ce vilain M. de Gercourt !... Mais je ne veux pas t'en parler davantage : car je redeviendrais triste. Au lieu de cela, je vas écrire au Chevalier Danceny ; je ne lui parlerai que de mon amour et non de mes chagrins, car je ne veux pas l'affliger.

Adieu, ma bonne amie. Tu vois bien que tu aurais tort de te plaindre, et que j'ai beau être *occupée*, comme tu dis, qu'il ne m'en reste pas moins le temps de t'aimer et de t'écrire.*

*De…, ce 27 août 17**.*

Lettre 40

LE VICOMTE DE VALMONT
À LA MARQUISE DE MERTEUIL

C'est peu pour mon inhumaine de ne pas répondre à mes Lettres, de refuser de les recevoir ; elle veut me priver de sa vue, elle exige que je m'éloigne. Ce qui vous surprendra davantage, c'est que je me soumette à tant de rigueur. Vous allez me blâmer. Cependant je n'ai pas cru devoir perdre l'occasion de me laisser donner un ordre : persuadé, d'une part, que qui commande s'engage ; et de l'autre, que l'autorité illusoire que nous avons l'air de laisser prendre aux femmes, est un des pièges qu'elles évitent le plus difficilement. De plus l'adresse que celle-ci a su mettre à éviter de se trouver seule avec moi, me plaçait dans une situation dangereuse, dont j'ai cru devoir sortir à quelque prix que ce fût : car étant sans cesse avec elle, sans pouvoir l'occuper de mon amour, il y avait lieu de craindre qu'elle ne s'accoutumât enfin à me voir sans trouble ; disposition dont vous savez assez combien il est difficile de revenir.

Au reste, vous devinez que je ne me suis pas soumis sans condition. J'ai même eu le soin d'en mettre une impossible à accorder ; tant pour rester toujours maître de tenir ma parole, ou d'y manquer, que pour engager une discussion, soit de bouche, ou par écrit, dans un moment où ma Belle est plus contente de moi, où elle a besoin que je le sois d'elle : sans compter que je serais bien maladroit, si je ne trouvais moyen d'obtenir quelque dédommagement de mon désistement à cette prétention, tout insoutenable qu'elle est.

Après vous avoir exposé mes raisons dans ce long préambule, je commence l'historique de ces deux derniers jours. J'y joindrai comme pièces justificatives, la Lettre de ma Belle et ma Réponse. Vous conviendrez qu'il y a peu d'Historiens aussi exacts que moi.

Vous vous rappelez l'effet que fit avant-hier matin ma Lettre de *Dijon* : le reste de la journée fut très orageux. La jolie Prude arriva seulement au

* On continue à supprimer les Lettres de Cécile Volanges et du Chevalier Danceny, qui sont peu intéressantes et n'annoncent aucun événement.

moment du dîner[1], et annonça une forte migraine ; prétexte dont elle voulut couvrir un des plus violents accès d'humeur que femme puisse avoir. Sa figure en était vraiment altérée ; l'expression de douceur que vous lui connaissez s'était changée en un air mutin[2] qui en faisait une beauté nouvelle. Je me promets bien de faire usage de cette découverte par la suite ; et de remplacer quelquefois la Maîtresse tendre par la Maîtresse mutine.

Je prévis que l'après-dîner serait triste ; et pour m'en sauver l'ennui, je prétextai des Lettres à écrire, et me retirai chez moi. Je revins au salon sur les six heures ; Mme de Rosemonde proposa la promenade, qui fut acceptée. Mais au moment de monter en voiture, la prétendue malade, par une malice infernale, prétexta à son tour, et peut-être pour se venger de mon absence, un redoublement de douleurs, et me fit subir sans pitié le tête-à-tête de ma vieille tante. Je ne sais si les imprécations que je fis contre ce démon femelle furent exaucées, mais nous la trouvâmes couchée au retour.

Le lendemain au déjeuner, ce n'était plus la même femme. La douceur naturelle était revenue, et j'eus lieu de me croire pardonné. Le déjeuner était à peine fini, que la douce personne se leva d'un air indolent, et entra dans le parc ; je la suivis, comme vous pouvez croire. « D'où peut naître ce désir de promenade ? » lui dis-je en l'abordant. « J'ai beaucoup écrit ce matin, me répondit-elle, et ma tête est un peu fatiguée. – Je ne suis pas assez heureux, repris-je, pour avoir à me reprocher cette fatigue-là ? – Je vous ai bien écrit, répondit-elle encore, mais j'hésite à vous donner ma Lettre. Elle contient une demande, et vous ne m'avez pas accoutumée à en espérer le succès. – Ah ! je jure que s'il m'est possible... – Rien n'est plus facile, interrompit-elle ; et quoique vous dussiez peut-être l'accorder comme justice, je consens à l'obtenir comme grâce. » En disant ces mots, elle me présenta sa Lettre ; en la prenant, je pris aussi sa main, qu'elle retira, mais sans colère et avec plus d'embarras que de vivacité. « La chaleur est plus vive que je ne croyais », dit-elle ; « il faut rentrer. » Et elle reprit la route du Château. Je fis de vains efforts pour lui persuader de continuer sa promenade, et j'eus besoin de me rappeler que nous pouvions être vus, pour n'y employer que de l'éloquence. Elle rentra sans proférer une parole, et je vis clairement que cette feinte promenade n'avait eu d'autre but que de me remettre sa Lettre. Elle monta chez elle en rentrant, et je me retirai chez moi pour lire l'Épître, que vous ferez bien de lire aussi, ainsi que ma Réponse, avant d'aller plus loin.

notes

1. **dîner :** repas de midi.

2. **mutin :** rebelle, en colère.

Lettre 41

LA PRÉSIDENTE DE TOURVEL AU VICOMTE DE VALMONT

Il semble, Monsieur, par votre conduite avec moi, que vous ne cherchiez qu'à augmenter, chaque jour, les sujets de plainte que j'avais contre vous. Votre obstination à vouloir m'entretenir, sans cesse, d'un sentiment que je ne veux ni ne dois écouter, l'abus que vous n'avez pas craint de faire de ma bonne foi, ou de ma timidité, pour me remettre vos Lettres ; le moyen surtout, j'ose dire peu délicat, dont vous vous êtes servi pour me faire parvenir la dernière, sans craindre au moins l'effet d'une surprise qui pouvait me compromettre ; tout devrait donner lieu de ma part à des reproches aussi vifs que justement mérités. Cependant, au lieu de revenir sur ces griefs, je m'en tiens à vous faire une demande aussi simple que juste ; et si je l'obtiens de vous, je consens que tout soit oublié.

Vous-même m'avez dit, Monsieur, que je ne devais pas craindre un refus ; et quoique, par une inconséquence qui vous est particulière, cette phrase même soit suivie du seul refus que vous pouviez me faire*, je veux croire que vous n'en tiendrez pas moins aujourd'hui cette parole formellement donnée il y a si peu de jours.

Je désire donc que vous ayez la complaisance de vous éloigner de moi ; de quitter ce Château, où un plus long séjour de votre part ne pourrait que m'exposer davantage au jugement d'un public toujours prompt à mal penser d'autrui, et que vous n'avez que trop accoutumé à fixer les yeux sur les femmes qui vous admettent dans leur société.

Avertie déjà, depuis longtemps, de ce danger par mes amis, j'ai négligé, j'ai même combattu leur avis tant que votre conduite à mon égard avait pu me faire croire que vous aviez bien voulu ne pas me confondre avec cette foule de femmes qui toutes ont eu à se plaindre de vous. Aujourd'hui que vous me traitez comme elles, que je ne peux plus l'ignorer, je dois au public, à mes amis, à moi-même, de suivre ce parti nécessaire. Je pourrais ajouter ici que vous ne gagneriez rien à refuser ma demande, décidée que je suis à partir moi-même, si vous vous obstiniez à rester : mais je ne cherche point à diminuer l'obligation que je vous aurai de cette complaisance, et je veux bien que vous sachiez qu'en nécessitant mon départ d'ici vous contrarieriez mes arrangements. Prouvez-moi donc, Monsieur, que comme vous me l'avez dit

* Voyez Lettre 35.

tant de fois, les femmes honnêtes n'auront jamais à se plaindre de vous ; prouvez-moi, au moins, que quand vous avez des torts avec elles, vous savez les réparer.

Si je croyais avoir besoin de justifier ma demande vis-à-vis de vous, il me suffirait de vous dire que vous avez passé votre vie à la rendre nécessaire, et que pourtant il n'a pas tenu à moi de ne la jamais former. Mais ne rappelons pas des événements que je veux oublier, et qui m'obligeraient à vous juger avec rigueur, dans un moment où je vous offre l'occasion de mériter toute ma reconnaissance. Adieu, Monsieur ; votre conduite va m'apprendre avec quels sentiments je dois être, pour la vie, votre très humble, etc.

*De..., ce 25 août 17**.*

Lettre 42

LE VICOMTE DE VALMONT À LA PRÉSIDENTE DE TOURVEL

Quelque dures que soient, Madame, les conditions que vous m'imposez, je ne refuse pas de les remplir. Je sens qu'il me serait impossible de contrarier aucun de vos désirs. Une fois d'accord sur ce point, j'ose me flatter qu'à mon tour, vous me permettrez de vous faire quelques demandes, bien plus faciles à accorder que les vôtres, et que pourtant je ne veux obtenir que de ma soumission parfaite à votre volonté.

L'une, que j'espère qui sera sollicitée par votre justice[1], est de vouloir bien me nommer mes accusateurs auprès de vous ; ils me font, ce me semble, assez de mal pour que j'aie le droit de les connaître : l'autre, que j'attends de votre indulgence, est de vouloir bien me permettre de vous renouveler quelquefois l'hommage d'un amour qui va plus que jamais mériter votre pitié.

Songez, Madame, que je m'empresse de vous obéir, lors même que je ne peux le faire qu'aux dépens de mon bonheur ; je dirai plus, malgré la persuasion où je suis, que vous ne désirez mon départ, que pour vous sauver le spectacle, toujours pénible, de l'objet de votre injustice.

Convenez-en, Madame, vous craignez moins un public trop accoutumé à vous respecter pour oser porter de vous un jugement désavantageux, que

note

1. qui sera sollicitée par votre justice : à laquelle répondra votre sens de la justice.

vous n'êtes gênée par la présence d'un homme qu'il vous est plus facile de punir que de blâmer. Vous m'éloignez de vous comme on détourne ses regards d'un malheureux qu'on ne veut pas secourir.

Mais tandis que l'absence va redoubler mes tourments, à quelle autre qu'à vous puis-je adresser mes plaintes ? de quelle autre puis-je attendre des consolations qui vont me devenir si nécessaires ? Me les refuserez-vous, quand vous seule causez mes peines ?

Sans doute vous ne serez pas étonnée non plus, qu'avant de partir j'aie à cœur de justifier auprès de vous les sentiments que vous m'avez inspirés ; comme aussi que je ne trouve le courage de m'éloigner qu'en recevant l'ordre de votre bouche.

Cette double raison me fait vous demander un moment d'entretien. Inutilement voudrions-nous y suppléer par Lettres : on écrit des volumes et l'on explique mal ce qu'un quart d'heure de conversation suffit pour faire bien entendre. Vous trouverez facilement le temps de me l'accorder : car quelque empressé que je sois de vous obéir, vous savez que Mme de Rosemonde est instruite de mon projet de passer chez elle une partie de l'automne, et il faudra au moins que j'attende une Lettre pour pouvoir prétexter une affaire qui me force à partir.

Adieu, Madame ; jamais ce mot ne m'a tant coûté à écrire que dans ce moment où il me ramène à l'idée de notre séparation. Si vous pouviez imaginer ce qu'elle me fait souffrir, j'ose croire que vous me sauriez quelque gré de ma docilité. Recevez, au moins, avec plus d'indulgence, l'assurance et l'hommage de l'amour le plus tendre et le plus respectueux.

*De..., ce 26 août 17**.*

Suite de la Lettre 40
DU VICOMTE DE VALMONT
À LA MARQUISE DE MERTEUIL

À présent, raisonnons, ma belle amie. Vous sentez comme moi que la scrupuleuse, l'honnête Mme de Tourvel ne peut pas m'accorder la première de mes demandes, et trahir la confiance de ses amies, en me nommant mes accusateurs ; ainsi en promettant tout à cette condition, je ne m'engage à rien. Mais vous sentez aussi que ce refus qu'elle me fera, deviendra un titre pour obtenir tout le reste ; et qu'alors je gagne, en m'éloignant, d'entrer avec elle, et de son aveu, en correspondance réglée : car je compte pour peu le rendez-vous que je lui demande, et qui n'a presque d'autre objet que de l'accoutumer d'avance à n'en pas refuser d'autres quand ils me seront vraiment nécessaires.

La seule chose qui me reste à faire avant mon départ, est de savoir quels sont les gens qui s'occupent à me nuire auprès d'elle. Je présume que c'est son pédant de mari ; je le voudrais : outre qu'une défense conjugale est un aiguillon au désir[1], je serais sûr que du moment que ma Belle aura consenti à m'écrire, je n'aurais plus rien à craindre de son mari, puisqu'elle se trouverait déjà dans la nécessité de le tromper.

Mais si elle a une amie assez intime pour avoir sa confidence, et que cette amie-là soit contre moi, il me paraît nécessaire de les brouiller, et je compte y réussir : mais avant tout il faut être instruit.

J'ai bien cru que j'allais l'être hier ; mais cette femme ne fait rien comme une autre. Nous étions chez elle, au moment où l'on vint avertir que le dîner était servi. Sa toilette se finissait seulement, et tout en se pressant, et en faisant des excuses, je m'aperçus qu'elle laissait la clef à son secrétaire ; et je connais son usage de ne pas ôter celle de son appartement. J'y rêvais[2] pendant le dîner, lorsque j'entendis descendre sa Femme de chambre : je pris mon parti aussitôt ; je feignis un saignement de nez, et sortis. Je volai au secrétaire ; mais je trouvai tous les tiroirs ouverts, et pas un papier écrit. Cependant on n'a pas d'occasion de les brûler dans cette saison. Que fait-elle des Lettres qu'elle reçoit ? et elle en reçoit souvent ! Je n'ai rien négligé ; tout était ouvert, et j'ai cherché partout : mais je n'y ai rien gagné, que de me convaincre que ce dépôt précieux reste dans ses poches.

Comment l'en tirer ? depuis hier je m'occupe inutilement d'en trouver les moyens : cependant je ne peux en vaincre le désir. Je regrette de n'avoir pas le talent des filous. Ne devrait-il pas, en effet, entrer dans l'éducation d'un homme qui se mêle d'intrigues ? ne serait-il pas plaisant de dérober la Lettre ou le portrait d'un rival, ou de tirer des poches d'une Prude de quoi la démasquer ? Mais nos parents ne songent à rien ; et, moi j'ai beau songer à tout, je ne fais que m'apercevoir que je suis gauche[3], sans pouvoir y remédier.

Quoi qu'il en soit, je revins me mettre à table, fort mécontent. Ma Belle calma pourtant un peu mon humeur, par l'air d'intérêt que lui donna ma feinte indisposition ; et je ne manquai pas de l'assurer que j'avais, depuis quelque temps, de violentes agitations qui altéraient ma santé. Persuadée

notes

1. **aiguillon au désir** : ce qui excite le désir.
2. **rêvais** : réfléchissais.
3. **gauche** : malhabile, peu expert.

comme elle est, que c'est elle qui les cause, ne devait-elle pas en conscience travailler à les calmer ? Mais, quoique dévote, elle est peu charitable ; elle refuse toute aumône amoureuse, et ce refus suffit bien, ce me semble, pour en autoriser le vol. Mais adieu ; car tout en causant avec vous, je ne songe qu'à ces maudites Lettres.

*De..., ce 27 août 17**.*

Lettre 43

LA PRÉSIDENTE DE TOURVEL AU VICOMTE DE VALMONT

Pourquoi chercher, Monsieur, à diminuer ma reconnaissance ? Pourquoi ne vouloir m'obéir qu'à demi, et marchander en quelque sorte un procédé honnête ? Il ne vous suffit donc pas que j'en sente le prix ? Non seulement vous demandez beaucoup, mais vous demandez des choses impossibles. Si en effet mes amis m'ont parlé de vous, ils ne l'ont pu faire que par intérêt pour moi : quand même ils se seraient trompés, leur intention n'en était pas moins bonne ; et vous me proposez de reconnaître cette marque d'attachement de leur part, en vous livrant leur secret ! J'ai déjà eu tort de vous en parler, et vous me le faites assez sentir en ce moment. Ce qui n'eût été que de la candeur avec tout autre, devient une étourderie avec vous, et me mènerait à une noirceur, si je cédais à votre demande. J'en appelle à vous-même, à votre honnêteté ; m'avez-vous crue capable de ce procédé ? avez-vous dû me le proposer ? non sans doute ; et je suis sûre, qu'en y réfléchissant mieux, vous ne reviendrez plus sur cette demande.

Celle que vous me faites de m'écrire n'est guère plus facile à accorder ; et si vous voulez être juste, ce n'est pas à moi que vous vous en prendrez. Je ne veux point vous offenser ; mais avec la réputation que vous vous êtes acquise, et que, de votre aveu même, vous méritez du moins en partie, quelle femme pourrait avouer être en correspondance avec vous ? et quelle femme honnête peut se déterminer à faire ce qu'elle sent qu'elle serait obligée de cacher ?

Encore, si j'étais assurée que vos Lettres fussent telles que je n'eusse jamais à m'en plaindre, que je pusse toujours me justifier à mes yeux de les avoir reçues ! peut-être alors le désir de vous prouver que c'est la raison et non la haine qui me guide, me ferait passer par-dessus ces considérations puissantes, et faire beaucoup plus que je ne devrais, en vous permettant de m'écrire quelquefois. Si en effet vous le désirez autant que vous me le dites, vous vous soumettrez volontiers à la seule condition qui puisse m'y faire consentir ; et si vous avez quelque reconnaissance de ce que je fais pour vous en ce moment, vous ne différerez plus de partir.

Permettez-moi de vous observer[1] à ce sujet, que vous avez reçu une Lettre ce matin, et que vous n'en avez pas profité pour annoncer votre départ à Mme de Rosemonde, comme vous me l'aviez promis. J'espère qu'à présent rien ne pourra vous empêcher de tenir votre parole. Je compte surtout que vous n'attendrez pas, pour cela, l'entretien que vous me demandez, et auquel je ne veux absolument pas me prêter ; et qu'au lieu de l'ordre que vous prétendez vous être nécessaire, vous vous contenterez de la prière que je vous renouvelle. Adieu, Monsieur.

*De..., ce 27 août 17**.*

Lettre 44

LE VICOMTE DE VALMONT À LA MARQUISE DE MERTEUIL

Partagez ma joie, ma belle amie ; je suis aimé ; j'ai triomphé de ce cœur rebelle. C'est en vain qu'il dissimule encore ; mon heureuse adresse a surpris son secret. Grâce à mes soins actifs, je sais tout ce qui m'intéresse : depuis la nuit, l'heureuse nuit d'hier, je me retrouve dans mon élément ; j'ai repris toute mon existence ; j'ai dévoilé un double mystère d'amour et d'iniquité[2] : je jouirai de l'un, je me vengerai de l'autre ; je volerai de plaisirs en plaisirs. La seule idée que je m'en fais me transporte au point que j'ai quelque peine à rappeler ma prudence ; que j'en aurai peut-être à mettre de l'ordre dans le récit que j'ai à vous faire. Essayons cependant.

Hier même, après vous avoir écrit ma Lettre, j'en reçus une de la céleste dévote. Je vous l'envoie ; vous y verrez qu'elle me donne, le moins maladroitement qu'elle peut, la permission de lui écrire : mais elle y presse mon départ, et je sentais bien que je ne pouvais le différer trop longtemps sans me nuire.

Tourmenté cependant du désir de savoir qui pouvait avoir écrit contre moi, j'étais encore incertain du parti que je prendrais. Je tentai de gagner la Femme de chambre, et je voulus obtenir d'elle de me livrer les poches de sa Maîtresse, dont elle pouvait s'emparer aisément le soir, et qu'il lui était facile

notes

1. **observer** : faire observer.

2. **iniquité** : injustice.

de replacer le matin, sans donner le moindre soupçon. J'offris dix louis pour ce léger service : mais je ne trouvai qu'une bégueule[1], scrupuleuse ou timide, que mon éloquence ni mon argent ne purent vaincre. Je la prêchais encore, quand le souper sonna. Il fallut la laisser : trop heureux qu'elle voulût bien me promettre le secret, sur lequel même vous jugez que je ne comptais guère.

Jamais je n'eus plus d'humeur. Je me sentais compromis ; et je me reprochais, toute la soirée, ma démarche imprudente.

Retiré chez moi, non sans inquiétude, je parlai à mon Chasseur, qui, en sa qualité d'Amant heureux, devait avoir quelque crédit[2]. Je voulais, ou qu'il obtînt de cette fille de faire ce que je lui avais demandé, ou au moins qu'il s'assurât de sa discrétion : mais lui, qui d'ordinaire ne doute de rien, parut douter du succès de cette négociation, et me fit à ce sujet une réflexion qui m'étonna par sa profondeur.

« Monsieur sait sûrement mieux que moi, me dit-il, que coucher avec une fille, ce n'est que lui faire ce qui lui plaît : de là, à lui faire faire ce que nous voulons, il y a souvent bien loin. »

*Le bon sens du Maraud quelquefois m'épouvante.**

« Je réponds d'autant moins de celle-ci, ajouta-t-il, que j'ai lieu de croire qu'elle a un Amant, et que je ne la dois qu'au désœuvrement de la campagne. Aussi, sans mon zèle pour le service de Monsieur, je n'aurais eu cela qu'une fois. » (C'est un vrai trésor que ce garçon !) « Quant au secret, ajouta-t-il encore, à quoi servira-t-il de lui faire promettre, puisqu'elle ne risquera rien à nous tromper ? Lui en reparler ne ferait que lui mieux apprendre qu'il est important, et par là lui donner plus d'envie d'en faire sa cour à sa Maîtresse[3]. »

Plus ces réflexions étaient justes, plus mon embarras augmentait. Heureusement le drôle était en train de jaser ; et comme j'avais besoin de lui, je le laissais faire. Tout en me racontant son histoire avec cette fille, il m'apprit que comme la chambre qu'elle occupe n'est séparée de celle de sa Maîtresse que par une simple cloison, qui pouvait laisser entendre un bruit suspect, c'était

* PIRON, *Métromanie*[4].

notes

1. bégueule : personne excessivement prude.
2. crédit : influence.
3. faire sa cour à sa Maîtresse : être bien vue de sa maîtresse.
4. Pièce d'Alexis Piron (1689-1773), créée en 1738.

dans la sienne qu'ils se rassemblaient chaque nuit. Aussitôt je formai mon plan, je le lui communiquai, et nous l'exécutâmes avec succès.

J'attendis deux heures du matin ; et alors je me rendis, comme nous en étions convenus, à la chambre du rendez-vous, portant de la lumière avec moi, et sous prétexte d'avoir sonné plusieurs fois inutilement. Mon confident, qui joue ses rôles à merveille, donna une petite scène de surprise, de désespoir et d'excuse, que je terminai en l'envoyant me faire chauffer de l'eau, dont je feignis avoir besoin ; tandis que la scrupuleuse Chambrière était d'autant plus honteuse, que le drôle qui avait voulu renchérir sur mes projets, l'avait déterminée à une toilette que la saison comportait, mais qu'elle n'excusait pas.

Comme je sentais que plus cette fille serait humiliée, plus j'en disposerais facilement, je ne lui permis de changer ni de situation ni de parure ; et après avoir ordonné à mon Valet de m'attendre chez moi, je m'assis à côté d'elle sur le lit qui était fort en désordre, et je commençai ma conversation. J'avais besoin de garder l'empire que la circonstance me donnait sur elle : aussi conservai-je un sang-froid qui eût fait honneur à la continence[1] de Scipion[2] ; et sans prendre la plus petite liberté avec elle, ce que pourtant sa fraîcheur et l'occasion semblaient lui donner le droit d'espérer, je lui parlai d'affaires aussi tranquillement que j'aurais pu faire avec un Procureur.

Mes conditions furent que je garderais fidèlement le secret, pourvu que le lendemain, à pareille heure à peu près, elle me livrât les poches de sa Maîtresse. « Au reste, ajoutai-je, je vous avais offert dix louis hier ; je vous les promets encore aujourd'hui. Je ne veux pas abuser de votre situation. » Tout fut accordé, comme vous pouvez croire ; alors je me retirai, et permis à l'heureux couple de réparer le temps perdu.

J'employai le mien à dormir ; et à mon réveil, voulant avoir un prétexte pour ne pas répondre à la Lettre de ma Belle avant d'avoir visité ses papiers, ce que je ne pouvais faire que la nuit suivante, je me décidai à aller à la chasse, où je restai presque tout le jour.

À mon retour, je fus reçu assez froidement. J'ai lieu de croire qu'on fut un peu piqué[3] du peu d'empressement que je mettais à profiter du temps qui me restait ; surtout après la Lettre plus douce que l'on m'avait écrite. J'en juge

notes

1. **continence** : abstinence sexuelle.
2. Scipion l'Africain (Publius Cornelius Scipio, dit Africanus), général romain, né en 235 et mort en 183 av. J.-C. Au cours d'une campagne en Espagne, il préféra rendre une jeune captive à ses parents plutôt que d'abuser d'elle.
3. **piqué** : vexé.

ainsi, sur ce que Mme de Rosemonde m'ayant fait quelques reproches sur cette longue absence, ma Belle reprit avec un peu d'aigreur : « Ah ! ne reprochons pas à M. de Valmont de se livrer au seul plaisir qu'il peut trouver ici. » Je me plaignis de cette injustice, et j'en profitai pour assurer que je me plaisais tant avec ces Dames, que j'y sacrifiais une Lettre très intéressante que j'avais à écrire. J'ajoutai que, ne pouvant trouver le sommeil depuis plusieurs nuits, j'avais voulu essayer si la fatigue me le rendrait ; et mes regards expliquaient assez et le sujet de ma Lettre, et la cause de mon insomnie. J'eus soin d'avoir toute la soirée une douceur mélancolique qui me parut réussir assez bien, et sous laquelle je masquai l'impatience où j'étais de voir arriver l'heure qui devait me livrer le secret qu'on s'obstinait à me cacher. Enfin nous nous séparâmes, et quelque temps après, la fidèle Femme de chambre vint m'apporter le prix convenu de ma discrétion.

Une fois maître de ce trésor, je procédai à l'inventaire avec la prudence que vous me connaissez : car il était important de remettre tout en place. Je tombai d'abord sur deux Lettres du mari, mélange indigeste de détails de procès et de tirades d'amour conjugal, que j'eus la patience de lire en entier, et où je ne trouvai pas un mot qui eût rapport à moi. Je les replaçai avec humeur : mais elle s'adoucit, en trouvant sous ma main les morceaux de ma fameuse Lettre de Dijon, soigneusement rassemblés. Heureusement il me prit fantaisie de la parcourir. Jugez de ma joie, en y apercevant les traces, bien distinctes, des larmes de mon adorable Dévote. Je l'avoue, je cédai à un mouvement de jeune homme, et baisai cette Lettre avec un transport[1] dont je ne me croyais plus susceptible. Je continuai l'heureux examen ; je retrouvai toutes mes Lettres de suite, et par ordre de dates ; et ce qui me surprit plus agréablement encore, fut de retrouver la première de toutes, celle que je croyais m'avoir été rendue par une ingrate, fidèlement copiée de sa main ; et d'une écriture altérée et tremblante, qui témoignait assez la douce agitation de son cœur pendant cette occupation.

Jusque-là j'étais tout entier à l'amour ; bientôt il fit place à la fureur. Qui croyez-vous qui veuille me perdre auprès de cette femme que j'adore ? quelle Furie supposez-vous assez méchante, pour tramer une pareille noirceur ? Vous la connaissez : c'est votre amie, votre parente, c'est Mme de Volanges. Vous n'imaginez pas quel tissu d'horreurs l'infernale Mégère lui a écrit sur mon compte. C'est elle, elle seule, qui a troublé la sécurité de cette femme

note

1. **transport :** émotion forte.

angélique ; c'est par ses conseils, par ses avis pernicieux[1], que je me vois forcé de m'éloigner ; c'est à elle enfin que l'on me sacrifie. Ah ! sans doute il faut séduire sa fille : mais ce n'est pas assez, il faut la perdre ; et puisque l'âge de cette maudite femme la met à l'abri de mes coups, il faut la frapper dans l'objet de ses affections.

Elle veut donc que je revienne à Paris ! elle m'y force ! soit, j'y retournerai, mais elle gémira de mon retour. Je suis fâché que Danceny soit le héros de cette aventure, il a un fonds d'honnêteté qui nous gênera : cependant il est amoureux, et je le vois souvent ; on pourra peut-être en tirer parti. Je m'oublie dans ma colère, et je ne songe pas que je vous dois le récit de ce qui s'est passé aujourd'hui. Revenons.

Ce matin j'ai revu ma sensible Prude. Jamais je ne l'avais trouvée si belle. Cela devait être ainsi : le plus beau moment d'une femme, le seul où elle puisse produire cette ivresse de l'âme, dont on parle toujours et qu'on éprouve si rarement, est celui où, assurés de son amour, nous ne le sommes pas de ses faveurs ; et c'est précisément le cas où je me trouvais. Peut-être aussi l'idée que j'allais être privé du plaisir de la voir servait-il à l'embellir. Enfin, à l'arrivée du Courrier, on m'a remis votre Lettre du 27 ; et pendant que je la lisais, j'hésitais encore pour savoir si je tiendrais ma parole : mais j'ai rencontré les yeux de ma Belle, et il m'aurait été impossible de lui rien refuser.

J'ai donc annoncé mon départ. Un moment après, Mme de Rosemonde nous a laissés seuls : mais j'étais encore à quatre pas de la farouche personne, que se levant avec l'air de l'effroi : « Laissez-moi, laissez-moi, Monsieur, m'a-t-elle dit ; au nom de Dieu, laissez-moi. » Cette prière fervente, qui décelait son émotion, ne pouvait que m'animer davantage. Déjà j'étais auprès d'elle, et je tenais ses mains qu'elle avait jointes avec une expression tout à fait touchante ; là, je commençais de tendres plaintes, quand un démon ennemi ramena Mme de Rosemonde. La timide Dévote, qui a en effet quelques raisons de craindre, en a profité pour se retirer.

Je lui ai pourtant offert la main qu'elle a acceptée ; et augurant bien de cette douceur, qu'elle n'avait pas eue depuis longtemps, tout en recommençant mes plaintes j'ai essayé de serrer la sienne. Elle a d'abord voulu la retirer ; mais sur une instance plus vive, elle s'est livrée d'assez bonne grâce, quoique sans répondre ni à ce geste, ni à mes discours. Arrivé à la porte de son

note

1. **pernicieux :** malfaisants.

appartement, j'ai voulu baiser cette main, avant de la quitter. La défense a commencé par être franche : mais un *songez donc que je pars*, prononcé bien tendrement, l'a rendue gauche et insuffisante. À peine le baiser a-t-il été donné, que la main a retrouvé sa force pour échapper, et que la Belle est entrée dans son appartement où était sa Femme de chambre. Ici finit mon histoire.

Comme je présume que vous serez demain chez la Maréchale de..., où sûrement je n'irai pas vous trouver ; comme je me doute bien aussi qu'à notre première entrevue nous aurons plus d'une affaire à traiter, et notamment celle de la petite Volanges, que je ne perds pas de vue, j'ai pris le parti de me faire précéder par cette Lettre ; et toute longue qu'elle est, je ne la fermerai qu'au moment de l'envoyer à la Poste : car au terme où j'en suis, tout peut dépendre d'une occasion ; et je vous quitte pour aller l'épier.

P.-S. à huit heures du soir.

Rien de nouveau ; pas le plus petit moment de liberté : du soin même pour l'éviter. Cependant, autant de tristesse que la décence en permettait, pour le moins. Un autre événement qui peut ne pas être indifférent, c'est que je suis chargé d'une invitation de Mme de Rosemonde à Mme de Volanges, pour venir passer quelque temps chez elle à la campagne.

Adieu, ma belle amie ; à demain ou après-demain au plus tard.

*De..., ce 28 août 17**.*

Lettre 45

LA PRÉSIDENTE DE TOURVEL À MADAME DE VOLANGES

M. de Valmont est parti ce matin, Madame ; vous m'avez paru tant désirer ce départ, que j'ai cru devoir vous en instruire. Mme de Rosemonde regrette beaucoup son neveu, dont il faut convenir qu'en effet la société est agréable : elle a passé toute la matinée à m'en parler avec la sensibilité que vous lui connaissez ; elle ne tarissait pas sur son éloge. J'ai cru lui devoir la complaisance de l'écouter sans la contredire, d'autant qu'il faut avouer qu'elle avait raison sur beaucoup de points. Je sentais de plus que j'avais à me reprocher d'être la cause de cette séparation, et je n'espère pas pouvoir la dédommager du plaisir dont je l'ai privée. Vous savez que j'ai naturellement peu de gaieté, et le genre de vie que nous allons mener ici n'est pas fait pour l'augmenter.

Si je ne m'étais pas conduite d'après vos avis, je craindrais d'avoir agi un peu légèrement, car j'ai été vraiment peinée de la douleur de ma respectable amie ; elle m'a touchée au point que j'aurais volontiers mêlé mes larmes aux siennes.

Nous vivons à présent dans l'espoir que vous accepterez l'invitation que M. de Valmont doit vous faire, de la part de Mme de Rosemonde, de venir passer quelque temps chez elle. J'espère que vous ne doutez pas du plaisir que j'aurai à vous y voir ; et en vérité vous nous devez ce dédommagement. Je serai fort aise de trouver cette occasion de faire une connaissance plus prompte avec Mlle de Volanges, et d'être à portée de vous convaincre de plus en plus des sentiments respectueux, etc.

*De..., ce 29 août 17**.*

Lettre 46
LE CHEVALIER DANCENY
À CÉCILE VOLANGES

Que vous est-il donc arrivé, mon adorable Cécile ? qui a pu causer en vous un changement si prompt et si cruel ? que sont devenus vos serments de ne jamais changer ? Hier encore, vous les réitériez avec tant de plaisir ! qui peut aujourd'hui vous les faire oublier ? J'ai beau m'examiner, je ne puis en trouver la cause en moi, et il m'est affreux d'avoir à la chercher en vous. Ah ! sans doute vous n'êtes ni légère, ni trompeuse ; et même dans ce moment de désespoir, un soupçon outrageant ne flétrira point mon âme. Cependant, par quelle fatalité n'êtes-vous plus la même ? Non, cruelle, vous ne l'êtes plus ! La tendre Cécile, la Cécile que j'adore, et dont j'ai reçu les serments, n'aurait point évité mes regards, n'aurait point contrarié le hasard heureux qui me plaçait auprès d'elle ; ou si quelque raison que je ne peux concevoir l'avait forcée à me traiter avec tant de rigueur, elle n'eût pas au moins dédaigné de m'en instruire.

Ah ! vous ne savez pas, vous ne saurez jamais, ma Cécile, ce que vous m'avez fait souffrir aujourd'hui, ce que je souffre encore en ce moment. Croyez-vous donc que je puisse vivre et ne plus être aimé de vous ? Cependant, quand je vous ai demandé un mot, un seul mot, pour dissiper mes craintes, au lieu de me répondre, vous avez feint de craindre d'être entendue ; et cet obstacle qui n'existait pas alors vous l'avez fait naître aussitôt, par la place que vous avez choisie dans le cercle. Quand, forcé de vous quitter, je vous ai demandé l'heure à laquelle je pourrais vous revoir demain, vous avez feint de l'ignorer, et il a fallu que ce fût Mme de Volanges qui m'en instruisît. Ainsi ce moment toujours si désiré qui doit me rapprocher de vous, demain, ne fera naître en moi que de l'inquiétude ; et le plaisir de vous voir, jusqu'alors si cher à mon cœur, sera remplacé par la crainte de vous être importun.

Déjà, je le sens, cette crainte m'arrête, et je n'ose vous parler de mon amour. Ce *je vous aime*, que j'aimais tant à répéter quand je pouvais l'entendre à mon tour, ce mot si doux, qui suffisait à ma félicité, ne m'offre plus, si vous êtes changée, que l'image d'un désespoir éternel. Je ne puis croire pourtant que ce talisman de l'amour ait perdu toute sa puissance, et j'essaie de m'en servir encore*. Oui, ma Cécile, *je vous aime*. Répétez donc avec moi cette expression de mon bonheur. Songez que vous m'avez accoutumé à l'entendre, et que m'en priver, c'est me condamner à un tourment qui, de même que mon amour, ne finira qu'avec ma vie.

*De..., ce 29 août 17**.*

Lettre 47

LE VICOMTE DE VALMONT À LA MARQUISE DE MERTEUIL

Je ne vous verrai pas encore aujourd'hui, ma belle amie, et voici mes raisons, que je vous prie de recevoir avec indulgence.

Au lieu de revenir hier directement, je me suis arrêté chez la Comtesse de ***, dont le château se trouvait presque sur ma route, et à qui j'ai demandé à dîner. Je ne suis arrivé à Paris que vers les sept heures, et je suis descendu à l'Opéra, où j'espérais que vous pouviez être.

L'Opéra fini, j'ai été revoir mes amies du foyer ; j'y ai retrouvé mon ancienne Émilie, entourée d'une cour nombreuse, tant en femmes qu'en hommes, à qui elle donnait le soir même à souper à P... Je ne fus pas plutôt entré dans ce cercle, que je fus prié du souper, par acclamation. Je le fus aussi par une petite figure grosse et courte, qui me baragouina une invitation en français de Hollande, et que je reconnus pour le véritable héros de la fête. J'acceptai.

* Ceux qui n'ont pas eu l'occasion de sentir quelquefois le prix d'un mot, d'une expression, consacrés par l'amour, ne trouveront aucun sens dans cette phrase.

J'appris, dans ma route, que la maison où nous allions était le prix convenu des bontés d'Émilie pour cette figure grotesque, et que ce souper était un véritable repas de noce. Le petit homme ne se possédait pas de joie[1], dans l'attente du bonheur dont il allait jouir ; il m'en parut si satisfait, qu'il me donna envie de le troubler ; ce que je fis en effet.

La seule difficulté que j'éprouvai fut de décider Émilie, que la richesse du Bourgmestre[2] rendait un peu scrupuleuse. Elle se prêta pourtant, après quelques façons, au projet que je donnai, de remplir de vin ce petit tonneau à bière, et de le mettre ainsi hors de combat pour toute la nuit.

L'idée sublime que nous nous étions formée d'un buveur Hollandais, nous fit employer tous les moyens connus. Nous réussîmes si bien, qu'au dessert il n'avait déjà plus la force de tenir son verre : mais la secourable Émilie et moi l'entonnions[3] à qui mieux mieux. Enfin, il tomba sous la table, dans une ivresse telle, qu'elle doit au moins durer huit jours. Nous nous décidâmes alors à le renvoyer à Paris ; et comme il n'avait pas gardé sa voiture, je le fis charger dans la mienne, et je restai à sa place. Je reçus ensuite les compliments de l'assemblée, qui se retira bientôt après, et me laissa maître du champ de bataille. Cette gaieté, et peut-être ma longue retraite, m'ont fait trouver Émilie si désirable, que je lui ai promis de rester avec elle jusqu'à la résurrection du Hollandais.

Cette complaisance de ma part est le prix de celle qu'elle vient d'avoir, de me servir de pupitre pour écrire à ma belle Dévote, à qui j'ai trouvé plaisant d'envoyer une Lettre écrite du lit et presque d'entre les bras d'une fille, interrompue même pour une infidélité complète, et dans laquelle je lui rends un compte exact de ma situation et de ma conduite. Émilie, qui a lu l'Épître, en a ri comme une folle, et j'espère que vous en rirez aussi.

Comme il faut que ma Lettre soit timbrée de Paris, je vous l'envoie ; je la laisse ouverte. Vous voudrez bien la lire, la cacheter, et la faire mettre à la Poste. Surtout n'allez pas vous servir de votre cachet[4], ni même d'aucun emblème amoureux ; une tête seulement. Adieu, ma belle amie.

P.-S. Je rouvre ma Lettre ; j'ai décidé Émilie à aller aux Italiens[5]... Je profiterai de ce temps pour aller vous voir. Je serai chez vous à six heures au

notes

1. **ne se possédait pas de joie :** était au comble de la joie.
2. **Bourgmestre :** magistrat des Pays-Bas remplissant les fonctions d'un maire.
3. **entonnions :** remplissions comme un tonneau.
4. Les lettres étaient fermées (cachetées) avec de la cire sur laquelle on imprimait son cachet, gravé en creux d'initiales, d'emblèmes, etc.
5. **Italiens :** théâtre de Paris où une troupe italienne donnait des comédies ou des opéras.

plus tard ; et si cela vous convient, nous irons ensemble sur les sept heures chez Mme de Volanges. Il sera décent que je ne diffère pas l'invitation que j'ai à lui faire de la part de Mme de Rosemonde ; de plus, je serai bien aise de voir la petite Volanges.

Adieu, la très belle dame. Je veux avoir tant de plaisir à vous embrasser que le Chevalier puisse en être jaloux.

*De P..., ce 30 août 17**.*

Lettre 48

LE VICOMTE DE VALMONT À LA PRÉSIDENTE DE TOURVEL

(Timbrée de Paris.)

C'est après une nuit orageuse, et pendant laquelle je n'ai pas fermé l'œil ; c'est après avoir été sans cesse ou dans l'agitation d'une ardeur dévorante, ou dans l'entier anéantissement de toutes les facultés de mon âme, que je viens chercher auprès de vous, Madame, un calme dont j'ai besoin, et dont pourtant je n'espère pas jouir encore. En effet, la situation où je suis en vous écrivant me fait connaître, plus que jamais, la puissance irrésistible de l'amour ; j'ai peine à conserver assez d'empire sur moi pour mettre quelque ordre dans mes idées ; et déjà je prévois que je ne finirai pas cette Lettre, sans être obligé de l'interrompre. Quoi ! ne puis-je donc espérer que vous partagerez quelque jour le trouble que j'éprouve en ce moment ? J'ose croire cependant que, si vous le connaissiez bien, vous n'y seriez pas entièrement insensible. Croyez-moi, Madame, la froide tranquillité, le sommeil de l'âme, image de la mort, ne mènent point au bonheur ; les passions actives peuvent seules y conduire ; et malgré les tourments que vous me faites éprouver, je crois pouvoir assurer sans crainte, que, dans ce moment, je suis plus heureux que vous. En vain m'accablez-vous de vos rigueurs désolantes, elles ne m'empêchent point de m'abandonner entièrement à l'amour et d'oublier, dans le délire qu'il me cause, le désespoir auquel vous me livrez. C'est ainsi que je veux me venger de l'exil auquel vous me condamnez. Jamais je n'eus tant de plaisir en vous écrivant ; jamais je ne ressentis, dans cette occupation, une émotion si douce et cependant si vive. Tout semble augmenter mes transports : l'air que je respire est brûlant de volupté ; la table même sur laquelle je vous écris, consacrée pour la première fois à cet usage, devient pour moi l'autel sacré de l'amour ; combien elle va s'embellir à mes yeux !

j'aurai tracé sur elle le serment de vous aimer toujours ! Pardonnez, je vous en supplie, au désordre de mes sens. Je devrais peut-être m'abandonner moins à des transports que vous ne partagez pas : il faut vous quitter un moment pour dissiper une ivresse qui s'augmente à chaque instant, et qui devient plus forte que moi.

Je reviens à vous, Madame, et sans doute j'y reviens toujours avec le même empressement. Cependant le sentiment du bonheur a fui de moi ; il a fait place à celui des privations cruelles. À quoi me sert-il de vous parler de mes sentiments, si je cherche en vain les moyens de vous convaincre ? Après tant d'efforts réitérés, la confiance et la force m'abandonnent à la fois. Si je me retrace encore les plaisirs de l'amour, c'est pour sentir plus vivement le regret d'en être privé. Je ne me vois de ressource que dans votre indulgence, et je sens trop, dans ce moment, combien j'en ai besoin pour espérer de l'obtenir. Cependant, jamais mon amour ne fut plus respectueux, jamais il ne dut moins vous offenser ; il est tel, j'ose le dire, que la vertu la plus sévère ne devrait pas le craindre : mais je crains moi-même de vous entretenir plus longtemps de la peine que j'éprouve. Assuré que l'objet qui la cause ne la partage pas, il ne faut pas au moins abuser de ses bontés ; et ce serait le faire, que d'employer plus de temps à vous retracer cette douloureuse image. Je ne prends plus que celui de vous supplier de me répondre, et de ne jamais douter de la vérité de mes sentiments.

*Écrite de P…, datée de Paris, ce 30 août 17**.*

Lettre 49

CÉCILE VOLANGES
AU CHEVALIER DANCENY

Sans être ni légère, ni trompeuse, il me suffit, Monsieur, d'être éclairée sur ma conduite, pour sentir la nécessité d'en changer ; j'en ai promis le sacrifice à Dieu, jusqu'à ce que je puisse lui offrir aussi celui de mes sentiments pour vous, que l'état Religieux[1] dans lequel vous êtes rend plus criminels encore. Je sens bien que cela me fera de la peine, et je ne vous cacherai même pas que depuis avant-hier j'ai pleuré toutes les fois que j'ai songé à vous. Mais j'espère que Dieu me fera la grâce de me donner la force nécessaire pour vous oublier,

note

1. Cécile croit Danceny voué au célibat.

comme je la lui demande soir et matin. J'attends même de votre amitié, et de votre honnêteté, que vous ne chercherez pas à me troubler dans la bonne résolution qu'on m'a inspirée, et dans laquelle je tâche de me maintenir. En conséquence, je vous demande d'avoir la complaisance de ne me plus écrire, d'autant que je vous préviens que je ne vous répondrais plus, et que vous me forceriez d'avertir Maman de tout ce qui se passe : ce qui me priverait tout à fait du plaisir de vous voir.

Je n'en conserverai pas moins pour vous tout l'attachement qu'on puisse avoir, sans qu'il y ait du mal ; et c'est bien de toute mon âme que je vous souhaite toute sorte de bonheur. Je sens bien que vous allez ne plus m'aimer autant, et que peut-être vous en aimerez bientôt une autre mieux que moi. Mais ce sera une pénitence de plus de la faute que j'ai commise en vous donnant mon cœur, que je ne devais donner qu'à Dieu et à mon mari quand j'en aurai un. J'espère que la miséricorde divine aura pitié de ma faiblesse, et qu'elle ne me donnera de peine que ce que j'en pourrai supporter.

Adieu, Monsieur ; je peux bien vous assurer que s'il m'était permis d'aimer quelqu'un, ce ne serait jamais que vous que j'aimerais. Mais voilà tout ce que je peux vous dire, et c'est peut-être même plus que je ne devrais.

*De…, ce 31 août 17**.*

Lettre 50

LA PRÉSIDENTE DE TOURVEL AU VICOMTE DE VALMONT

Est-ce donc ainsi, Monsieur, que vous remplissez les conditions auxquelles j'ai consenti à recevoir quelquefois de vos Lettres ? Et puis-je *ne pas avoir à m'en plaindre*, quand vous ne m'y parlez que d'un sentiment auquel je craindrais encore de me livrer, quand même je le pourrais sans blesser tous mes devoirs ?

Au reste, si j'avais besoin de nouvelles raisons pour conserver cette crainte salutaire, il me semble que je pourrais les trouver dans votre dernière Lettre. En effet, dans le moment même où vous croyez faire l'apologie de l'amour, que faites-vous au contraire, que m'en montrer les orages redoutables ? qui peut vouloir d'un bonheur acheté au prix de la raison, et dont les plaisirs peu durables sont au moins suivis des regrets, quand ils ne le sont pas des remords ?

Vous-même, chez qui l'habitude de ce délire dangereux doit en diminuer l'effet, n'êtes-vous pas cependant obligé de convenir qu'il devient souvent plus fort que vous, et n'êtes-vous pas le premier à vous plaindre du trouble involontaire qu'il vous cause ? Quel ravage effrayant ne ferait-il donc pas sur un cœur neuf et sensible, qui ajouterait encore à son empire par la grandeur des sacrifices qu'il serait obligé de lui faire ?

Vous croyez, Monsieur, ou vous feignez de croire que l'amour mène au bonheur ; et moi, je suis si persuadée qu'il me rendrait malheureuse que je voudrais n'entendre jamais prononcer son nom. Il me semble que d'en parler seulement altère la tranquillité ; et c'est autant par goût que par devoir, que je vous prie de vouloir bien garder le silence sur ce point.

Après tout, cette demande doit vous être bien facile à m'accorder à présent. De retour à Paris, vous y trouverez assez d'occasions d'oublier un sentiment qui peut-être n'a dû sa naissance qu'à l'habitude où vous êtes de vous occuper de semblables objets, et sa force qu'au désœuvrement de la campagne. N'êtes-vous donc pas dans ce même lieu, où vous m'aviez vue avec tant d'indifférence ? Y pouvez-vous faire un pas sans y rencontrer un exemple de votre facilité à changer et n'y êtes-vous pas entouré de femmes, qui toutes, plus aimables que moi, ont plus de droits à vos hommages ? Je n'ai pas la vanité qu'on reproche à mon sexe ; j'ai encore moins cette fausse modestie qui n'est qu'un raffinement de l'orgueil ; et c'est de bien bonne foi que je vous dis ici, que je me connais bien peu de moyens de plaire : je les aurais tous, que je ne les croirais pas suffisants pour vous fixer. Vous demander de ne plus vous occuper de moi, ce n'est donc que vous prier de faire aujourd'hui ce que déjà vous aviez fait, et ce qu'à coup sûr vous feriez encore dans peu de temps, quand même je vous demanderais le contraire.

Cette vérité, que je ne perds pas de vue, serait, à elle seule, une raison assez forte pour ne pas vouloir vous entendre. J'en ai mille autres encore : mais sans entrer dans cette longue discussion, je m'en tiens à vous prier, comme je l'ai déjà fait, de ne plus m'entretenir d'un sentiment que je ne dois pas écouter, et auquel je dois encore moins répondre.

*D..., ce 1er septembre 17**.*

Seconde partie

Lettre 51

LA MARQUISE DE MERTEUIL AU VICOMTE DE VALMONT

En vérité, Vicomte, vous êtes insupportable. Vous me traitez avec autant de légèreté que si j'étais votre Maîtresse. Savez-vous que je me fâcherai, et que j'ai dans ce moment une humeur effroyable ? Comment ! vous devez voir Danceny demain matin ; vous savez combien il est important que je vous parle avant cette entrevue ; et, sans vous inquiéter davantage, vous me laissez vous attendre toute la journée, pour aller courir je ne sais où ? Vous êtes cause que je suis arrivée *indécemment* tard chez Mme de Volanges, et que toutes les vieilles femmes m'ont trouvée *merveilleuse*. Il m'a fallu leur faire des cajoleries toute la soirée pour les apaiser : car il ne faut pas fâcher les vieilles femmes ; ce sont elles qui font la réputation des jeunes.

À présent il est une heure du matin, et au lieu de me coucher, comme j'en meurs d'envie, il faut que je vous écrive une longue Lettre, qui va redoubler mon sommeil par l'ennui qu'elle me causera. Vous êtes bien heureux que je n'aie pas le temps de vous gronder davantage. N'allez pas croire pour cela que je vous pardonne ; c'est seulement que je suis pressée. Écoutez-moi donc, je me dépêche.

Pour peu que vous soyez adroit, vous devez avoir demain la confidence de Danceny. Le moment est favorable pour la confiance : c'est celui du malheur. La petite fille a été à confesse[1] ; elle a tout dit, comme un enfant, et depuis, elle est tourmentée à un tel point de la peur du diable, qu'elle veut rompre absolument. Elle m'a raconté tous ses petits scrupules, avec une vivacité qui m'apprenait assez combien sa tête était montée. Elle m'a montré sa Lettre de rupture, qui est une vraie capucinade[2]. Elle a babillé une heure avec moi, sans me dire un mot qui ait le sens commun. Mais elle ne m'en a pas moins embarrassée ; car vous jugez que je ne pouvais risquer de m'ouvrir vis-à-vis d'une aussi mauvaise tête.

J'ai vu pourtant au milieu de tout ce bavardage, qu'elle n'en aime pas moins son Danceny ; j'ai remarqué même une de ces ressources qui ne manquent jamais à l'amour, et dont la petite fille est assez plaisamment la dupe. Tourmentée par le désir de s'occuper de son Amant, et par la crainte de se damner en s'en occupant, elle a imaginé de prier Dieu de le lui faire oublier ; et comme elle renouvelle cette prière à chaque instant du jour, elle trouve le moyen d'y penser sans cesse.

Avec quelqu'un de plus *usagé* que Danceny, ce petit événement serait peut-être plus favorable que contraire, mais le jeune homme est si Céladon[3], que, si nous ne l'aidons pas, il lui faudra tant de temps pour vaincre les plus légers obstacles, qu'il ne nous laissera pas celui d'effectuer notre projet.

Vous avez bien raison ; c'est dommage, et je suis aussi fâchée que vous, qu'il soit le héros de cette aventure : mais que voulez-vous ? ce qui est fait est fait et c'est votre faute. J'ai demandé à voir sa Réponse* ; elle m'a fait pitié. Il lui fait des raisonnements à perte d'haleine, pour lui prouver qu'un sentiment involontaire ne peut pas être un crime : comme s'il ne cessait pas d'être involontaire, du moment qu'on cesse de le combattre ! Cette idée est si simple, qu'elle est venue même à la petite fille. Il se plaint de son malheur d'une manière assez touchante : mais sa douleur est si douce et paraît si forte

* Cette Lettre ne s'est pas retrouvée.

notes

1. à confesse : se confesser, avouer ses fautes à un prêtre.
2. capucinade : discours naïvement moralisateur, ressemblant aux sermons des moines capucins, qui n'avaient pas une grande formation intellectuelle.
3. Céladon : personnage de *L'Astrée*, roman précieux d'Honoré d'Urfé (1567-1625) ; amoureux transi et platonique.

et si sincère, qu'il me semble impossible qu'une femme qui trouve l'occasion de désespérer un homme à ce point, et avec aussi peu de danger, ne soit pas tentée de s'en passer la fantaisie[1]. Il lui explique enfin qu'il n'est pas Moine comme la petite le croyait ; et c'est, sans contredit, ce qu'il fait de mieux : car, pour faire tant que de se livrer à l'amour Monastique, assurément MM. les Chevaliers de Malte ne mériteraient pas la préférence.

Quoi qu'il en soit, au lieu de perdre mon temps en raisonnements qui m'auraient compromise, et peut-être sans persuader, j'ai approuvé le projet de rupture : mais j'ai dit qu'il était plus honnête, en pareil cas, de dire ses raisons que de les écrire ; qu'il était d'usage aussi de rendre les Lettres et les autres bagatelles qu'on pouvait avoir reçues ; et paraissant entrer ainsi dans les vues de la petite personne, je l'ai décidée à donner un rendez-vous à Danceny. Nous en avons sur-le-champ concerté les moyens, et je me suis chargée de décider la mère à sortir sans sa fille ; c'est demain après-midi que sera cet instant décisif. Danceny en est déjà instruit ; mais, pour Dieu, si vous en trouvez l'occasion, décidez donc ce beau Berger à être moins langoureux ; et apprenez-lui, puisqu'il faut lui tout dire, que la vraie façon de vaincre les scrupules, est de ne laisser rien à perdre à ceux qui en ont.

Au reste, pour que cette ridicule scène ne se renouvelât pas, je n'ai pas manqué d'élever quelques doutes dans l'esprit de la petite fille, sur la discrétion des Confesseurs ; et je vous assure qu'elle paie à présent la peur qu'elle m'a faite, par celle qu'elle a que le sien n'aille tout dire à sa mère. J'espère qu'après que j'en aurai causé encore une fois ou deux avec elle, elle n'ira plus raconter ainsi ses sottises au premier venu*.

Adieu, Vicomte ; emparez-vous de Danceny, et conduisez-le. Il serait honteux que nous ne fissions pas ce que nous voulons de deux enfants. Si nous y trouvons plus de peine que nous ne l'avions cru d'abord, songeons, pour animer notre zèle, vous, qu'il s'agit de la fille de Mme de Volanges, et moi qu'elle doit devenir la femme de Gercourt. Adieu.

*De..., ce 2 septembre 17**.*

* Le Lecteur a dû deviner depuis longtemps par les mœurs de Mme de Merteuil, combien peu elle respectait la Religion. On aurait supprimé tout cet alinéa, mais on a cru qu'en montrant les effets, on ne devait pas négliger d'en faire connaître les causes.

note

1. s'en passer la fantaisie : satisfaire son caprice, son désir.

Lettre 52

LE VICOMTE DE VALMONT
À LA PRÉSIDENTE DE TOURVEL

Vous me défendez, Madame, de vous parler de mon amour ; mais où trouver le courage nécessaire pour vous obéir ? Uniquement occupé d'un sentiment qui devrait être si doux, et que vous rendez si cruel ; languissant dans l'exil où vous m'avez condamné ; ne vivant que de privations et de regrets ; en proie à des tourments d'autant plus douloureux, qu'ils me rappellent sans cesse votre indifférence ; me faudra-t-il encore perdre la seule consolation qui me reste ? et puis-je en avoir d'autre, que de vous ouvrir quelquefois une âme, que vous remplissez de trouble et d'amertume ? Détournerez-vous vos regards, pour ne pas voir les pleurs que vous faites répandre ? Refuserez-vous jusqu'à l'hommage des sacrifices que vous exigez ? Ne serait-il donc pas plus digne de vous, de votre âme honnête et douce, de plaindre un malheureux, qui ne l'est que par vous, que de vouloir encore aggraver ses peines, par une défense à la fois injuste et rigoureuse.

Vous feignez de craindre l'amour, et vous ne voulez pas voir que vous seule causez les maux que vous lui reprochez. Ah ! sans doute, ce sentiment est pénible, quand l'objet qui l'inspire ne le partage point ; mais où trouver le bonheur, si un amour réciproque ne le procure pas ? L'amitié tendre, la douce confiance et la seule qui soit sans réserve, les peines adoucies, les plaisirs augmentés, l'espoir enchanteur, les souvenirs délicieux, où les trouver ailleurs que dans l'amour ? Vous le calomniez, vous qui, pour jouir de tous les biens qu'il vous offre, n'avez qu'à ne plus vous y refuser ; et moi j'oublie les peines que j'éprouve, pour m'occuper à le défendre.

Vous me forcez aussi à me défendre moi-même ; car tandis que je consacre ma vie à vous adorer, vous passez la vôtre à me chercher des torts : déjà vous me supposez léger et trompeur ; et abusant, contre moi, de quelques erreurs, dont moi-même je vous ai fait l'aveu, vous vous plaisez à confondre ce que j'étais alors, avec ce que je suis à présent. Non contente de m'avoir livré au tourment de vivre loin de vous, vous y joignez un persiflage[1] cruel, sur des plaisirs auxquels vous savez assez combien vous m'avez rendu insensible. Vous ne croyez ni à mes promesses, ni à mes serments : eh bien ! il me reste un garant à vous offrir, qu'au moins vous ne suspecterez pas ; c'est vous-

note

1. **persiflage :** moquerie ironique.

même. Je ne vous demande que de vous interroger de bonne foi ; si vous ne croyez pas à mon amour, si vous doutez un moment de régner seule sur mon âme, si vous n'êtes pas assurée d'avoir fixé ce cœur, en effet, jusqu'ici trop volage, je consens à porter la peine de cette erreur ; j'en gémirai, mais n'en appellerai point[1] : mais si au contraire, nous rendant justice à tous deux, vous êtes forcée de convenir avec vous-même que vous n'avez, que vous n'aurez jamais de rivale, ne m'obligez plus, je vous supplie, à combattre des chimères[2], et laissez-moi au moins cette consolation de vous voir ne plus douter d'un sentiment qui, en effet, ne finira, ne peut finir qu'avec ma vie. Permettez-moi, Madame, de vous prier de répondre positivement à cet article de ma Lettre.

Si j'abandonne cependant cette époque de ma vie, qui paraît me nuire si cruellement auprès de vous, ce n'est pas qu'au besoin les raisons me manquassent pour la défendre.

Qu'ai-je fait, après tout, que ne pas résister au tourbillon dans lequel j'avais été jeté ? Entré dans le monde, jeune et sans expérience ; passé, pour ainsi dire, de mains en mains, par une foule de femmes, qui toutes se hâtent de prévenir par leur facilité une réflexion qu'elles sentent devoir leur être défavorable ; était-ce donc à moi de donner l'exemple d'une résistance qu'on ne m'opposait point ? ou devais-je me punir d'un moment d'erreur, et que souvent on avait provoqué, par une constance à coup sûr inutile, et dans laquelle on n'aurait vu qu'un ridicule ? Eh ! quel autre moyen qu'une prompte rupture, peut justifier d'un choix honteux !

Mais, je puis le dire, cette ivresse des sens, peut-être même ce délire de la vanité, n'a point passé jusqu'à mon cœur. Né pour l'amour, l'intrigue pouvait le distraire, et ne suffisait pas pour l'occuper ; entouré d'objets séduisants, mais méprisables, aucun n'allait jusqu'à mon âme : on m'offrait des plaisirs, je cherchais des vertus ; et moi-même enfin je me crus inconstant, parce que j'étais délicat et sensible.

C'est en vous voyant que je me suis éclairé : bientôt j'ai reconnu que le charme de l'amour tenait aux qualités de l'âme ; qu'elles seules pouvaient en causer l'excès, et le justifier. Je sentis enfin qu'il m'était également impossible et de ne pas vous aimer, et d'en aimer une autre que vous.

Voilà, Madame, quel est ce cœur auquel vous craignez de vous livrer, et sur le sort de qui vous avez à prononcer : mais quel que soit le destin que vous

notes

1. n'en appellerai point : ne contesterai pas le jugement.

2. chimères : idées sans valeur.

lui réservez, vous ne changerez rien aux sentiments qui l'attachent à vous ; ils sont inaltérables comme les vertus qui les ont fait naître.

*De..., ce 3 septembre 17**.*

Lettre 53

LE VICOMTE DE VALMONT À LA MARQUISE DE MERTEUIL

J'ai vu Danceny, mais je n'en ai obtenu qu'une demi-confidence ; il s'est obstiné, surtout, à me taire le nom de la petite Volanges, dont il ne m'a parlé que comme d'une femme très sage, et même un peu dévote : à cela près, il m'a raconté avec assez de vérité son aventure, et surtout le dernier événement. Je l'ai échauffé autant que j'ai pu, et l'ai beaucoup plaisanté sur sa délicatesse et ses scrupules ; mais il paraît qu'il y tient, et je ne puis pas répondre de lui : au reste, je pourrai vous en dire davantage après-demain. Je le mène demain à Versailles, et je m'occuperai à le scruter pendant la route.

Le rendez-vous qui doit avoir eu lieu aujourd'hui, me donne aussi quelque espérance : il se pourrait que tout s'y fût passé à notre satisfaction ; et peut-être ne nous reste-t-il à présent qu'à en arracher l'aveu, et à en recueillir les preuves. Cette besogne vous sera plus facile qu'à moi : car la petite personne est plus confiante, ou, ce qui revient au même, plus bavarde, que son discret Amoureux. Cependant j'y ferai mon possible.

Adieu, ma belle amie, je suis fort pressé ; je ne vous verrai ni ce soir, ni demain : si de votre côté vous avez su quelque chose, écrivez-moi un mot pour mon retour. Je reviendrai sûrement coucher à Paris.

*De..., ce 3 septembre 17**, au soir.*

Lettre 54

LA MARQUISE DE MERTEUIL AU VICOMTE DE VALMONT

Oh ! oui ! c'est bien avec Danceny qu'il y a quelque chose à savoir ! S'il vous l'a dit, il s'est vanté. Je ne connais personne de si bête en amour, et je me reproche de plus en plus les bontés que nous avons pour lui. Savez-vous que j'ai pensé être compromise par rapport à lui ? et que ce soit en pure perte ! Oh ! je m'en vengerai, je le promets.

Quand j'arrivai hier pour prendre Mme de Volanges, elle ne voulait plus sortir ; elle se sentait incommodée ; il me fallut toute mon éloquence pour la décider, et je vis le moment que Danceny serait arrivé avant notre départ ; ce qui eût été d'autant plus gauche que Mme de Volanges lui avait dit la veille qu'elle ne serait pas chez elle. Sa fille et moi, nous étions sur les épines. Nous sortîmes enfin ; et la petite me serra la main si affectueusement en me disant adieu, que malgré son projet de rupture, dont elle croyait de bonne foi s'occuper encore, j'augurai des merveilles de la soirée.

Je n'étais pas au bout de mes inquiétudes. Il y avait à peine une demi-heure que nous étions chez Mme de *** que Mme de Volanges se trouva mal en effet[1], mais sérieusement mal ; et comme de raison, elle voulait rentrer chez elle : moi, je le voulais d'autant moins, que j'avais peur, si nous surprenions les jeunes gens, comme il y avait tout à parier, que mes instances auprès de la mère, pour la faire sortir, ne lui devinssent suspectes. Je pris le parti de l'effrayer sur sa santé, ce qui heureusement n'est pas difficile ; et je la tins une heure et demie, sans consentir à la ramener chez elle, dans la crainte que je feignis d'avoir du mouvement dangereux de la voiture. Nous ne rentrâmes enfin qu'à l'heure convenue. À l'air honteux que je remarquai en arrivant, j'avoue que j'espérai qu'au moins mes peines n'auraient pas été perdues.

Le désir que j'avais d'être instruite me fit rester auprès de Mme de Volanges, qui se coucha aussitôt, et après avoir soupé auprès de son lit, nous la laissâmes de très bonne heure, sous le prétexte qu'elle avait besoin de repos, et nous passâmes dans l'appartement de sa fille. Celle-ci a fait, de son côté, tout ce que j'attendais d'elle ; scrupules évanouis, nouveaux serments d'aimer toujours, etc., etc., elle s'est enfin exécutée de bonne grâce : mais le sot Danceny n'a pas passé d'une ligne le point où il était auparavant. Oh ! l'on peut se brouiller avec celui-là ; les raccommodements[2] ne sont pas dangereux.

La petite assure pourtant qu'il voulait davantage, mais qu'elle a su se défendre. Je parierais bien qu'elle se vante, ou qu'elle l'excuse ; je m'en suis même presque assurée. En effet, il m'a pris fantaisie de savoir à quoi m'en tenir sur la défense dont elle était capable ; et moi, simple femme, de propos en propos, j'ai monté sa tête au point... Enfin vous pouvez m'en croire, jamais personne ne fut plus susceptible d'une surprise des sens. Elle est vraiment aimable, cette chère petite ! Elle méritait un autre Amant ; elle aura

notes

1. **en effet** : vraiment, véritablement.

2. **raccommodements** : réconciliations.

au moins une bonne amie, car je m'attache sincèrement à elle. Je lui ai promis de la former et je crois que je lui tiendrai parole. Je me suis souvent aperçue du besoin d'avoir une femme dans ma confidence, et j'aimerais mieux celle-là qu'une autre ; mais je ne puis en rien faire, tant qu'elle ne sera pas... ce qu'il faut qu'elle soit ; et c'est une raison de plus d'en vouloir à Danceny.

Adieu, Vicomte ; ne venez pas chez moi demain, à moins que ce ne soit le matin. J'ai cédé aux instances du Chevalier, pour une soirée de petite Maison.

*De..., ce 4 septembre 17**.*

Lettre 55

CÉCILE VOLANGES
À SOPHIE CARNAY

Tu avais raison, ma chère Sophie ; tes prophéties réussissent mieux que tes conseils. Danceny, comme tu l'avais prédit, a été plus fort que le Confesseur, que toi, que moi-même ; et nous voilà revenus exactement où nous en étions. Ah ! je ne m'en repens pas ; et toi, si tu m'en grondes ce sera faute de savoir le plaisir qu'il y a à aimer Danceny. Il t'est bien aisé de dire comme il faut faire, rien ne t'en empêche ; mais si tu avais éprouvé combien le chagrin de quelqu'un qu'on aime nous fait mal, comment sa joie devient la nôtre, et comment il est difficile de dire non, quand c'est oui que l'on veut dire, tu ne t'étonnerais plus de rien : moi-même qui l'ai senti, bien vivement senti, je ne le comprends pas encore. Crois-tu, par exemple, que je puisse voir pleurer Danceny sans pleurer moi-même ? Je t'assure bien que cela m'est impossible ; et quand il est content, je suis heureuse comme lui. Tu auras beau dire ; ce qu'on dit ne change pas ce qui est, et je suis bien sûre que c'est comme ça.

Je voudrais te voir à ma place... Non, ce n'est pas là ce que je veux dire, car sûrement je ne voudrais céder ma place à personne : mais je voudrais que tu aimasses aussi quelqu'un ; ce ne serait pas seulement pour que tu m'entendisses mieux, et que tu me grondasses moins ; car c'est qu'aussi tu serais plus heureuse, ou, pour mieux dire, tu commencerais seulement alors à le devenir.

Nos amusements, nos rires, tout cela, vois-tu, ce ne sont que des jeux d'enfants ; il n'en reste rien après qu'ils sont passés. Mais l'amour, ah ! l'amour !... un mot, un regard, seulement de le savoir là, eh bien ! c'est le bonheur. Quand je vois Danceny, je ne désire plus rien ; quand je ne le vois pas, je ne désire que lui. Je ne sais comment cela se fait : mais on dirait que tout ce qui me plaît lui ressemble. Quand il n'est pas avec moi, j'y songe ; et quand je peux y songer tout à fait, sans distraction, quand je suis toute seule, par exemple, je suis encore heureuse ; je ferme les yeux, et tout de suite je crois le voir ; je me rappelle ses discours, et je crois l'entendre ; cela me fait soupirer ; et puis je sens un feu, une agitation... Je ne saurais tenir en place. C'est comme un tourment, et ce tourment-là fait un plaisir inexprimable.

Je crois même que quand une fois on a de l'amour, cela se répand jusque sur l'amitié. Celle que j'ai pour toi n'a pourtant pas changé ; c'est toujours comme au Couvent : mais ce que je te dis, je l'éprouve avec Mme de Merteuil. Il me semble que je l'aime plus comme Danceny que comme toi, et quelquefois je voudrais qu'elle fût lui. Cela vient peut-être de ce que ce n'est pas une amitié d'enfant comme la nôtre ; ou bien de ce que je les vois si souvent ensemble, ce qui fait que je me trompe. Enfin, ce qu'il y a de vrai, c'est qu'à eux deux, ils me rendent bien heureuse ; et après tout, je ne crois pas qu'il y ait grand mal à ce que je fais. Aussi je ne demanderais qu'à rester comme je suis ; et il n'y a que l'idée de mon mariage qui me fasse de la peine : car si M. de Gercourt est comme on me l'a dit, et je n'en doute pas, je ne sais pas ce que je deviendrai. Adieu, ma Sophie ; je t'aime toujours bien tendrement.

*De..., ce 4 septembre 17**.*

Lettre 56

LA PRÉSIDENTE DE TOURVEL AU VICOMTE DE VALMONT

À quoi vous servirait, Monsieur, la réponse que vous me demandez ? Croire à vos sentiments, ne serait-ce pas une raison de plus pour les craindre ? et sans attaquer ni défendre leur sincérité, ne me suffit-il pas, ne doit-il pas vous suffire à vous-même, de savoir que je ne veux ni ne dois y répondre ?

Supposé que vous m'aimiez véritablement (et c'est seulement pour ne plus revenir sur cet objet, que je consens à cette supposition), les obstacles qui nous séparent en seraient-ils moins insurmontables ? et aurais-je autre chose à faire qu'à souhaiter que vous pussiez bientôt vaincre cet amour, et surtout à vous y aider de tout mon pouvoir, en me hâtant de vous ôter toute espérance ? Vous convenez vous-même que *ce sentiment est pénible, quand l'objet qui l'inspire ne le partage point*. Or, vous savez assez qu'il m'est impossible de le partager, et quand même ce malheur m'arriverait, j'en serais plus à plaindre, sans que vous en fussiez plus heureux. J'espère que vous m'estimez assez pour n'en pas douter un instant. Cessez donc, je vous en conjure, cessez de vouloir troubler un cœur à qui la tranquillité est si nécessaire ; ne me forcez pas à regretter de vous avoir connu.

Chérie et estimée d'un mari que j'aime et respecte, mes devoirs et mes plaisirs se rassemblent dans le même objet. Je suis heureuse, je dois l'être. S'il existe des plaisirs plus vifs, je ne les désire pas ; je ne veux point les connaître. En est-il de plus doux que d'être en paix avec soi-même, de n'avoir que des jours sereins, de s'endormir sans trouble, et de s'éveiller sans remords ? Ce que vous appelez le bonheur, n'est qu'un tumulte des sens, un orage des passions dont le spectacle est effrayant, même à le regarder du rivage. Eh ! comment affronter ces tempêtes ? comment oser s'embarquer sur une mer couverte des débris de mille et mille naufrages ? Et avec qui ? Non, Monsieur, je reste à terre ; je chéris les liens qui m'y attachent. Je pourrais les rompre que je ne le voudrais pas ; si je ne les avais, je me hâterais de les prendre.

Pourquoi vous attacher à mes pas ? pourquoi vous obstiner à me suivre ? Vos Lettres, qui devaient être rares, se succèdent avec rapidité. Elles devaient être sages, et vous ne m'y parlez que de votre fol amour. Vous m'entourez de votre idée, plus que vous ne le faisiez de votre personne. Écarté sous une forme, vous vous reproduisez sous une autre. Les choses qu'on vous demande de ne plus dire, vous les redites seulement d'une autre manière. Vous vous plaisez à m'embarrasser par des raisonnements captieux[1] ; vous échappez aux miens. Je ne veux plus vous répondre, je ne vous répondrai plus... Comme vous traitez les femmes que vous avez séduites ! avec quel mépris vous en parlez ! Je veux croire que quelques-unes le méritent : mais toutes sont-elles donc si méprisables ? Ah ! sans doute, puisqu'elles ont trahi leurs devoirs pour se livrer à un amour criminel. De ce moment, elles ont tout perdu, jusqu'à l'estime de celui à qui elles ont tout sacrifié. Ce supplice est juste, mais l'idée seule en fait frémir. Que m'importe, après tout ? pourquoi m'occuperais-je d'elles ou de vous ? de quel droit venez-vous troubler ma tranquillité ? Laissez-moi, ne me voyez plus ; ne m'écrivez plus, je vous en prie ; je l'exige. Cette Lettre est la dernière que vous recevrez de moi.

*De..., ce 5 septembre 17**.*

note

1. captieux : qui veulent séduire et qui induisent en erreur.

Lettre 57

LE VICOMTE DE VALMONT
À LA MARQUISE DE MERTEUIL

J'ai trouvé votre Lettre hier à mon arrivée. Votre colère m'a tout à fait réjoui. Vous ne sentiriez pas plus vivement les torts de Danceny, quand il les aurait eus vis-à-vis de vous. C'est sans doute par vengeance, que vous accoutumez sa Maîtresse à lui faire de petites infidélités ; vous êtes un bien mauvais sujet ! Oui, vous êtes charmante, et je ne m'étonne pas qu'on vous résiste moins qu'à Danceny.

Enfin je le sais par cœur, ce beau héros de Roman ! il n'a plus de secret pour moi. Je lui ai tant dit que l'amour honnête était le bien suprême, qu'un sentiment valait mieux que dix intrigues, que j'étais moi-même, dans ce moment, amoureux et timide ; il m'a trouvé enfin une façon de penser si conforme à la sienne, que dans l'enchantement où il était de ma candeur, il m'a tout dit, et m'a juré une amitié sans réserve. Nous n'en sommes guère plus avancés pour notre projet.

D'abord, il m'a paru que son système était qu'une demoiselle mérite beaucoup plus de ménagements qu'une femme, comme ayant plus à perdre. Il trouve, surtout, que rien ne peut justifier un homme de mettre une fille dans la nécessité de l'épouser ou de vivre déshonorée, quand la fille est infiniment plus riche que l'homme, comme dans le cas où il se trouve. La sécurité[1] de la mère, la candeur de la fille, tout l'intimide et l'arrête. L'embarras ne serait point de combattre ses raisonnements, quelque vrais qu'ils soient. Avec un peu d'adresse et aidé par la passion, on les aurait bientôt détruits ; d'autant qu'ils prêtent au ridicule, et qu'on aurait pour soi l'autorité de l'usage. Mais ce qui empêche qu'il n'y ait de prise sur lui, c'est qu'il se trouve heureux comme il est. En effet, si les premiers amours paraissent, en général, plus honnêtes, et comme on dit plus purs ; s'ils sont au moins plus lents dans leur marche, ce n'est pas, comme on le pense, délicatesse ou timidité, c'est que le cœur, étonné par un sentiment inconnu, s'arrête pour ainsi dire à chaque pas, pour jouir du charme qu'il éprouve, et que ce charme est si puissant sur un cœur neuf, qu'il l'occupe au point de lui faire oublier tout autre plaisir. Cela est si vrai, qu'un libertin amoureux, si un libertin peut l'être, devient de ce moment même moins pressé de jouir ; et qu'enfin, entre

note

1. **sécurité :** confiance.

la conduite de Danceny avec la petite Volanges, et la mienne avec la prude Mme de Tourvel, il n'y a que la différence du plus au moins.

Il aurait fallu, pour échauffer notre jeune homme, plus d'obstacles qu'il n'en a rencontrés ; surtout qu'il eût eu besoin de plus de mystère, car le mystère mène à l'audace. Je ne suis pas éloigné de croire que vous nous avez nui en le servant si bien ; votre conduite eût été excellente avec un homme *usagé*, qui n'eût eu que des désirs : mais vous auriez pu prévoir que pour un homme jeune, honnête et amoureux, le plus grand prix des faveurs est d'être la preuve de l'amour ; et que par conséquent, plus il serait sûr d'être aimé, moins il serait entreprenant. Que faire à présent ? Je n'en sais rien ; mais je n'espère pas que la petite soit prise avant le mariage, et nous en serons pour nos frais ; j'en suis fâché, mais je n'y vois pas de remède.

Pendant que je disserte ici, vous faites mieux avec votre Chevalier. Cela me fait songer que vous m'avez promis une infidélité en ma faveur, j'en ai votre promesse par écrit et je ne veux pas en faire *un billet de La Châtre*[1]. Je conviens que l'échéance n'est pas encore arrivée ; mais il serait généreux à vous de ne pas l'attendre ; et de mon côté, je vous tiendrais compte des intérêts. Qu'en dites-vous, ma belle amie ? Est-ce que vous n'êtes pas fatiguée de votre constance ? Ce Chevalier est donc bien merveilleux ? Oh ! laissez-moi faire ; je veux vous forcer de convenir que si vous lui avez trouvé quelque mérite, c'est que vous m'aviez oublié.

Adieu, ma belle amie ; je vous embrasse comme je vous désire ; je défie tous les baisers du Chevalier d'avoir autant d'ardeur.

*De..., ce 5 septembre 17**.*

Lettre 58

LE VICOMTE DE VALMONT
À LA PRÉSIDENTE DE TOURVEL

Par où ai-je donc mérité, Madame, et les reproches que vous me faites, et la colère que vous me témoignez ? L'attachement le plus vif et pourtant le plus respectueux, la soumission la plus entière à vos moindres volontés ; voilà en deux mots l'histoire de mes sentiments et de ma conduite. Accablé par les

note

1. ***un billet de La Châtre*** : l'expression désigne une promesse vaine, selon une parole de Ninon de Lenclos (galante femme de lettres, 1616-1705) manquant à la parole donnée au marquis de La Châtre.

peines d'un amour malheureux, je n'avais d'autre consolation que celle de vous voir : vous m'avez ordonné de m'en priver ; j'ai obéi sans me permettre un murmure. Pour prix de ce sacrifice, vous m'avez permis de vous écrire, et aujourd'hui vous voulez m'ôter cet unique plaisir. Me le laisserai-je ravir, sans essayer de le défendre ? Non, sans doute : eh ! comment ne serait-il pas cher à mon cœur ? c'est le seul qui me reste, et je le tiens de vous.

Mes Lettres, dites-vous, sont trop fréquentes ! Songez donc, je vous prie, que depuis dix jours que dure mon exil, je n'ai passé aucun moment sans m'occuper de vous, et que cependant vous n'avez reçu que deux Lettres de moi. *Je ne vous y parle que de mon amour !* Eh ! que puis-je dire, que ce que je pense ? tout ce que j'ai pu faire a été d'en affaiblir l'expression ; et vous pouvez m'en croire ; je ne vous en ai laissé voir que ce qu'il m'a été impossible d'en cacher. Vous me menacez enfin de ne plus me répondre. Ainsi l'homme qui vous préfère à tout et qui vous respecte encore plus qu'il ne vous aime, non contente de le traiter avec rigueur, vous voulez y joindre le mépris ! Et pourquoi ces menaces et ce courroux ? qu'en avez-vous besoin ? n'êtes-vous pas sûre d'être obéie, même dans vos ordres injustes ? m'est-il donc possible de contrarier aucun de vos désirs, et ne l'ai-je pas déjà prouvé ? Mais abuserez-vous de cet empire que vous avez sur moi ? Après m'avoir rendu malheureux, après être devenue injuste, vous sera-t-il donc bien facile de jouir de cette tranquillité que vous assurez vous être si nécessaire ? ne vous direz-vous jamais : Il m'a laissée maîtresse de son sort, et j'ai fait son malheur ? il implorait mes secours, et je l'ai regardé sans pitié ? Savez-vous jusqu'où peut aller mon désespoir ? non.

Pour calculer mes maux, il faudrait savoir à quel point je vous aime, et vous ne connaissez pas mon cœur.

À quoi me sacrifiez-vous ? à des craintes chimériques. Et qui vous les inspire ? un homme qui vous adore ; un homme sur qui vous ne cesserez jamais d'avoir un empire absolu. Que craignez-vous, que pouvez-vous craindre d'un sentiment que vous serez toujours maîtresse de diriger à votre gré ? Mais votre imagination se crée des monstres, et l'effroi qu'ils vous causent, vous l'attribuez à l'amour. Un peu de confiance, et ces fantômes disparaîtront.

Un Sage a dit que pour dissiper ses craintes il suffisait presque toujours d'en approfondir la cause*. C'est surtout en amour que cette vérité trouve son

* On croit que c'est Rousseau dans *Émile*, mais la citation n'est pas exacte, et l'application qu'en fait Valmont est bien fausse ; et puis, Mme de Tourvel avait-elle lu *Émile* ?

application. Aimez, et vos craintes s'évanouiront. À la place des objets qui vous effrayent, vous trouverez un sentiment délicieux, un Amant tendre et soumis ; et tous vos jours, marqués par le bonheur, ne vous laisseront d'autre regret que d'en avoir perdu quelques-uns dans l'indifférence. Moi-même, depuis que, revenu de mes erreurs, je n'existe plus que pour l'amour, je regrette un temps que je croyais avoir passé dans les plaisirs ; et je sens que c'est à vous seule qu'il appartient de me rendre heureux. Mais, je vous en supplie, que le plaisir que je trouve à vous écrire ne soit plus troublé par la crainte de vous déplaire. Je ne veux pas vous désobéir : mais je suis à vos genoux, j'y réclame le bonheur que vous voulez me ravir, le seul que vous m'avez laissé ; je vous crie, écoutez mes prières, et voyez mes larmes ; ah ! Madame, me refuserez-vous ?

*De..., ce 7 septembre 17**.*

Lettre 59

LE VICOMTE DE VALMONT À LA MARQUISE DE MERTEUIL

Apprenez-moi, si vous le savez, ce que signifie ce radotage de Danceny. Qu'est-il donc arrivé, et qu'est-ce qu'il a perdu ? Sa belle s'est peut-être fâchée de son respect éternel ? Il faut être juste, on se fâcherait à moins. Que lui dirai-je ce soir, au rendez-vous qu'il me demande, et que je lui ai donné à tout hasard ? Assurément je ne perdrai pas mon temps à écouter ses doléances, si cela ne doit nous mener à rien. Les complaintes amoureuses ne sont bonnes à entendre qu'en récitatifs obligés, ou en grandes ariettes[1]. Instruisez-moi donc de ce qui est et de ce que je dois faire, ou bien je déserte, pour éviter l'ennui que je prévois. Pourrai-je causer avec vous ce matin ? Si vous êtes *occupée*, au moins écrivez-moi un mot, et donnez-moi les réclames[2] de mon rôle.

Où étiez-vous donc hier ? Je ne parviens plus à vous voir. En vérité, ce n'était pas la peine de me retenir à Paris au mois de Septembre. Décidez-vous

notes

1. récitatifs obligés, [...] grandes ariettes : termes désignant différentes formes d'airs d'opéra.

2. réclames : derniers mots d'une tirade indiquant au partenaire que c'est à lui de donner la réplique.

pourtant, car je viens de recevoir une invitation fort pressante de la Comtesse de B★★★, pour aller la voir à la campagne ; et, comme elle me le mande assez plaisamment, « son mari a le plus beau bois[1] du monde, qu'il conserve soigneusement pour les plaisirs de ses amis ». Or, vous savez que j'ai bien quelques droits, sur ce bois-là ; et j'irai le revoir si je ne vous suis pas utile. Adieu, songez que Danceny sera chez moi sur les quatre heures.

De..., ce 8 septembre 17★★.

Lettre 60

LE CHEVALIER DANCENY AU VICOMTE DE VALMONT

(Incluse dans la précédente.)

Ah ! Monsieur, je suis désespéré, j'ai tout perdu. Je n'ose confier au papier le secret de mes peines : mais j'ai besoin de les répandre dans le sein d'un ami fidèle et sûr. À quelle heure pourrai-je vous voir, et aller chercher auprès de vous des consolations et des conseils ? J'étais si heureux le jour où je vous ouvris mon âme ! À présent, quelle différence ! tout est changé pour moi. Ce que je souffre pour mon compte n'est encore que la moindre partie de mes tourments ; mon inquiétude sur un objet bien plus cher, voilà ce que je ne puis supporter. Plus heureux que moi, vous pourrez la voir, et j'attends de votre amitié que vous ne me refuserez pas cette démarche : mais il faut que je vous parle, que je vous instruise. Vous me plaindrez, vous me secourrez ; je n'ai d'espoir qu'en vous. Vous êtes sensible, vous connaissez l'amour, et vous êtes le seul à qui je puisse me confier ; ne me refusez pas vos secours.

Adieu, Monsieur ; le seul soulagement que j'éprouve dans ma douleur est de songer qu'il me reste un ami tel que vous. Faites-moi savoir, je vous prie, à quelle heure je pourrai vous trouver. Si ce n'est pas ce matin, je désirerais que ce fût de bonne heure dans l'après-midi.

De..., ce 8 septembre 17★★.

note

1. D'après la note de Joël Papadopoulos (« Folio », Gallimard, 1972), « *jeu de mots licencieux à triple entente, caractéristique de la littérature libertine de l'époque* ».

Lettre 61

CÉCILE VOLANGES
À SOPHIE CARNAY

Ma chère Sophie, plains ta Cécile, ta pauvre Cécile ; elle est bien malheureuse ! Maman sait tout. Je ne conçois pas comment elle a pu se douter de quelque chose, et pourtant elle a tout découvert. Hier au soir, Maman me parut bien avoir un peu d'humeur ; mais je n'y fis pas grande attention ; et même en attendant que sa partie fût finie, je causai très gaiement avec Mme de Merteuil qui avait soupé ici, et nous parlâmes beaucoup de Danceny. Je ne crois pourtant pas qu'on ait pu nous entendre. Elle s'en alla, et je me retirai dans mon appartement.

Je me déshabillais, quand Maman entra et fit sortir ma Femme de chambre ; elle me demanda la clef de mon secrétaire. Le ton dont elle me fit cette demande me causa un tremblement si fort que je pouvais à peine me soutenir. Je faisais semblant de ne la pas trouver, mais enfin il fallut obéir. Le premier tiroir qu'elle ouvrit fut justement celui où étaient les Lettres du Chevalier Danceny. J'étais si troublée, que quand elle me demanda ce que c'était, je ne sus lui répondre autre chose, sinon que ce n'était rien ; mais quand je la vis commencer à lire celle qui se présentait la première, je n'eus que le temps de gagner un fauteuil, et je me trouvai mal au point que je perdis connaissance. Aussitôt que je revins à moi, ma mère, qui avait appelé ma Femme de chambre, se retira, en me disant de me coucher. Elle a emporté toutes les Lettres de Danceny. Je frémis toutes les fois que je songe qu'il me faudra reparaître devant elle. Je n'ai fait que pleurer toute la nuit.

Je t'écris au point du jour, dans l'espoir que Joséphine viendra. Si je peux lui parler seule, je la prierai de remettre chez Mme de Merteuil un petit billet que je vas lui écrire ; sinon, je le mettrai dans ta Lettre, et tu voudras bien l'envoyer comme de toi. Ce n'est que d'elle que je puis recevoir quelque consolation. Au moins, nous parlerons de lui, car je n'espère plus le voir. Je suis bien malheureuse ! Elle aura peut-être la bonté de se charger d'une Lettre pour Danceny. Je n'ose pas me confier à Joséphine pour cet objet, et encore moins à ma Femme de chambre ; car c'est peut-être elle qui aura dit à ma mère que j'avais des Lettres dans mon secrétaire.

Je ne t'écrirai pas plus longuement, parce que je veux avoir le temps d'écrire à Mme de Merteuil, et aussi à Danceny, pour avoir ma Lettre toute prête, si elle veut bien s'en charger. Après cela, je me recoucherai, pour qu'on me trouve au lit quand on entrera dans ma chambre. Je dirai que je suis malade, pour me dispenser de passer chez Maman. Je ne mentirai pas beaucoup ; sûrement je souffre plus que si j'avais la fièvre. Les yeux me brûlent à force d'avoir pleuré ; et j'ai un poids sur l'estomac, qui m'empêche de respirer. Quand je songe que je ne verrai plus Danceny, je voudrais être morte. Adieu, ma chère Sophie. Je ne peux pas t'en dire davantage ; les larmes me suffoquent.

*De..., ce 7 septembre 17**.*

Nota. - On a supprimé la Lettre de Cécile Volanges à la Marquise, parce qu'elle ne contenait que les mêmes faits de la Lettre précédente et avec moins de détails. Celle au Chevalier Danceny ne s'est point retrouvée : on en verra la raison dans la Lettre 63, de Mme de Merteuil au Vicomte.

Lettre 62
MADAME DE VOLANGES
AU CHEVALIER DANCENY

Après avoir abusé, Monsieur, de la confiance d'une mère et de l'innocence d'une enfant, vous ne serez pas surpris, sans doute, de ne plus être reçu dans une maison où vous n'avez répondu aux preuves de l'amitié la plus sincère que par l'oubli de tous les procédés[1]. Je préfère de vous prier[2] de ne plus venir chez moi, à donner des ordres à ma porte[3], qui nous compromettraient tous également, par les remarques que les Valets ne manqueraient pas de faire. J'ai droit d'espérer que vous ne me forcerez pas de recourir à ce moyen. Je vous préviens aussi que si vous faites à l'avenir la moindre tentative pour entretenir ma fille dans l'égarement où vous l'avez plongée, une retraite austère et éternelle la soustraira à vos poursuites[4]. C'est à vous de voir, Monsieur, si vous craindrez aussi peu de causer son infortune, que vous avez peu craint de tenter son déshonneur. Quant à moi, mon choix est fait, et je l'en ai instruite.

Vous trouverez ci-joint le paquet de vos Lettres. Je compte que vous me renverrez en échange toutes celles de ma fille ; et que vous vous prêterez à ne laisser aucune trace d'un événement dont nous ne pourrions garder le

notes

1. procédés : règles de conduite en société.
2. On dirait de nos jours : « Je préfère vous prier... »
3. donner des ordres à ma porte : ordonner au domestique chargé de garder la porte de ne plus laisser entrer Danceny.
4. Mme de Volanges menace de mettre sa fille au couvent si Danceny continue à la poursuivre de ses assiduités.

souvenir, moi sans indignation, elle, sans honte, et vous sans remords. J'ai l'honneur d'être, etc.

*De..., ce 7 septembre 17**.*

Lettre 63

LA MARQUISE DE MERTEUIL AU VICOMTE DE VALMONT

Vraiment oui, je vous expliquerai le billet de Danceny. L'événement qui le lui a fait écrire est mon ouvrage, et c'est, je crois, mon chef-d'œuvre. Je n'ai pas perdu mon temps depuis votre dernière lettre, et j'ai dit comme l'Architecte Athénien : « Ce qu'il a dit, je le ferai. »

Il lui faut donc des obstacles à ce beau Héros de Roman, et il s'endort dans la félicité ! Oh ! qu'il s'en rapporte à moi, je lui donnerai de la besogne ; et je me trompe, ou son sommeil ne sera plus tranquille. Il fallait bien lui apprendre le prix du temps, et je me flatte qu'à présent il regrette celui qu'il a perdu. Il fallait, dites-vous aussi, qu'il eût besoin de plus de mystère ; eh bien ! ce besoin-là ne lui manquera plus. J'ai cela de bon, moi, c'est qu'il ne faut que me faire apercevoir de mes fautes ; je ne prends point de repos que je n'aie tout réparé. Apprenez donc ce que j'ai fait.

En rentrant chez moi avant-hier matin, je lus votre Lettre ; je la trouvai lumineuse. Persuadée que vous aviez très bien indiqué la cause du mal, je ne m'occupai plus qu'à trouver le moyen de le guérir. Je commençai pourtant par me coucher ; car l'infatigable Chevalier ne m'avait pas laissée dormir un moment, et je croyais avoir sommeil : mais point du tout ; tout entière à Danceny, le désir de le tirer de son indolence[1], ou de l'en punir, ne me permit pas de fermer l'œil, et ce ne fut qu'après avoir bien concerté mon plan, que je pus trouver deux heures de repos.

J'allai le soir même chez Mme de Volanges, et, suivant mon projet, je lui fis confidence que je me croyais sûre qu'il existait entre sa fille et Danceny une liaison dangereuse. Cette femme, si clairvoyante contre vous, était aveuglée au point qu'elle me répondit d'abord qu'à coup sûr je me trompais ; que sa fille était une enfant, etc., etc. Je ne pouvais pas lui dire tout ce que j'en savais ; mais je citai des regards, des propos, *dont ma vertu et mon amitié*

note

1. indolence : mollesse.

s'alarmaient. Je parlai enfin presque aussi bien qu'aurait pu faire une Dévote, et, pour frapper le coup décisif, j'allai jusqu'à dire que je croyais avoir vu donner et recevoir une Lettre. Cela me rappelle, ajoutai-je, qu'un jour elle ouvrit devant moi un tiroir de son secrétaire, dans lequel je vis beaucoup de papiers, que sans doute elle conserve. Lui connaissez-vous quelque correspondance fréquente ? Ici la figure de Mme de Volanges changea, et je vis quelques larmes rouler dans ses yeux. « Je vous remercie, ma digne amie, me dit-elle, en me serrant la main, je m'en éclaircirai. »

Après cette conversation, trop courte pour être suspecte, je me rapprochai de la jeune personne. Je la quittai bientôt après, pour demander à la mère de ne pas me compromettre vis-à-vis de sa fille, ce qu'elle me promit d'autant plus volontiers, que je lui fis observer combien il serait heureux que cet enfant prît assez de confiance en moi pour m'ouvrir son cœur, et me mettre à portée de lui donner *mes sages conseils.* Ce qui m'assure qu'elle me tiendra sa promesse, c'est que je ne doute pas qu'elle ne veuille se faire honneur de sa pénétration[1] auprès de sa fille. Je me trouvais, par là, autorisée à garder mon ton d'amitié avec la petite, sans paraître fausse aux yeux de Mme de Volanges ; ce que je voulais éviter. J'y gagnais encore d'être, par la suite, aussi longtemps et aussi secrètement que je voudrais, avec la jeune personne, sans que la mère en prît jamais d'ombrage.

J'en profitai dès le soir même ; et après ma partie finie, je chambrai[2] la petite dans un coin, et la mis sur le chapitre de Danceny, sur lequel elle ne tarit jamais. Je m'amusais à lui monter la tête sur le plaisir qu'elle aurait à le voir le lendemain ; il n'est sorte de folies que je ne lui aie fait dire. Il fallait bien lui rendre en espérance ce que je lui ôtais en réalité ; et puis, tout cela devait lui rendre le coup plus sensible, et je suis persuadée que plus elle aura souffert, plus elle sera pressée de s'en dédommager à la première occasion. Il est bon, d'ailleurs, d'accoutumer aux grands événements quelqu'un qu'on destine aux grandes aventures.

Après tout, ne peut-elle pas payer de quelques larmes le plaisir d'avoir son Danceny ? elle en raffole ! eh bien, je lui promets qu'elle l'aura, et plus tôt même qu'elle ne l'aurait eu sans cet orage. C'est un mauvais rêve dont le réveil sera délicieux ; et, à tout prendre, il me semble qu'elle me doit de la reconnaissance : au fait, quand j'y aurais mis un peu de malice, il faut bien s'amuser :

notes

1. **pénétration :** perspicacité.
2. **chambrai :** pris à part.

Les sots sont ici-bas pour nos menus plaisirs.★

Je me retirai enfin, fort contente de moi. Ou Danceny, me disais-je, animé par les obstacles, va redoubler d'amour, et alors je le servirai de tout mon pouvoir ; ou si ce n'est qu'un sot, comme je suis tentée quelquefois de le croire, il sera désespéré, et se tiendra pour battu : or, dans ce cas, au moins me serai-je vengée de lui, autant qu'il était en moi ; chemin faisant j'aurai augmenté pour moi l'estime de la mère, l'amitié de la fille, et la confiance de toutes deux. Quant à Gercourt, premier objet de mes soins, je serais bien malheureuse ou bien maladroite, si, maîtresse de l'esprit de sa femme, comme je le suis et vais l'être plus encore, je ne trouvais pas mille moyens d'en faire ce que je veux qu'il soit. Je me couchai dans ces douces idées : aussi je dormis bien, et me réveillai fort tard.

À mon réveil, je trouvai deux billets, un de la mère, et un de la fille ; et je ne pus m'empêcher de rire, en trouvant dans tous deux littéralement cette même phrase : *C'est de vous seule que j'attends quelque consolation.* N'est-il pas plaisant, en effet, de consoler pour et contre, et d'être le seul agent de deux intérêts directement contraires ? Me voilà comme la Divinité, recevant les vœux opposés des aveugles mortels, et ne changeant rien à mes décrets immuables. J'ai quitté pourtant ce rôle auguste, pour prendre celui d'Ange consolateur ; et j'ai été, suivant le précepte, visiter mes amis dans leur affliction.

J'ai commencé par la mère ; je l'ai trouvée d'une tristesse, qui déjà vous venge en partie des contrariétés qu'elle vous a fait éprouver de la part de votre belle Prude. Tout a réussi à merveille : ma seule inquiétude était que Mme de Volanges ne profitât de ce moment pour gagner la confiance de sa fille ; ce qui eût été bien facile, en n'employant, avec elle, que le langage de la douceur et de l'amitié ; et en donnant aux conseils de la raison, l'air et le ton de la tendresse indulgente. Par bonheur, elle s'est armée de sévérité ; elle s'est enfin si mal conduite, que je n'ai eu qu'à applaudir. Il est vrai qu'elle a pensé rompre tous nos projets, par le parti qu'elle avait pris de faire rentrer sa fille au Couvent : mais j'ai paré ce coup ; et je l'ai engagée à en faire seulement la menace, dans le cas où Danceny continuerait ses poursuites : afin de les forcer tous deux à une circonspection[1] que je crois nécessaire pour le succès.

★ Gresset[2], *Le Méchant*, Comédie.

notes

1. circonspection : prudence.

2. Jean-Baptiste Louis Gresset (1709-1777), académicien français, auteur de pièces de théâtre.

Seconde partie, Lettre 63

Ensuite j'ai été chez la fille. Vous ne sauriez croire combien la douleur l'embellit. Pour peu qu'elle prenne de coquetterie, je vous garantis qu'elle pleurera souvent : pour cette fois, elle pleurait sans malice... Frappée de ce nouvel agrément que je ne lui connaissais pas, et que j'étais bien aise d'observer, je ne lui donnai d'abord que de ces consolations gauches, qui augmentent plus les peines qu'elles ne les soulagent ; et, par ce moyen, je l'amenai au point d'être véritablement suffoquée. Elle ne pleurait plus, et je craignis un moment les convulsions. Je lui conseillai de se coucher, ce qu'elle accepta ; je lui servis de Femme de chambre : elle n'avait point fait de toilette, et bientôt ses cheveux épars tombèrent sur ses épaules et sur sa gorge entièrement découvertes ; je l'embrassai ; elle se laissa aller dans mes bras, et ses larmes recommencèrent à couler sans effort. Dieu ; qu'elle était belle ! Ah ! si Magdeleine[1] était ainsi, elle dut être bien plus dangereuse pénitente que pécheresse.

Quand la belle désolée fut au lit, je me mis à la consoler de bonne foi. Je la rassurai d'abord sur la crainte du Couvent. Je fis naître en elle l'espoir de voir Danceny en secret ; et m'asseyant sur le lit : « S'il était là », lui dis-je ; puis brodant sur ce thème, je la reconduisis, de distraction en distraction, à ne plus se souvenir du tout qu'elle était affligée. Nous nous serions séparées parfaitement contentes l'une de l'autre, si elle n'avait voulu me charger d'une Lettre pour Danceny ; ce que j'ai constamment refusé. En voici les raisons, que vous approuverez sans doute.

D'abord, celle que c'était me compromettre vis-à-vis de Danceny ; et si c'était la seule dont je pus me servir avec la petite, il y en avait beaucoup d'autres de vous à moi. Ne serait-ce pas risquer le fruit de mes travaux, que de donner sitôt à nos jeunes gens un moyen si facile d'adoucir leurs peines ? Et puis, je ne serais pas fâchée de les obliger à mêler quelques domestiques dans cette aventure ; car enfin si elle se conduit à bien, comme je l'espère, il faudra qu'elle se sache immédiatement après le mariage, et il y a peu de moyens plus sûrs pour la répandre ; ou, si par miracle ils ne parlaient pas, nous parlerions, nous, et il sera plus commode de mettre l'indiscrétion sur leur compte.

Il faudra donc que vous donniez aujourd'hui cette idée à Danceny ; et comme je ne suis pas sûre de la Femme de chambre de la petite Volanges, dont elle-même paraît se défier, indiquez-lui la mienne, ma fidèle Victoire.

note

1. Marie-Madeleine, pécheresse repentie dans les *Évangiles*, que les peintres représentent toujours en attitude de pénitente, les cheveux épars.

J'aurai soin que la démarche réussisse. Cette idée me plaît d'autant plus, que la confidence ne sera utile qu'à nous, et point à eux : car je ne suis pas à la fin de mon récit.

Pendant que je me défendais de me charger de la Lettre de la petite, je craignais à tout moment qu'elle ne me proposât de la mettre à la Petite-Poste[1] ; ce que je n'aurais guère pu refuser. Heureusement, soit trouble, soit ignorance de sa part, ou encore qu'elle tînt moins à la Lettre qu'à la Réponse, qu'elle n'aurait pas pu avoir par ce moyen, elle ne m'en a point parlé : mais pour éviter que cette idée ne lui vînt, ou au moins qu'elle ne pût s'en servir, j'ai pris mon parti sur-le-champ ; et en rentrant chez la mère, je l'ai décidée à éloigner sa fille pour quelque temps, à la mener à la Campagne... Et où ? Le cœur ne vous bat pas de joie ?... Chez votre tante, chez la vieille Rosemonde. Elle doit l'en prévenir aujourd'hui : ainsi vous voilà autorisé à aller retrouver votre Dévote qui n'aura plus à vous objecter le scandale du tête-à-tête ; et grâce à mes soins, Mme de Volanges réparera elle-même le tort qu'elle vous a fait.

Mais écoutez-moi, et ne vous occupez pas si vivement de vos affaires, que vous perdiez celle-ci de vue ; songez qu'elle m'intéresse. Je veux que vous vous rendiez le correspondant et le conseil des deux jeunes gens. Apprenez donc ce voyage à Danceny, et offrez-lui vos services. Ne trouvez de difficulté qu'à faire parvenir entre les mains de la Belle votre Lettre de créance[2] ; et levez cet obstacle sur-le-champ, en lui indiquant la voie de ma Femme de chambre. Il n'y a point de doute qu'il n'accepte ; et vous aurez, pour prix de vos peines, la confidence d'un cœur neuf, qui est toujours intéressante. La pauvre petite ! comme elle rougira en vous remettant sa première Lettre ! Au vrai, ce rôle de confident, contre lequel il s'est établi des préjugés, me paraît un très joli délassement, quand on est occupé d'ailleurs ; et c'est le cas où vous serez.

C'est de vos soins que va dépendre le dénouement de cette intrigue. Jugez du moment où il faudra réunir les Acteurs. La Campagne offre mille moyens ; et Danceny, à coup sûr, sera prêt à s'y rendre à votre premier signal. Une nuit, un déguisement, une fenêtre... que sais-je, moi ? Mais enfin, si la petite fille en revient telle qu'elle y aura été, je m'en prendrai à vous. Si vous jugez qu'elle ait besoin de quelque encouragement de ma part, mandez-le-moi. Je crois lui avoir donné une assez bonne leçon sur le danger de garder des

notes

1. **Petite-Poste :** service de la poste parisienne.

2. **Lettre de créance :** lettre de recommandation.

Lettres, pour oser lui écrire à présent ; et je suis toujours dans le dessein d'en faire mon élève.

Je crois avoir oublié de vous dire que ses soupçons au sujet de sa correspondance trahie s'étaient portés d'abord sur sa Femme de chambre, et que je les ai détournés sur le Confesseur. C'est faire d'une pierre deux coups.

Adieu, Vicomte ; voilà bien longtemps que je suis à vous écrire, et mon dîner en a été retardé : mais l'amour-propre et l'amitié dictaient ma Lettre, et tous deux sont bavards. Au reste, elle sera chez vous à trois heures, et c'est tout ce qu'il vous faut.

Plaignez-vous de moi à présent, si vous l'osez ; et allez revoir, si vous en êtes tenté, le bois du Comte de B***. Vous dites qu'il le garde pour le plaisir de ses amis ! Cet homme est donc l'ami de tout le monde ? Mais adieu, j'ai faim.

*De..., ce 9 septembre 17**.*

Lettre 64

LE CHEVALIER DANCENY À MADAME DE VOLANGES

(Minute jointe à la Lettre 66 du Vicomte à la Marquise.)

Sans chercher, Madame, à justifier ma conduite, et sans me plaindre de la vôtre, je ne puis que m'affliger d'un événement qui fait le malheur de trois personnes, toutes trois dignes d'un sort plus heureux. Plus sensible encore au chagrin d'en être la cause, qu'à celui d'en être la victime, j'ai souvent essayé, depuis hier, d'avoir l'honneur de vous répondre, sans pouvoir en trouver la force. J'ai cependant tant de choses à vous dire, qu'il faut bien faire un effort sur soi-même ; et si cette Lettre a peu d'ordre et de suite, vous devez sentir assez combien ma situation est douloureuse, pour m'accorder quelque indulgence.

Permettez-moi d'abord de réclamer contre la première phrase de votre Lettre. Je n'ai abusé, j'ose le dire, ni de votre confiance ni de l'innocence de Mlle de Volanges ; j'ai respecté l'une et l'autre dans mes actions. Elles seules dépendaient de moi ; et quand vous me rendriez responsable d'un sentiment involontaire, je ne crains pas d'ajouter, que celui que m'a inspiré Mademoiselle votre fille est tel qu'il peut vous déplaire, mais non vous offenser. Sur cet objet qui me touche plus que je ne puis vous dire, je ne veux que vous pour juge, et mes Lettres pour témoins.

Vous me défendez de me présenter chez vous à l'avenir, et sans doute je me soumettrai à tout ce qu'il vous plaira d'ordonner à ce sujet : mais cette absence subite et totale ne donnera-t-elle donc pas autant de prise aux remarques que vous voulez éviter, que l'ordre que, par cette raison même, vous n'avez point voulu donner à votre porte ? J'insisterai d'autant plus sur ce point, qu'il est bien plus important pour Mlle de Volanges que pour moi. Je vous supplie donc de peser attentivement toutes choses, et de ne pas permettre que votre sévérité altère votre prudence. Persuadé que l'intérêt seul de Mademoiselle votre fille dictera vos résolutions, j'attendrai de nouveaux ordres de votre part.

Cependant, dans le cas où vous me permettriez de vous faire ma cour[1] quelquefois, je m'engage, Madame (et vous pouvez compter sur ma promesse), à ne point abuser de ces occasions pour tenter de parler en particulier à Mlle de Volanges, ou de lui faire tenir aucune Lettre. La crainte de ce qui pourrait compromettre sa réputation, m'engage à ce sacrifice ; et le bonheur de la voir quelquefois m'en dédommagera.

Cet article de ma Lettre est aussi la seule réponse que je puisse faire à ce que vous me dites, sur le sort que vous destinez à Mlle de Volanges, et que vous voulez rendre dépendant de ma conduite. Ce serait vous tromper, que de vous promettre davantage. Un vil séducteur peut plier ses projets aux circonstances, et calculer avec les événements : mais l'amour qui m'anime ne me permet que deux sentiments : le courage et la constance.

Qui, moi ! consentir à être oublié de Mlle de Volanges, à l'oublier moi-même ? non, non jamais ! Je lui serai fidèle ; elle en a reçu le serment, et je le renouvelle en ce jour. Pardon, Madame, je m'égare, il faut revenir.

Il me reste un autre objet à traiter avec vous ; celui des Lettres que vous me demandez. Je suis vraiment peiné d'ajouter un refus aux torts que vous me trouvez déjà : mais, je vous en supplie, écoutez mes raisons et daignez vous souvenir, pour les apprécier, que la seule consolation au malheur d'avoir perdu votre amitié, est l'espoir de conserver votre estime.

Les lettres de Mlle de Volanges, toujours si précieuses pour moi, me le deviennent bien plus dans ce moment. Elles sont l'unique bien qui me reste ; elles seules me retracent encore un sentiment qui fait tout le charme de ma

note

1. **vous faire ma cour :** vous rendre visite.

vie. Cependant, vous pouvez m'en croire, je ne balancerais pas[1] un instant à vous en faire le sacrifice, et le regret d'en être privé céderait au désir de vous prouver ma déférence respectueuse ; mais des considérations puissantes me retiennent, et je m'assure que vous-même ne pourrez les blâmer.

Vous avez, il est vrai, le secret de Mlle de Volanges ; mais permettez-moi de le dire, je suis autorisé à croire que c'est l'effet de la surprise, et non de la confiance. Je ne prétends pas blâmer une démarche qu'autorise, peut-être, la sollicitude maternelle. Je respecte vos droits, mais ils ne vont pas jusqu'à me dispenser de mes devoirs. Le plus sacré de tous est de ne jamais trahir la confiance qu'on nous accorde. Ce serait y manquer, que d'exposer aux yeux d'un autre les secrets d'un cœur qui n'a voulu les dévoiler qu'aux miens. Si Mademoiselle votre fille consent à vous les confier, qu'elle parle ; ses Lettres vous sont inutiles. Si elle veut, au contraire, renfermer son secret en elle-même, vous n'attendez pas, sans doute, que ce soit moi qui vous en instruise.

Quant au mystère dans lequel vous désirez que cet événement reste enseveli, soyez tranquille, Madame ; sur tout ce qui intéresse Mlle de Volanges, je peux défier le cœur même d'une mère. Pour achever de vous ôter toute inquiétude, j'ai tout prévu. Ce dépôt précieux, qui portait jusqu'ici pour suscription : *papiers à brûler ;* porte à présent : *papiers appartenant à Mme de Volanges*. Ce parti que je prends doit vous prouver ainsi que mes refus ne portent pas sur la crainte que vous trouviez dans ces lettres un seul sentiment dont vous ayez personnellement à vous plaindre.

Voilà, Madame, une bien longue Lettre. Elle ne le serait pas encore assez, si elle vous laissait le moindre doute de l'honnêteté de mes sentiments, du regret bien sincère de vous avoir déplu, et du profond respect avec lequel j'ai l'honneur d'être, etc.

*De..., ce 9 septembre 17**.*

note

1. ne balancerais pas : n'hésiterais pas.

Lettre 65

LE CHEVALIER DANCENY
À CÉCILE VOLANGES

(Envoyée ouverte à la Marquise de Merteuil dans la Lettre 66 du Vicomte.)

Ô ma Cécile, qu'allons-nous devenir ? quel Dieu nous sauvera des malheurs qui nous menacent ? Que l'Amour nous donne au moins le courage de les supporter ! Comment vous peindre mon étonnement, mon désespoir à la vue de mes Lettres, à la Lecture du billet de Mme de Volanges ? qui a pu nous trahir ? sur qui tombent vos soupçons ? auriez-vous commis quelque imprudence ? que faites-vous à présent ? que vous a-t-on dit ? Je voudrais tout savoir, et j'ignore tout. Peut-être vous-même n'êtes-vous pas plus instruite que moi.

Je vous envoie le billet de votre Maman, et la copie de ma Réponse. J'espère que vous approuverez ce que je lui dis. J'ai bien besoin que vous approuviez aussi les démarches que j'ai faites depuis ce fatal événement, elles ont toutes pour but d'avoir de vos nouvelles, de vous donner des miennes ; et, que sait-on ? peut-être de vous revoir encore, et plus librement que jamais.

Concevez-vous, ma Cécile, quel plaisir de nous retrouver ensemble, de pouvoir nous jurer de nouveau un amour éternel, et de voir dans nos yeux, de sentir dans nos âmes que ce serment ne sera pas trompeur ? Quelles peines un moment si doux ne ferait-il pas oublier ? Hé bien ! j'ai l'espoir de le voir naître, et je le dois à ces mêmes démarches que je vous supplie d'approuver. Que dis-je ? je le dois aux soins consolateurs de l'ami le plus tendre ; et mon unique demande est que vous permettiez que cet ami soit aussi le vôtre.

Peut-être ne devrais-je pas donner votre confiance sans votre aveu ? mais j'ai pour excuse le malheur et la nécessité. C'est l'amour qui m'a conduit ; c'est lui qui réclame votre indulgence, qui vous demande de pardonner une confidence nécessaire et sans laquelle nous restions peut-être à jamais séparés*. Vous connaissez l'ami dont je vous parle ; il est celui de la femme que vous aimez le mieux. C'est le Vicomte de Valmont.

Mon projet, en m'adressant à lui, était d'abord de le prier d'engager Mme de Merteuil à se charger d'une Lettre pour vous. Il n'a pas cru que ce

* M. Danceny n'accuse pas vrai. Il avait déjà fait sa confidence à M. de Valmont avant cet événement. Voyez la Lettre 57.

moyen pût réussir ; mais au défaut de la Maîtresse, il répond de la Femme de chambre, qui lui a des obligations. Ce sera elle qui vous remettra cette Lettre, et vous pourrez lui donner votre Réponse.

Ce secours ne nous sera guère utile, si, comme le croit M. de Valmont, vous partez incessamment pour la campagne. Mais alors c'est lui-même qui veut nous servir. La femme chez qui vous allez est sa parente. Il profitera de ce prétexte pour s'y rendre dans le même temps que vous ; et ce sera par lui que passera notre correspondance mutuelle. Il assure même que, si vous voulez vous laisser conduire, il nous procurera les moyens de nous y voir sans risquer de vous compromettre en rien.

À présent, ma Cécile, si vous m'aimez, si vous plaignez mon malheur, si, comme je l'espère, vous partagez mes regrets, refuserez-vous votre confiance à un homme qui sera notre ange tutélaire[1] ? Sans lui, je serais réduit au désespoir de ne pouvoir même adoucir les chagrins que je vous cause. Ils finiront, je l'espère : mais, ma tendre amie, promettez-moi de ne pas trop vous y livrer, de ne point vous en laisser abattre. L'idée de votre douleur m'est un tourment insupportable. Je donnerais ma vie pour vous rendre heureuse ! Vous le savez bien. Puisse la certitude d'être adorée porter quelque consolation dans votre âme ! La mienne a besoin que vous m'assuriez que vous pardonnez à l'amour les maux qu'il vous fait souffrir.

Adieu, ma Cécile ; adieu, ma tendre amie.

*De..., ce 9 septembre 17**.*

Lettre 66

LE VICOMTE DE VALMONT
À LA MARQUISE DE MERTEUIL

Vous verrez, ma belle amie, en lisant les deux Lettres ci-jointes, si j'ai bien rempli votre projet. Quoique toutes deux soient datées d'aujourd'hui, elles ont été écrites hier, chez moi, et sous mes yeux : celle à la petite fille dit tout ce que nous voulions. On ne peut que s'humilier devant la profondeur de vos vues, si on en juge par le succès de vos démarches. Danceny est tout de feu ; et sûrement à la première occasion, vous n'aurez plus de reproches à lui faire. Si sa belle ingénue veut être docile, tout sera terminé peu de temps après son

note

1. **tutélaire :** gardien, protecteur.

arrivée à la campagne ; j'ai cent moyens tout prêts. Grâce à vos soins me voilà bien décidément *l'ami de Danceny ;* il ne lui manque plus que d'être *Prince**.

Il est encore bien jeune, ce Danceny ! croiriez-vous que je n'ai jamais pu obtenir de lui qu'il promît à la mère de renoncer à son amour ; comme s'il était bien gênant de promettre, quand on est décidé à ne pas tenir ! Ce serait tromper, me répétait-il sans cesse : ce scrupule n'est-il pas édifiant, surtout en voulant séduire la fille ? Voilà bien les hommes ! tous également scélérats dans leurs projets, ce qu'ils mettent de faiblesse dans l'exécution, ils l'appellent probité[1].

C'est votre affaire d'empêcher que Mme de Volanges ne s'effarouche des petites échappées que notre jeune homme s'est permises dans sa Lettre ; préservez-nous du Couvent ; tâchez aussi de faire abandonner la demande des Lettres de la petite. D'abord il ne les rendra point, il ne le veut pas, et je suis de son avis ; ici l'amour et la raison sont d'accord. Je les ai lues ces Lettres, j'en ai dévoré l'ennui. Elles peuvent devenir utiles. Je m'explique.

Malgré la prudence que nous y mettrons, il peut arriver un éclat ; il ferait manquer le mariage, n'est-il pas vrai, et échouer tous nos projets Gercourt ? Mais comme, pour mon compte, j'ai aussi à me venger de la mère, je me réserve en ce cas de déshonorer la fille. En choisissant bien dans cette correspondance, et n'en produisant qu'une partie, la petite Volanges paraîtrait avoir fait toutes les premières démarches, et s'être absolument jetée à la tête. Quelques-unes des Lettres pourraient même compromettre la mère, et *l'entacheraient* au moins d'une négligence impardonnable. Je sens bien que le scrupuleux Danceny se révolterait d'abord ; mais comme il serait personnellement attaqué, je crois qu'on en viendrait à bout. Il y a mille à parier contre un que la chance ne tournera pas ainsi ; mais il faut tout prévoir.

Adieu, ma belle amie ; vous seriez bien aimable de venir souper demain chez la Maréchale de *** ; je n'ai pas pu refuser.

J'imagine que je n'ai pas besoin de vous recommander le secret, vis-à-vis de Mme de Volanges, sur mon projet de Campagne ; elle aurait bientôt celui de rester à la Ville : au lieu qu'une fois arrivée, elle ne repartira pas le lendemain ; et si elle nous donne seulement huit jours, je réponds de tout.

*De…, ce 9 septembre 17**.*

* Expression relative à un passage d'un Poème de M. de Voltaire.

note

1. probité : honnêteté.

Lettre 67

LA PRÉSIDENTE DE TOURVEL AU VICOMTE DE VALMONT

Je ne voulais plus vous répondre, Monsieur, et peut-être l'embarras que j'éprouve en ce moment, est-il lui-même une preuve qu'en effet je ne le devrais pas. Cependant je ne veux vous laisser aucun sujet de plainte contre moi ; je veux vous convaincre que j'ai fait pour vous tout ce que je pouvais faire.

Je vous ai permis de m'écrire, dites-vous ? J'en conviens ; mais quand vous me rappelez cette permission, croyez-vous que j'oublie à quelles conditions elle vous fut donnée ? Si j'y eusse été aussi fidèle que vous l'avez été peu, auriez-vous reçu une seule réponse de moi ? Voilà pourtant la troisième ; et quand vous faites tout ce qu'il faut pour m'obliger à rompre cette correspondance, c'est moi qui m'occupe des moyens de l'entretenir. Il en est un, mais c'est le seul ; et si vous refusez de le prendre, ce sera, quoi que vous puissiez dire, me prouver assez combien peu vous y mettez de prix.

Quittez donc un langage que je ne puis ni ne veux entendre ; renoncez à un sentiment qui m'offense et m'effraie, et auquel, peut-être, vous devriez être moins attaché en songeant qu'il est l'obstacle qui nous sépare. Ce sentiment est-il donc le seul que vous puissiez connaître, et l'amour aura-t-il ce tort de plus à mes yeux, d'exclure l'amitié ? vous-même, auriez-vous celui de ne pas vouloir pour votre amie, celle en qui vous avez désiré des sentiments plus tendres ? Je ne veux pas le croire : cette idée humiliante me révolterait, m'éloignerait de vous sans retour.

En vous offrant mon amitié, Monsieur, je vous donne tout ce qui est à moi, tout ce dont je puis disposer. Que pouvez-vous désirer davantage ? Pour me livrer à ce sentiment si doux, si bien fait pour mon cœur, je n'attends que votre aveu ; et la parole, que j'exige de vous, que cette amitié suffira à votre bonheur. J'oublierai tout ce qu'on a pu me dire ; je me reposerai sur vous du soin de justifier mon choix.

Vous voyez ma franchise, elle doit vous prouver ma confiance ; il ne tiendra qu'à vous de l'augmenter encore : mais je vous préviens que le premier mot d'amour la détruit à jamais, et me rend toutes mes craintes ; que surtout il deviendra pour moi le signal d'un silence éternel vis-à-vis de vous.

Si, comme vous le dites, vous êtes *revenu de vos erreurs*, n'aimerez-vous pas mieux être l'objet de l'amitié d'une femme honnête, que celui des remords d'une femme coupable ? Adieu, Monsieur ; vous sentez qu'après avoir parlé ainsi, je ne puis plus rien dire que vous ne m'ayez répondu.

*De..., ce 9 septembre 17**.*

Lettre 68

LE VICOMTE DE VALMONT À LA PRÉSIDENTE DE TOURVEL

Comment répondre, Madame, à votre dernière Lettre ? Comment oser être vrai, quand ma sincérité peut me perdre auprès de vous ? N'importe, il le faut ; j'en aurai le courage. Je me dis, je me répète, qu'il vaut mieux vous mériter que vous obtenir ; et dussiez-vous me refuser toujours un bonheur que je désirerai sans cesse, il faut vous prouver au moins que mon cœur en est digne.

Quel dommage que, comme vous le dites, je sois *revenu de mes erreurs !* avec quels transports de joie j'aurais lu cette même Lettre à laquelle je tremble de répondre aujourd'hui ! Vous m'y parlez avec *franchise*, vous me témoignez de la *confiance*, vous m'offrez enfin votre *amitié :* que de biens, Madame, et quels regrets de ne pouvoir en profiter ! Pourquoi ne suis-je plus le même ?

Si je l'étais en effet ; si je n'avais pour vous qu'un goût ordinaire, que ce goût léger, enfant de la séduction et du plaisir, qu'aujourd'hui pourtant on nomme amour, je me hâterais de tirer avantage de tout ce que je pourrais obtenir. Peu délicat sur les moyens, pourvu qu'ils me procurassent le succès, j'encouragerais votre franchise par le besoin de vous deviner ; je désirerais votre confiance dans le dessein de la trahir ; j'accepterais votre amitié dans l'espoir de l'égarer... Quoi ! Madame, ce tableau vous effraie ?... hé bien ! il serait pourtant tracé d'après moi, si je vous disais que je consens à n'être que votre ami...

Qui, moi ! je consentirais à partager avec quelqu'un un sentiment émané de votre âme ? Si jamais je vous le dis, ne me croyez plus. De ce moment je chercherai à vous tromper ; je pourrai vous désirer encore, mais à coup sûr je ne vous aimerai plus.

Ce n'est pas que l'aimable franchise, la douce confiance, la sensible amitié, soient sans prix à mes yeux... Mais l'amour ! l'amour véritable, et tel que vous l'inspirez, en réunissant tous ces sentiments, en leur donnant plus d'énergie, ne saurait se prêter, comme eux, à cette tranquillité, à cette froideur de l'âme, qui permet des comparaisons, qui souffre même des préférences. Non,

Madame, je ne serai point votre ami ; je vous aimerai de l'amour le plus tendre, et même le plus ardent, quoique le plus respectueux. Vous pourrez le désespérer, mais non l'anéantir.

De quel droit prétendez-vous disposer d'un cœur dont vous refusez l'hommage ? Par quel raffinement de cruauté m'enviez-vous jusqu'au bonheur de vous aimer ? Celui-là est à moi, il est indépendant de vous ; je saurai le défendre. S'il est la source de mes maux, il en est aussi le remède.

Non, encore une fois, non. Persistez dans vos refus cruels ; mais laissez-moi mon amour. Vous vous plaisez à me rendre malheureux ! eh bien ! soit ; essayez de lasser mon courage, je saurai vous forcer au moins à décider de mon sort ; et peut-être, quelque jour, vous me rendrez plus de justice. Ce n'est pas que j'espère vous rendre jamais sensible : mais sans être persuadée, vous serez convaincue, vous vous direz : Je l'avais mal jugé.

Disons mieux, c'est à vous que vous faites injustice. Vous connaître sans vous aimer, vous aimer sans être constant, sont tous deux également impossibles ; et malgré la modestie qui vous pare, il doit vous être plus facile de vous plaindre, que de vous étonner de sentiments que vous faites naître. Pour moi, dont le seul mérite est d'avoir su vous apprécier, je ne veux pas le perdre ; et loin de consentir à vos offres insidieuses je renouvelle à vos pieds le serment de vous aimer toujours.

*De..., ce 10 septembre 17**.*

Lettre 69

CÉCILE VOLANGES
AU CHEVALIER DANCENY

(Billet écrit au crayon, et recopié par Danceny.)

Vous me demandez ce que je fais ; je vous aime, et je pleure. Ma mère ne me parle plus ; elle m'a ôté papier, plumes et encre ; je me sers d'un crayon, qui par bonheur m'est resté, et je vous écris sur un morceau de votre Lettre. Il faut bien que j'approuve tout ce que vous avez fait : je vous aime trop pour ne pas prendre tous les moyens d'avoir de vos nouvelles et de vous donner des miennes. Je n'aimais pas M. de Valmont, et je ne le croyais pas tant votre ami ; je tâcherai de m'accoutumer à lui, et je l'aimerai à cause de vous. Je ne sais pas qui est-ce qui nous a trahis ; ce ne peut être que ma Femme de chambre ou mon Confesseur. Je suis bien malheureuse : nous partons demain pour la campagne ; j'ignore pour combien de temps. Mon Dieu ! ne plus vous voir !

Je n'ai plus de place. Adieu ; tâchez de me lire. Ces mots tracés au crayon s'effaceront peut-être, mais jamais les sentiments gravés dans mon cœur.

*De..., ce 10 septembre 17**.*

Lettre 70

LE VICOMTE DE VALMONT
À LA MARQUISE DE MERTEUIL

J'ai un avis important à vous donner, ma chère amie. Je soupai hier, comme vous savez, chez la Maréchale de ***, on y parla de vous, et j'en dis, non pas tout le bien que j'en pense, mais tout celui que je n'en pense pas. Tout le monde paraissait être de mon avis, et la conversation languissait, comme il arrive toujours quand on ne dit que du bien de son prochain, lorsqu'il s'éleva un contradicteur : c'était Prévan.

« À Dieu ne plaise, dit-il en se levant, que je doute de la sagesse de Mme de Merteuil ! mais j'oserais croire qu'elle la doit plus à sa légèreté qu'à ses principes. Il est peut-être plus difficile de la suivre que de lui plaire ; et comme on ne manque guère, en courant après une femme, d'en rencontrer d'autres sur son chemin, comme, à tout prendre, ces autres-là peuvent valoir autant et plus qu'elle ; les uns sont distraits par un goût nouveau, les autres s'arrêtent de lassitude ; et c'est peut-être la femme de Paris qui a eu le moins à se défendre. Pour moi, ajouta-t-il (encouragé par le sourire de quelques femmes), je ne croirai à la vertu de Mme de Merteuil, qu'après avoir crevé six chevaux à lui faire ma cour. »

Cette mauvaise plaisanterie réussit, comme toutes celles qui tiennent à la médisance ; et pendant le rire qu'elle excitait, Prévan reprit sa place, et la conversation générale changea. Mais les deux Comtesses de B***, auprès de qui était notre incrédule, en firent avec lui leur conversation particulière, qu'heureusement je me trouvais à portée d'entendre.

Le défi de vous rendre sensible a été accepté ; la parole de tout dire a été donnée ; et de toutes celles qui se donneraient dans cette aventure, ce serait sûrement la plus religieusement gardée. Mais vous voilà bien avertie, et vous savez le proverbe[1].

note

1. Allusion au proverbe « *Une personne avertie en vaut deux* ».

Il me reste à vous dire que ce Prévan, que vous ne connaissez pas, est infiniment aimable, et encore plus adroit. Que si quelquefois vous m'avez entendu dire le contraire, c'est seulement que je ne l'aime pas, que je me plais à contrarier ses succès, et que je n'ignore pas de quel poids est mon suffrage[1] auprès d'une trentaine de nos femmes les plus à la mode.

En effet, je l'ai empêché longtemps, par ce moyen, de paraître sur ce que nous appelons le grand théâtre ; et il faisait des prodiges, sans en avoir plus de réputation. Mais l'éclat de sa triple aventure, en fixant les yeux sur lui, lui a donné cette confiance qui lui manquait jusque-là, et l'a rendu vraiment redoutable. C'est enfin aujourd'hui le seul homme, peut-être, que je craindrais de rencontrer sur mon chemin ; et votre intérêt à part, vous me rendrez un vrai service de lui donner quelque ridicule chemin faisant. Je le laisse en bonnes mains ; et j'ai l'espoir qu'à mon retour, ce sera un homme noyé.

Je vous promets, en revanche, de mener à bien l'aventure de votre pupille[2], et de m'occuper d'elle autant que de ma belle Prude.

Celle-ci vient de m'envoyer un projet de capitulation. Toute sa Lettre annonce le désir d'être trompée. Il est impossible d'en offrir un moyen plus commode et aussi plus usé. Elle veut que je sois *son ami*. Mais moi, qui aime les méthodes nouvelles et difficiles, je ne prétends pas l'en tenir quitte à si bon marché ; et assurément je n'aurai pas pris tant de peine auprès d'elle, pour terminer par une séduction ordinaire.

Mon projet, au contraire, est qu'elle sente, qu'elle sente bien la valeur et l'étendue de chacun des sacrifices qu'elle me fera ; de ne pas la conduire si vite, que le remords ne puisse la suivre ; de faire expirer sa vertu dans une lente agonie ; de la fixer sans cesse sur ce désolant spectacle ; et de ne lui accorder le bonheur de m'avoir dans ses bras, qu'après l'avoir forcée à n'en plus dissimuler le désir. Au fait, je vaux bien peu, si je ne vaux pas la peine d'être demandé. Et puis-je me venger moins d'une femme hautaine, qui semble rougir d'avouer qu'elle adore ?

J'ai donc refusé la précieuse amitié, et m'en suis tenu à mon titre d'Amant. Comme je ne me dissimule point que ce titre, qui ne paraît d'abord qu'une dispute de mots, est pourtant d'une importance réelle à obtenir, j'ai mis beaucoup de soin à ma Lettre, et j'ai tâché d'y répandre ce désordre, qui peut

notes

1. **suffrage** : avis, jugement.

2. **pupille** : personne mineure placée sous l'autorité d'un tuteur ; ici, par extension, enfant dont on s'occupe particulièrement.

seul peindre le sentiment. J'ai enfin déraisonné le plus qu'il m'a été possible : car sans déraisonnement, point de tendresse ; et c'est, je crois, par cette raison que les femmes nous sont si supérieures dans les Lettres d'Amour.

J'ai fini la mienne par une cajolerie, et c'est encore une suite de mes profondes observations. Après que le cœur d'une femme a été exercé quelque temps, il a besoin de repos ; et j'ai remarqué qu'une cajolerie était, pour toutes, l'oreiller le plus doux à leur offrir.

Adieu, ma belle amie. Je pars demain. Si vous avez des ordres à me donner pour la Comtesse de ★★★, je m'arrêterai chez elle, au moins pour dîner. Je suis fâché de partir sans vous voir. Faites-moi passer vos sublimes instructions, et aidez-moi de vos sages conseils, dans ce moment décisif.

Surtout, défendez-vous de Prévan ; et puissé-je un jour vous dédommager de ce sacrifice ! Adieu.

De..., ce 11 septembre 17★★.

Lettre 71

LE VICOMTE DE VALMONT
À LA MARQUISE DE MERTEUIL

Mon étourdi de Chasseur n'a-t-il pas laissé mon portefeuille à Paris ! Les Lettres de ma Belle, celles de Danceny pour la petite Volanges, tout est resté, et j'ai besoin de tout. Il va partir pour réparer sa sottise ; et tandis qu'il selle son cheval, je vous raconterai mon histoire de cette nuit : car je vous prie de croire que je ne perds pas mon temps.

L'aventure, par elle-même, est bien peu de chose ; ce n'est qu'un réchauffé avec la Vicomtesse de M★★★. Mais elle m'a intéressé par les détails. Je suis bien aise d'ailleurs de vous faire voir que si j'ai le talent de perdre les femmes, je n'ai pas moins, quand je veux, celui de les sauver. Le parti le plus difficile, ou le plus gai, est toujours celui que je prends ; et je ne me reproche pas une bonne action, pourvu qu'elle m'exerce ou m'amuse.

J'ai donc trouvé la Vicomtesse ici, et comme elle joignait ses instances aux persécutions qu'on me faisait pour passer la nuit au château : « Eh bien ! j'y consens, lui dis-je, à condition que je la passerai avec vous. – Cela m'est impossible, me répondit-elle, Vressac est ici. » Jusque-là je n'avais cru que lui dire une honnêteté : mais ce mot d'impossible me révolta comme de coutume. Je me sentis humilié d'être sacrifié à Vressac, et je résolus de ne le pas souffrir : j'insistai donc.

Les circonstances ne m'étaient pas favorables. Ce Vressac a eu la gaucherie de donner de l'ombrage[1] au Vicomte ; en sorte que la Vicomtesse ne peut plus le recevoir chez elle : et ce voyage chez la bonne Comtesse avait été concerté entre eux, pour tâcher d'y dérober quelques nuits. Le Vicomte avait même d'abord montré de l'humeur d'y rencontrer Vressac ; mais comme il est encore plus chasseur que jaloux, il n'en est pas moins resté : et la Comtesse, toujours telle que vous la connaissez, après avoir logé la femme dans le grand corridor, a mis le mari d'un côté et l'Amant de l'autre, et les a laissés s'arranger entre eux. Le mauvais destin de tous deux a voulu que je fusse logé vis-à-vis.

Ce jour-là même, c'est-à-dire hier, Vressac, qui, comme vous pouvez croire, cajole le Vicomte, chassait avec lui, malgré son peu de goût pour la chasse, et comptait bien se consoler la nuit, entre les bras de la femme, de l'ennui que le mari lui causait tout le jour ; mais moi, je jugeai qu'il aurait besoin de repos, et je m'occupai des moyens de décider sa Maîtresse à lui laisser le temps d'en prendre.

Je réussis, et j'obtins qu'elle lui ferait une querelle de cette même partie de chasse, à laquelle, bien évidemment, il n'avait consenti que pour elle. On ne pouvait prendre un plus mauvais prétexte : mais nulle femme n'a mieux que la Vicomtesse ce talent, commun à toutes, de mettre l'humeur à la place de la raison, et de n'être jamais si difficile à apaiser que quand elle a tort. Le moment d'ailleurs n'était pas commode pour les explications ; et ne voulant qu'une nuit, je consentais qu'ils se raccommodassent le lendemain.

Vressac fut donc boudé à son retour. Il voulut en demander la cause, on le querella. Il essaya de se justifier ; le mari qui était présent, servit de prétexte pour rompre la conversation ; il tenta enfin de profiter d'un moment où le mari était absent, pour demander qu'on voulût bien l'entendre le soir : ce fut alors que la Vicomtesse devint sublime. Elle s'indigna contre l'audace des hommes qui, parce qu'ils ont éprouvé les bontés d'une femme, croient avoir le droit d'en abuser encore, même alors qu'elle a à se plaindre d'eux ; et ayant changé de thèse par cette adresse, elle parla si bien délicatesse et sentiment, que Vressac resta muet et confus ; et que moi-même je fus tenté de croire qu'elle avait raison : car vous saurez que comme ami de tous deux, j'étais en tiers dans cette conversation.

note

1. donner de l'ombrage : susciter la méfiance, la jalousie.

Enfin, elle déclara positivement qu'elle n'ajouterait pas les fatigues de l'amour à celles de la chasse, et qu'elle se reprocherait de troubler d'aussi doux plaisirs. Le mari rentra. Le désolé Vressac, qui n'avait plus la liberté de répondre, s'adressa à moi ; et après m'avoir fort longuement conté ses raisons, que je savais aussi bien que lui, il me pria de parler à la Vicomtesse, et je le lui promis. Je lui parlai en effet ; mais ce fut pour la remercier, et convenir avec elle de l'heure et des moyens de notre rendez-vous.

Elle me dit que logée entre son mari et son Amant elle avait trouvé plus prudent d'aller chez Vressac que de le recevoir dans son appartement ; et que, puisque je logeais vis-à-vis d'elle, elle croyait plus sûr aussi de venir chez moi ; qu'elle s'y rendrait aussitôt que sa Femme de chambre l'aurait laissée seule ; que je n'avais qu'à tenir ma porte entr'ouverte, et l'attendre.

Tout s'exécuta comme nous en étions convenus ; et elle arriva chez moi vers une heure du matin.

... dans le simple appareil
*D'une beauté qu'on vient d'arracher au sommeil.**

Comme je n'ai point de vanité, je ne m'arrête pas aux détails de la nuit : mais vous me connaissez, et j'ai été content de moi.

Au point du jour, il a fallu se séparer. C'est ici que l'intérêt commence. L'étourdie avait cru laisser sa porte entr'ouverte, nous la trouvâmes fermée, et la clef était restée en dedans : vous n'avez pas d'idée de l'expression de désespoir avec laquelle la Vicomtesse me dit aussitôt : « Ah ! je suis perdue. » Il faut convenir qu'il eût été plaisant de la laisser dans cette situation : mais pouvais-je souffrir qu'une femme fût perdue pour moi, sans l'être par moi ? Et devrais-je, comme le commun des hommes, me laisser maîtriser par les circonstances ? Il fallait donc trouver un moyen. Qu'eussiez-vous fait, ma belle amie ? Voici ma conduite, et elle a réussi.

J'eus bientôt reconnu que la porte en question pouvait s'enfoncer, en se permettant de faire beaucoup de bruit. J'obtins donc de la Vicomtesse, non sans peine, qu'elle jetterait des cris perçants et d'effroi, comme *au voleur, à l'assassin*, etc., etc. Et nous convînmes qu'au premier cri, j'enfoncerais la porte, et qu'elle courrait à son lit. Vous ne sauriez croire combien il fallut de temps pour la décider, même après qu'elle eut consenti. Il fallut pourtant finir par là, et au premier coup de pied la porte céda.

* RACINE, Tragédie de *Britannicus*.

La Vicomtesse fit bien de ne pas perdre de temps ; car au même instant, le Vicomte et Vressac furent dans le corridor ; et la Femme de chambre accourut aussi à la chambre de sa Maîtresse.

J'étais seul de sang-froid, et j'en profitai pour aller éteindre une veilleuse qui brûlait encore et la renverser par terre ; car jugez combien il eût été ridicule de feindre cette terreur panique, en ayant de la lumière dans sa chambre. Je querellai ensuite le mari et l'Amant sur leur sommeil léthargique[1], en les assurant que les cris auxquels j'étais accouru, et mes efforts pour enfoncer la porte, avaient duré au moins cinq minutes.

La Vicomtesse qui avait retrouvé son courage dans son lit, me seconda assez bien, et jura ses grands Dieux qu'il y avait un voleur dans son appartement ; elle protesta avec plus de sincérité, que de la vie elle n'avait eu tant de peur. Nous cherchions partout et nous ne trouvions rien, lorsque je fis apercevoir la veilleuse renversée, et conclus que, sans doute, un rat avait causé le dommage et la frayeur ; mon avis passa tout d'une voix, et après quelques plaisanteries rebattues sur les rats, le Vicomte s'en alla le premier regagner sa chambre et son lit, en priant sa femme d'avoir à l'avenir des rats plus tranquilles.

Vressac resté seul avec nous, s'approcha de la Vicomtesse pour lui dire tendrement que c'était une vengeance de l'Amour ; à quoi elle répondit en me regardant : « Il était donc bien en colère, car il s'est beaucoup vengé, mais, ajouta-t-elle, je suis rendue de fatigue et je veux dormir. »

J'étais dans un moment de bonté ; en conséquence, avant de nous séparer, je plaidai la cause de Vressac, et j'amenai le raccommodement. Les deux Amants s'embrassèrent, et je fus, à mon tour, embrassé par tous deux. Je ne me souciais plus des baisers de la Vicomtesse : mais j'avoue que celui de Vressac me fit plaisir. Nous sortîmes ensemble ; et après avoir reçu ses longs remerciements, nous allâmes chacun nous remettre au lit.

Si vous trouvez cette histoire plaisante, je ne vous en demande pas le secret. À présent que je m'en suis amusé, il est juste que le public ait son tour. Pour le moment, je ne parle que de l'histoire, peut-être bientôt en dirons-nous autant de l'héroïne ?

note

1. léthargique : profond.

Adieu, il y a une heure que mon Chasseur attend ; je ne prends plus que le moment de vous embrasser, et de vous recommander surtout de vous garder de Prévan.

*Du Château de..., ce 13 septembre 17**.*

Lettre 72

LE CHEVALIER DANCENY
À CÉCILE VOLANGES
(Remise seulement le 14.)

Ô ma Cécile ! que j'envie le sort de Valmont ! demain il vous verra. C'est lui qui vous remettra cette Lettre ; et moi, languissant loin de vous, je traînerai ma pénible existence entre les regrets et le malheur. Mon amie, ma tendre amie, plaignez-moi de mes maux ; surtout plaignez-moi des vôtres ; c'est contre eux que le courage m'abandonne.

Qu'il m'est affreux de causer votre malheur ! sans moi, vous seriez heureuse et tranquille. Me pardonnez-vous ? dites ! ah ! dites que vous me pardonnez ; dites-moi aussi que vous m'aimez, que vous m'aimerez toujours. J'ai besoin que vous me le répétiez. Ce n'est pas que j'en doute : mais il me semble que plus on en est sûr, et plus il est doux de se l'entendre dire. Vous m'aimez, n'est-ce pas ? oui, vous m'aimez de toute votre âme. Je n'oublie pas que c'est la dernière parole que je vous ai entendue prononcer. Comme je l'ai recueillie dans mon cœur ! comme elle s'y est profondément gravée ! et avec quels transports le mien y a répondu !

Hélas ! dans ce moment de bonheur, j'étais loin de prévoir le sort affreux qui nous attendait. Occupons-nous, ma Cécile, des moyens de l'adoucir. Si j'en crois mon ami, il suffira, pour y parvenir, que vous preniez en lui une confiance qu'il mérite.

J'ai été peiné, je l'avoue, de l'idée désavantageuse que vous paraissez avoir de lui. J'y ai reconnu les préventions de votre Maman : c'était pour m'y soumettre que j'avais négligé, depuis quelque temps, cet homme vraiment aimable, qui aujourd'hui fait tout pour moi ; qui enfin travaille à nous réunir, lorsque votre Maman nous a séparés. Je vous en conjure, ma chère amie, voyez-le d'un œil plus favorable. Songez qu'il est mon ami, qu'il veut être le vôtre, qu'il peut me rendre le bonheur de vous voir. Si ces raisons ne vous ramènent pas, ma Cécile, vous ne m'aimez pas autant que je vous aime, vous ne m'aimez plus autant que vous m'aimiez. Ah ! si jamais vous deviez m'aimer moins... Mais non, le cœur de ma Cécile est à moi ; il y est pour la vie ; et si j'ai à craindre les peines d'un amour malheureux, sa constance au moins me sauvera des tourments d'un amour trahi.

Adieu, ma charmante amie ; n'oubliez pas que je souffre, et qu'il ne tient qu'à vous de me rendre heureux, parfaitement heureux. Écoutez le vœu de mon cœur, et recevez les plus tendres baisers de l'amour.

*Paris, ce 11 septembre 17**.*

Lettre 73

LE VICOMTE DE VALMONT
À CÉCILE VOLANGES

(Jointe à la précédente.)

L'ami qui vous sert a su que vous n'aviez rien de ce qu'il vous fallait pour écrire, et il y a déjà pourvu.

Vous trouverez dans l'antichambre de l'appartement que vous occupez, sous la grande armoire à main gauche, une provision de papier, de plumes et d'encre, qu'il renouvellera quand vous voudrez, et qu'il lui semble que vous pouvez laisser à cette même place, si vous n'en trouvez pas de plus sûre.

Il vous demande de ne pas vous offenser, s'il a l'air de ne faire aucune attention à vous dans le cercle, et de ne vous y regarder que comme une enfant. Cette conduite lui paraît nécessaire pour inspirer la sécurité dont il a besoin, et pouvoir travailler plus efficacement au bonheur de son ami et au vôtre. Il tâchera de faire naître les occasions de vous parler, quand il aura quelque chose à vous apprendre ou à vous remettre ; et il espère y parvenir, si vous mettez du zèle à le seconder.

Il vous conseille aussi de lui rendre, à mesure, les Lettres que vous aurez reçues, afin de risquer moins de vous compromettre.

Il finit par vous assurer que si vous voulez lui donner votre confiance, il mettra tous ses soins à adoucir la persécution qu'une mère trop cruelle fait éprouver à deux personnes, dont l'une est déjà son meilleur ami, et l'autre lui paraît mériter l'intérêt le plus tendre.

*Du Château de..., ce 14 septembre 17**.*

Lettre 74

LA MARQUISE DE MERTEUIL AU VICOMTE DE VALMONT

Eh ! depuis quand, mon ami, vous effrayez-vous si facilement ? ce Prévan est donc bien redoutable ? Mais voyez comme je suis simple et modeste ! Je l'ai rencontré souvent, ce superbe vainqueur ; à peine l'avais-je regardé ! Il ne fallait pas moins que votre Lettre pour m'y faire faire attention. J'ai réparé mon injustice hier. Il était à l'Opéra, presque vis-à-vis de moi, je m'en suis occupée. Il est joli au moins, mais très joli ; des traits fins et délicats ! il doit gagner à être vu de près. Et vous dites qu'il veut m'avoir ! assurément il me fera honneur et plaisir. Sérieusement, j'en ai fantaisie, et je vous confie ici que j'ai fait les premières démarches. Je ne sais pas si elles réussiront. Voilà le fait.

Il était à deux pas de moi, à la sortie de l'Opéra ; et j'ai donné, très haut, rendez-vous à la Marquise de *** pour souper le Vendredi chez la Maréchale. C'est, je crois, la seule maison où je peux le rencontrer. Je ne doute pas qu'il m'ait entendue... Si l'ingrat allait n'y pas venir ? Mais, dites-moi donc, croyez-vous qu'il y vienne ? Savez-vous que s'il n'y vient pas, j'aurai de l'humeur toute la soirée ? Vous voyez qu'il ne trouvera pas tant de difficulté *à me suivre* ; et ce qui vous étonnera davantage, c'est qu'il en trouvera moins encore *à me plaire*. Il veut, dit-il, crever six chevaux à me faire sa cour ! Oh ! je sauverai la vie à ces chevaux-là. Je n'aurai jamais la patience d'attendre si longtemps. Vous savez qu'il n'est pas dans mes principes de faire languir, quand une fois je suis décidée, et je le suis pour lui.

Oh ! çà, convenez qu'il y a plaisir à me parler raison ! Votre *avis important* n'a-t-il pas un grand succès ? Mais que voulez-vous ? je végète[1] depuis si longtemps ! Il y a plus de six semaines que je ne me suis pas permis une gaieté. Celle-là se présente ; puis-je me la refuser ? le sujet n'en vaut-il pas la peine ? en est-il de plus agréable, dans quelque sens que vous preniez ce mot ?

Vous-même, vous êtes forcé de lui rendre justice ; vous faites plus que le louer, vous en êtes jaloux. Eh bien ! je m'établis juge entre vous deux : mais d'abord, il faut s'instruire, et c'est ce que je veux faire. Je serai juge intègre, et vous serez pesés tous deux dans la même balance. Pour vous, j'ai déjà vos mémoires, et votre affaire est parfaitement instruite. N'est-il pas juste que je m'occupe à présent de votre adversaire ? Allons, exécutez-vous de bonne

note

1. **végète :** mène une existence monotone.

grâce ; et, pour commencer, apprenez-moi, je vous prie, quelle est cette triple aventure dont il est le héros. Vous m'en parlez comme si je ne connaissais autre chose, et je n'en sais pas le premier mot. Apparemment elle se sera passée pendant mon voyage à Genève, et votre jalousie vous aura empêché de me l'écrire. Réparez cette faute au plus tôt ; songez que *rien de ce qui l'intéresse ne m'est étranger*[1]. Il me semble bien qu'on en parlait encore à mon retour : mais j'étais occupée d'autre chose, et j'écoute rarement en ce genre tout ce qui n'est pas du jour ou de la veille.

Quand ce que je vous demande vous contrarierait un peu, n'est-ce pas le moindre prix que vous deviez aux soins que je me suis donnés pour vous ? ne sont-ce pas eux qui vous ont rapproché de votre Présidente, quand vos sottises vous en avaient éloigné ? n'est-ce pas encore moi qui ai remis entre vos mains, de quoi vous venger du zèle amer de Mme de Volanges ? Vous vous êtes plaint si souvent du temps que vous perdiez à aller chercher vos aventures ! À présent vous les avez sous la main. L'amour, la haine, vous n'avez qu'à choisir, tout couche sous le même toit ; et vous pouvez, doublant votre existence, caresser d'une main et frapper de l'autre.

C'est même encore à moi que vous devez l'aventure de la Vicomtesse. J'en suis assez contente : mais, comme vous dites, il faut qu'on en parle : car si l'occasion a pu vous engager, comme je le conçois, à préférer pour le moment le mystère à l'éclat, il faut convenir pourtant que cette femme ne méritait pas un procédé si honnête.

J'ai d'ailleurs à m'en plaindre. Le Chevalier de Belleroche la trouve plus jolie que je ne voudrais ; et par beaucoup de raisons, je serai bien aise d'avoir un prétexte pour rompre avec elle : or, il n'en est pas de plus commode que d'avoir à dire : On ne peut plus voir cette femme-là.

Adieu, Vicomte ; songez que placé où vous êtes, le temps est précieux : je vais employer le mien à m'occuper du bonheur de Prévan.

*Paris, ce 15 septembre 17**.*

note

1. Parodie d'une citation du dramaturge latin Térence (IIe s. av. J.-C.) : *« Je suis homme, et rien de ce qui est humain ne m'est étranger. »*

Lettre 75

CÉCILE VOLANGES
À SOPHIE CARNAY

(*Nota :* Dans cette Lettre, Cécile Volanges rend compte avec le plus grand détail de tout ce qui est relatif à elle dans les événements que le Lecteur a vus à la fin de la première Partie, Lettre 59 et suivantes. On a cru devoir supprimer cette répétition. Elle parle enfin du Vicomte de Valmont, et elle s'exprime ainsi.)

Je t'assure que c'est un homme bien extraordinaire. Maman en dit beaucoup de mal ; mais le Chevalier Danceny en dit beaucoup de bien, et je crois que c'est lui qui a raison. Je n'ai jamais vu d'homme aussi adroit. Quand il m'a rendu la Lettre de Danceny, c'était au milieu de tout le monde, et personne n'en a rien vu ; il est vrai que j'ai eu bien peur parce que je n'étais prévenue de rien : mais à présent je m'y attendrai. J'ai déjà fort bien compris comment il voulait que je fisse pour lui remettre ma Réponse. Il est bien facile de s'entendre avec lui, car il a un regard qui dit tout ce qu'il veut. Je ne sais pas comment il fait : il me disait dans le billet dont je t'ai parlé, qu'il n'aurait pas l'air de s'occuper de moi devant Maman : en effet, on dirait toujours qu'il n'y songe pas ; et pourtant toutes les fois que je cherche ses yeux, je suis sûre de les rencontrer tout de suite.

Il y a ici une bonne amie[1] de Maman, que je ne connaissais pas, qui a aussi l'air de ne guère aimer M. de Valmont quoiqu'il ait bien des attentions pour elle. J'ai peur qu'il ne s'ennuie bientôt de la vie qu'on mène ici, et qu'il ne s'en retourne à Paris ; cela serait bien fâcheux. Il faut qu'il ait bien bon cœur d'être venu exprès pour rendre service à son ami et à moi ! Je voudrais bien lui en témoigner ma reconnaissance, mais je ne sais comment faire pour lui parler ; et quand j'en trouverais l'occasion, je serais si honteuse, que je ne saurais peut-être que lui dire.

Il n'y a que Mme de Merteuil avec qui je parle librement, quand je parle de mon amour. Peut-être même qu'avec toi, à qui je dis tout, si c'était en causant, je serais embarrassée. Avec Danceny lui-même, j'ai souvent senti, comme malgré moi, une certaine crainte qui m'empêchait de lui dire tout ce que je pensais. Je me le reproche bien à présent, et je donnerais tout au monde pour trouver le moment de lui dire une fois, une seule fois, combien je l'aime. M. de Valmont lui a promis que si je me laissais conduire, il nous

note

1. Cécile parle ici de Mme de Tourvel.

procurerait l'occasion de nous revoir. Je ferai bien assez ce qu'il voudra ; mais je ne peux pas concevoir que cela soit possible.

Adieu, ma bonne amie, je n'ai plus de place*.

*Du Château de…, ce 14 septembre 17**.*

Lettre 76

LE VICOMTE DE VALMONT
À LA MARQUISE DE MERTEUIL

Ou votre Lettre est un persiflage, que je n'ai pas compris ; ou vous étiez, en me l'écrivant, dans un délire très dangereux. Si je vous connaissais moins, ma belle amie, je serais vraiment très effrayé ; et quoi que vous en puissiez dire, je ne m'effraierais pas trop facilement.

J'ai beau vous lire et vous relire, je n'en suis pas plus avancé ; car, de prendre votre Lettre dans le sens naturel qu'elle présente, il n'y a pas moyen. Qu'avez-vous donc voulu dire ?

Est-ce seulement qu'il était inutile de se donner tant de soins contre un ennemi si peu redoutable ? mais, dans ce cas, vous pourriez avoir tort. Prévan est réellement aimable ; il l'est plus que vous ne le croyez ; il a surtout le talent très utile d'occuper beaucoup de son amour, par l'adresse qu'il a d'en parler dans le cercle, et devant tout le monde, en se servant de la première conversation qu'il trouve. Il est peu de femmes qui se sauvent alors du piège d'y répondre, parce que toutes ayant des prétentions à la finesse, aucune ne veut perdre l'occasion d'en montrer. Or, vous savez assez que femme qui consent à parler d'amour finit bientôt par en prendre, ou au moins par se conduire comme si elle en avait. Il gagne encore à cette méthode, qu'il a réellement perfectionnée, d'appeler souvent les femmes elles-mêmes en témoignage de leur défaite ; et, cela je vous en parle pour l'avoir vu.

Je n'étais dans le secret que de la seconde main[1] ; car jamais je n'ai été lié avec Prévan ; mais enfin nous y étions six : et la Comtesse de P***, tout en

* Mlle de Volanges ayant, peu de temps après, changé de confidente, comme on le verra par la suite de ces Lettres, on ne trouvera plus dans ce Recueil aucune de celles qu'elle a continué d'écrire à son amie du Couvent ; elles n'apprendraient rien au Lecteur.

note

1. de la seconde main : en passant par un intermédiaire.

se croyant bien fine, et ayant l'air en effet, pour tout ce qui n'était pas instruit, de tenir une conversation générale, nous raconta dans le plus grand détail, et comme quoi elle s'était rendue à Prévan, et tout ce qui s'était passé entre eux. Elle faisait ce récit avec une telle sécurité, qu'elle ne fut pas même troublée par un fou rire qui nous prit à tous six en même temps ; et je me souviendrai toujours qu'un de nous ayant voulu, pour s'excuser, feindre de douter de ce qu'elle disait, ou plutôt de ce qu'elle avait l'air de dire, elle répondit gravement qu'à coup sûr nous n'étions aucun aussi bien instruits qu'elle ; et elle ne craignit pas même de s'adresser à Prévan, pour lui demander si elle s'était trompée d'un mot.

J'ai donc pu croire cet homme dangereux pour tout le monde : mais pour vous, Marquise, ne suffisait-il pas qu'il fût *joli, très joli*, comme vous le dites vous-même ? ou qu'il vous fît *une de ces attaques, que vous vous plaisiez quelquefois à récompenser, sans autre motif que de les trouver bien faites* ? ou que vous eussiez trouvé plaisant de vous rendre par une raison quelconque ? ou... que sais-je ? puis-je deviner les mille et mille caprices qui gouvernent la tête d'une femme, et par qui seuls vous tenez encore à votre sexe ? À présent que vous êtes avertie du danger, je ne doute pas que vous ne vous sauviez facilement : mais pourtant fallait-il vous avertir. Je reviens donc à mon texte ; qu'avez-vous voulu dire ?

Si ce n'est qu'un persiflage sur Prévan, outre qu'il est bien long, ce n'était pas vis-à-vis de moi qu'il était utile ; c'est dans le monde qu'il faut lui donner quelque bon ridicule, et je vous renouvelle ma prière à ce sujet.

Ah ! je crois tenir le mot de l'énigme ! votre Lettre est une prophétie, non de ce que vous ferez, mais de ce qu'il vous croira prête à faire au moment de la chute que vous lui préparez. J'approuve assez ce projet ; il exige pourtant de grands ménagements. Vous savez comme moi que, pour l'effet public, avoir un homme ou recevoir ses soins[1], est absolument la même chose, à moins que cet homme ne soit un sot ; et Prévan ne l'est pas, à beaucoup près. S'il peut gagner seulement une apparence, il se vantera, et tout sera dit. Les sots y croiront, les méchants auront l'air d'y croire : quelles seront vos ressources ? Tenez, j'ai peur. Ce n'est pas que je doute de votre adresse : mais ce sont les bons nageurs qui se noient.

Je ne me crois pas plus bête qu'un autre ! Des moyens de déshonorer une femme, j'en ai trouvé cent, j'en ai trouvé mille : mais quand je me suis occupé

note

1. **recevoir ses soins** : être courtisée par lui.

de chercher comment elle pourrait s'en sauver, je n'en ai jamais vu la possibilité. Vous-même, ma belle amie, dont la conduite est un chef-d'œuvre, cent fois j'ai cru vous voir plus de bonheur que de bien joué[1].

Mais après tout, je cherche peut-être une raison à ce qui n'en a point. J'admire comment, depuis une heure, je traite sérieusement ce qui n'est, à coup sûr, qu'une plaisanterie de votre part. Vous allez vous moquer de moi ! Hé bien ! soit ; mais dépêchez-vous, et parlons d'autre chose. D'autre chose ! je me trompe, c'est toujours de la même ; toujours des femmes à avoir ou à perdre, et souvent tous les deux.

J'ai ici, comme vous l'avez fort bien remarqué, de quoi m'exercer dans les deux genres, mais non pas avec la même facilité. Je prévois que la vengeance ira plus vite que l'amour. La petite Volanges est rendue[2], j'en réponds ; elle ne dépend plus que de l'occasion, et je me charge de la faire naître. Mais il n'en est pas de même de Mme de Tourvel : cette femme est désolante, je ne la conçois pas ; j'ai cent preuves de son amour, mais j'en ai mille de sa résistance ; et en vérité, je crains qu'elle ne m'échappe.

Le premier effet qu'avait produit mon retour, me faisait espérer davantage. Vous devinez que je voulais en juger par moi-même ; et pour m'assurer de voir les premiers mouvements, je ne m'étais fait précéder par personne, et j'avais calculé ma route pour arriver pendant qu'on serait à table. En effet, je tombai des nues, comme une Divinité d'Opéra qui vient faire un dénouement.

Ayant fait assez de bruit en entrant pour fixer les regards sur moi, je pus voir du même coup d'œil la joie de ma vieille tante, le dépit de Mme de Volanges, et le plaisir décontenancé de sa fille. Ma Belle, par la place qu'elle occupait, tournait le dos à la porte. Occupée dans ce moment à couper quelque chose, elle ne tourna seulement pas la tête : mais j'adressai la parole à Mme de Rosemonde ; et au premier mot, la sensible Dévote ayant reconnu ma voix, il lui échappa un cri dans lequel je crus reconnaître plus d'amour que de surprise et d'effroi. Je m'étais alors assez avancé pour voir sa figure : le tumulte de son âme, le combat de ses idées et de ses sentiments, s'y peignirent de vingt façons différentes. Je me mis à table à côté d'elle ; elle ne savait exactement rien de ce qu'elle faisait ni de ce qu'elle disait. Elle essaya de continuer de manger ; il n'y eut pas moyen : enfin, moins d'un quart d'heure après, son embarras et son plaisir devenant plus forts qu'elle, elle n'imagina rien de

notes

1. **plus de bonheur que de bien joué :** plus de chance que de tactique.

2. **rendue :** arrivée à destination.

mieux que de demander permission de sortir de table, et elle se sauva dans le parc, sous le prétexte d'avoir besoin de prendre l'air. Mme de Volanges voulut l'accompagner ; la tendre Prude ne le permit pas : trop heureuse, sans doute, de trouver un prétexte pour être seule, et se livrer sans contrainte à la douce émotion de son cœur.

J'abrégeai le dîner le plus qu'il me fut possible. À peine avait-on servi le dessert, que l'infernale Volanges, pressée apparemment du besoin de me nuire, se leva de sa place pour aller trouver la charmante malade : mais j'avais prévu ce projet, et je le traversai[1]. Je feignis donc de prendre ce mouvement particulier pour le mouvement général ; et m'étant levé en même temps, la petite Volanges et le Curé du lieu se laissèrent entraîner par ce double exemple ; en sorte que Mme de Rosemonde se trouva seule à table avec le vieux Commandeur de T*** et tous deux prirent aussi le parti d'en sortir. Nous allâmes donc tous rejoindre ma Belle, que nous trouvâmes dans le bosquet près du Château ; et comme elle avait besoin de solitude et non de promenade, elle aima autant revenir avec nous, que nous faire rester avec elle.

Dès que je fus assuré que Mme de Volanges n'aurait pas l'occasion de lui parler seule, je songeai à exécuter vos ordres, et je m'occupai des intérêts de votre pupille. Aussitôt après le café, je montai chez moi, et j'entrai aussi chez les autres, pour reconnaître le terrain ; je fis mes dispositions pour assurer la correspondance de la petite ; et après ce premier bienfait, j'écrivis un mot pour l'en instruire et lui demander sa confiance ; je joignis mon billet à la Lettre de Danceny. Je revins au salon. J'y trouvai ma Belle établie sur une chaise longue dans un abandon délicieux.

Ce spectacle, en éveillant mes désirs, anima mes regards ; je sentis qu'ils devaient être tendres et pressants, et je me plaçai de manière à pouvoir en faire usage. Leur premier effet fut de faire baisser les grands yeux modestes de la céleste Prude. Je considérai quelque temps cette figure angélique ; puis parcourant toute sa personne je m'amusais à deviner les contours et les formes à travers un vêtement léger, mais toujours importun. Après être descendu de la tête aux pieds, je remontais des pieds à la tête... Ma belle amie, le doux regard était fixé sur moi ; sur-le-champ il se baissa de nouveau, mais voulant en favoriser le retour, je détournai mes yeux. Alors s'établit entre nous cette convention tacite, premier traité de l'amour timide, qui, pour satisfaire le

note

1. **le traversai** : lui fis obstacle.

besoin mutuel de se voir, permet aux regards de se succéder en attendant qu'ils se confondent.

Persuadé que ce nouveau plaisir occupait ma Belle tout entière, je me chargeai de veiller à notre commune sûreté : mais après m'être assuré qu'une conversation assez vive nous sauvait des remarques du cercle, je tâchai d'obtenir de ses yeux qu'ils me parlassent franchement leur langage. Pour cela je surpris d'abord quelques regards ; mais avec tant de réserve, que la modestie n'en pouvait être alarmée ; et, pour mettre la timide personne plus à son aise, je paraissais moi-même aussi embarrassé qu'elle. Peu à peu nos yeux, accoutumés à se rencontrer, se fixèrent plus longtemps ; enfin ils ne se quittèrent plus, et j'aperçus dans les siens cette douce langueur, signal heureux de l'amour et du désir ; mais ce ne fut qu'un moment ; et bientôt revenue à elle-même, elle changea, non sans quelque honte, son maintien et son regard.

Ne voulant pas qu'elle pût douter que j'eusse remarqué ses divers mouvements, je me levai avec vivacité, en lui demandant, avec l'air de l'effroi si elle se trouvait mal. Aussitôt tout le monde vint l'entourer. Je les laissai tous passer devant moi ; et comme la petite Volanges, qui travaillait à la tapisserie auprès d'une fenêtre, eut besoin de quelque temps pour quitter son métier, je saisis ce moment pour lui remettre la Lettre de Danceny.

J'étais un peu loin d'elle ; je jetai l'Épître sur ses genoux. Elle ne savait en vérité qu'en faire. Vous auriez trop ri de son air de surprise et d'embarras ; pourtant je ne riais point, car je craignais que tant de gaucherie ne nous trahît. Mais un coup d'œil et un geste fortement prononcés, lui firent enfin comprendre qu'il fallait mettre le paquet dans sa poche.

Le reste de la journée n'eut rien d'intéressant. Ce qui s'est passé depuis amènera peut-être des événements dont vous serez contente, au moins pour ce qui regarde votre pupille ; mais il vaut mieux employer son temps à exécuter ses projets qu'à les raconter. Voilà d'ailleurs la huitième page que j'écris et j'en suis fatigué ; ainsi, adieu.

Vous vous doutez bien, sans que je vous le dise, que la petite a répondu à Danceny*. J'ai eu aussi une Réponse de ma Belle, à qui j'avais écrit le lendemain de mon arrivée. Je vous envoie les deux Lettres. Vous les lirez ou vous ne les lirez pas : car ce perpétuel rabâchage, qui déjà ne m'amuse pas trop, doit être bien insipide pour toute personne désintéressée.

* Cette Lettre ne s'est pas retrouvée.

Encore une fois, adieu. Je vous aime toujours beaucoup ; mais je vous en prie, si vous me reparlez de Prévan, faites en sorte que je vous entende[1].

*Du Château de..., ce 17 septembre 17**.*

Lettre 77

LE VICOMTE DE VALMONT À LA PRÉSIDENTE DE TOURVEL

D'où peut venir, Madame, le soin cruel que vous mettez à me fuir ? comment se peut-il que l'empressement le plus tendre de ma part, n'obtienne de la vôtre que des procédés qu'on se permettrait à peine envers l'homme dont on aurait le plus à se plaindre ? Quoi ! l'amour me ramène à vos pieds ; et quand un heureux hasard me place à côté de vous, vous aimez mieux feindre une indisposition, alarmer vos amis, que de consentir à rester près de moi ! Combien de fois hier n'avez-vous pas détourné vos yeux pour me priver de la faveur d'un regard ? et si un seul instant j'ai pu y voir moins de sévérité, ce moment a été si court, qu'il semble que vous ayez voulu moins m'en faire jouir, que me faire sentir ce que je perdais à en être privé.

Ce n'est là, j'ose le dire, ni le traitement que mérite l'amour, ni celui que peut se permettre l'amitié : et toutefois, de ces deux sentiments, vous savez si l'un m'anime, et j'étais, ce me semble, autorisé à croire que vous ne vous refusiez pas à l'autre. Cette amitié précieuse, dont sans doute vous m'avez cru digne, puisque vous avez bien voulu me l'offrir, qu'ai-je donc fait pour l'avoir perdue depuis ? me serai-je nui par ma confiance, et me punirez-vous de ma franchise ? ne craignez-vous pas au moins d'abuser de l'une et de l'autre ? En effet, n'est-ce pas dans le sein de mon amie que j'ai déposé le secret de mon cœur ? n'est-ce pas vis-à-vis d'elle seule, que j'ai pu me croire obligé de refuser des conditions qu'il me suffisait d'accepter, pour me donner la facilité de ne les pas tenir, et peut-être celle d'en abuser utilement ? Voudriez-vous enfin, par une rigueur si peu méritée, me forcer à croire qu'il n'eût fallu que vous tromper pour obtenir plus d'indulgence ?

Je ne me repens point d'une conduite que je vous devais, que je me devais à moi-même ; mais par quelle fatalité chaque action louable devient-elle pour moi le signal d'un malheur nouveau ?

note

1. **entende** : comprenne.

C'est après avoir donné lieu au seul éloge que vous ayez encore daigné faire de ma conduite, que j'ai eu, pour la première fois, à gémir du malheur de vous avoir déplu. C'est après vous avoir prouvé ma soumission parfaite, en me privant du bonheur de vous voir, uniquement pour rassurer votre délicatesse, que vous avez voulu rompre toute correspondance avec moi, m'ôter ce faible dédommagement d'un sacrifice que vous aviez exigé, et me ravir jusqu'à l'amour qui seul avait pu vous en donner le droit. C'est enfin après vous avoir parlé avec une sincérité que l'intérêt même de cet amour n'a pu affaiblir, que vous me fuyez aujourd'hui comme un séducteur dangereux, dont vous auriez reconnu la perfidie.

Ne vous lasserez-vous donc jamais d'être injuste ? Apprenez-moi du moins quels nouveaux torts ont pu vous porter à tant de sévérité, et ne refusez pas de me dicter les ordres que vous voulez que je suive ; quand je m'engage à les exécuter, est-ce trop prétendre que de demander à les connaître ?

*De..., ce 15 septembre 17**.*

Lettre 78

LA PRÉSIDENTE DE TOURVEL AU VICOMTE DE VALMONT

Vous paraissez, Monsieur, surpris de ma conduite, et peu s'en faut même que vous ne m'en demandiez compte, comme ayant le droit de la blâmer. J'avoue que je me serais crue plus autorisée que vous à m'étonner et à me plaindre ; mais depuis le refus contenu dans votre dernière réponse, j'ai pris le parti de me renfermer dans une indifférence qui ne laisse plus lieu aux remarques ni aux reproches. Cependant, comme vous me demandez des éclaircissements, et que, grâce au Ciel, je ne sens rien en moi qui puisse m'empêcher de vous les donner, je veux bien entrer encore une fois en explication avec vous.

Qui lirait vos Lettres, me croirait injuste ou bizarre. Je crois mériter que personne n'ait cette idée de moi ; il me semble surtout que vous étiez moins qu'un autre dans le cas de la prendre. Sans doute, vous avez senti qu'en nécessitant ma justification, vous me forciez à rappeler tout ce qui s'est passé entre nous. Apparemment vous avez cru n'avoir qu'à gagner à cet examen : comme, de mon côté, je ne crois pas avoir à y perdre, au moins à vos yeux, je ne crains pas de m'y livrer. Peut-être est-ce, en effet, le seul moyen de connaître qui de nous deux a le droit de se plaindre de l'autre.

À compter, Monsieur, du jour de votre arrivée dans ce Château, vous avouerez, je crois, qu'au moins votre réputation m'autorisait à user de quelque réserve avec vous, et que j'aurais pu, sans craindre d'être taxée d'un excès de pruderie, m'en tenir aux seules expressions de la politesse la plus froide. Vous-même m'eussiez traitée avec indulgence, et vous eussiez trouvé simple qu'une femme aussi peu formée[1], n'eût pas même le mérite nécessaire pour apprécier le vôtre. C'était sûrement là le parti de la prudence ; et il m'eût d'autant moins coûté à suivre, que je ne vous cacherai pas que, quand Mme de Rosemonde vint me faire part de votre arrivée, j'eus besoin de me rappeler mon amitié pour elle, et celle qu'elle a pour vous, pour ne pas lui laisser voir combien cette nouvelle me contrariait.

Je conviens volontiers que vous vous êtes montré d'abord sous un aspect plus favorable que je ne l'avais imaginé ; mais vous conviendrez à votre tour qu'il a bien peu duré, et que vous vous êtes bientôt lassé d'une contrainte, dont apparemment vous ne vous êtes pas cru suffisamment dédommagé par l'idée avantageuse qu'elle m'avait fait prendre de vous.

C'est alors qu'abusant de ma bonne foi, de ma sécurité, vous n'avez pas craint de m'entretenir d'un sentiment dont vous ne pouviez pas douter que je ne me trouvasse offensée ; et moi, tandis que vous ne vous occupiez qu'à aggraver vos torts en les multipliant, je cherchais un motif pour les oublier, en vous offrant l'occasion de les réparer, au moins en partie. Ma demande était si juste que vous-même ne crûtes pas devoir vous y refuser : mais vous faisant un droit de mon indulgence, vous en profitâtes pour me demander une permission, que, sans doute, je n'aurais pas dû accorder, et que pourtant vous avez obtenue. Des conditions qui y furent mises, vous n'en avez tenu aucune ; et votre correspondance a été telle que chacune de vos Lettres me faisait un devoir de ne plus vous répondre. C'est dans le moment même où votre obstination me forçait à vous éloigner de moi que, par une condescendance peut-être blâmable, j'ai tenté le seul moyen qui pouvait me permettre de vous en rapprocher : mais de quel prix est à vos yeux un sentiment honnête ? Vous méprisez l'amitié ; et dans votre folle ivresse, comptant pour rien les malheurs et la honte, vous ne cherchez que des plaisirs et des victimes.

note

1. **formée :** expérimentée.

Aussi léger dans vos démarches, qu'inconséquent dans vos reproches, vous oubliez vos promesses, ou plutôt vous vous faites un jeu de les violer ; et après avoir consenti à vous éloigner de moi, vous revenez ici sans y être rappelé ; sans égard pour mes prières, pour mes raisons, sans avoir même l'attention de m'en prévenir. Vous n'avez pas craint de m'exposer à une surprise dont l'effet, quoique bien simple assurément, aurait pu être interprété défavorablement pour moi, par les personnes qui nous entouraient. Ce moment d'embarras que vous aviez fait naître, loin de chercher à en distraire, ou à le dissiper, vous avez paru mettre tous vos soins à l'augmenter encore. À table, vous choisissez précisément votre place à côté de la mienne : une légère indisposition me force d'en sortir avant les autres ; et au lieu de respecter ma solitude, vous engagez tout le monde à venir la troubler. Rentrée au salon, si je fais un pas, je vous trouve à côté de moi ; si je dis une parole, c'est toujours vous qui me répondez. Le mot le plus indifférent vous sert de prétexte pour ramener une conversation que je ne voulais pas entendre, qui pouvait même me compromettre : car enfin, Monsieur, quelque adresse que vous y mettiez, ce que je comprends, je crois que les autres peuvent aussi le comprendre.

Forcée ainsi par vous à l'immobilité et au silence, vous n'en continuez pas moins de me poursuivre ; je ne puis lever les yeux sans rencontrer les vôtres. Je suis sans cesse obligée de détourner mes regards ; et par une inconséquence bien incompréhensible, vous fixez sur moi ceux du cercle, dans un moment où j'aurais voulu pouvoir même me dérober aux miens.

Et vous vous plaignez de mes procédés ! et vous vous étonnez de mon empressement à vous fuir ! Ah ! blâmez-moi plutôt de mon indulgence, étonnez-vous que je ne sois pas partie au moment de votre arrivée. Je l'aurais dû peut-être, et vous me forcerez à ce parti violent mais nécessaire, si vous ne cessez enfin des poursuites offensantes. Non, je n'oublie point, je n'oublierai jamais ce que je me dois, ce que je dois à des nœuds[1] que j'ai formés, que je respecte et que je chéris ; et je vous prie de croire que, si jamais je me trouvais réduite à ce choix malheureux, de les sacrifier ou de me sacrifier moi-même, je ne balancerais pas un instant. Adieu, Monsieur.

*De..., ce 16 septembre 17**.*

note

1. nœuds : liens du mariage.

Lettre 79

LE VICOMTE DE VALMONT À LA MARQUISE DE MERTEUIL

Je comptais aller à la chasse ce matin : mais il fait un temps détestable. Je n'ai pour toute lecture qu'un Roman nouveau, qui ennuierait même une Pensionnaire. On déjeunera au plus tôt dans deux heures : ainsi malgré ma longue Lettre d'hier, je vais encore causer avec vous. Je suis bien sûr de ne pas vous ennuyer, car je vous parlerai *du très joli Prévan*. Comment n'avez-vous pas su sa fameuse aventure, celle qui a séparé les *inséparables* ? Je parie que vous vous la rappellerez au premier mot. La voici pourtant, puisque vous la désirez.

Vous vous souvenez que tout Paris s'étonnait que trois femmes, toutes trois jolies, ayant toutes trois les mêmes talents, et pouvant avoir les mêmes prétentions, restassent intimement liées entre elles depuis le moment de leur entrée dans le monde. On crut d'abord en trouver la raison dans leur extrême timidité : mais bientôt, entourées d'une cour nombreuse dont elles partageaient les hommages, et éclairées sur leur valeur par l'empressement et les soins dont elles étaient l'objet, leur union n'en devint pourtant que plus forte ; et l'on eût dit que le triomphe de l'une était toujours celui des deux autres. On espérait au moins que le moment de l'amour amènerait quelque rivalité. Nos agréables se disputaient l'honneur d'être la pomme de discorde[1] ; et moi-même, je me serais mis alors sur les rangs, si la grande faveur où la Comtesse de *** s'éleva dans ce même temps, m'eût permis de lui être infidèle avant d'avoir obtenu l'agrément que je demandais.

Cependant nos trois Beautés, dans le même carnaval, firent leur choix comme de concert[2] ; et loin qu'il excitât les orages qu'on s'en était promis, il ne fit que rendre leur amitié plus intéressante, par le charme des confidences.

La foule des prétendants malheureux se joignit alors à celle des femmes jalouses, et la scandaleuse constance fut soumise à la censure publique. Les uns prétendaient que dans cette société *des inséparables* (ainsi la nomma-t-on alors), la loi fondamentale était la communauté de biens, et que l'amour

notes

1. pomme de discorde : allusion à l'épisode mythologique du jugement de Pâris ; la déesse Éris (la Discorde) ayant jeté au milieu d'un festin sur l'Olympe une pomme d'or marquée « *À la plus belle* », Pâris dut départager Aphrodite, Athéna et Héra. Au sens figuré, l'expression désigne donc un sujet de dispute.

2. comme de concert : comme si elles s'étaient concertées.

même y était soumis ; d'autres assuraient que les trois Amants, exempts de rivaux, ne l'étaient pas de rivales : on alla même jusqu'à dire qu'ils n'avaient été admis que par décence, et n'avaient obtenu qu'un titre sans fonction.

Ces bruits, vrais ou faux, n'eurent pas l'effet qu'on s'en était promis. Les trois couples, au contraire, sentirent qu'ils étaient perdus s'ils se séparaient dans ce moment ; ils prirent le parti de faire tête à l'orage. Le public, qui se lasse de tout, se lassa bientôt d'une satire infructueuse. Emporté par sa légèreté naturelle, il s'occupa d'autres objets : puis, revenant à celui-ci avec son inconséquence ordinaire, il changea la critique en éloge. Comme ici tout est de mode, l'enthousiasme gagna ; il devenait un vrai délire lorsque Prévan entreprit de vérifier ces prodiges, et de fixer sur eux l'opinion publique et la sienne.

Il rechercha donc ces modèles de perfection. Admis facilement dans leur société, il en tira un favorable augure[1]. Il savait assez que les gens heureux ne sont pas d'un accès si facile. Il vit bientôt, en effet, que ce bonheur si vanté était, comme celui des Rois, plus envié que désirable. Il remarqua que, parmi ces prétendus inséparables, on commençait à rechercher les plaisirs du dehors, qu'on s'y occupait même de distraction ; et il en conclut que les liens d'amour ou d'amitié étaient déjà relâchés ou rompus, et que ceux de l'amour-propre et de l'habitude conservaient seuls quelque force.

Cependant les femmes, que le besoin rassemblait, conservaient entre elles l'apparence de la même intimité : mais les hommes, plus libres dans leurs démarches, retrouvaient des devoirs à remplir ou des affaires à suivre ; ils s'en plaignaient encore, mais ne s'en dispensaient plus, et rarement les soirées étaient complètes.

Cette conduite de leur part fut profitable à l'assidu Prévan, qui, placé naturellement auprès de la délaissée du jour, trouvait à offrir alternativement, et selon les circonstances, le même hommage aux trois amies. Il sentit facilement que faire un choix entre elles, c'était se perdre ; que la fausse honte de se trouver la première infidèle, effaroucherait la préférée ; que la vanité blessée des deux autres, les rendrait ennemies du nouvel Amant, et qu'elles ne manqueraient pas de déployer contre lui la sévérité des grands principes ; enfin, que la jalousie ramènerait à coup sûr les soins d'un rival qui pouvait être encore à craindre. Tout fût devenu obstacle ; tout devenait facile dans

note

1. **augure : présage.**

son triple projet ; chaque femme était indulgente, parce qu'elle y était intéressée[1], chaque homme, parce qu'il croyait ne pas l'être.

Prévan, qui n'avait alors qu'une seule femme à sacrifier, fut assez heureux pour qu'elle prît de la célébrité. Sa qualité d'étrangère, et l'hommage d'un grand Prince assez adroitement refusé, avaient fixé sur elle l'attention de la Cour et de la Ville ; son Amant en partageait l'honneur, et en profita auprès de ses nouvelles Maîtresses. La seule difficulté était de mener de front ces trois intrigues, dont la marche devait forcément se régler sur la plus tardive ; en effet, je tiens d'un de ses confidents, que sa plus grande peine fut d'en arrêter une, qui se trouva prête à éclore près de quinze jours avant les autres.

Enfin le grand jour arrive. Prévan, qui avait obtenu les trois aveux, se trouvait déjà maître des démarches et les régla comme vous allez voir. Des trois maris, l'un était absent, l'autre partait le lendemain au point du jour, le troisième était à la Ville. Les inséparables amies devaient souper chez la veuve future ; mais le nouveau Maître n'avait pas permis que les anciens Serviteurs y fussent invités. Le matin même de ce jour il fait trois lots des Lettres de sa Belle ; il accompagne l'un du portrait qu'il avait reçu d'elle, le second d'un chiffre amoureux qu'elle-même avait peint, le troisième d'une boucle de ses cheveux ; chacune reçut pour complet ce tiers de sacrifice, et consentit, en échange, à envoyer à l'Amant disgracié une Lettre éclatante de rupture.

C'était beaucoup ; ce n'était pas assez. Celle dont le mari était à la Ville ne pouvait disposer que de la journée ; il fut convenu qu'une feinte indisposition la dispenserait d'aller souper chez son amie, et que la soirée serait toute à Prévan : la nuit fut accordée par celle dont le mari fut absent ; et le point du jour, moment du départ du troisième époux, fut marqué par la dernière, pour l'heure du Berger[2].

Prévan qui ne néglige rien, court ensuite chez la belle étrangère, y porte et y fait naître l'humeur dont il avait besoin, et n'en sort qu'après avoir établi une querelle qui lui assure vingt-quatre heures de liberté. Ses dispositions ainsi faites, il rentra chez lui, comptant prendre quelque repos ; d'autres affaires l'y attendaient.

Les Lettres de rupture avaient été un coup de lumière pour les Amants disgraciés : chacun d'eux ne pouvait douter qu'il n'eût été sacrifié à Prévan ;

notes

1. elle y était intéressée : elle était la première concernée.

2. l'heure du Berger : le moment où l'amante cède à l'amant.

et le dépit d'avoir été joué[1], se joignant à l'humeur que donne presque toujours la petite humiliation d'être quitté, tous trois, sans se communiquer, mais comme de concert, avaient résolu d'en avoir raison, et pris le parti de la demander à leur fortuné rival[2].

Celui-ci trouva donc chez lui les trois cartels[3] ; il les accepta loyalement : mais ne voulant perdre ni les plaisirs, ni l'éclat de cette aventure, il fixa les rendez-vous au lendemain matin, et les assigna tous les trois au même lieu et à la même heure. Ce fut à une des portes du bois de Boulogne.

Le soir venu, il courut sa triple carrière avec un succès égal ; au moins s'est-il vanté depuis, que chacune de ses nouvelles Maîtresses avait reçu trois fois le gage et le serment de son amour. Ici, comme vous le jugez bien, les preuves manquent à l'histoire ; tout ce que peut faire l'Historien impartial, c'est de faire remarquer au Lecteur incrédule, que la vanité et l'imagination exaltées peuvent enfanter des prodiges, et de plus, que la matinée qui devait suivre une si brillante nuit, paraissait devoir dispenser de ménagement pour l'avenir. Quoi qu'il en soit, les faits suivants ont plus de certitude.

Prévan se rendit exactement au rendez-vous qu'il avait indiqué ; il y trouva ses trois rivaux, un peu surpris de leur rencontre, et peut-être chacun d'eux déjà consolé en partie, en se voyant des compagnons d'infortune. Il les aborda d'un air affable et cavalier, et leur tint ce discours, qu'on m'a rendu fidèlement :

« Messieurs, leur dit-il, en vous trouvant rassemblés ici, vous avez deviné sans doute que vous aviez tous trois le même sujet de plainte contre moi. Je suis prêt à vous rendre raison. Que le sort décide, entre vous, qui des trois tentera le premier une vengeance à laquelle vous avez tous un droit égal. Je n'ai amené ici ni second, ni témoins. Je n'en ai point pris pour l'offense ; je n'en demande point pour la réparation. » Puis cédant à son caractère joueur : « Je sais, ajouta-t-il, qu'on gagne rarement *le sept et le va*[4] ; mais quel que soit le sort qui m'attend, on a toujours assez vécu, quand on a eu le temps d'acquérir l'amour des femmes et l'estime des hommes. »

Pendant que ses adversaires étonnés se regardaient en silence, et que leur délicatesse calculait peut-être que ce triple combat ne laissait pas la partie égale, Prévan reprit la parole : « Je ne vous cache pas, continua-t-il donc, que la nuit que je viens de passer m'a cruellement fatigué. Il serait généreux à vous

notes

1. joué : trompé.
2. C'est-à-dire qu'ils ont provoqué Prévan en duel.
3. cartels : provocations en duel.
4. *le sept et le va* : principe consistant à jouer sept fois la mise sur une carte.

de me permettre de réparer mes forces. J'ai donné mes ordres pour qu'on tînt ici un déjeuner prêt ; faites-moi l'honneur de l'accepter. Déjeunons ensemble, et surtout déjeunons gaiement. On peut se battre pour de semblables bagatelles ; mais elles ne doivent pas, je crois, altérer notre humeur. »

Le déjeuner fut accepté. Jamais, dit-on, Prévan ne fut plus aimable. Il eut l'adresse de n'humilier aucun de ses rivaux ; de leur persuader que tous eussent eu facilement les mêmes succès, et surtout de les faire convenir qu'ils n'en eussent pas plus que lui laissé échapper l'occasion. Ces faits une fois avoués, tout s'arrangeait de soi-même. Aussi le déjeuner n'était-il pas fini, qu'on y avait déjà répété dix fois que de pareilles femmes ne méritaient pas que d'honnêtes gens se battissent pour elles. Cette idée amena la cordialité ; le vin la fortifia ; si bien que peu de moments après, ce ne fut pas assez de n'avoir plus de rancune, on se jura amitié sans réserve.

Prévan, qui sans doute aimait bien autant ce dénouement que l'autre, ne voulait pourtant y rien perdre de sa célébrité. En conséquence, pliant adroitement ses projets aux circonstances : « En effet, dit-il aux trois offensés, ce n'est pas de moi, mais de vos infidèles Maîtresses que vous avez à vous venger. Je vous en offre l'occasion. Déjà je ressens, comme vous-mêmes, une injure que bientôt je partagerais : car si chacun de vous n'a pu parvenir à en fixer une seule, puis-je espérer de les fixer toutes trois ? Votre querelle devient la mienne. Acceptez pour ce soir, un souper dans ma petite maison, et j'espère ne pas différer plus longtemps votre vengeance. » On voulut le faire expliquer : mais lui, avec ce ton de supériorité que la circonstance l'autorisait à prendre : « Messieurs, répondit-il, je crois vous avoir prouvé que j'avais quelque esprit de conduite[1] ; reposez-vous sur moi. » Tous consentirent ; et après avoir embrassé leur nouvel ami, ils se séparèrent jusqu'au soir, en attendant l'effet de ses promesses.

Celui-ci, sans perdre de temps retourne à Paris, et va, suivant l'usage, visiter ses nouvelles conquêtes. Il obtint de toutes trois, qu'elles viendraient le soir même souper *en tête à tête* à sa petite maison. Deux d'entre elles firent bien quelques difficultés, mais que reste-t-il à refuser le lendemain ? Il donna le rendez-vous à une heure de distance, temps nécessaire à ses projets. Après ces préparatifs, il se retira, fit avertir les trois autres conjurés, et tous quatre allèrent gaiement attendre leurs victimes.

note

1. esprit de conduite : adresse à mener une action à son terme.

On entend arriver la première. Prévan se présente seul, la reçoit avec l'air de l'empressement, la conduit jusque dans le sanctuaire dont elle se croyait la Divinité ; puis, disparaissant sur un léger prétexte, il se fait remplacer aussitôt par l'Amant outragé.

Vous jugez que la confusion d'une femme qui n'a point encore l'usage des aventures rendait, en ce moment, le triomphe bien facile : tout reproche qui ne fut pas fait, fut compté pour une grâce ; et l'esclave fugitive, livrée de nouveau à son ancien maître, fut trop heureuse de pouvoir espérer son pardon, en reprenant sa première chaîne. Le traité de paix se ratifia dans un lieu plus solitaire, et la scène, restée vide, fut alternativement remplie par les autres Acteurs, à peu près de la même manière, et surtout avec le même dénouement.

Chacune des femmes pourtant se croyait encore seule en jeu. Leur étonnement et leur embarras augmentèrent, quand, au moment du souper, les trois couples se réunirent ; mais la confusion fut au comble, quand Prévan, qui reparut au milieu de tous, eut la cruauté de faire aux trois infidèles des excuses, qui, en livrant leur secret, leur apprenaient entièrement jusqu'à quel point elles avaient été jouées.

Cependant on se mit à table, et peu après, la contenance revint ; les hommes se livrèrent, les femmes se soumirent. Tous avaient la haine dans le cœur ; mais les propos n'en étaient pas moins tendres : la gaieté éveilla le désir qui, à son tour, lui prêta de nouveaux charmes. Cette étonnante orgie dura jusqu'au matin ; et quand on se sépara, les femmes durent se croire pardonnées : mais les hommes, qui avaient conservé leur ressentiment, firent dès le lendemain une rupture qui n'eut point de retour ; et non contents de quitter leurs légères Maîtresses, ils achevèrent leur vengeance, en publiant leur aventure. Depuis ce temps, une d'elles est au Couvent, et les deux autres languissent exilées dans leurs Terres.

Voilà l'histoire de Prévan ; c'est à vous de voir si vous voulez ajouter à sa gloire, et vous atteler à son char de triomphe. Votre Lettre m'a vraiment donné de l'inquiétude et j'attends avec impatience une réponse plus sage et plus claire à la dernière que je vous ai écrite.

Adieu, ma belle amie ; méfiez-vous des idées plaisantes ou bizarres qui vous séduisent toujours trop facilement. Songez que dans la carrière que vous courez, l'esprit ne suffit pas, qu'une seule imprudence y devient un mal sans remède. Souffrez enfin que la prudente amitié soit quelquefois le guide de vos plaisirs.

Adieu. Je vous aime pourtant comme si vous étiez raisonnable.

*De..., ce 18 septembre 17**.*

Lettre 80

LE CHEVALIER DANCENY
À CÉCILE VOLANGES

Cécile, ma chère Cécile, quand viendra le temps de nous revoir ? qui m'apprendra à vivre loin de vous ? qui m'en donnera la force et le courage ? Jamais, non, jamais, je ne pourrai supporter cette fatale absence. Chaque jour ajoute à mon malheur : et n'y point voir de terme ! Valmont qui m'avait promis des secours, des consolations, Valmont me néglige, et peut-être m'oublie. Il est auprès de ce qu'il aime ; il ne sait plus ce qu'on souffre quand on en est éloigné. En me faisant passer votre dernière Lettre, il ne m'a point écrit. C'est lui pourtant qui doit m'apprendre quand je pourrai vous voir et par quel moyen. N'a-t-il donc rien à me dire ? Vous-même, vous ne m'en parlez pas, serait-ce que vous n'en partagez plus le désir ? Ah ! Cécile, Cécile, je suis bien malheureux. Je vous aime plus que jamais : mais cet amour, qui fait le charme de ma vie, en devient le tourment.

Non, je ne peux plus vivre ainsi, il faut que je vous voie, il le faut, ne fût-ce qu'un moment. Quand je me lève, je me dis : « Je ne la verrai pas. » Je me couche en disant : « Je ne l'ai point vue. » Les journées, si longues, n'ont pas un moment pour le bonheur. Tout est privation, tout est regret, tout est désespoir ; et tous ces maux me viennent d'où j'attendais tous mes plaisirs ! Ajoutez à ces peines mortelles, mon inquiétude sur les vôtres, et vous aurez une idée de ma situation. Je pense à vous sans cesse, et n'y pense jamais sans trouble. Si je vous vois affligée, malheureuse, je souffre de tous vos chagrins ; si je vous vois tranquille et consolée, ce sont les miens qui redoublent. Partout je trouve le malheur.

Ah ! qu'il n'en était pas ainsi, quand vous habitiez les mêmes lieux que moi ! Tout alors était plaisir. La certitude de vous voir embellissait même les moments de l'absence ; le temps qu'il fallait passer loin de vous m'approchait de vous en s'écoulant. L'emploi que j'en faisais ne vous était jamais étranger. Si je remplissais des devoirs, ils me rendaient plus digne de vous ; si je cultivais quelque talent, j'espérais vous plaire davantage. Lors même que les distractions du monde m'emportaient loin de vous, je n'en étais point séparé. Au Spectacle, je cherchais à deviner ce qui vous aurait plu ; un concert me rappelait vos talents et nos si douces occupations. Dans le cercle, comme aux promenades, je saisissais la plus légère ressemblance. Je vous comparais à tout ; partout vous aviez l'avantage. Chaque moment du jour était marqué par un hommage nouveau, chaque soir j'en apportais le tribut à vos pieds.

À présent, que me reste-t-il ? des regrets douloureux, des privations éternelles, et un léger espoir que le silence de Valmont diminue, que le vôtre change en inquiétude. Dix lieues[1] seulement nous séparent, et cet espace, si facile à franchir, devient pour moi seul un obstacle insurmontable ! et quand, pour m'aider à le vaincre, j'implore mon ami, ma Maîtresse, tous deux restent froids et tranquilles ! Loin de me secourir, ils ne me répondent même pas.

Qu'est donc devenue l'amitié active de Valmont ? que sont devenus, surtout, vos sentiments si tendres, et qui vous rendaient si ingénieuse pour trouver les moyens de nous voir tous les jours ? Quelquefois, je m'en souviens, sans cesser d'en avoir le désir, je me trouvais forcé de le sacrifier à des considérations, à des devoirs ; que ne me disiez-vous pas alors ? par combien de prétextes ne combattiez-vous pas mes raisons ! Et qu'il vous en souvienne, ma Cécile, toujours mes raisons cédaient à vos désirs. Je ne m'en fais point un mérite ; je n'avais pas même celui du sacrifice. Ce que vous désiriez d'obtenir, je brûlais de l'accorder. Mais enfin je demande à mon tour ; et quelle est cette demande ? de vous voir un moment, de vous renouveler et de recevoir le serment d'un amour éternel. N'est-ce donc plus votre bonheur comme le mien ? Je repousse cette idée désespérante, qui mettrait le comble à mes maux. Vous m'aimez, vous m'aimerez toujours ; je le crois, j'en suis sûr, je ne veux jamais en douter : mais ma situation est affreuse et je ne puis la soutenir plus longtemps. Adieu, Cécile.

*Paris, ce 18 septembre 17**.*

Lettre 81

LA MARQUISE DE MERTEUIL AU VICOMTE DE VALMONT

Que vos craintes me causent de pitié ! Combien elles me prouvent ma supériorité sur vous ! et vous voulez m'enseigner, me conduire ? Ah ! mon pauvre Valmont, quelle distance il y a encore de vous à moi ! Non, tout l'orgueil de votre sexe ne suffirait pas pour remplir l'intervalle qui nous sépare. Parce que vous ne pourriez exécuter mes projets, vous les jugez

note

1. La lieue est une mesure de distance correspondant à peu près à 4 km.

impossibles ! Être orgueilleux et faible, il te sied bien de vouloir calculer mes moyens et juger de mes ressources ! Au vrai, Vicomte, vos conseils m'ont donné de l'humeur, et je ne puis vous le cacher.

Que pour masquer votre incroyable gaucherie auprès de votre Présidente, vous m'étaliez comme un triomphe d'avoir déconcerté un moment cette femme timide et qui vous aime, j'y consens ; d'en avoir obtenu un regard, un seul regard, je souris et vous le passe. Que sentant, malgré vous, le peu de valeur de votre conduite, vous espériez la dérober à mon attention, en me flattant de l'effort sublime de rapprocher deux enfants qui, tous deux, brûlent de se voir, et qui, soit dit en passant, doivent à moi seule l'ardeur de ce désir ; je veux bien encore. Qu'enfin vous vous autorisiez de ces actions d'éclat, pour me dire d'un ton doctoral, qu'*il vaut mieux employer son temps à exécuter ses projets qu'à les raconter* ; cette vanité ne me nuit pas, et je la pardonne. Mais que vous puissiez croire que j'aie besoin de votre prudence, que je m'égarerais en ne déférant pas à[1] vos avis, que je dois leur sacrifier un plaisir, une fantaisie : en vérité, Vicomte, c'est aussi vous trop enorgueillir de la confiance que je veux bien avoir en vous !

Et qu'avez-vous donc fait, que je n'aie surpassé mille fois ? Vous avez séduit, perdu même beaucoup de femmes : mais quelles difficultés avez-vous eues à vaincre ? quels obstacles à surmonter ? où est le mérite qui soit véritablement à vous ? Une belle figure, pur effet du hasard ; des grâces, que l'usage donne presque toujours, de l'esprit à la vérité, mais auquel du jargon suppléerait au besoin ; une impudence assez louable, mais peut-être uniquement due à la facilité de vos premiers succès ; si je ne me trompe, voilà tous vos moyens : car, pour la célébrité que vous avez pu acquérir, vous n'exigerez pas, je crois, que je compte pour beaucoup l'art de faire naître ou de saisir l'occasion d'un scandale.

Quant à la prudence, à la finesse, je ne parle pas de moi : mais quelle femme n'en aurait pas plus que vous ? Eh ! votre Présidente vous mène comme un enfant.

Croyez-moi, Vicomte, on acquiert rarement les qualités dont on peut se passer. Combattant sans risque, vous devez agir sans précaution. Pour vous autres hommes, les défaites ne sont que des succès de moins. Dans cette partie si inégale, notre fortune est de ne pas perdre, et votre malheur de ne pas gagner. Quand je vous accorderais autant de talents qu'à nous, de combien

note

1. ne déférant pas à : ne suivant pas.

encore ne devrions-nous pas vous surpasser, par la nécessité où nous sommes d'en faire un continuel usage !

Supposons, j'y consens, que vous mettiez autant d'adresse à nous vaincre, que nous à nous défendre ou à céder, vous conviendrez au moins, qu'elle vous devient inutile après le succès. Uniquement occupé de votre nouveau goût, vous vous y livrez sans crainte, sans réserve : ce n'est pas à vous que sa durée importe.

En effet, ces liens réciproquement donnés et reçus, pour parler le jargon de l'amour, vous seul pouvez, à votre choix, les resserrer ou les rompre : heureuses encore, si dans votre légèreté, préférant le mystère à l'éclat, vous vous contentez d'un abandon humiliant, et ne faites pas de l'idole de la veille la victime du lendemain !

Mais qu'une femme infortunée sente la première le poids de sa chaîne, quels risques n'a-t-elle pas à courir, si elle tente de s'y soustraire, si elle ose seulement la soulever ? Ce n'est qu'en tremblant qu'elle essaie d'éloigner d'elle l'homme que son cœur repousse avec effort. S'obstine-t-il à rester, ce qu'elle accordait à l'amour, il faut le livrer à la crainte :

Ses bras s'ouvrent encor, quand son cœur est fermé.

Sa prudence doit dénouer avec adresse, ces mêmes liens que vous auriez rompus. À la merci de son ennemi, elle est sans ressource, s'il est sans générosité ; et comment en espérer de lui, lorsque, si quelquefois on le loue d'en avoir, jamais pourtant on ne le blâme d'en manquer ?

Sans doute, vous ne nierez pas ces vérités que leur évidence a rendues triviales[1]. Si cependant vous m'avez vue, disposant des événements et des opinions, faire de ces hommes si redoutables le jouet de mes caprices ou de mes fantaisies ; ôter aux uns la volonté, aux autres la puissance de me nuire ; si j'ai su tour à tour, et suivant mes goûts mobiles, attacher à ma suite ou rejeter loin de moi

*Ces Tyrans détrônés devenus mes esclaves** ;

* On ne sait si ce vers, ainsi que celui qui se trouve plus haut, *Ses bras s'ouvrent encor, quand son cœur est fermé*, sont des citations d'Ouvrages peu connus ; ou s'ils font partie de la prose de Mme de Merteuil. Ce qui le ferait croire, c'est la multitude de fautes de ce genre qui se trouvent dans toutes les Lettres de cette correspondance. Celles du Chevalier Danceny sont les seules qui en soient exemptes : peut-être que, comme il s'occupait quelquefois de Poésie, son oreille plus exercée lui faisait éviter plus facilement ce défaut.

note

1. triviales : banales.

si, au milieu de ces révolutions[1] fréquentes, ma réputation s'est pourtant conservée pure ; n'avez-vous pas dû en conclure que, née pour venger mon sexe et maîtriser le vôtre, j'avais su me créer des moyens inconnus jusqu'à moi ?

Ah ! gardez vos conseils et vos craintes pour ces femmes à délire, et qui se disent *à sentiments ;* dont l'imagination exaltée ferait croire que la nature a placé leurs sens dans leur tête ; qui, n'ayant jamais réfléchi, confondent sans cesse l'amour et l'Amant ; qui, dans leur folle illusion, croient que celui-là seul avec qui elles ont cherché le plaisir en est l'unique dépositaire et, vraies superstitieuses, ont pour le Prêtre le respect et la foi qui n'est dû qu'à la Divinité.

Craignez encore pour celles qui, plus vaines[2] que prudentes, ne savent pas au besoin consentir à se faire quitter.

Tremblez surtout pour ces femmes actives dans leur oisiveté, que vous nommez *sensibles*, et dont l'amour s'empare si facilement et avec tant de puissance ; qui sentent le besoin de s'en occuper encore, même lorsqu'elles n'en jouissent pas ; et s'abandonnant sans réserve à la fermentation[3] de leurs idées, enfantent par elles ces Lettres si douces, mais si dangereuses à écrire ; et ne craignent pas de confier ces preuves de leur faiblesse à l'objet qui les cause : imprudentes, qui, dans leur Amant actuel, ne savent pas voir leur ennemi futur.

Mais moi, qu'ai-je de commun avec ces femmes inconsidérées ? quand m'avez-vous vue m'écarter des règles que je me suis prescrites, et manquer à mes principes ? je dis mes principes, et je le dis à dessein car ils ne sont pas, comme ceux des autres femmes, donnés au hasard, reçus sans examen et suivis par habitude, ils sont le fruit de mes profondes réflexions ; je les ai créés, et je puis dire que je suis mon ouvrage.

Entrée dans le monde dans le temps où, fille[4] encore, j'étais vouée par état au silence et à l'inaction, j'ai su en profiter pour observer et réfléchir. Tandis qu'on me croyait étourdie ou distraite, écoutant peu à la vérité les discours qu'on s'empressait à me tenir, je recueillais avec soin ceux qu'on cherchait à me cacher.

notes

1. révolutions : changements, bouleversements.
2. vaines : orgueilleuses.
3. fermentation : agitation.
4. fille : célibataire.

Seconde partie, Lettre 81

Cette utile curiosité, en servant à m'instruire, m'apprit encore à dissimuler : forcée souvent de cacher les objets de mon attention aux yeux de ceux qui m'entouraient, j'essayai de guider les miens à mon gré ; j'obtins dès lors de prendre à volonté ce regard distrait que vous avez loué si souvent. Encouragée par ce premier succès, je tâchai de régler de même les divers mouvements de ma figure. Ressentais-je quelque chagrin, je m'étudiais à prendre l'air de la sérénité, même celui de la joie ; j'ai porté le zèle jusqu'à me causer des douleurs volontaires, pour chercher pendant ce temps l'expression du plaisir. Je me suis travaillée avec le même soin et plus de peine, pour réprimer les symptômes d'une joie inattendue. C'est ainsi que j'ai su prendre, sur ma physionomie, cette puissance dont je vous ai vu quelquefois si étonné.

J'étais bien jeune encore, et presque sans intérêt : mais je n'avais à moi que ma pensée, et je m'indignais qu'on pût me la ravir ou me la surprendre contre ma volonté. Munie de ces premières armes, j'en essayai l'usage : non contente de ne plus me laisser pénétrer[1], je m'amusais à me montrer sous des formes différentes ; sûre de mes gestes, j'observais mes discours ; je réglais les uns et les autres, suivant les circonstances, ou même seulement suivant mes fantaisies : dès ce moment, ma façon de penser fut pour moi seule, et je ne montrai plus que celle qu'il m'était utile de laisser voir.

Ce travail sur moi-même avait fixé mon attention sur l'expression des figures et le caractère des physionomies ; et j'y gagnai ce coup d'œil pénétrant, auquel l'expérience m'a pourtant appris à ne pas me fier entièrement ; mais qui, en tout, m'a rarement trompée.

Je n'avais pas quinze ans, je possédais déjà les talents auxquels la plus grande partie de nos Politiques doivent leur réputation, et je ne me trouvais encore qu'aux premiers éléments de la science que je voulais acquérir.

Vous jugez bien que, comme toutes les jeunes filles, je cherchais à deviner l'amour et ses plaisirs : mais n'ayant jamais été au Couvent, n'ayant point de bonne amie, et surveillée par une mère vigilante, je n'avais que des idées vagues et que je ne pouvais fixer ; la nature même, dont assurément je n'ai eu qu'à me louer depuis, ne me donnait encore aucun indice. On eût dit qu'elle travaillait en silence à perfectionner son ouvrage. Ma tête seule fermentait ; je ne désirais pas de jouir, je voulais savoir ; le désir de m'instruire m'en suggéra les moyens.

note

1. **pénétrer** : connaître, découvrir.

Je sentis que le seul homme avec qui je pouvais parler sur cet objet, sans me compromettre, était mon Confesseur. Aussitôt je pris mon parti ; je surmontai ma petite honte ; et me vantant d'une faute que je n'avais pas commise, je m'accusai d'avoir fait *tout ce que font les femmes*. Ce fut mon expression ; mais en parlant ainsi je ne savais en vérité quelle idée j'exprimais. Mon espoir ne fut ni tout à fait trompé, ni entièrement rempli ; la crainte de me trahir m'empêchait de m'éclairer : mais le bon Père me fit le mal si grand que j'en conclus que le plaisir devait être extrême ; et au désir de le connaître succéda celui de le goûter.

Je ne sais où ce désir m'aurait conduite ; et alors dénuée d'expérience, peut-être une seule occasion m'eût perdue : heureusement pour moi, ma mère m'annonça peu de jours après que j'allais me marier ; sur-le-champ la certitude de savoir éteignit ma curiosité, et j'arrivai vierge entre les bras de M. de Merteuil.

J'attendais avec sécurité le moment qui devait m'instruire, et j'eus besoin de réflexion pour montrer de l'embarras et de la crainte. Cette première nuit, dont on se fait pour l'ordinaire une idée si cruelle ou si douce, ne me présentait qu'une occasion d'expérience : douleur et plaisir, j'observai tout exactement, et ne voyais dans ces diverses sensations que des faits à recueillir et à méditer.

Ce genre d'étude parvint bientôt à me plaire : mais fidèle à mes principes, et sentant, peut-être par instinct, que nul ne devait être plus loin de ma confiance que mon mari, je résolus, par cela seul que j'étais sensible, de me montrer impassible à ses yeux. Cette froideur apparente fut par la suite le fondement inébranlable de son aveugle confiance ; j'y joignis, par une seconde réflexion, l'air d'étourderie qu'autorisait mon âge ; et jamais il ne me jugea plus enfant que dans les moments où je le jouais[1] avec plus d'audace.

Cependant, je l'avouerai, je me laissai d'abord entraîner par le tourbillon du monde, et je me livrai tout entière à ses distractions futiles. Mais au bout de quelques mois, M. de Merteuil m'ayant menée à sa triste campagne, la crainte de l'ennui fit revenir le goût de l'étude ; et ne m'y trouvant entourée que de gens dont la distance avec moi me mettait à l'abri de tout soupçon, j'en profitai pour donner un champ plus vaste à mes expériences. Ce fut là, surtout, que je m'assurai que l'amour, que l'on nous vante comme la cause de nos plaisirs, n'en est plus que le prétexte.

note

1. jouais : trompais.

La maladie de M. de Merteuil vint interrompre de si douces occupations ; il fallut le suivre à la Ville, où il venait chercher des secours. Il mourut, comme vous savez, peu de temps après ; et quoique, à tout prendre, je n'eusse pas à me plaindre de lui, je n'en sentis pas moins vivement le prix de la liberté qu'allait me donner mon veuvage, et je me promis bien d'en profiter.

Ma mère comptait que j'entrerais au Couvent, ou reviendrais vivre avec elle. Je refusai l'un et l'autre parti ; et tout ce que j'accordai à la décence, fut de retourner dans cette même campagne, où il me restait bien encore quelques observations à faire.

Je les fortifiai par le secours de la lecture : mais ne croyez pas qu'elle fût toute du genre que vous la supposez. J'étudiai nos mœurs dans les Romans ; nos opinions dans les Philosophes ; je cherchai même dans les Moralistes les plus sévères ce qu'ils exigeaient de nous, et je m'assurai ainsi de ce qu'on pouvait faire, de ce qu'on devait penser, et de ce qu'il fallait paraître. Une fois fixée sur ces trois objets, le dernier seul présentait quelques difficultés dans son exécution ; j'espérai les vaincre et j'en méditai les moyens.

Je commençais à m'ennuyer de mes plaisirs rustiques, trop peu variés pour ma tête active ; je sentais un besoin de coquetterie qui me raccommoda avec l'amour ; non pour le ressentir à la vérité, mais pour l'inspirer et le feindre. En vain m'avait-on dit, et avais-je lu qu'on ne pouvait feindre ce sentiment ; je voyais pourtant que, pour y parvenir, il suffisait de joindre à l'esprit d'un Auteur, le talent d'un Comédien. Je m'exerçai dans les deux genres, et peut-être avec quelque succès : mais au lieu de rechercher les vains applaudissements du Théâtre, je résolus d'employer à mon bonheur ce que tant d'autres sacrifiaient à la vanité.

Un an se passa dans ces occupations différentes. Mon deuil me permettant alors de reparaître, je revins à la Ville avec mes grands projets ; je ne m'attendais pas au premier obstacle que j'y rencontrai.

Cette longue solitude, cette austère retraite, avaient jeté sur moi un vernis de pruderie qui effrayait nos plus agréables ; ils se tenaient à l'écart, et me laissaient livrée à une foule d'ennuyeux, qui tous prétendaient à ma main. L'embarras n'était pas de les refuser mais plusieurs de ces refus déplaisaient à ma famille, et je perdais dans ces tracasseries intérieures le temps dont je m'étais promis un si charmant usage. Je fus donc obligée, pour rappeler les uns et éloigner les autres, d'afficher quelques inconséquences, et d'employer à nuire à ma réputation le soin que je comptais mettre à la conserver. Je réussis facilement, comme vous pouvez croire. Mais n'étant emportée par aucune passion, je ne fis que ce que je jugeai nécessaire, et mesurai avec prudence les doses de mon étourderie.

Dès que j'eus touché le but que je voulais atteindre, je revins sur mes pas, et fis honneur de mon amendement[1] à quelques-unes de ces femmes qui, dans l'impuissance d'avoir des prétentions à l'agrément, se rejettent sur celles du mérite et de la vertu. Ce fut un coup de partie qui me valut plus que je n'avais espéré. Ces reconnaissantes Duègnes[2] s'établirent mes apologistes[3], et leur zèle aveugle, pour ce qu'elles appelaient leur ouvrage, fut porté au point qu'au moindre propos qu'on se permettait sur moi, tout le parti prude criait au scandale et à l'injure. Le même moyen me valut encore le suffrage de nos femmes à prétentions, qui, persuadées que je renonçais à courir la même carrière qu'elles, me choisirent pour l'objet de leurs éloges, toutes les fois qu'elles voulaient prouver qu'elles ne médisaient pas de tout le monde.

Cependant ma conduite précédente avait ramené les Amants ; et pour me ménager entre eux et mes infidèles protectrices, je me montrai comme une femme sensible, mais difficile, à qui l'excès de sa délicatesse fournissait des armes contre l'amour.

Alors je commençai à déployer sur le grand Théâtre, les talents que je m'étais donnés. Mon premier soin fut d'acquérir le renom d'invincible. Pour y parvenir, les hommes qui ne me plaisaient point furent toujours les seuls dont j'eus l'air d'accepter les hommages. Je les employais utilement à me procurer les honneurs de la résistance, tandis que je me livrais sans crainte à l'Amant préféré. Mais, celui-là, ma feinte timidité ne lui a jamais permis de me suivre dans le monde ; et les regards du cercle ont été, ainsi, toujours fixés sur l'Amant malheureux.

Vous savez combien je me décide vite : c'est pour avoir observé que ce sont presque toujours les soins antérieurs qui livrent le secret des femmes. Quoi qu'on puisse faire, le ton n'est jamais le même, avant ou après le succès. Cette différence n'échappe point à l'observateur attentif et j'ai trouvé moins dangereux de me tromper dans le choix, que de le laisser pénétrer. Je gagne encore par là d'ôter les vraisemblances, sur lesquelles seules on peut nous juger.

notes

1. amendement : repentir.
2. Duègnes : en Espagne, femmes âgées chargées de veiller sur la bonne conduite des plus jeunes.
3. apologistes : personnes qui prennent la défense de quelqu'un.

Ces précautions et celle de ne jamais écrire, de ne délivrer jamais aucune preuve de ma défaite, pouvaient paraître excessives, et ne m'ont jamais paru suffisantes. Descendue dans mon cœur, j'y ai étudié celui des autres. J'y ai vu qu'il n'est personne qui n'y conserve un secret qu'il lui importe qui ne soit point dévoilé : vérité que l'Antiquité paraît avoir mieux connue que nous, et dont l'histoire de Samson[1] pourrait n'être qu'un ingénieux emblème. Nouvelle Dalila, j'ai toujours, comme elle, employé ma puissance à surprendre ce secret important. Hé ! de combien de nos Samsons modernes, ne tiens-je pas la chevelure sous le ciseau ! Et ceux-là, j'ai cessé de les craindre ; ce sont les seuls que je me sois permis d'humilier quelquefois. Plus souple avec les autres, l'art de les rendre infidèles pour éviter de leur paraître volage, une feinte amitié, une apparente confiance, quelques procédés généreux, l'idée flatteuse et que chacun conserve d'avoir été mon seul Amant, m'ont obtenu leur discrétion. Enfin, quand ces moyens m'ont manqué, j'ai su, prévoyant mes ruptures, étouffer d'avance, sous le ridicule ou la calomnie, la confiance que ces hommes dangereux auraient pu obtenir.

Ce que je vous dis là, vous me le voyez pratiquer sans cesse ; et vous doutez de ma prudence ! Hé bien ! rappelez-vous le temps où vous me rendîtes vos premiers soins : jamais hommage ne me flatta autant : je vous désirais avant de vous avoir vu. Séduite par votre réputation, il me semblait que vous manquiez à ma gloire ; je brûlais de vous combattre corps à corps. C'est le seul de mes goûts qui ait jamais pris un moment d'empire sur moi. Cependant, si vous eussiez voulu me perdre, quels moyens eussiez-vous trouvés ? de vains discours qui ne laissent aucune trace après eux, que votre réputation même eût aidé à rendre suspects, et une suite de faits sans vraisemblance, dont le récit sincère aurait l'air d'un Roman mal tissu[2]. À la vérité, je vous ai depuis livré tous mes secrets : mais vous savez quels intérêts nous unissent, et si de nous deux, c'est moi qu'on doit taxer d'imprudence*.

Puisque je suis en train de vous rendre compte, je veux le faire exactement. Je vous entends d'ici me dire que je suis au moins à la merci de ma Femme de chambre ; en effet, si elle n'a pas le secret de mes sentiments, elle a celui

* On saura dans la suite, Lettre 152, non pas le secret de M. de Valmont, mais à peu près de quel genre il était ; et le Lecteur sentira qu'on n'a pas pu l'éclaircir davantage sur cet objet.

notes

1. Samson : personnage biblique *(Livre des juges)* doué d'une force prodigieuse dont le secret se trouvait dans son abondante chevelure. Séduit par Dalila, il lui révéla son secret et celle-ci lui coupa les cheveux pendant son sommeil pour le livrer aux ennemis d'Israël, les Philistins.

2. tissu : tissé, construit.

de mes actions. Quand vous m'en parlâtes jadis, je vous répondis seulement que j'étais sûre d'elle ; et la preuve que cette réponse suffit alors à votre tranquillité, c'est que vous lui avez confié depuis, et pour votre compte, des secrets assez dangereux. Mais à présent que Prévan vous donne de l'ombrage, et que la tête vous en tourne, je me doute bien que vous ne me croyez plus sur ma parole. Il faut donc vous édifier.

Premièrement, cette fille est ma sœur de lait[1], et ce lien qui ne nous en paraît pas un, n'est pas sans force pour les gens de cet état : de plus, j'ai son secret, et mieux encore ; victime d'une folie de l'amour, elle était perdue si je ne l'eusse sauvée. Ses parents, tout hérissés d'honneur, ne voulaient pas moins que la faire enfermer. Ils s'adressèrent à moi. Je vis, d'un coup d'œil, combien leur courroux pouvait m'être utile. Je le secondai, et sollicitai l'ordre, que j'obtins. Puis, passant tout à coup au parti de la clémence auquel j'amenai ses parents, et profitant de mon crédit auprès du vieux Ministre, je les fis tous consentir à me laisser dépositaire de cet ordre, et maîtresse d'en arrêter ou demander l'exécution, suivant que je jugerais du mérite de la conduite future de cette fille. Elle sait donc que j'ai son sort entre les mains ; et quand, par impossible, ces moyens puissants ne l'arrêteraient point, n'est-il pas évident que sa conduite dévoilée et sa punition authentique ôteraient bientôt toute créance à ses discours ?

À ces précautions que j'appelle fondamentales, s'en joignent mille autres, ou locales, ou d'occasion, que la réflexion et l'habitude font trouver au besoin ; dont le détail serait minutieux, mais dont la pratique est importante, et qu'il faut vous donner la peine de recueillir dans l'ensemble de ma conduite, si vous voulez parvenir à les connaître.

Mais de prétendre que je me sois donné tant de soins pour n'en pas retirer de fruits ; qu'après m'être autant élevée au-dessus des autres femmes par mes travaux pénibles, je consente à ramper comme elles dans ma marche, entre l'imprudence et la timidité ; que surtout je pusse redouter un homme au point de ne plus voir mon salut que dans la fuite ? Non, Vicomte ; jamais. Il faut vaincre ou périr. Quant à Prévan, je veux l'avoir et je l'aurai ; il veut le dire, et il ne le dira pas : en deux mots, voilà notre Roman. Adieu.

*De…, ce 20 septembre 17**.*

suite, p. 189

note

1. sœur de lait : fille de la nourrice qui a élevé Mme de Merteuil.

« Née pour venger mon sexe et maîtriser le vôtre »

Lecture analytique de l'extrait, pp. 171 à 174.

La Lettre 81 occupe une place particulière, tant par sa situation au cœur du roman que par sa longueur et son contenu autobiographique qui confère à celle qui l'écrit une singularité remarquable. Au milieu de l'« affaire Prévan », qui fonctionne comme un défi entre les deux anciens amants, Mme de Merteuil transforme cette lettre en une arme dans la rivalité libertine et la « guerre des sexes » qu'elle entame avec Valmont : elle répond avec orgueil aux conseils de prudence de son complice, qu'elle ressent comme autant d'humiliations. Le récit de sa vie devient alors une sorte de manifeste, pour montrer la supériorité des femmes sur ces hommes à qui la société offre toutes les facilités d'une séduction sans risques.

On peut voir dans cette lettre l'autoportrait d'une femme « de tête » qui affirme sa personnalité et sa volonté : refusant de se résigner à une condition de soumission et d'infériorité à laquelle l'obligent les codes sociaux, Mme de Merteuil choisit une autre voie qui lui permettra de développer toutes ses capacités et singulièrement sa volonté de domination. La suite de l'« affaire Prévan » sera d'ailleurs une spectaculaire mise en œuvre de tous les principes exposés ici et confirmera que la Marquise occupe une place redoutable sur l'échiquier libertin.

L'affirmation de soi

❶ Observez et commentez la place de la 1re personne dans cet extrait.

❷ Relevez les occurrences de la 2e personne : quels sont la place et le rôle du destinataire dans cette lettre ?

❸ Commentez la structure syntaxique (organisation des propositions) du 1er paragraphe : quel sentiment de l'épistolière met-elle en valeur ?
❹ Comment s'exprime la volonté de domination de Mme de Merteuil ?
❺ Comment Mme de Merteuil revendique-t-elle sa liberté ?
❻ Pourquoi la Marquise peut-elle dire : « *je suis mon ouvrage* » ?
❼ Quels éléments et procédés littéraires font de cet extrait un récit d'apprentissage* ?
❽ Que veut montrer Mme de Merteuil à son destinataire en ayant ainsi recours à l'autobiographie ?

L'hypocrisie libertine

❾ Relevez le champ lexical de l'étude et de l'observation : en quoi Mme de Merteuil apparaît-elle comme une « femme de tête » ?
❿ Relevez le champ lexical de l'apparence : quelle vision de la société la Marquise nous donne-t-elle ?
⓫ Pourquoi peut-on dire que l'hypocrisie est une arme pour Mme de Merteuil ?
⓬ En observant, entre autres, les termes qu'elle choisit pour évoquer sa nuit de noces, déduisez-en la place qu'occupe la sensibilité dans la personnalité de Mme de Merteuil.

L'évocation de la condition féminine

⓭ En quoi Mme de Merteuil critique-t-elle ici l'éducation des femmes ?
⓮ D'après la Marquise, quelle place la société laisse-t-elle aux femmes ?
⓯ Quels sont les champs lexicaux dominants des paragraphes allant de « *Ah ! gardez vos conseils* » à « *ennemi futur* » ? Quel est le jugement de Mme de Merteuil sur les femmes ?
⓰ Comment, dans cet extrait, la Marquise affirme-t-elle sa différence avec les autres femmes ?
⓱ Comment considère-t-elle les hommes ?

* *Cf.* Lexique.

Défendre les femmes au XVIIIe siècle

Lectures croisées et travaux d'écriture

Depuis le XVIIe siècle, en particulier à travers les revendications des précieuses*, les femmes jouent un grand rôle intellectuel dans le rayonnement des salons : des femmes cultivées, brillantes, y sont les partenaires des hommes dans les débats d'idées politiques, morales ou philosophiques. Mais leur volonté de savoir et surtout leurs revendications d'une plus grande égalité dans le domaine de la vie affective ou des droits civiques sont loin d'apparaître comme légitimes.
Beaucoup refusent de remettre en cause la notion de l'infériorité naturelle des femmes sur les plans physiologique et intellectuel, et donc leur subordination aux hommes. Dès lors, rares sont les voix qui, telles celles de Laclos et de Condorcet, s'élèvent pour réclamer l'accès à l'instruction pour les femmes afin d'en faire des êtres libres et responsables d'elles-mêmes. La Révolution ne leur donnera d'ailleurs aucun droit politique mais les renverra à leur rôle domestique, extérieur à la société civile, en leur interdisant d'assister à toute assemblée politique ou de se réunir en clubs féminins. Olympe de Gouges, rédactrice en 1791 de la *Déclaration des droits de la femme et de la citoyenne*, n'obtiendra que le droit de monter sur l'échafaud…
Ce groupement propose cependant quatre illustres plumes masculines du XVIIIe siècle réclamant droits et respect pour les femmes.

Texte A : Extrait de la Lettre 81 des *Liaisons dangereuses* de Choderlos de Laclos (pp. 171-174).

* *Cf.* Lexique.

Texte B : Marivaux, *La Colonie*

Pierre Carlet de Chamblain de Marivaux (1688-1763) invente un nouveau type de théâtre, affranchi des règles classiques, proche de la* commedia dell'arte*. *Mais ses comédies, telles que* La Dispute, L'Île de esclaves *ou* La Colonie, *sont aussi pour lui l'occasion d'un questionnement moral, philosophique ou politique.

La Colonie, *pièce en un acte, met en scène un groupe d'hommes et de femmes naufragés sur une île déserte ; alors que les hommes se préparent à tenir une assemblée pour édicter les lois, les femmes, furieuses d'être tenues à l'écart, élisent de leur côté des députées (Arthénice, aristocrate, et Mme Sorbin, femme du peuple) et décident de tenir leur propre assemblée, en menaçant les hommes de faire sécession. Nous assistons ici à une scène de confrontation entre hommes et femmes.*

Scène XIII

TIMAGÈNE, HERMOCRATE, *l'autre homme,* PERSINET, ARTHÉNICE, MADAME SORBIN, *une femme avec un tambour, et* LINA, *tenant une affiche.*

ARTHÉNICE – Messieurs, daignez répondre à notre question ; vous allez faire des règlements pour la république, n'y travaillerons-nous pas de concert[1] ? À quoi nous destinez-vous là-dessus ?

HERMOCRATE – À rien, comme à l'ordinaire.

UN AUTRE HOMME – C'est-à-dire à vous marier quand vous serez filles, à obéir à vos maris quand vous serez femmes, et à veiller sur votre maison : on ne saurait vous ôter cela, c'est votre lot.

MADAME SORBIN – Est-ce là votre dernier mot ? Battez tambour ; *(et à Lina)* et vous, allez afficher l'ordonnance à cet arbre.

On bat le tambour et Lina affiche.

HERMOCRATE – Mais qu'est-ce que c'est que cette mauvaise plaisanterie-là ? [...]

MADAME SORBIN – Lisez l'affiche, l'explication y est.

ARTHÉNICE – Elle vous apprendra que nous voulons nous mêler de tout, être associées à tout, exercer avec vous tous les emplois, ceux de finance, de judicature[2] et d'épée.

HERMOCRATE – D'épée, Madame ?

ARTHÉNICE – Oui d'épée, Monsieur ; sachez que jusqu'ici nous n'avons été poltronnes que par éducation.

* *Cf.* Lexique

Madame Sorbin – Mort de ma vie ! qu'on nous donne des armes, nous serons plus méchantes que vous ; je veux que, dans un mois, nous maniions le pistolet comme un éventail : je tirai ces jours passés sur un perroquet, moi qui vous parle.

Arthénice – Il n'y a que de l'habitude à tout.

Madame Sorbin – De même qu'au Palais[3] à tenir l'audience, à être Présidente, Conseillère, Intendante, Capitaine ou Avocate.

Un homme – Des femmes avocates ?

Madame Sorbin – Tenez donc, c'est que nous n'avons pas la langue assez bien pendue, n'est-ce pas ?

Arthénice – Je pense qu'on ne nous disputera pas le don de la parole.

Hermocrate – Vous n'y songez pas, la gravité de la magistrature et la décence du barreau[4] ne s'accorderaient jamais avec un bonnet carré[5] sur une cornette[6]...

Arthénice – Et qu'est-ce que c'est qu'un bonnet carré, Messieurs ? Qu'a-t-il de plus important qu'une autre coiffure ? [...] Monsieur, je n'ai plus qu'un mot à dire, profitez-en ; il n'y a point de nation qui ne se plaigne des défauts de son gouvernement ; d'où viennent-ils, ces défauts ? C'est que notre esprit manque à la terre dans l'institution de ses lois, c'est que vous ne faites rien de la moitié de l'esprit humain que nous avons, et que vous n'employez jamais que la vôtre, qui est la plus faible.

Madame Sorbin – Voilà ce que c'est, faute d'étoffe l'habit est trop court.

Arthénice – C'est que le mariage qui se fait entre les hommes et nous devrait aussi se faire entre leurs pensées et les nôtres ; c'était l'intention des dieux, elle n'est pas remplie, et voilà la source de l'imperfection des lois ; l'univers en est la victime et nous le servons en vous résistant. J'ai dit ; il serait inutile de me répondre, prenez votre parti, nous vous donnons encore une heure, après quoi la séparation est sans retour, si vous ne vous rendez pas ; suivez-moi, Madame Sorbin, sortons.

Madame Sorbin, *en sortant*. – Notre part d'esprit salue la vôtre.

Marivaux, *La Colonie*, scène XIII, 1750.

1. **de concert :** ensemble, en commun.
2. **judicature :** fonction de juge.
3. **Palais :** palais de justice, tribunal.
4. **barreau :** fonction d'avocat ; ensemble des avocats.
5. **bonnet carré :** coiffure du juge.
6. **cornette :** coiffure féminine.

Texte C : Beaumarchais, *La Folle Journée ou le Mariage de Figaro*

La vie de Pierre Augustin Caron de Beaumarchais (1732-1799) est un vrai roman : horloger, professeur de harpe des filles de Louis XV, homme d'affaires, envoyé secret au moment de la guerre d'Indépendance des États-Unis, promoteur de la reconnaissance des droits d'auteur, il est un emblème de la liberté et du foisonnement de son siècle. Son œuvre littéraire, qui lui valut des démêlés avec la censure, soutient les revendications des Lumières pour plus de justice et d'égalité sociale.

La Folle Journée ou le Mariage de Figaro *s'attaque à la question des privilèges : Suzanne, qui doit épouser Figaro, valet du comte Almaviva, est courtisée par ce dernier qui revendique un archaïque « droit du seigneur ». La pièce fait la part belle aux femmes, puisque Suzanne et la Comtesse, délaissée par son époux, vont s'unir pour ruiner le projet du Comte ; nous y voyons également Marceline (qui se révélera être la mère de Figaro) défendre vigoureusement la cause féminine, alors qu'elle a été séduite dans sa jeunesse par Bartholo qui n'a jamais voulu l'épouser et l'a forcée à abandonner son enfant.*

MARCELINE, *s'échauffant par degrés.* – [...] Je n'entends pas nier mes fautes ; ce jour les a trop bien prouvées ! mais qu'il est dur de les expier après trente ans d'une vie modeste ! J'étais née, moi, pour être sage, et je la suis devenue sitôt qu'on m'a permis d'user de ma raison. Mais dans l'âge des illusions, de l'inexpérience et des besoins, où les séducteurs nous assiègent pendant que la misère nous poignarde, que peut opposer une enfant à tant d'ennemis rassemblés ? Tel nous juge ici sévèrement, qui, peut-être, en sa vie a perdu dix infortunées !

FIGARO – Les plus coupables sont les moins généreux ; c'est la règle.

MARCELINE, *vivement.* – Hommes plus qu'ingrats, qui flétrissez[1] par le mépris les jouets de vos passions, vos victimes ! c'est vous qu'il faut punir des erreurs de notre jeunesse ; vous et vos magistrats, si vains[2] du droit de nous juger, et qui nous laissent enlever, par leur coupable négligence, tout honnête moyen de subsister. Est-il un seul état[3] pour les malheureuses filles ? Elles avaient un droit naturel à toute la parure des femmes : on y laisse former mille ouvriers de l'autre sexe[4].

FIGARO, *en colère.* – Ils font broder jusqu'aux soldats !

MARCELINE, *exaltée.* – Dans les rangs même plus élevés, les femmes n'obtiennent de vous qu'une considération dérisoire ; leurrées[5] de respects apparents, dans une servitude réelle ; traitées en mineures pour nos biens, punies en majeures pour nos fautes ! Ah ! sous tous les aspects, votre conduite avec nous fait horreur ou pitié !

Beaumarchais, *La Folle Journée ou le Mariage de Figaro*, extrait de la scène 16 de l'acte III, 1784.

1. **flétrissez** : condamnez, réprouvez. 2. **vains** : orgueilleux. 3. **état** : état dans la société, métier. 4. Depuis la création des manufactures, les travaux traditionnellement réservés aux femmes (comme la couture, la broderie) sont effectués aussi par des ouvriers.
5. **leurrées** : trompées.

Texte D : Denis Diderot, *Jacques le Fataliste et son Maître*

Denis Diderot (1713-1784) est une figure caractéristique du Siècle des lumières par son engagement pour la liberté de penser, son esprit critique et sa curiosité intellectuelle. Il fut le directeur de l'*Encyclopédie*, et son œuvre, très variée (dialogues philosophiques, théâtre, romans, essais, critiques d'art...), est avant tout une invitation à la réflexion plutôt que la construction d'un système de pensée figé.
Son roman* Jacques le Fataliste et son Maître*, inclassable et déconcertant, raconte les déambulations d'un maître escorté de Jacques, son valet philosophe, qui, pour tromper l'ennui du voyage, essaie de raconter ses amours... Mais le récit est constamment interrompu par des digressions*, des rencontres, et les interventions intempestives d'un narrateur qui s'adresse directement au lecteur. Ici, il commente le cas de Mme de La Pommeraye qui, pour se venger de son amant qui l'a délaissée, a manigancé un plan diabolique afin que celui-ci tombe amoureux et finisse par épouser une jeune femme qui se révèle en fait être une courtisane.

Vous[1] entrez en fureur au nom de Mme de La Pommeraye, et vous vous écriez : « Ah ! la femme horrible ! ah ! l'hypocrite ! ah ! la scélérate ! » Point d'exclamation, point de courroux, point de partialité : raisonnons. Il se fait tous les jours des actions plus noires, sans aucun génie. Vous pouvez haïr, vous pouvez redouter Mme de La Pommeraye : mais vous ne la mépriserez pas. Sa vengeance est atroce, mais elle n'est souillée d'aucun motif d'intérêt. [...] Il ne s'agit ni d'augmenter sa fortune, ni d'acquérir quelques titres d'honneur. Quoi, si cette femme en avait fait autant, pour obtenir à un mari la récompense de ses services, si elle s'était prostituée à un ministre ou même à un premier commis pour un cordon[2] ou pour une colonelle[3] [...], cela vous paraîtrait tout simple. L'usage serait pour vous ; et lorsqu'elle se venge d'une perfidie, vous vous révoltez contre elle au lieu de voir que son ressentiment ne vous indigne que parce que vous êtes incapable d'en éprouver un aussi profond, ou que vous ne faites presque aucun cas de la vertu des femmes. Avez-vous un peu réfléchi sur les

* *Cf.* Lexique

sacrifices que Mme de La Pommeraye avait faits au marquis ? Je ne vous dirai pas que sa bourse lui avait été ouverte en toute occasion, et que pendant plusieurs années il n'avait eu d'autre maison, d'autre table que la sienne, cela vous ferait hocher de la tête ; mais elle s'était assujettie[4] à toutes ses fantaisies, à tous ses goûts, pour lui plaire elle avait renversé le plan de sa vie. Elle jouissait de la plus haute considération dans le monde par la pureté de ses mœurs : et elle s'était rabaissée sur la ligne commune. [...] Elle était vaine, et elle serait morte de douleur plutôt que de promener dans le monde, après la honte de la vertu abandonnée, le ridicule d'une délaissée. Elle touchait au moment où la perte d'un amant ne se répare plus. Tel était son caractère, que cet événement la condamnait à l'ennui et à la solitude. Un homme en poignarde un autre pour un geste, pour un démenti[5] ; et il ne sera pas permis à une honnête femme perdue, déshonorée, trahie, de jeter le traître entre les bras d'une courtisane ? Ah ! lecteur, vous êtes bien léger dans vos éloges et bien sévère dans votre blâme. Mais, me direz-vous, c'est plus encore la manière que la chose que je reproche à la marquise. Je ne me fais pas à un ressentiment d'une si longue tenue, à un tissu de fourberies, de mensonges qui dure près d'un an. Ni moi non plus [...]. Mais vous pardonnez tout à un premier mouvement et je vous dirai que, si le premier mouvement des autres est court, celui de Mme de La Pommeraye et des femmes de son caractère est long. Leur âme reste quelquefois toute leur vie comme au premier moment de l'injure ; et quel inconvénient, quelle injustice y a-t-il à cela ? Je n'y vois que des trahisons moins communes, et j'approuverais fort une loi qui condamnerait aux courtisanes celui qui aurait séduit et abandonné une honnête femme ; l'homme commun aux femmes communes.

Denis Diderot, *Jacques le Fataliste et son Maître*, 1796 (1re édition posthume).

1. Le narrateur s'adresse au lecteur. **2. cordon** : signe d'une distinction honorifique. **3. colonelle** : compagnie dans un régiment d'infanterie. **4. assujettie** : pliée, soumise. **5. démenti** : « *reproche qu'on fait à quelqu'un d'avoir parlé faussement* » (*Dictionnaire* de Furetière).

Document : *Avant-garde des femmes allant à Versailles* (estampe du XVIIIe siècle)

Le 5 octobre 1789, un cortège de 7 000 à 8 000 femmes exaspérées par le prix du pain se met en marche des Halles vers Versailles. Une délégation est reçue par le roi, mais, le lendemain, le meurtre d'un garde national déclenche une violente émeute : plusieurs gardes royaux sont tués et les grilles du château forcées. La Fayette persuade le couple royal de se

montrer avec lui au balcon de la Cour pour apaiser les émeutiers, et convainc Louis XVI de ratifier la* Déclaration des droits de l'homme et du citoyen *puis de se rendre à Paris. La famille royale abandonne définitivement Versailles pour le palais des Tuileries, au cœur de la capitale. La voiture est accompagnée par la foule des émeutiers, qui exposent au bout de leurs piques les têtes des gardes tués le matin même, et par des chariots chargés de grains et de farine.

Corpus

Texte A : Extrait de la Lettre 81 des *Liaisons dangereuses* de Choderlos de Laclos (pp. 171-174).

Texte B : Extrait de *La Colonie* de Marivaux (pp. 182-183).

Texte C : Extrait du *Mariage de Figaro* de Beaumarchais (pp. 184-185).

Texte D : Extrait de *Jacques le Fataliste et son Maître* de Denis Diderot (pp. 185-186).

Document : *Avant-garde des femmes allant à Versailles* (pp. 186-187).

Examen des textes et de l'image

❶ Quels comportements masculins sont critiqués dans ces quatre extraits ?

❷ Commentez le rôle et le langage des deux personnages féminins dans la scène tirée de *La Colonie* (texte B).

❸ En quoi la forme théâtrale permet-elle de donner plus d'impact aux revendications dans les textes de Marivaux et de Beaumarchais (textes B et C) ?

❹ Relevez précisément les arguments employés par Denis Diderot pour défendre Mme de La Pommeraye (texte D).

❺ En quoi les femmes représentées sur l'estampe sortent-elles du rôle traditionnel qui leur est réservé et rejoignent-elles les revendications des personnages de *La Colonie* (texte B) ?

Travaux d'écriture

Question préliminaire

Quelles sont, à propos du statut des femmes, les revendications communes à ces quatre extraits et à l'estampe ?

Commentaire

Vous ferez le commentaire de l'extrait de *La Colonie* de Marivaux (texte B).

Dissertation

Dans quelle mesure la fiction littéraire peut-elle être un moyen efficace de défendre une cause ? Vous vous appuierez, pour répondre, sur les textes du corpus et sur vos lectures personnelles.

Écriture d'invention

Adaptez la scène de *La Colonie* (texte B) à notre époque, en imaginant une confrontation politique entre hommes et femmes. Vous serez attentif(ive) au choix des personnages, à l'adaptation contemporaine des arguments et au jeu du dialogue théâtral.

Lettre 82

CÉCILE VOLANGES
AU CHEVALIER DANCENY

Mon Dieu, que votre Lettre m'a fait de peine ! J'avais bien besoin d'avoir tant d'impatience de la recevoir ! J'espérais y trouver de la consolation, et voilà que je suis plus affligée qu'avant de l'avoir reçue. J'ai bien pleuré en la lisant : ce n'est pas cela que je vous reproche ; j'ai déjà bien pleuré des fois à cause de vous, sans que ça me fasse de la peine. Mais cette fois-ci, ce n'est pas la même chose.

Qu'est-ce donc que vous voulez dire, que votre amour devient un tourment pour vous, que vous ne pouvez plus vivre ainsi, ni soutenir plus longtemps votre situation ? Est-ce que vous allez cesser de m'aimer, parce que cela n'est pas si agréable qu'autrefois ? Il me semble que je ne suis pas plus heureuse que vous, bien au contraire ; et pourtant je ne vous aime que davantage. Si M. de Valmont ne vous a pas écrit, ce n'est pas ma faute ; je n'ai pas pu l'en prier, parce que je n'ai pas été seule avec lui, et que nous sommes convenus que nous ne nous parlerions jamais devant le monde : et ça, c'est encore pour vous ; afin qu'il puisse faire le plus tôt ce que vous désirez. Je ne dis pas que je ne le désire pas aussi, et vous devez en être bien sûr : mais comment voulez-vous que je fasse ? Si vous croyez que c'est si facile, trouvez donc le moyen, je ne demande pas mieux.

Croyez-vous qu'il me soit bien agréable d'être grondée tous les jours par Maman, elle qui auparavant ne me disait jamais rien ; bien au contraire ? À présent, c'est pis que si j'étais au Couvent. Je m'en consolais pourtant en songeant que c'était pour vous ; il y avait même des moments où je trouvais que j'en étais bien aise ; mais quand je vois que vous êtes fâché aussi, et ça sans qu'il y ait du tout de ma faute, je deviens plus chagrine que pour tout ce qui vient de m'arriver jusqu'ici.

Rien que pour recevoir vos Lettres, c'est un embarras, que si M. de Valmont n'était pas aussi complaisant et aussi adroit qu'il l'est, je ne saurais comment faire ; et pour vous écrire, c'est plus difficile encore. De toute la matinée, je n'ose pas, parce que Maman est tout près de moi, et qu'elle vient à tout moment dans ma chambre. Quelquefois je le peux l'après-midi ; sous prétexte de chanter ou de jouer de la harpe ; encore faut-il que j'interrompe à chaque ligne pour qu'on entende que j'étudie. Heureusement ma Femme de chambre s'endort quelquefois le soir, et je lui dis que je me coucherai bien toute seule, afin qu'elle s'en aille et me laisse de la lumière. Et puis, il faut que je me mette sous mon rideau, pour qu'on ne puisse pas voir de clarté, et puis que j'écoute au moindre bruit pour pouvoir tout cacher dans mon lit, si on venait. Je voudrais que vous y fussiez, pour voir ! Vous verriez bien qu'il faut bien aimer pour faire ça. Enfin, il est bien vrai que je fais tout ce que je peux, et que je voudrais en pouvoir faire davantage.

Assurément, je ne refuse pas de vous dire que je vous aime et que je vous aimerai toujours ; jamais je ne l'ai dit de meilleur cœur ; et vous êtes fâché ! Vous m'aviez pourtant bien assuré, avant que je vous l'eusse dit, que cela suffisait pour vous rendre heureux. Vous ne pouvez pas le nier : c'est dans vos Lettres. Quoique je ne les aie plus, je m'en souviens comme quand je les lisais tous les jours. Et parce que nous voilà absents, vous ne pensez plus de même ! Mais cette absence ne durera pas toujours, peut-être ! Mon Dieu, que je suis malheureuse ! et c'est bien vous qui en êtes cause !

À propos de vos Lettres, j'espère que vous avez gardé celles que Maman m'a prises, et qu'elle vous a renvoyées ; il faudra bien qu'il vienne un temps où je ne serai plus si gênée qu'à présent, et vous me les rendrez toutes. Comme je serai heureuse, quand je pourrai les garder toujours, sans que personne ait rien à y voir ! À présent, je les remets à M. de Valmont, parce qu'il y aurait trop à risquer autrement : malgré cela je ne lui en rends jamais, que[1] cela ne me fasse bien de la peine.

Adieu, mon cher ami ! Je vous aime de tout mon cœur. Je vous aimerai toute ma vie. J'espère qu'à présent vous n'êtes plus fâché ; et si j'en étais sûre, je ne le serais plus moi-même. Écrivez-moi le plus tôt que vous pourrez, car je sens que jusque-là je serai toujours triste.

*Du Château de…, ce 21 septembre 17**.*

Lettre 83

LE VICOMTE DE VALMONT À LA PRÉSIDENTE DE TOURVEL

De grâce, Madame, renouons cet entretien si malheureusement rompu ! Que je puisse achever de vous prouver combien je diffère de l'odieux portrait qu'on vous avait fait de moi ; que je puisse, surtout, jouir encore de cette

note

1. que : sans que.

aimable confiance que vous commenciez à me témoigner ! Que de charmes vous savez prêter à la vertu ! comme vous embellissez et faites chérir tous les sentiments honnêtes ! Ah ! c'est là votre séduction ; c'est la plus forte ; c'est la seule qui soit, à la fois, puissante et respectable.

Sans doute il suffit de vous voir, pour désirer de vous plaire ; de vous entendre dans le cercle, pour que ce désir augmente. Mais celui qui a le bonheur de vous connaître davantage, qui peut quelquefois lire dans votre âme, cède bientôt à un plus noble enthousiasme, et pénétré de vénération comme d'amour, adore en vous l'image de toutes les vertus. Plus fait qu'un autre, peut-être, pour les aimer et les suivre, entraîné par quelques erreurs qui m'avaient éloigné d'elles, c'est vous qui m'en avez rapproché, qui m'en avez de nouveau fait sentir tout le charme : me ferez-vous un crime de ce nouvel amour ? blâmerez-vous votre ouvrage ? Vous reprocheriez-vous même l'intérêt que vous pourriez y prendre ? Quel mal peut-on craindre d'un sentiment si pur, et quelles douceurs n'y aurait-il pas à le goûter ?

Mon amour vous effraie, vous le trouvez violent, effréné ? Tempérez-le par un amour plus doux ; ne refusez pas l'empire que je vous offre, auquel je jure de ne jamais me soustraire, et qui, j'ose le croire, ne serait pas entièrement perdu pour la vertu. Quel sacrifice pourrait me paraître pénible, sûr que votre cœur m'en garderait le prix ? Quel est donc l'homme assez malheureux pour ne pas savoir jouir des privations qu'il s'impose ; pour ne pas préférer un mot, un regard accordés, à toutes les jouissances qu'il pourrait ravir ou surprendre ! et vous avez cru que j'étais cet homme-là ! et vous m'avez craint ! Ah ! pourquoi votre bonheur ne dépend-il pas de moi ! comme je me vengerais de vous, en vous rendant heureuse. Mais ce doux empire, la stérile amitié ne le produit pas ; il n'est dû qu'à l'amour.

Ce mot vous intimide ! et pourquoi ? un attachement plus tendre, une union plus forte, une seule pensée, le même bonheur comme les mêmes peines, qu'y a-t-il donc là d'étranger à votre âme ? Tel est pourtant l'amour ! tel est au moins celui que vous inspirez et que je ressens ! C'est lui surtout, qui, calculant sans intérêt, sait apprécier les actions sur leur mérite et non sur leur valeur ; trésor inépuisable des âmes sensibles, tout devient précieux, fait par lui ou pour lui.

Ces vérités si faciles à saisir, si douces à pratiquer, qu'ont-elles donc d'effrayant ? Quelles craintes peut aussi vous causer un homme sensible, à qui l'amour ne permet plus un autre bonheur que le vôtre ? C'est aujourd'hui l'unique vœu que je forme : je sacrifierai tout pour le remplir, excepté le sentiment qui l'inspire ; et ce sentiment lui-même, consentez à le partager, et vous le réglerez à votre choix. Mais ne souffrons plus qu'il nous divise, lorsqu'il devrait nous réunir. Si l'amitié que vous m'avez offerte, n'est pas un vain mot ; si, comme vous me le disiez hier, c'est le sentiment le plus doux que votre âme connaisse ; que ce soit elle qui stipule entre nous, je ne la récuserai point : mais juge de l'amour, qu'elle consente à l'écouter ; le refus de l'entendre deviendrait une injustice, et l'amitié n'est point injuste.

Un second entretien n'aura pas plus d'inconvénients que le premier : le hasard peut encore en fournir l'occasion ; vous pourriez vous-même en indiquer le moment. Je veux croire que j'ai tort ; n'aimerez-vous pas mieux me ramener que me combattre, et doutez-vous de ma docilité ? Si ce tiers importun ne fût pas venu nous interrompre, peut-être serais-je déjà entièrement revenu à votre avis ; qui sait jusqu'où peut aller votre pouvoir ?

Vous le dirai-je ? cette puissance invincible, à laquelle je me livre sans oser la calculer, ce charme irrésistible, qui vous rend souveraine de mes pensées comme de mes actions, il m'arrive quelquefois de les craindre. Hélas ! cet entretien que je vous demande, peut-être est-ce à moi à le redouter ! peut-être après, enchaîné par mes promesses, me verrai-je réduit à brûler d'un amour que je sens bien qui ne pourra s'éteindre, sans oser même implorer votre secours ! Ah ! Madame, de grâce, n'abusez pas de votre empire ! Mais quoi !, si vous devez en être plus heureuse, si je dois vous en paraître plus digne de vous, quelles peines ne sont pas adoucies par ces idées consolantes ! Oui, je le sens ; vous parler encore, c'est vous donner contre moi de plus fortes armes ; c'est me soumettre plus entièrement à votre volonté. Il est plus aisé de se défendre contre vos Lettres ; ce sont bien vos mêmes discours, mais vous n'êtes pas là pour leur prêter des forces. Cependant, le plaisir de vous entendre m'en fait braver le danger : au moins aurai-je ce bonheur d'avoir tout fait pour vous, même contre moi ; et mes sacrifices deviendront un hommage. Trop heureux de vous prouver de mille manières, comme je le sens de mille façons, que, sans m'en excepter, vous êtes, vous serez toujours l'objet le plus cher à mon cœur.

*Du Château de..., ce 23 septembre 17**.*

Lettre 84

LE VICOMTE DE VALMONT
À CÉCILE VOLANGES

Vous avez vu combien nous avons été contrariés hier. De toute la journée je n'ai pas pu vous remettre la Lettre que j'avais pour vous ; j'ignore si j'y trouverai plus de facilité aujourd'hui. Je crains de vous compromettre, en y mettant plus de zèle que d'adresse ; et je ne me pardonnerais pas une imprudence qui vous deviendrait si fatale, et causerait le désespoir de mon ami, en vous rendant éternellement malheureuse. Cependant je connais les impatiences de l'amour ; je sens combien il doit être pénible, dans votre situation, d'éprouver quelque retard à la seule consolation que vous puissiez goûter dans ce moment. À force de m'occuper des moyens d'écarter les obstacles, j'en ai trouvé un dont l'exécution sera aisée, si vous y mettez quelque soin.

Je crois avoir remarqué que la clef de la porte de votre Chambre, qui donne sur le corridor, est toujours sur la cheminée de votre Maman. Tout deviendrait facile avec cette clef, vous devez bien le sentir ; mais à son défaut, je vous en procurerai une semblable, et qui la suppléera. Il me suffira, pour y parvenir, d'avoir l'autre une heure ou deux à ma disposition. Vous devez trouver aisément l'occasion de la prendre, et pour qu'on ne s'aperçoive pas qu'elle manque, j'en joins ici une à moi, qui est assez semblable, pour qu'on n'en voie pas la différence, à moins qu'on ne l'essaie ; ce qu'on ne tentera pas. Il faudra seulement que vous ayez soin d'y mettre un ruban, bleu et passé, comme celui qui est à la vôtre.

Il faudrait tâcher d'avoir cette clef pour demain ou après-demain, à l'heure du déjeuner ; parce qu'il vous sera plus facile de me la donner alors, et qu'elle pourra être remise à sa place pour le soir, temps où votre Maman pourrait y faire plus d'attention. Je pourrai vous la rendre au moment du dîner, si nous nous entendons bien.

Vous savez que quand on passe du salon à la salle à manger, c'est toujours Mme de Rosemonde qui marche la dernière. Je lui donnerai la main[1]. Vous n'aurez qu'à quitter votre métier de tapisserie lentement, ou bien laisser tomber quelque chose, de façon à rester en arrière : vous saurez bien alors prendre la clef, que j'aurai soin de tenir derrière moi. Il ne faudra pas négliger,

note

1. **main** : bras.

aussitôt après l'avoir prise, de rejoindre ma vieille tante, et de lui faire quelques caresses[1]. Si par hasard vous laissiez tomber cette clef, n'allez pas vous déconcerter ; je feindrai que c'est moi, et je vous réponds de tout.

Le peu de confiance que vous témoigne votre Maman, et ses procédés si durs envers vous, autorisent de reste cette petite supercherie. C'est au surplus le seul moyen de continuer à recevoir les Lettres de Danceny, et à lui faire passer les vôtres ; tout autre est réellement trop dangereux, et pourrait vous perdre tous deux sans ressource : aussi ma prudente amitié se reprocherait-elle de les employer davantage.

Une fois maîtres de la clef, il nous restera quelques précautions à prendre contre le bruit de la porte et de la serrure : mais elles sont bien faciles. Vous trouverez, sous la même armoire où j'avais mis votre papier, de l'huile et une plume. Vous allez quelquefois chez vous à des heures où vous y êtes seule : il faut en profiter pour huiler la serrure et les gonds. La seule attention à avoir, est de prendre garde aux taches qui déposeraient[2] contre vous. Il faudra aussi attendre que la nuit soit venue, parce que, si cela se fait avec l'intelligence dont vous êtes capable, il n'y paraîtra plus le lendemain matin.

Si pourtant on s'en aperçoit, n'hésitez pas à dire que c'est le Frotteur[3] du Château. Il faudrait, dans ce cas, spécifier le temps, même les discours qu'il vous aura tenus : comme, par exemple, qu'il prend ce soin contre la rouille pour toutes les serrures dont on ne fait pas usage. Car vous sentez qu'il ne serait pas vraisemblable que vous eussiez été témoin de ce tracas sans en demander la cause. Ce sont ces petits détails qui donnent la vraisemblance, et la vraisemblance rend les mensonges sans conséquence, en ôtant le désir de les vérifier.

Après que vous aurez lu cette Lettre, je vous prie de la relire, et même de vous en occuper : d'abord, c'est qu'il faut bien savoir ce qu'on veut bien faire ; ensuite, pour vous assurer que je n'ai rien omis. Peu accoutumé à employer la finesse pour mon compte, je n'en ai pas grand usage ; il n'a pas même fallu moins que ma vive amitié pour Danceny, et l'intérêt que vous inspirez, pour me déterminer à me servir de ces moyens, quelque innocents qu'ils soient. Je hais tout ce qui a l'air de la tromperie ; c'est là mon caractère. Mais vos malheurs m'ont touché au point que je tenterai tout pour les adoucir.

notes

1. **caresses** : gentillesses, amabilités.
2. **déposeraient** : constitueraient une preuve.
3. **Frotteur** : domestique qui entretient les parquets, les meubles, les portes...

Vous pensez bien que, cette communication une fois établie entre nous, il me sera facile de vous procurer, avec Danceny, l'entretien qu'il désire. Cependant ne lui parlez pas encore de tout ceci ; vous ne feriez qu'augmenter son impatience et le moment de la satisfaire n'est pas encore tout à fait venu. Vous lui devez, je crois, de la calmer plutôt que de l'aigrir. Je m'en rapporte là-dessus à votre délicatesse. Adieu, ma belle pupille : car vous êtes ma pupille. Aimez un peu votre tuteur, et surtout ayez avec lui de la docilité ; vous vous en trouverez bien. Je m'occupe de votre bonheur, et soyez sûre que j'y trouverai le mien.

*De…, ce 24 septembre 17**.*

Lettre 85
LA MARQUISE DE MERTEUIL AU VICOMTE DE VALMONT

Enfin vous serez tranquille et surtout vous me rendrez justice. Écoutez, et ne me confondez plus avec les autres femmes. J'ai mis à fin[1] mon aventure avec Prévan ; *à fin !* entendez-vous bien ce que cela veut dire ? À présent vous allez juger qui de lui ou de moi pourra se vanter. Le récit ne sera pas si plaisant que l'action : aussi ne serait-il pas juste que, tandis que vous n'avez fait que raisonner bien ou mal sur cette affaire, il vous en revînt autant de plaisir qu'à moi, qui y donnais mon temps et ma peine.

Cependant, si vous avez quelque grand coup à faire, si vous devez tenter quelque entreprise où ce Rival dangereux vous paraisse à craindre, arrivez. Il vous laisse le champ libre, au moins pour quelque temps ; peut-être même ne se relèvera-t-il jamais du coup que je lui ai porté.

Que vous êtes heureux de m'avoir pour amie ! Je suis pour vous une Fée bienfaisante. Vous languissez loin de la Beauté qui vous engage[2] ; je dis un mot, et vous vous retrouvez auprès d'elle. Vous voulez vous venger d'une femme qui vous nuit ; je vous marque l'endroit où vous devez frapper et la livre à votre discrétion. Enfin, pour écarter de la lice[3] un concurrent redoutable, c'est encore moi que vous invoquez, et je vous exauce. En vérité,

notes

1. **mis à fin** : achevé.
2. **qui vous engage** : que vous voulez séduire.
3. **lice** : champ clos où se déroulaient les tournois ; par extension, compétition.

si vous ne passez pas votre vie à me remercier, c'est que vous êtes un ingrat. Je reviens à mon aventure et la reprends d'origine.

Le rendez-vous, donné si haut, à la sortie de l'Opéra* fut entendu comme je l'avais espéré. Prévan s'y rendit ; et quand la Maréchale lui dit obligeamment qu'elle se félicitait de le voir deux fois de suite à ses jours[1], il eut soin de répondre que depuis Mardi soir il avait défait mille arrangements, pour pouvoir ainsi disposer de cette soirée. *À bon entendeur, salut !* Comme je voulais pourtant savoir, avec plus de certitude, si j'étais ou non le véritable objet de cet empressement flatteur, je voulus forcer le soupirant nouveau de choisir entre moi et son goût dominant. Je déclarai que je ne jouerais point ; en effet, il trouva, de son côté, mille prétextes pour ne pas jouer ; et mon premier triomphe fut sur le lansquenet[2].

Je m'emparai de l'Évêque de *** pour ma conversation ; je le choisis à cause de sa liaison avec le héros du jour, à qui je voulais donner toute facilité de m'aborder. J'étais bien aise aussi d'avoir un témoin respectable qui pût, au besoin, déposer[3] de ma conduite et de mes discours. Cet arrangement réussit.

Après les propos vagues et d'usage, Prévan s'étant bientôt rendu maître de la conversation, prit tour à tour différents tons, pour essayer celui qui pourrait me plaire. Je refusai celui du sentiment, comme n'y croyant pas ; j'arrêtai par mon sérieux sa gaieté qui me parut trop légère pour un début ; il se rabattit sur la délicate amitié ; et ce fut sous ce drapeau banal, que nous commençâmes notre attaque réciproque.

Au moment du souper, l'Évêque ne descendait pas ; Prévan me donna donc la main, et se trouva naturellement placé à table à côté de moi. Il faut être juste ; il soutint avec beaucoup d'adresse notre conversation particulière, en ne paraissant s'occuper que de la conversation générale, dont il eut l'air de faire tous les frais. Au dessert, on parla d'une Pièce nouvelle qu'on devait donner le Lundi suivant aux Français[4]. Je témoignai quelques regrets de n'avoir pas ma loge[5] ; il m'offrit la sienne que je refusai d'abord, comme cela

* Voyez la Lettre 74.

notes

1. Les femmes de la haute société recevaient chez elles à des jours fixes de la semaine.
2. lansquenet : jeu de cartes.
3. déposer : faire une déposition, témoigner.
4. aux Français : à la Comédie-Française, où l'on jouait des pièces françaises (par opposition aux Italiens).
5. loge : dans une salle de théâtre, petit compartiment à plusieurs places que réservaient les membres de la haute société.

se pratique : à quoi il répondit assez plaisamment que je ne l'entendais pas, qu'à coup sûr il ne ferait pas le sacrifice de sa loge à quelqu'un qu'il ne connaissait pas, mais qu'il m'avertissait seulement que Mme la Maréchale en disposerait. Elle se prêta à cette plaisanterie, et j'acceptai.

Remonté au salon, il demanda, comme vous pouvez croire, une place dans cette loge ; et comme la Maréchale, qui le traite avec beaucoup de bonté, la lui promit *s'il était sage*, il en prit l'occasion d'une de ces conversations à double entente, pour lesquelles vous m'avez vanté son talent. En effet, s'étant mis à ses genoux, comme un enfant soumis, disait-il, sous prétexte de lui demander ses avis et d'implorer sa raison, il dit beaucoup de choses flatteuses et assez tendres, dont il m'était facile de me faire l'application. Plusieurs personnes ne s'étant pas remises au jeu l'après-souper, la conversation fut plus générale et moins intéressante : mais nos yeux parlèrent beaucoup. Je dis nos yeux : je devrais dire les siens ; car les miens n'eurent qu'un langage, celui de la surprise. Il dut penser que je m'étonnais et m'occupais excessivement de l'effet prodigieux qu'il faisait sur moi. Je crois que je le laissai fort satisfait ; je n'étais pas moins contente.

Le Lundi suivant, je fus aux Français, comme nous en étions convenus. Malgré notre curiosité littéraire, je ne puis vous rien dire du Spectacle, sinon que Prévan a un talent merveilleux pour la cajolerie, et que la Pièce est tombée[1] : voilà tout ce que j'y ai appris. Je voyais avec peine finir cette soirée, qui réellement me plaisait beaucoup ; et pour la prolonger, j'offris à la Maréchale de venir souper chez moi : ce qui me fournit le prétexte de le proposer à l'aimable Cajoleur, qui ne demanda que le temps de courir, pour se dégager, jusque chez les Comtesses de P*** (*). Ce nom me rendit toute ma colère : je vis clairement qu'il allait commencer les confidences : je me rappelai vos sages conseils et me promis bien... de poursuivre l'aventure ; sûre que je le guérirais de cette dangereuse indiscrétion.

Étranger dans ma société, qui ce soir-là était peu nombreuse, il me devait les soins d'usage ; aussi, quand on alla souper, m'offrit-il la main. J'eus la malice, en l'acceptant, de mettre dans la mienne un léger frémissement, et d'avoir, pendant ma marche, les yeux baissés et la respiration haute. J'avais

* Voyez la Lettre 70.

note

1. est tombée : n'a eu aucun succès.

l'air de pressentir ma défaite, et de redouter mon vainqueur. Il le remarqua à merveille ; aussi le traître changea-t-il sur-le-champ de ton et de maintien. Il était galant, il devint tendre. Ce n'est pas que les propos ne fussent à peu près les mêmes ; la circonstance y forçait : mais son regard, devenu moins vif, était plus caressant ; l'inflexion de sa voix plus douce ; son sourire n'était plus celui de la finesse, mais du contentement. Enfin dans ses discours, éteignant peu à peu le feu de la saillie[1], l'esprit fit place à la délicatesse. Je vous le demande, qu'eussiez-vous fait de mieux ?

De mon côté, je devins rêveuse, à tel point qu'on fut forcé de s'en apercevoir, et quand on m'en fit le reproche, j'eus l'adresse de m'en défendre maladroitement et de jeter sur Prévan un coup d'œil prompt, mais timide et déconcerté, et propre à lui faire croire que toute ma crainte était qu'il ne devinât la cause de mon trouble.

Après souper, je profitai du temps où la bonne Maréchale contait une de ces histoires qu'elle conte toujours, pour me placer sur mon Ottomane, dans cet abandon que donne une tendre rêverie. Je n'étais pas fâchée que Prévan me vît ainsi ; il m'honora, en effet, d'une attention toute particulière. Vous jugez bien que mes timides regards n'osaient chercher les yeux de mon vainqueur : mais dirigés vers lui d'une manière plus humble, ils m'apprirent bientôt que j'obtenais l'effet que je voulais produire. Il fallait encore lui persuader que je le partageais : aussi, quand la Maréchale annonça qu'elle allait se retirer, je m'écriai d'une voix molle et tendre : « Ah Dieu ! j'étais si bien là ! » Je me levai pourtant : mais avant de me séparer d'elle, je lui demandai ses projets, pour avoir un prétexte de dire les miens et de faire savoir que je resterais chez moi le surlendemain. Là-dessus tout le monde se sépara.

Alors je me mis à réfléchir. Je ne doutais pas que Prévan ne profitât de l'espèce de rendez-vous que je venais de lui donner ; qu'il n'y vînt d'assez bonne heure pour me trouver seule, et que l'attaque ne fût vive ; mais j'étais bien sûre aussi, d'après ma réputation, qu'il ne me traiterait pas avec cette légèreté que, pour peu qu'on ait d'usage, on n'emploie qu'avec les femmes à aventures ou celles qui n'ont aucune expérience ; et je voyais mon succès certain s'il prononçait le mot d'amour, s'il avait la prétention, surtout, de l'obtenir de moi.

note

1. **saillie** : mot d'esprit.

Seconde partie, Lettre 85

Qu'il est commode d'avoir affaire à vous autres *gens à principes* ! quelquefois un brouillon d'Amoureux vous déconcerte par sa timidité, ou vous embarrasse par ses fougueux transports ; c'est une fièvre qui, comme l'autre, a ses frissons et son ardeur, et quelquefois varie dans ses symptômes. Mais votre marche réglée se devine si facilement ! L'arrivée, le maintien, le ton, les discours, je savais tout dès la veille. Je ne vous rendrai donc pas notre conversation que vous suppléerez aisément. Observez seulement que, dans ma feinte défense, je l'aidais de tout mon pouvoir : embarras, pour lui donner le temps de parler ; mauvaises raisons, pour être combattues ; crainte et méfiance, pour ramener les protestations ; et ce refrain perpétuel de sa part, *je ne vous demande qu'un mot* ; et ce silence de la mienne, qui semble ne le laisser attendre que pour le faire désirer davantage ; au travers de tout cela, une main cent fois prise, qui se retire toujours et ne se refuse jamais. On passerait ainsi tout un jour ; nous y passâmes une mortelle heure : nous y serions peut-être encore si nous n'avions entendu entrer un carrosse dans ma cour. Cet heureux contretemps rendit, comme de raison, ses instances plus vives ; et moi, voyant le moment arrivé, où j'étais à l'abri de toute surprise, après m'être préparée par un long soupir, j'accordai le mot précieux. On annonça, et peu de temps après, j'eus un cercle assez nombreux.

Prévan me demanda de venir le lendemain matin, et j'y consentis : mais soigneuse de me défendre, j'ordonnai à ma Femme de chambre de rester tout le temps de cette visite dans ma chambre à coucher, d'où vous savez qu'on voit tout ce qui se passe dans mon cabinet de toilette, et ce fut là que je le reçus. Libres dans notre conversation, et ayant tous deux le même désir, nous fûmes bientôt d'accord : mais il fallait se défaire de ce spectateur importun ; c'était où je l'attendais.

Alors, lui faisant à mon gré le tableau de ma vie intérieure, je lui persuadai aisément que nous ne trouverions jamais un moment de liberté ; et qu'il fallait regarder comme une espèce de miracle, celle dont nous avions joui hier, qui même laisserait encore des dangers trop grands pour m'y exposer, puisque à tout moment on pouvait entrer dans mon salon. Je ne manquai pas d'ajouter que tous ces usages s'étaient établis, parce que, jusqu'à ce jour, ils ne m'avaient jamais contrariée ; et j'insistai en même temps sur l'impossibilité de les changer, sans me compromettre aux yeux de mes Gens. Il essaya de s'attrister, de prendre de l'humeur, de me dire que j'avais peu d'amour ; et vous devinez combien tout cela me touchait ! Mais voulant frapper le coup décisif, j'appelai les larmes à mon secours. Ce fut exactement le *Zaïre, vous pleurez*[1]. Cet empire qu'il se crut sur moi, et l'espoir qu'il en conçut de me perdre à son gré, lui tinrent lieu de tout l'amour d'Orosmane[2].

Ce coup de théâtre passé, nous revînmes aux arrangements. Au défaut du jour, nous nous occupâmes de la nuit : mais mon Suisse devenait un obstacle insurmontable, et je ne permettais pas qu'on essayât de le gagner[3]. Il me proposa la petite porte de mon jardin : mais je l'avais prévu, et j'y créai un chien qui, tranquille et silencieux le jour, était un vrai démon la nuit. La facilité avec laquelle j'entrai dans tous ces détails était bien propre à l'enhardir ; aussi vint-il à me proposer l'expédient[4] le plus ridicule, et ce fut celui que j'acceptai.

D'abord, son Domestique était sûr comme lui-même : en cela il ne trompait guère, l'un l'était bien autant que l'autre. J'aurais un grand souper chez moi ; il y serait, il prendrait son temps pour sortir seul. L'adroit confident appellerait la voiture, ouvrirait la portière, et lui Prévan, au lieu de monter, s'esquiverait adroitement. Son cocher ne pouvait s'en apercevoir en aucune façon ; ainsi sorti pour tout le monde, et cependant resté chez moi, il s'agissait de savoir s'il pourrait parvenir à mon appartement. J'avoue que d'abord, mon embarras fut de trouver, contre ce projet, d'assez mauvaises raisons pour qu'il pût avoir l'air de les détruire ; il y répondit par des exemples. À l'entendre, rien n'était plus ordinaire que ce moyen ; lui-même s'en était beaucoup servi ; c'était même celui dont il faisait le plus d'usage, comme le moins dangereux.

Subjuguée par ces autorités irrécusables, je convins avec candeur, que j'avais bien un escalier dérobé qui conduisait très près de mon boudoir[5] ; que je pouvais y laisser la clef, et qu'il lui serait possible de s'y enfermer, et d'attendre, sans beaucoup de risques, que mes Femmes fussent retirées ; et puis, pour donner plus de vraisemblance à mon consentement, le moment d'après je ne voulais plus, je ne revenais à consentir qu'à condition d'une soumission parfaite, d'une sagesse... Ah ! quelle sagesse ! Enfin je voulais bien lui prouver mon amour, mais non pas satisfaire le sien.

La sortie, dont j'oubliais de vous parler, devait se faire par la petite porte du jardin : il ne s'agissait que d'attendre le point du jour ; le Cerbère[6] ne dirait

notes

1. Citation extraite de la tragédie de Voltaire, *Zaïre*, représentée en 1732 et qui obtint un grand succès.
2. **Orosmane** : héros de *Zaïre*.
3. **gagner** : corrompre par de l'argent.
4. **expédient** : moyen.
5. **boudoir** : petite pièce dans laquelle la maîtresse de maison se retire pour être seule ou recevoir des intimes.
6. **Cerbère** : dans la mythologie grecque, chien à trois, cinquante ou cent têtes qui garde les Enfers.

plus mot. Pas une âme ne passe à cette heure-là, et les gens sont dans le plus fort du sommeil. Si vous vous étonnez de ce tas de mauvais raisonnements, c'est que vous oubliez notre situation réciproque. Qu'avions-nous besoin d'en faire de meilleurs ? Il ne demandait pas mieux que tout cela se sût, et moi, j'étais bien sûre qu'on ne le saurait pas. Le jour fixé fut au surlendemain.

Remarquez que voilà une affaire arrangée, et que personne n'a encore vu Prévan dans ma société. Je le rencontre à souper chez une de mes amies, il lui offre sa loge pour une pièce nouvelle, et j'y accepte une place. J'invite cette femme à souper, pendant le Spectacle et devant Prévan ; je ne puis presque pas me dispenser de lui proposer d'en être. Il accepte et me fait, deux jours après, une visite que l'usage exige. Il vient, à la vérité, me voir le lendemain matin : mais, outre que les visites du matin ne marquent plus, il ne tient qu'à moi de trouver celle-ci trop leste[1] ; et je le remets en effet dans la classe des gens moins liés avec moi, par une invitation écrite, pour un souper de cérémonie. Je puis bien dire, comme Annette : *Mais voilà tout, pourtant !*[2]

Le jour fatal arrivé, ce jour où je devais perdre ma vertu et ma réputation, je donnai mes instructions à ma fidèle Victoire, et elle les exécuta comme vous le verrez bientôt.

Cependant le soir vint. J'avais déjà beaucoup de monde chez moi, quand on y annonça Prévan. Je le reçus avec une politesse marquée, qui constatait mon peu de liaison avec lui ; et je le mis à la partie[3] de la Maréchale, comme étant celle par qui j'avais fait cette connaissance. La soirée ne produisit rien qu'un très petit billet, que le discret Amoureux trouva moyen de me remettre, et que j'ai brûlé suivant ma coutume. Il m'y annonçait que je pouvais compter sur lui, et ce mot essentiel était entouré de tous les mots parasites, d'amour, de bonheur, etc., qui ne manquent jamais de se trouver à pareille fête.

À minuit, les parties étant finies, je proposai une courte macédoine*. J'avais le double projet de favoriser l'évasion de Prévan, et en même temps de la faire remarquer ; ce qui ne pouvait pas manquer d'arriver, vu sa réputation

* Quelques personnes ignorent peut-être qu'une macédoine est un assemblage de plusieurs jeux de hasard, parmi lesquels chaque Coupeur a droit de choisir lorsque c'est à lui à tenir la main. C'est une des inventions du siècle.

notes

1. leste : osée, désinvolte.
2. Réplique de l'opéra-comique de Favart *Annette et Lubin*, représenté en 1762.
3. Partie de cartes.

de Joueur. J'étais bien aise aussi qu'on pût se rappeler, au besoin, que je n'avais pas été pressée de rester seule.

Le jeu dura plus que je n'avais pensé. Le Diable me tentait, et je succombai au désir d'aller consoler l'impatient prisonnier. Je m'acheminais ainsi à ma perte, quand je réfléchis qu'une fois rendue tout à fait, je n'aurais plus sur lui, l'empire de le tenir dans le costume de décence nécessaire à mes projets. J'eus la force de résister. Je rebroussai chemin, et revins, non sans humeur, reprendre place à ce jeu éternel. Il finit pourtant, et chacun s'en alla. Pour moi, je sonnai mes femmes, je me déshabillai fort vite, et les renvoyai de même.

Me voyez-vous, Vicomte, dans ma toilette légère, marchant d'un pas timide et circonspect[1], et d'une main mal assurée ouvrir la porte à mon vainqueur ? Il m'aperçut, l'éclair n'est pas plus prompt. Que vous dirais-je ? je fus vaincue, tout à fait vaincue, avant d'avoir pu dire un mot pour l'arrêter ou me défendre. Il voulut ensuite prendre une situation plus commode et plus convenable aux circonstances. Il maudissait sa parure, qui, disait-il, l'éloignait de moi, il voulait me combattre à armes égales : mais mon extrême timidité s'opposa à ce projet, et mes tendres caresses ne lui en laissèrent pas le temps. Il s'occupa d'autre chose.

Ses droits étaient doublés, et ses prétentions revinrent : mais alors : « Écoutez-moi, lui dis-je ; vous aurez jusqu'ici un assez agréable récit à faire aux deux Comtesses de P★★★, et à mille autres : mais je suis curieuse de savoir comment vous raconterez la fin de l'aventure. » En parlant ainsi, je sonnais de toutes mes forces. Pour le coup, j'eus mon tour, et mon action fut plus vive que sa parole. Il n'avait encore que balbutié, quand j'entendis Victoire accourir, et appeler *les Gens* qu'elle avait gardés chez elle, comme je le lui avais ordonné. Là, prenant mon ton de Reine, et élevant la voix : « Sortez, Monsieur, continuai-je, et ne reparaissez jamais devant moi. » Là-dessus, la foule de mes gens entra.

Le pauvre Prévan perdit la tête, et croyant voir un guet-apens dans ce qui n'était au fond qu'une plaisanterie, il se jeta sur son épée. Mal lui en prit : car mon Valet de chambre, brave et vigoureux, le saisit au corps et le terrassa. J'eus, je l'avoue, une frayeur mortelle. Je criai qu'on arrêtât, et ordonnai qu'on laissât sa retraite libre, en s'assurant seulement qu'il sortît de chez moi.

note

1. **circonspect :** prudent.

Mes gens m'obéirent : mais la rumeur était grande parmi eux ; ils s'indignaient qu'on eût osé manquer[1] *à leur vertueuse Maîtresse*. Tous accompagnèrent le malheureux Chevalier, avec bruit et scandale, comme je le souhaitais. La seule Victoire resta, et nous nous occupâmes pendant ce temps à réparer le désordre de mon lit.

Mes gens remontèrent toujours en tumulte ; et moi, *encore tout émue*, je leur demandai par quel bonheur ils s'étaient encore trouvés levés ; et Victoire me raconta qu'elle avait donné à souper à deux de ses amies, qu'on avait veillé chez elle, et enfin tout ce dont nous étions convenues ensemble. Je les remerciai tous, et les fis retirer, en ordonnant pourtant à l'un d'eux d'aller sur-le-champ chercher mon Médecin. Il me parut que j'étais autorisée à craindre l'effet de *mon saisissement mortel* ; et c'était un moyen sûr de donner du cours et de la célébrité à cette nouvelle.

Il vint en effet, me plaignit beaucoup, et ne m'ordonna que du repos. Moi, j'ordonnai de plus à Victoire d'aller le matin de bonne heure bavarder dans le voisinage.

Tout a si bien réussi, qu'avant midi, et aussitôt qu'il a été jour chez moi, ma dévote Voisine était déjà au chevet de mon lit, pour savoir la vérité et les détails de cette horrible aventure. J'ai été obligée de me désoler avec elle, pendant une heure, sur la corruption du siècle. Un moment après, j'ai reçu de la Maréchale le billet que je joins ici. Enfin, avant cinq heures, j'ai vu arriver, à mon grand étonnement, M...*. Il venait, m'a-t-il dit, me faire ses excuses, de ce qu'un Officier de son corps avait pu me manquer à ce point. Il ne l'avait appris qu'à dîner chez la Maréchale, et avait sur-le-champ envoyé ordre à Prévan de se rendre en prison. J'ai demandé grâce, et il me l'a refusée. Alors j'ai pensé que, comme complice, il fallait m'exécuter de mon côté, et garder au moins de rigides arrêts[2]. J'ai fait fermer ma porte, et dire que j'étais incommodée.

C'est à ma solitude que vous devez cette longue Lettre. J'en écrirai une à Mme de Volanges, dont sûrement elle fera lecture publique et où vous verrez cette histoire telle qu'il faut la raconter.

* Le Commandant du Corps dans lequel M. de Prévan servait.

notes

1. **manquer** : manquer de respect.

2. **arrêts** : dans le vocabulaire militaire, punition obligeant à ne pas quitter la chambre.

J'oubliais de vous dire que Belleroche est outré, et veut absolument se battre avec Prévan. Le pauvre garçon ! heureusement j'aurai le temps de calmer sa tête. En attendant, je vais reposer la mienne, qui est fatiguée d'écrire. Adieu, Vicomte.

*Du Château de..., ce 25 septembre 17**, au soir.*

Lettre 86

LA MARÉCHALE DE ***
À LA MARQUISE DE MERTEUIL
(Billet inclus dans la précédente.)

Mon Dieu ! qu'est-ce donc que j'apprends, ma chère Madame ? est-il possible que ce petit Prévan fasse de pareilles abominations ? et encore vis-à-vis de vous ! À quoi on est exposé ! on ne sera donc plus en sûreté chez soi ! En vérité, ces événements-là consolent d'être vieille. Mais de quoi je ne me consolerai jamais, c'est d'avoir été en partie cause de ce que vous avez reçu un pareil monstre chez vous. Je vous promets bien que si ce qu'on m'en a dit est vrai, il ne remettra plus les pieds chez moi ; c'est le parti que tous les honnêtes gens prendront avec lui, s'ils font ce qu'ils doivent.

On m'a dit que vous vous étiez trouvée bien mal, et je suis inquiète de votre santé. Donnez-moi, je vous prie, de vos chères nouvelles ; ou faites-m'en donner par une de vos Femmes, si vous ne le pouvez pas vous-même. Je ne vous demande qu'un mot pour me tranquilliser. Je serais accourue chez vous ce matin, sans mes bains que mon Docteur ne me permet pas d'interrompre ; et il faut que j'aille cet après-midi à Versailles, toujours pour l'affaire de mon neveu.

Adieu, ma chère Madame ; comptez pour la vie sur ma sincère amitié.

*Paris, ce 25 septembre 17**.*

Lettre 87

LA MARQUISE DE MERTEUIL
À MADAME DE VOLANGES

Je vous écris de mon lit, ma chère bonne amie. L'événement le plus désagréable, et le plus impossible à prévoir, m'a rendue malade de saisissement et de chagrin. Ce n'est pas qu'assurément j'aie rien à me reprocher : mais il est toujours si pénible pour une femme honnête et qui conserve la modestie convenable à son sexe, de fixer sur elle l'attention publique, que je donnerais tout au monde pour avoir pu éviter cette malheureuse aventure ; et que je ne sais encore, si je ne prendrai pas le parti d'aller à la campagne attendre qu'elle soit oubliée. Voici ce dont il s'agit.

J'ai rencontré chez la Maréchale de *** un M. de Prévan que vous connaissez sûrement de nom, et que je ne connaissais pas autrement. Mais en le trouvant dans cette maison, j'étais bien autorisée, ce me semble, à le croire bonne compagnie. Il est assez bien fait de sa personne, et m'a paru ne pas manquer d'esprit. Le hasard et l'ennui du jeu me laissèrent seule de femme[1] entre lui et l'Évêque de..., tandis que tout le monde était occupé au lansquenet. Nous causâmes tous trois jusqu'au moment du souper. À table, une nouveauté dont on parla, lui donna l'occasion d'offrir sa loge à la Maréchale, qui l'accepta ; et il fut convenu que j'y aurais une place. C'était pour Lundi dernier, aux Français. Comme la Maréchale venait souper chez moi au sortir du Spectacle, je proposai à ce Monsieur de l'y accompagner, et il y vint. Le surlendemain il me fit une visite qui se passa en propos d'usage, et sans qu'il y eût du tout rien de marqué. Le lendemain il vint me voir le matin, ce qui me parut bien un peu leste : mais je crus qu'au lieu de le lui faire sentir par ma façon de le recevoir, il valait mieux l'avertir par une politesse, que nous n'étions pas encore aussi intimement liés qu'il paraissait le croire. Pour cela je lui envoyai, le jour même, une invitation bien sèche et bien cérémonieuse, pour un souper que je donnais avant-hier. Je ne lui adressai pas la parole quatre fois dans toute la soirée ; et lui, de son coté, se retira aussitôt sa partie finie. Vous conviendrez que jusque-là rien n'a moins l'air de conduire à une aventure : on fit, après les parties, une macédoine qui nous mena jusqu'à près de deux heures ; et enfin je me mis au lit.

Il y avait au moins une mortelle demi-heure que mes femmes étaient retirées, quand j'entendis du bruit dans mon appartement. J'ouvris mon rideau avec beaucoup de frayeur, et vis un homme entrer par la porte qui conduit à mon boudoir. Je jetai un cri perçant ; et je reconnus, à la clarté de ma veilleuse, ce M. de Prévan, qui, avec une effronterie inconcevable, me dit de ne pas m'alarmer ; qu'il allait m'éclaircir le mystère de sa conduite, et qu'il me suppliait de ne faire aucun bruit. En parlant ainsi, il allumait une bougie ;

note

1. seule de femme : la seule femme.

j'étais saisie au point que je ne pouvais parler. Son air aisé et tranquille me pétrifiait, je crois encore davantage. Mais il n'eut pas dit deux mots, que je vis quel était ce prétendu mystère ; et ma seule réponse fut, comme vous pouvez croire, de me pendre à ma sonnette.

Par un bonheur incroyable, tous les Gens de l'office avaient veillé chez une de mes Femmes, et n'étaient pas encore couchés. Ma Femme de chambre, qui, en venant chez moi, m'entendit parler avec beaucoup de chaleur, fut effrayée, et appela tout ce monde-là. Vous jugez quel scandale ! Mes Gens étaient furieux ; je vis le moment où mon Valet de chambre tuait Prévan. J'avoue que, pour l'instant, je fus fort aise de me voir en force : en y réfléchissant aujourd'hui, j'aimerais mieux qu'il ne fût venu que ma Femme de chambre ; elle aurait suffi, et j'aurais peut-être évité cet éclat qui m'afflige.

Au lieu de cela, le tumulte a réveillé les voisins, les Gens ont parlé, et c'est depuis hier la nouvelle de tout Paris. M. de Prévan est en prison par ordre du Commandant de son corps, qui a eu l'honnêteté de passer chez moi, pour me faire des excuses, m'a-t-il dit. Cette prison va encore augmenter le bruit : mais je n'ai jamais pu obtenir que cela fût autrement. La Ville et la Cour se sont fait écrire à ma porte, que j'ai fermée à tout le monde. Le peu de personnes que j'ai vues m'a dit qu'on me rendait justice, et que l'indignation publique était au comble contre M. de Prévan : assurément, il le mérite bien ; mais cela n'ôte pas le désagrément de cette aventure.

De plus, cet homme a sûrement quelques amis, et ses amis doivent être méchants : qui sait, qui peut savoir ce qu'ils inventeront pour me nuire ? Mon Dieu, qu'une jeune femme est malheureuse ! elle n'a rien fait encore, quand elle s'est mise à l'abri de la médisance ; il faut qu'elle en impose même à la calomnie.

Mandez-moi, je vous prie, ce que vous auriez fait, ce que vous feriez à ma place ; enfin, tout ce que vous pensez. C'est toujours de vous que j'ai reçu les consolations les plus douces et les avis les plus sages ; c'est de vous aussi que j'aime le mieux à en recevoir.

Adieu, ma chère et bonne amie ; vous connaissez les sentiments qui m'attachent à vous pour jamais. J'embrasse votre aimable fille.

*Paris, ce 26 septembre 17**.*

Troisième partie

Lettre 88

CÉCILE VOLANGES
AU VICOMTE DE VALMONT

Malgré tout le plaisir que j'ai, Monsieur, à recevoir les Lettres de M. le Chevalier Danceny, et quoique je ne désire pas moins que lui que nous puissions nous voir encore, sans qu'on puisse nous en empêcher, je n'ai pas osé cependant faire ce que vous me proposez. Premièrement, c'est trop dangereux ; cette clef que vous voulez que je mette à la place de l'autre lui ressemble bien assez à la vérité : mais pourtant, il ne laisse pas[1] d'y avoir encore de la différence, et Maman regarde à tout, et s'aperçoit de tout. De plus, quoiqu'on ne s'en soit pas encore servi depuis que nous sommes ici, il ne faut qu'un malheur ; et si on s'en apercevait, je serais perdue pour toujours. Et puis, il me semble aussi que ce serait mal ; faire comme cela une double clef : c'est bien fort ! Il est vrai que c'est vous qui auriez la bonté de vous en charger ; mais malgré cela, si on le savait, je n'en porterais pas moins le blâme et la faute, puisque ce serait pour moi que vous l'auriez faite. Enfin,

note

1. il ne laisse pas : il ne manque pas.

j'ai voulu essayer deux fois de la prendre, et certainement cela serait bien facile, si c'était toute autre chose : mais je ne sais pas pourquoi je me suis toujours mise à trembler, et n'en ai jamais eu le courage. Je crois donc qu'il vaut mieux rester comme nous sommes.

Si vous avez toujours la bonté d'être aussi complaisant que jusqu'ici, vous trouverez toujours bien le moyen de me remettre une Lettre. Même pour la dernière, sans le malheur qui a voulu que vous vous retourniez tout de suite dans un certain moment, nous aurions eu bien aisé. Je sens bien que vous ne pouvez pas, comme moi, ne songer qu'à ça ; mais j'aime mieux avoir plus de patience et ne pas tant risquer. Je suis sûre que M. Danceny dirait comme moi : car toutes les fois qu'il voulait quelque chose qui me faisait trop de peine, il consentait toujours que cela ne fût pas.

Je vous remettrai, Monsieur, en même temps que cette Lettre, la vôtre, celle de M. Danceny, et votre clef. Je n'en suis pas moins reconnaissante de toutes vos bontés. Je vous prie bien de me les continuer. Il est bien vrai que je suis bien malheureuse, et que sans vous je le serais encore bien davantage : mais, après tout, c'est ma mère ; il faut bien prendre patience. Et pourvu que M. Danceny m'aime toujours, et que vous ne m'abandonniez pas, il viendra peut-être un temps plus heureux.

J'ai l'honneur d'être, Monsieur, avec bien de la reconnaissance, votre très humble et très obéissante servante.

*De..., ce 26 septembre 17**.*

Lettre 89

LE VICOMTE DE VALMONT AU CHEVALIER DANCENY

Si vos affaires ne vont pas toujours aussi vite que vous le voudriez, mon ami, ce n'est pas tout à fait à moi qu'il faut vous en prendre. J'ai ici plus d'un obstacle à vaincre. La vigilance et la sévérité de Mme de Volanges ne sont pas les seuls ; votre jeune amie m'en oppose aussi quelques-uns. Soit froideur, ou timidité, elle ne fait pas toujours ce que je lui conseille ; et je crois cependant savoir mieux qu'elle ce qu'il faut faire.

J'avais trouvé un moyen simple, commode et sûr de lui remettre vos Lettres, et même de faciliter, par la suite, les entrevues que vous désirez : mais je n'ai pu la décider à s'en servir. J'en suis d'autant plus affligé, que je n'en vois pas d'autre pour vous rapprocher d'elle ; et que même pour votre correspondance, je crains sans cesse de nous compromettre tous trois. Or, vous jugez que je ne veux ni courir ce risque-là, ni vous y exposer l'un et l'autre.

Je serais pourtant vraiment peiné que le peu de confiance de votre petite amie m'empêchât de vous être utile ; peut-être feriez-vous bien de lui en écrire. Voyez ce que vous voulez faire, c'est à vous seul à décider ; car ce n'est pas assez de servir ses amis, il faut encore les servir à leur manière. Ce pourrait être aussi une façon de plus de vous assurer de ses sentiments pour vous ; car la femme qui garde une volonté à elle n'aime pas autant qu'elle le dit.

Ce n'est pas que je soupçonne votre Maîtresse d'inconstance : mais elle est bien jeune : elle a grand'peur de sa Maman, qui, comme vous le savez, ne cherche qu'à vous nuire ; et peut-être serait-il dangereux de rester trop longtemps sans l'occuper de vous. N'allez pas cependant vous inquiéter à un certain point, de ce que je vous dis là. Je n'ai dans le fond nulle raison de méfiance ; c'est uniquement la sollicitude de l'amitié.

Je ne vous écris pas plus longuement, parce que j'ai bien aussi quelques affaires pour mon compte. Je ne suis pas aussi avancé que vous : mais j'aime autant, et cela console ; et quand je ne réussirais pas pour moi, si je parviens à vous être utile, je trouverai que j'ai bien employé mon temps. Adieu, mon ami.

*Du Château de..., ce 26 septembre 17**.*

Lettre 90

LA PRÉSIDENTE DE TOURVEL AU VICOMTE DE VALMONT

Je désire beaucoup, Monsieur, que cette Lettre ne vous fasse aucune peine ; ou, si elle doit vous en causer, qu'au moins elle puisse être adoucie par celle que j'éprouve en vous l'écrivant. Vous devez me connaître assez à présent pour être bien sûr que ma volonté n'est pas de vous affliger ; mais vous, sans doute, vous ne voudriez pas non plus me plonger dans un désespoir éternel. Je vous conjure donc, au nom de l'amitié tendre que je vous ai promise, au nom même des sentiments peut-être plus vifs, mais à coup sûr pas plus sincères, que vous avez pour moi, ne nous voyons plus ; partez ; et, jusque-là, fuyons surtout ces entretiens particuliers et trop dangereux, où, par une inconcevable puissance, sans jamais parvenir à vous dire ce que je veux, je passe mon temps à écouter ce que je ne devrais pas entendre.

Hier encore, quand vous vîntes me joindre dans le parc, j'avais bien pour unique objet de vous dire ce que je vous écris aujourd'hui ; et cependant qu'ai-je fait ? que m'occuper de votre amour... de votre amour, auquel jamais je ne dois répondre ! Ah ! de grâce, éloignez-vous de moi.

Ne craignez pas que mon absence altère jamais mes sentiments pour vous ; comment parviendrais-je à les vaincre, quand je n'ai plus le courage de les combattre ? Vous le voyez, je vous dis tout, je crains moins d'avouer ma faiblesse, que d'y succomber : mais cet empire que j'ai perdu sur mes sentiments, je le conserverai sur mes actions ; oui, je le conserverai, j'y suis résolue ; fût-ce aux dépens de ma vie.

Hélas ! le temps n'est pas loin, où je me croyais bien sûre de n'avoir jamais de pareils combats à soutenir. Je m'en félicitais ; je m'en glorifiais peut-être trop. Le Ciel a puni, cruellement puni cet orgueil : mais plein de miséricorde au moment même qu'il nous frappe, il m'avertit encore avant la chute ; et je serais doublement coupable si je continuais à manquer de prudence, déjà prévenue que je n'ai plus de force.

Vous m'avez dit cent fois que vous ne voudriez pas d'un bonheur acheté par mes larmes. Ah ! ne parlons plus de bonheur, mais laissez-moi reprendre quelque tranquillité.

En accordant ma demande, quels nouveaux droits n'acquerrez-vous pas sur mon cœur ? Et ceux-là, fondés sur la vertu, je n'aurai point à m'en défendre. Combien je me plairai dans ma reconnaissance ! Je vous devrai la douceur de goûter sans remords un sentiment délicieux. À présent, au contraire, effrayée de mes sentiments, de mes pensées, je crains également de m'occuper de vous et de moi ; votre idée même m'épouvante : quand je ne peux la fuir, je la combats ; je ne l'éloigne pas, mais je la repousse.

Ne vaut-il pas mieux pour tous deux faire cesser cet état de trouble et d'anxiété ? Ô vous, dont l'âme toujours sensible, même au milieu de ses erreurs, est restée amie de la vertu, vous aurez égard à ma situation douloureuse, vous ne rejetterez pas ma prière ! Un intérêt plus doux, mais non moins tendre, succédera à ces agitations violentes : alors, respirant par vos bienfaits, je chérirai mon existence, et je dirai dans la joie de mon cœur : « Ce calme que je ressens, je le dois à mon ami. »

En vous soumettant à quelques privations légères, que je ne vous impose point, mais que je vous demande, croirez-vous donc acheter trop cher la fin de mes tourments ? Ah ! si, pour vous rendre heureux, il ne fallait que consentir à être malheureuse, vous pouvez m'en croire, je n'hésiterais pas un moment... Mais devenir coupable !... non, mon ami, non, plutôt mourir mille fois.

Déjà assaillie par la honte, à la veille des remords, je redoute et les autres et moi-même ; je rougis dans le cercle, et frémis dans la solitude ; je n'ai plus qu'une vie de douleur ; je n'aurai de tranquillité que par votre consentement. Mes résolutions les plus louables ne suffisent pas pour me rassurer ; j'ai formé celle-ci dès hier, et cependant j'ai passé cette nuit dans les larmes.

Voyez votre amie, celle que vous aimez, confuse et suppliante, vous demander le repos et l'innocence. Ah Dieu ! sans vous, eût-elle jamais été réduite à cette humiliante demande ? Je ne vous reproche rien ; je sens trop par moi-même combien il est difficile de résister à un sentiment impérieux. Une plainte n'est pas un murmure. Faites par générosité ce que je fais par devoir ; et à tous les sentiments que vous m'avez inspirés, je joindrai celui d'une éternelle reconnaissance. Adieu, adieu, Monsieur.

*De..., ce 27 septembre 17**.*

Lettre 91

LE VICOMTE DE VALMONT
À LA PRÉSIDENTE DE TOURVEL

Consterné par votre Lettre, j'ignore encore, Madame, comment je pourrai y répondre. Sans doute, s'il faut choisir entre votre malheur et le mien, c'est à moi à me sacrifier, et je ne balance pas : mais de si grands intérêts méritent bien, ce me semble, d'être avant tout discutés et éclaircis ; et comment y parvenir, si nous ne devons plus nous parler ni nous voir ?

Quoi ! tandis que les sentiments les plus doux nous unissent, une vaine terreur suffira pour nous séparer, peut-être sans retour ! En vain l'amitié tendre, l'ardent amour, réclameront leurs droits ; leurs voix ne seront point entendues ; et pourquoi ? quel est donc ce danger pressant qui vous menace ? Ah ! croyez-moi, de pareilles craintes, et si légèrement conçues, sont déjà, ce me semble, d'assez puissants motifs de sécurité.

Permettez-moi de vous le dire, je retrouve ici la trace des impressions défavorables qu'on vous a données sur moi. On ne tremble point auprès de l'homme qu'on estime ; on n'éloigne pas, surtout, celui qu'on a jugé digne de quelque amitié : c'est l'homme dangereux qu'on redoute et qu'on fuit.

Cependant, qui fut jamais plus respectueux et plus soumis que moi ? Déjà, vous le voyez, je m'observe dans mon langage ; je ne me permets plus ces noms si doux, si chers à mon cœur, et qu'il ne cesse de vous donner en secret. Ce n'est plus l'amant fidèle et malheureux, recevant les conseils et les consolations d'une amie tendre et sensible ; c'est l'accusé devant son juge, l'esclave devant son maître. Ces nouveaux titres imposent sans doute de nouveaux devoirs ; je m'engage à les remplir tous. Écoutez-moi, et si vous me condamnez, j'y souscris, et je pars. Je promets davantage ; préférez-vous ce despotisme qui juge sans entendre ? vous sentez-vous le courage d'être injuste ? ordonnez et j'obéis encore.

Mais ce jugement, ou cet ordre, que je l'entende de votre bouche. Et pourquoi ? m'allez-vous dire à votre tour. Ah ! que si[1] vous faites cette question, vous connaissez peu l'amour et mon cœur ! N'est-ce donc rien que de vous voir encore une fois ? Eh ! quand vous porterez le désespoir dans mon âme, peut-être un regard consolateur l'empêchera d'y succomber. Enfin s'il me faut renoncer à l'amour, à l'amitié, pour qui seuls j'existe, au moins vous verrez votre ouvrage, et votre pitié me restera : cette faveur légère, quand même je ne la mériterais pas, je me soumets, ce me semble, à la payer assez cher, pour espérer de l'obtenir.

Quoi ! vous allez m'éloigner de vous ! Vous consentez donc à ce que nous devenions étrangers l'un à l'autre ! que dis-je ? vous le désirez ; et tandis que vous m'assurez que mon absence n'altérera point vos sentiments, vous ne pressez mon départ que pour travailler plus facilement à les détruire.

Déjà, vous me parlez de les remplacer par de la reconnaissance. Ainsi le sentiment qu'obtiendrait de vous un inconnu pour le plus léger service, votre ennemi même en cessant de vous nuire, voilà ce que vous m'offrez ! et vous voulez que mon cœur s'en contente ! Interrogez le vôtre : si votre amant, si votre ami, venaient un jour vous parler de leur reconnaissance, ne leur diriez-vous pas avec indignation : Retirez-vous, vous êtes des ingrats ?

Je m'arrête et réclame votre indulgence. Pardonnez l'expression d'une douleur que vous faites naître : elle ne nuira point à ma soumission parfaite. Mais je vous en conjure à mon tour, au nom de ces sentiments si doux, que vous-même vous réclamez, ne refusez pas de m'entendre ; et par pitié du moins pour le trouble mortel où vous m'avez plongé, n'en éloignez pas le moment. Adieu, Madame.

*De…, ce 27 septembre 17**, au soir.*

note

1. **que si : si.**

Lettre 92

LE CHEVALIER DANCENY AU VICOMTE DE VALMONT

Ô mon ami ! votre lettre m'a glacé d'effroi. Cécile... Ô Dieu ! est-il possible ? Cécile ne m'aime plus. Oui, je vois cette affreuse vérité à travers le voile dont votre amitié l'entoure. Vous avez voulu me préparer à recevoir ce coup mortel ; je vous remercie de vos soins, mais peut-on en imposer à l'amour ? Il court au-devant de ce qui l'intéresse ; il n'apprend pas son sort, il le devine. Je ne doute plus du mien : parlez-moi sans détour, vous le pouvez, et je vous en prie. Mandez-moi tout ; ce qui a fait naître vos soupçons, ce qui les a confirmés. Les moindres détails sont précieux. Tâchez, surtout, de vous rappeler ses paroles. Un mot pour l'autre peut changer toute une phrase ; le même a quelquefois deux sens... Vous pouvez vous être trompé : hélas ! je cherche à me flatter encore. Que vous a-t-elle dit ? me fait-elle quelque reproche ? au moins ne se défend-elle pas de ses torts ? J'aurais dû prévoir ce changement, par les difficultés que, depuis un temps, elle trouve à tout. L'amour ne connaît pas tant d'obstacles.

Quel parti dois-je prendre ? que me conseillez-vous ? Si je tentais de la voir ? cela est-il donc impossible ? L'absence est si cruelle, si funeste... et elle a refusé un moyen de me voir ! Vous ne me dites pas quel il était ; s'il y avait en effet trop de danger, elle sait bien que je ne veux pas qu'elle se risque trop. Mais aussi je connais votre prudence, et, pour mon malheur, je ne peux pas ne pas y croire.

Que vais-je faire à présent ? comment lui écrire ? Si je lui laisse voir mes soupçons, ils la chagrineront peut-être ; et s'ils sont injustes, me pardonnerais-je de l'avoir affligée ? Si je les lui cache, c'est la tromper, et je ne sais point dissimuler avec elle.

Oh ! si elle pouvait savoir ce que je souffre, ma peine la toucherait. Je la connais sensible ; elle a le cœur excellent et j'ai mille preuves de son amour. Trop de timidité, quelque embarras, elle est si jeune ! et sa mère la traite avec tant de sévérité ! Je vais lui écrire ; je me contiendrai ; je lui demanderai seulement de s'en remettre entièrement à vous. Quand même elle refuserait encore, elle ne pourra pas au moins se fâcher de ma prière ; et peut-être elle consentira.

Vous, mon ami, je vous fais mille excuses, et pour elle et pour moi. Je vous assure qu'elle sent le prix de vos soins, qu'elle en est reconnaissante. Ce n'est pas méfiance, c'est timidité. Ayez de l'indulgence ; c'est le plus beau caractère de l'amitié. La vôtre m'est bien précieuse, et je ne sais comment reconnaître tout ce que vous faites pour moi. Adieu, je vais écrire tout de suite.

Je sens toutes mes craintes revenir ; qui m'eût dit que jamais il m'en coûterait de lui écrire ! Hélas ! hier encore, c'était mon plaisir le plus doux.

Adieu, mon ami ; continuez-moi vos soins, et plaignez-moi beaucoup.

*Paris, ce 27 septembre 17**.*

Lettre 93

LE CHEVALIER DANCENY
À CÉCILE VOLANGES
(Jointe à la précédente.)

Je ne puis vous dissimuler combien j'ai été affligé en apprenant de Valmont le peu de confiance que vous continuez à avoir en lui. Vous n'ignorez pas qu'il est mon ami, qu'il est la seule personne qui puisse nous rapprocher l'un de l'autre : j'avais cru que ces titres seraient suffisants auprès de vous ; je vois avec peine que je me suis trompé. Puis-je espérer qu'au moins vous m'instruirez de vos raisons ? Ne trouverez-vous pas encore quelques difficultés qui vous en empêcheront ? Je ne puis cependant deviner, sans vous, le mystère de cette conduite. Je n'ose soupçonner votre amour, sans doute aussi vous n'oseriez trahir le mien. Ah ! Cécile !...

Il est donc vrai que vous avez refusé un moyen de me voir ? un moyen *simple, commode et sûr*★ ? Et c'est ainsi que vous m'aimez ! Une si courte absence a bien changé vos sentiments. Mais pourquoi me tromper ? pourquoi me dire que vous m'aimez toujours, que vous m'aimez davantage ? Votre Maman, en détruisant votre amour, a-t-elle aussi détruit votre candeur ? Si au moins elle vous a laissé quelque pitié, vous n'apprendrez pas sans peine les tourments affreux que vous me causez. Ah ! je souffrirais moins pour mourir.

Dites-moi donc, votre cœur m'est-il fermé sans retour ? m'avez-vous entièrement oublié ? Grâce à vos refus, je ne sais, ni quand vous entendrez mes plaintes, ni quand vous y répondrez. L'amitié de Valmont avait assuré notre correspondance : mais vous, vous n'avez pas voulu ; vous la trouviez pénible, vous avez préféré qu'elle fût rare. Non, je ne croirai plus à l'amour, à la bonne foi. Eh ! qui peut-on croire, si Cécile m'a trompé ?

★ Danceny ne sait pas quel était ce moyen ; il répète seulement l'expression de Valmont.

Répondez-moi donc : est-il vrai que vous ne m'aimez plus ? Non cela n'est pas possible ; vous vous faites illusion ; vous calomniez votre cœur. Une crainte passagère, un moment de découragement, mais que l'amour a bientôt fait disparaître ; n'est-il pas vrai, ma Cécile ? ah ! sans doute, et j'ai tort de vous accuser. Que je serais heureux d'avoir tort ! que j'aimerais à vous faire de tendres excuses, à réparer ce moment d'injustice par une éternité d'amour.

Cécile, Cécile, ayez pitié de moi ! Consentez à me voir, prenez-en tous les moyens ! Voyez ce que produit l'absence ! des craintes, des soupçons, peut-être de la froideur ! un seul regard, un seul mot et nous serons heureux. Mais quoi ! puis-je encore parler de bonheur ? peut-être est-il perdu pour moi, perdu pour jamais. Tourmenté par la crainte, cruellement pressé entre les soupçons injustes et la vérité plus cruelle, je ne puis m'arrêter à aucune pensée ; je ne conserve d'existence que pour souffrir et vous aimer. Ah Cécile ! vous seule avez le droit de me la rendre chère ; et j'attends du premier mot que vous prononcerez, le retour du bonheur ou la certitude d'un désespoir éternel.

*Paris, ce 27 septembre 17**.*

Lettre 94

CÉCILE VOLANGES
AU CHEVALIER DANCENY

Je ne conçois rien à votre Lettre, sinon la peine qu'elle me cause. Qu'est-ce que M. de Valmont vous a donc mandé, et qu'est-ce qui a pu vous faire croire que je ne vous aimais plus ? Cela serait peut-être bien heureux pour moi, car sûrement j'en serais moins tourmentée ; et il est bien dur, quand je vous aime comme je fais, de voir que vous croyez toujours que j'ai tort, et qu'au lieu de me consoler, ce soit de vous que me viennent toujours les peines qui me font le plus de chagrin. Vous croyez que je vous trompe, et que je vous dis ce qui n'est pas ! vous avez là une jolie idée de moi ! Mais quand je serais menteuse comme vous me le reprochez, quel intérêt y aurais-je ? Assurément, si je ne vous aimais plus je n'aurais qu'à le dire, et tout le monde m'en louerait ; mais, par malheur, c'est plus fort que moi ; et il faut que ce soit pour quelqu'un qui ne m'en a pas d'obligation[1] du tout !

note

1. d'obligation : de reconnaissance.

Qu'est-ce que j'ai donc fait pour vous tant fâcher ? Je n'ai pas osé prendre une clef, parce que je craignais que Maman ne s'en aperçût, et que cela ne me causât encore du chagrin, et à vous aussi à cause de moi ; et puis encore, parce qu'il me semble que c'est mal fait. Mais ce n'était que M. de Valmont qui m'en avait parlé ; je ne pouvais pas savoir si vous le vouliez ou non, puisque vous n'en saviez rien. À présent que je sais que vous le désirez, est-ce que je refuse de la prendre, cette clef ? je la prendrai dès demain ; et puis nous verrons ce que vous aurez encore à dire.

M. de Valmont a beau être votre ami, je crois que je vous aime bien autant qu'il peut vous aimer, pour le moins ; et cependant c'est toujours lui qui a raison, et moi j'ai toujours tort. Je vous assure que je suis bien fâchée. Ça vous est bien égal, parce que vous savez que je m'apaise tout de suite : mais à présent que j'aurai la clef, je pourrai vous voir quand je voudrai ; et je vous assure que je ne voudrai pas, quand vous agirez comme ça. J'aime mieux avoir du chagrin qui me vienne de moi, que s'il me venait de vous : voyez ce que vous voulez faire.

Si vous vouliez, nous nous aimerions tant ! et au moins n'aurions-nous de peines que celles qu'on nous fait ! Je vous assure bien que si j'étais maîtresse, vous n'auriez jamais à vous plaindre de moi : mais si vous ne me croyez pas, nous serons toujours bien malheureux, et ce ne sera pas ma faute. J'espère que bientôt nous pourrons nous voir, et qu'alors nous n'aurons plus d'occasions de nous chagriner comme à présent.

Si j'avais pu prévoir ça, j'aurais pris cette clef tout de suite : mais, en vérité, je croyais bien faire. Ne m'en voulez donc pas, je vous en prie. Ne soyez plus triste, et aimez-moi toujours autant que je vous aime ; alors je serai bien contente. Adieu, mon cher ami.

*Du Château de…, ce 28 septembre 17**.*

Lettre 95

CÉCILE VOLANGES
AU VICOMTE DE VALMONT

Je vous prie, Monsieur, de vouloir bien avoir la bonté de me remettre cette clef que vous m'aviez donnée pour mettre à la place de l'autre ; puisque tout le monde le veut, il faut bien que j'y consente aussi.

Je ne sais pas pourquoi vous avez mandé à M. Danceny que je ne l'aimais plus : je ne crois pas vous avoir jamais donné lieu de le penser ; et cela lui a fait bien de la peine, et à moi aussi. Je sais bien que vous êtes son ami ; mais ce n'est pas une raison pour le chagriner, ni moi non plus. Vous me feriez bien plaisir de lui mander le contraire, la première fois que vous lui écrirez, et que vous en êtes sûr : car c'est en vous qu'il a le plus de confiance ; et moi, quand j'ai dit une chose, et qu'on ne la croit pas, je ne sais plus comment faire.

Pour ce qui est de la clef, vous pouvez être tranquille ; j'ai bien retenu tout ce que vous me recommandiez dans votre Lettre. Cependant, si vous l'avez encore, et que vous vouliez me la donner en même temps, je vous promets que j'y ferai bien attention. Si ce pouvait être demain en allant dîner, je vous donnerais l'autre clef après-demain à déjeuner, et vous me la remettriez de la même façon que la première. Je voudrais bien que cela ne fût pas long, parce qu'il y aurait moins de temps à risquer que Maman ne s'en aperçût.

Et puis, quand une fois vous aurez cette clef-là, vous aurez bien la bonté de vous en servir aussi pour prendre mes Lettres ; et comme cela, M. Danceny aura plus souvent de mes nouvelles. Il est vrai que ce sera bien plus commode qu'à présent ; mais c'est que d'abord, cela m'a fait trop peur : je vous prie de m'excuser, et j'espère que vous n'en continuerez pas moins d'être aussi complaisant que par le passé. J'en serai aussi toujours bien reconnaissante.

J'ai l'honneur d'être, Monsieur, votre très humble et très obéissante servante.

*De..., ce 28 septembre 17**.*

Lettre 96

LE VICOMTE DE VALMONT
À LA MARQUISE DE MERTEUIL

Je parie bien que, depuis votre aventure, vous attendez chaque jour mes compliments et mes éloges ; je ne doute même pas que vous n'ayez pris un peu d'humeur de mon long silence : mais que voulez-vous ? j'ai toujours pensé que quand il n'y avait plus que des louanges à donner à une femme, on pouvait s'en reposer sur elle, et s'occuper d'autre chose. Cependant je vous remercie pour mon compte, et vous félicite pour le vôtre. Je veux bien même, pour vous rendre parfaitement heureuse, convenir que pour cette fois vous avez surpassé mon attente. Après cela, voyons si de mon côté j'aurai du moins rempli la vôtre en partie.

Ce n'est pas de Mme de Tourvel dont je veux vous parler ; sa marche trop lente vous déplaît. Vous n'aimez que les affaires faites. Les scènes filées[1] vous ennuient ; et moi, jamais je n'avais goûté le plaisir que j'éprouve dans ces lenteurs prétendues.

Oui, j'aime à voir, à considérer cette femme prudente, engagée, sans s'en être aperçue, dans un sentier qui ne permet plus de retour, et dont la pente rapide et dangereuse l'entraîne malgré elle, et la force à me suivre. Là, effrayée du péril qu'elle court, elle voudrait s'arrêter et ne peut se retenir. Ses soins et son adresse peuvent bien rendre ses pas moins grands ; mais il faut qu'ils se succèdent. Quelquefois, n'osant fixer le danger, elle ferme les yeux, et se laissant aller, s'abandonne à mes soins. Plus souvent, une nouvelle crainte ranime ses efforts : dans son effroi mortel, elle veut tenter encore de retourner en arrière ; elle épuise ses forces pour gravir péniblement un court espace ; et bientôt un magique pouvoir la replace plus près de ce danger, que vainement elle avait voulu fuir. Alors n'ayant plus que moi pour guide et pour appui, sans songer à me reprocher davantage une chute inévitable, elle m'implore pour la retarder. Les ferventes prières, les humbles supplications, tout ce que les mortels, dans leur crainte, offrent à la Divinité, c'est moi qui le reçois d'elle ; et vous voulez que, sourd à ses vœux, et détruisant moi-même le culte qu'elle me rend, j'emploie à la précipiter[2] la puissance qu'elle invoque pour la soutenir ! Ah ! laissez-moi au moins le temps d'observer ces touchants combats entre l'amour et la vertu.

Eh quoi ! ce même spectacle qui vous fait courir au Théâtre avec empressement, que vous y applaudissez avec fureur, le croyez-vous moins attachant dans la réalité ? Ces sentiments d'une âme pure et tendre, qui redoute le bonheur qu'elle désire, et ne cesse pas de se défendre, même alors qu'elle cesse de résister, vous les écoutez avec enthousiasme : ne seraient-ils sans prix que pour celui qui les fait naître ? Voilà pourtant, voilà les délicieuses jouissances que cette femme céleste m'offre chaque jour ; et vous me reprochez d'en savourer les douceurs ! Ah ! le temps ne viendra que trop tôt, où, dégradée par sa chute, elle ne sera plus pour moi qu'une femme ordinaire.

Mais j'oublie, en vous parlant d'elle, que je ne voulais pas vous en parler. Je ne sais quelle puissance m'y attache, m'y ramène sans cesse, même alors que je l'outrage. Écartons sa dangereuse idée ; que je redevienne moi-même

notes

1. **filées** : longuement développées.

2. **précipiter** : faire tomber.

pour traiter un sujet plus gai. Il s'agit de votre pupille, à présent devenue la mienne, et j'espère qu'ici vous allez me reconnaître.

Depuis quelques jours, mieux traité par ma tendre Dévote, et par conséquent moins occupé d'elle, j'avais remarqué que la petite Volanges était en effet fort jolie ; et que, s'il y avait de la sottise à en être amoureux comme Danceny, peut-être n'y en avait-il pas moins de ma part, à ne pas chercher auprès d'elle une distraction que ma solitude me rendait nécessaire. Il me parut juste aussi de me payer des soins que je me donnais pour elle : je me rappelais en outre que vous me l'aviez offerte, avant que Danceny eût rien à y prétendre ; et je me trouvais fondé à réclamer quelques droits, sur un bien qu'il ne possédait qu'à mon refus et par mon abandon. La jolie mine de la petite personne, sa bouche si fraîche, son air enfantin, sa gaucherie même fortifiaient ces sages réflexions ; je résolus d'agir en conséquence, et le succès a couronné l'entreprise.

Déjà vous cherchez par quel moyen j'ai supplanté si tôt l'amant chéri ; quelle séduction convient à cet âge, à cette inexpérience. Épargnez-vous tant de peine, je n'en ai employé aucune. Tandis que maniant avec adresse les armes de votre sexe, vous triomphiez par la finesse ; moi, rendant à l'homme ses droits imprescriptibles[1], je subjuguais[2] par l'autorité. Sûr de saisir ma proie si je pouvais la joindre, je n'avais besoin de ruse que pour m'en approcher, et même celle dont je me suis servi ne mérite presque pas ce nom.

Je profitai de la première Lettre que je reçus de Danceny pour sa Belle, et après l'en avoir avertie par le signal convenu entre nous, au lieu de mettre mon adresse à la lui rendre, je la mis à n'en pas trouver le moyen : cette impatience que je faisais naître, je feignais de la partager, et après avoir causé le mal, j'indiquai le remède.

La jeune personne habite une chambre dont une porte donne sur le corridor ; mais, comme de raison, la mère en avait pris la clef. Il ne s'agissait que de s'en rendre maître. Rien de plus facile dans l'exécution ; je ne demandais que d'en disposer deux heures, et je répondais d'en avoir une semblable. Alors correspondances, entrevues, rendez-vous nocturnes, tout devenait commode et sûr : cependant, le croiriez-vous ? l'enfant timide prit peur et refusa. Un autre s'en serait désolé ; moi, je n'y vis que l'occasion d'un plaisir plus piquant. J'écrivis à Danceny pour me plaindre de ce refus, et je fis si bien que notre étourdi n'eut de cesse qu'il n'eût obtenu, exigé même de

notes

1. **imprescriptibles** : inaliénables, indestructibles.

2. **subjuguais** : soumettais par la force, dominais.

sa craintive Maîtresse, qu'elle accordât ma demande et se livrât toute à ma discrétion[1].

J'étais bien aise, je l'avoue, d'avoir ainsi changé de rôle, et que le jeune homme fît pour moi ce qu'il comptait que je ferais pour lui. Cette idée doublait, à mes yeux, le prix de l'aventure : aussi dès que j'ai eu la précieuse clef, me suis-je hâté d'en faire usage ; c'était la nuit dernière.

Après m'être assuré que tout était tranquille dans le Château, armé de ma lanterne sourde[2], et dans la toilette que comportait l'heure et qu'exigeait la circonstance, j'ai rendu ma première visite à votre pupille. J'avais tout fait préparer (et cela par elle-même), pour pouvoir entrer sans bruit. Elle était dans son premier sommeil, et dans celui de son âge ; de façon que je suis arrivé jusqu'à son lit, sans qu'elle se soit réveillée. J'ai d'abord été tenté d'aller plus avant, et d'essayer de passer pour un songe ; mais craignant l'effet de la surprise et le bruit qu'elle entraîne, j'ai préféré d'éveiller avec précaution la jolie dormeuse, et je suis en effet parvenu à prévenir le cri que je redoutais.

Après avoir calmé ses premières craintes, comme je n'étais pas venu là pour causer, j'ai risqué quelques libertés. Sans doute on ne lui a pas bien appris dans son Couvent, à combien de périls divers est exposée la timide innocence, et tout ce qu'elle a à garder pour n'être pas surprise : car, portant toute son attention, toutes ses forces, à se défendre d'un baiser, qui n'était qu'une fausse attaque, tout le reste était laissé sans défense ; le moyen de n'en pas profiter ! J'ai donc changé ma marche, et sur-le-champ j'ai pris poste. Ici nous avons pensé être perdus tous deux : la petite fille, tout effarouchée, a voulu crier de bonne foi ; heureusement sa voix s'est éteinte dans les pleurs. Elle s'était jetée aussi au cordon de sa sonnette, mais mon adresse a retenu son bras à temps.

« Que voulez-vous faire (lui ai-je dit alors), vous perdre pour toujours ? Qu'on vienne, et que m'importe ? à qui persuaderez-vous que je ne sois pas ici de votre aveu[3] ? Quel autre que vous m'aura fourni le moyen de m'y introduire ? et cette clef que je tiens de vous, que je n'ai pu avoir que par vous, vous chargerez-vous d'en indiquer l'usage ? » Cette courte harangue n'a calmé ni la douleur, ni la colère, mais elle a amené la soumission. Je ne sais si j'avais le ton de l'éloquence ; au moins est-il vrai que je n'en avais pas le geste. Une main occupée pour la force, l'autre pour l'amour, quel Orateur pourrait prétendre à la grâce en pareille situation ? Si vous vous la peignez

notes

1. **discrétion :** pouvoir.
2. **lanterne sourde :** lanterne dont l'éclat est masqué par un volet.
3. **de votre aveu :** avec votre accord.

bien, vous conviendrez qu'au moins elle était favorable à l'attaque : mais moi, je n'entends rien à rien, et, comme vous dites, la femme la plus simple, une pensionnaire, me mène comme un enfant.

Celle-ci, tout en se désolant, sentait qu'il fallait prendre un parti, et entrer en composition[1]. Les prières me trouvant inexorable, il a fallu passer aux offres. Vous croyez que j'ai vendu bien cher ce poste important : non, j'ai tout promis pour un baiser. Il est vrai que, le baiser pris, je n'ai pas tenu ma promesse : mais j'avais de bonnes raisons. Étions-nous convenus qu'il serait pris ou donné ? À force de marchander, nous sommes tombés d'accord pour un second ; et celui-là, il était dit qu'il serait reçu. Alors ayant guidé les bras timides autour de mon corps, et la pressant de l'un des miens plus amoureusement, le doux baiser a été reçu en effet ; mais bien, mais parfaitement reçu : tellement enfin que l'Amour n'aurait pas pu mieux faire.

Tant de bonne foi méritait récompense, aussi ai-je aussitôt accordé la demande. La main s'est retirée ; mais je ne sais par quel hasard je me suis trouvé moi-même à sa place. Vous me supposez là bien empressé, bien actif, n'est-il pas vrai ? point du tout. J'ai pris goût aux lenteurs, vous dis-je. Une fois sûr d'arriver, pourquoi tant presser le voyage ?

Sérieusement, j'étais bien aise d'observer une fois la puissance de l'occasion, et je la trouvais ici dénuée de tout secours étranger. Elle avait pourtant à combattre l'amour, et l'amour soutenu par la pudeur ou la honte, et fortifié surtout par l'humeur que j'avais donnée, et dont on avait beaucoup pris[2]. L'occasion était seule ; mais elle était là, toujours offerte, toujours présente, et l'Amour était absent.

Pour assurer mes observations, j'avais la malice de n'employer de force que ce qu'on en pouvait combattre. Seulement si ma charmante ennemie, abusant de ma facilité, se trouvait prête à m'échapper je la contenais par cette même crainte, dont j'avais déjà éprouvé les heureux effets. Hé bien ! sans autre soin, la tendre amoureuse, oubliant ses serments, a cédé d'abord et fini par consentir : non pas qu'après ce premier moment les reproches et les larmes ne soient revenus de concert ; j'ignore s'ils étaient vrais ou feints : mais, comme il arrive toujours, ils ont cessé, dès que je me suis occupé à y donner lieu de nouveau. Enfin, de faiblesse en reproche, et de reproche en

notes

1. **entrer en composition :** accepter de discuter.

2. *Donner de l'humeur* signifie « causer de l'irritation chez quelqu'un » et *prendre de l'humeur* « ressentir de l'irritation ».

faiblesse, nous ne nous sommes séparés que satisfaits l'un de l'autre, et également d'accord pour le rendez-vous de ce soir.

Je ne me suis retiré chez moi qu'au point du jour, et j'étais rendu[1] de fatigue et de sommeil : cependant j'ai sacrifié l'un et l'autre au désir de me trouver ce matin au déjeuner : j'aime, de passion, les mines de lendemain. Vous n'avez pas d'idée de celle-ci. C'était un embarras dans le maintien ! une difficulté dans la marche ! des yeux toujours baissés, et si gros et si battus ! Cette figure si ronde s'était tant allongée ! rien n'était si plaisant. Et pour la première fois, sa mère, alarmée de ce changement extrême, lui témoignait un intérêt assez tendre ! et la Présidente aussi, qui s'empressait autour d'elle ! Oh ! pour ces soins-là, ils ne sont que prêtés ; un jour viendra où on pourra les lui rendre, et ce jour n'est pas loin. Adieu, ma belle amie.

*Du Château de…, ce 1er octobre 17**.*

Lettre 97

CÉCILE VOLANGES
À LA MARQUISE DE MERTEUIL

Ah ! mon Dieu, madame, que je suis affligée ! que je suis malheureuse ! Qui me consolera dans mes peines ? qui me conseillera dans l'embarras où je me trouve ? Ce M. de Valmont... et Danceny ! Non, l'idée de Danceny me met au désespoir... Comment vous raconter ? comment vous dire ?... Je ne sais comment faire. Cependant mon cœur est plein... Il faut que je parle à quelqu'un, et vous êtes la seule à qui je puisse, à qui j'ose me confier. Vous avez tant de bonté pour moi ! Mais n'en ayez pas dans ce moment-ci ; je n'en suis pas digne : que vous dirai-je ? je ne le désire point. Tout le monde ici m'a témoigné de l'intérêt aujourd'hui... ils ont tous augmenté ma peine. Je sentais tant que je ne le méritais pas ! Grondez-moi au contraire ; grondez-moi bien, car je suis bien coupable : mais après, sauvez-moi ; si vous n'avez pas la bonté de me conseiller, je mourrai de chagrin.

Apprenez donc... ma main tremble, comme vous voyez, je ne peux presque pas écrire, je me sens le visage tout en feu... Ah ! c'est bien le rouge de la honte. Hé bien ! je la souffrirai ; ce sera la première punition de ma faute. Oui, je vous dirai tout.

note

1. rendu : épuisé.

Vous saurez donc que M. de Valmont, qui m'a remis jusqu'ici les Lettres de M. Danceny, a trouvé tout d'un coup que c'était trop difficile ; il a voulu avoir une clef de ma chambre. Je puis bien vous assurer que je ne voulais pas ; mais il a été en écrire à Danceny, et Danceny l'a voulu aussi ; et moi, ça me fait tant de peine quand je lui refuse quelque chose, surtout depuis mon absence qui le rend si malheureux, que j'ai fini par y consentir. Je ne prévoyais pas le malheur qui en arriverait.

Hier, M. de Valmont s'est servi de cette clef pour venir dans ma chambre, comme j'étais endormie ; je m'y attendais si peu, qu'il m'a fait bien peur en me réveillant ; mais comme il m'a parlé tout de suite, je l'ai reconnu, et je n'ai pas crié ; et puis l'idée m'est venue d'abord, qu'il venait peut-être m'apporter une Lettre de Danceny. C'en était bien loin. Un petit moment après, il a voulu m'embrasser ; et pendant que je me défendais, comme c'est naturel, il a si bien fait, que je n'aurais pas voulu pour toute chose au monde... mais, lui voulait un baiser auparavant. Il a bien fallu, car comment faire ? d'autant que j'avais essayé d'appeler, mais outre que je n'ai pas pu, il a bien su me dire que s'il venait quelqu'un, il saurait bien rejeter toute la faute sur moi ; et en effet, c'était bien facile, à cause de cette clef. Ensuite il ne s'est pas retiré davantage. Il en a voulu un second ; et celui-là, je ne savais pas ce qui en était, mais il m'a toute troublée ; et après, c'était encore pis qu'auparavant. Oh ! par exemple, c'est bien mal ça. Enfin après... vous m'exempterez bien de dire le reste ; mais je suis malheureuse autant qu'on peut l'être.

Ce que je me reproche le plus, et dont pourtant il faut que je vous parle, c'est que j'ai peur de ne pas m'être défendue autant que je le pouvais. Je ne sais pas comment cela se faisait : sûrement, je n'aime pas M. de Valmont, bien au contraire ; et il y avait des moments où j'étais comme si je l'aimais... Vous jugez bien que ça ne m'empêchait pas de lui dire toujours que non : mais je sentais bien que je ne faisais pas comme je disais ; et ça, c'était comme malgré moi ; et puis aussi, j'étais bien troublée ! S'il est toujours aussi difficile que ça de se défendre, il faut y être bien accoutumée ! Il est vrai que M. de Valmont a des façons de dire, qu'on ne sait pas comment faire pour lui répondre : enfin, croiriez-vous que quand il s'en est allé, j'en étais comme fâchée, et que j'ai eu la faiblesse de consentir qu'il revînt ce soir : ça me désole encore plus que tout le reste.

Oh ! malgré ça, je vous promets bien que je l'empêcherai d'y venir. Il n'a pas été sorti, que j'ai bien senti que j'avais eu bien tort de lui promettre. Aussi, j'ai pleuré tout le reste du temps. C'est surtout Danceny qui me faisait de la peine ! toutes les fois que je songeais à lui, mes pleurs redoublaient que j'en étais suffoquée, et j'y songeais toujours... et à présent encore, vous en voyez l'effet ; voilà mon papier tout trempé. Non, je ne me consolerai jamais, ne fût-ce qu'à cause de lui... Enfin, je n'en pouvais plus, et pourtant je n'ai pas pu dormir une minute. Et ce matin en me levant, quand je me suis regardée au miroir, je faisais peur, tant j'étais changée.

Maman s'en est aperçue dès qu'elle m'a vue et elle m'a demandé ce que j'avais. Moi, je me suis mise à pleurer tout de suite. Je croyais qu'elle m'allait gronder, et peut-être ça m'aurait fait moins de peine : mais, au contraire. Elle m'a parlé avec douceur ! Je ne le méritais guère. Elle m'a dit de ne pas m'affliger comme ça. Elle ne savait pas le sujet de mon affliction. Que je me rendrais malade ! Il y a des moments où je voudrais être morte. Je n'ai pas pu y tenir. Je me suis jetée dans ses bras en sanglotant, et en lui disant : « Ah ! Maman, votre fille est bien malheureuse ! » Maman n'a pas pu s'empêcher de pleurer un peu ; et tout cela n'a fait qu'augmenter mon chagrin : heureusement elle ne m'a pas demandé pourquoi j'étais si malheureuse, car je n'aurais su que lui dire.

Je vous en supplie, Madame, écrivez-moi le plus tôt que vous pourrez, et dites-moi ce que je dois faire, car je n'ai pas le courage de songer à rien, et je ne sais que m'affliger. Vous voudrez bien m'adresser votre Lettre par M. de Valmont ; mais, je vous en prie, si vous lui écrivez en même temps, ne lui parlez pas que je vous aie rien dit.

J'ai l'honneur d'être, Madame, avec toujours bien de l'amitié, votre très humble et très obéissante servante...

Je n'ose pas signer cette Lettre.

*Du Château de..., ce 1er octobre 17**.*

Lettre 98

MADAME DE VOLANGES
À LA MARQUISE DE MERTEUIL

Il y a bien peu de jours, ma charmante amie, que c'était vous qui me demandiez des consolations et des conseils : aujourd'hui, c'est mon tour ; et je vous fais pour moi la même demande que vous me faisiez pour vous. Je suis bien réellement affligée, et je crains de n'avoir pas pris les meilleurs moyens pour éviter les chagrins que j'éprouve.

C'est ma fille qui cause mon inquiétude. Depuis mon départ je l'avais bien vue toujours triste et chagrine ; mais je m'y attendais, et j'avais armé mon cœur d'une sévérité que je jugeais nécessaire. J'espérais que l'absence, les distractions détruiraient bientôt un amour que je regardais plutôt comme une erreur de l'enfance, que comme une véritable passion. Cependant, loin d'avoir rien gagné depuis mon séjour ici, je m'aperçois que cet enfant se livre de plus en plus à une mélancolie dangereuse ; et je crains, tout de bon, que sa santé ne s'altère. Particulièrement depuis quelques jours elle change à vue d'œil. Hier, surtout, elle me frappa, et tout le monde ici en fut vraiment alarmé.

Ce qui me prouve encore combien elle est affectée vivement, c'est que je la vois prête à surmonter la timidité qu'elle a toujours eue avec moi. Hier matin, sur la simple demande que je lui fis si elle était malade, elle se précipita dans mes bras en me disant qu'elle était bien malheureuse ; et elle pleura aux sanglots. Je ne puis vous rendre la peine qu'elle m'a faite ; les larmes me sont venues aux yeux tout de suite et je n'ai eu que le temps de me détourner, pour empêcher qu'elle ne me vît. Heureusement j'ai eu la prudence de ne lui faire aucune question, et elle n'a pas osé m'en dire davantage : mais il n'en est pas moins clair que c'est cette malheureuse passion qui la tourmente.

Quel parti prendre pourtant, si cela dure ? ferai-je le malheur de ma fille ? tournerai-je contre elle les qualités les plus précieuses de l'âme, la sensibilité et la constance ? est-ce pour cela que je suis sa mère ? et quand j'étoufferais ce sentiment si naturel qui nous fait vouloir le bonheur de nos enfants ; quand je regarderais comme une faiblesse, ce que je crois, au contraire, le premier, le plus sacré de nos devoirs ; si je force son choix, n'aurai-je pas à répondre des suites funestes qu'il peut avoir ? Quel usage à faire de l'autorité maternelle, que de placer sa fille entre le crime[1] et le malheur !

Mon amie, je n'imiterai pas ce que j'ai blâmé si souvent. J'ai pu, sans doute, tenter de faire un choix pour ma fille ; je ne faisais en cela que l'aider de mon expérience : ce n'était pas un droit que j'exerçais, je remplissais un devoir. J'en trahirais un, au contraire, en disposant d'elle au mépris d'un penchant que je n'ai pas su empêcher de naître et dont ni elle, ni moi ne pouvons connaître ni l'étendue ni la durée. Non, je ne souffrirai point qu'elle épouse celui-ci pour aimer celui-là, et j'aime mieux compromettre mon autorité que sa vertu.

Je crois donc que je vais prendre le parti le plus sage de retirer la parole que j'ai donnée à M. de Gercourt. Vous venez d'en avoir les raisons ; elles me

note

1. **crime** : faute.

paraissent devoir l'emporter sur mes promesses. Je dis plus : dans l'état où sont les choses, remplir mon engagement, ce serait, véritablement le violer. Car enfin, si je dois à ma fille de ne pas livrer son secret à M. de Gercourt, je dois au moins à celui-ci de ne pas abuser de l'ignorance où je le laisse, et de faire pour lui, tout ce que je crois qu'il ferait lui-même, s'il était instruit. Irai-je, au contraire, le trahir indignement, quand il se livre à ma foi[1], et, tandis qu'il m'honore en me choisissant pour sa seconde mère, le tromper dans le choix qu'il veut faire de la mère de ses enfants ? Ces réflexions si vraies et auxquelles je ne peux me refuser, m'alarment plus que je ne puis vous dire.

Aux malheurs qu'elles me font redouter, je compare ma fille, heureuse avec l'époux que son cœur a choisi, ne connaissant ses devoirs que par la douceur qu'elle trouve à les remplir ; mon gendre également satisfait et se félicitant, chaque jour, de son choix ; chacun d'eux ne trouvant de bonheur que dans le bonheur de l'autre, et celui de tous deux se réunissant pour augmenter le mien. L'espoir d'un avenir si doux doit-il être sacrifié à de vaines considérations ? Et quelles sont celles qui me retiennent ? uniquement des vues d'intérêt. De quel avantage sera-t-il donc pour ma fille d'être née riche, si elle n'en doit pas moins être esclave de la fortune ?

Je conviens que M. de Gercourt est un parti meilleur, peut-être, que je ne devais l'espérer pour ma fille ; j'avoue même que j'ai été extrêmement flattée du choix qu'il a fait d'elle. Mais enfin, Danceny est d'une aussi bonne maison[2] que lui ; il ne lui cède en rien pour les qualités personnelles ; il a sur M. de Gercourt l'avantage d'aimer et d'être aimé : il n'est pas riche à la vérité ; mais ma fille ne l'est-elle pas assez pour eux deux ? Ah ! pourquoi lui ravir la satisfaction si douce d'enrichir ce qu'elle aime !

Ces mariages qu'on calcule au lieu de les assortir, qu'on appelle de convenance, et où tout se convient en effet, hors les goûts et les caractères, ne sont-ils pas la source la plus féconde de ces éclats scandaleux qui deviennent tous les jours plus fréquents ? J'aime mieux différer : au moins j'aurai le temps d'étudier ma fille que je ne connais pas. Je me sens bien le courage de lui causer un chagrin passager, si elle en doit recueillir un bonheur plus solide : mais de risquer de la livrer à un désespoir éternel, cela n'est pas dans mon cœur.

Voilà, ma chère amie, les idées qui me tourmentent, et sur quoi je réclame vos conseils. Ces objets sévères contrastent beaucoup avec votre aimable

notes

1. **il se livre à ma foi :** il me fait totalement confiance.

2. **maison :** famille.

gaieté, et ne paraissent guère de votre âge : mais votre raison l'a tant devancé ! Votre amitié d'ailleurs aidera votre prudence ; et je ne crains point que l'une ou l'autre se refusent à la sollicitude maternelle qui les implore.

Adieu, ma charmante amie ; ne doutez jamais de la sincérité de mes sentiments.

*Du Château de…, ce 2 octobre 17**.*

Lettre 99

LE VICOMTE DE VALMONT
À LA MARQUISE DE MERTEUIL

Encore de petits événements, ma belle amie ; mais des scènes seulement, point d'actions. Ainsi, armez-vous de patience ; prenez-en même beaucoup : car tandis que ma Présidente marche à si petits pas, votre pupille recule, et c'est bien pis encore. Hé bien ! j'ai le bon esprit de m'amuser de ces misères-là. Véritablement je m'accoutume fort bien à mon séjour ici ; et je puis dire que dans le triste Château de ma vieille tante, je n'ai pas éprouvé un moment d'ennui. Au fait, n'y ai-je pas jouissances, privations, espoir, incertitude ? Qu'a-t-on de plus sur un plus grand théâtre ? des spectateurs ? Hé ! laissez faire, ils ne me manqueront pas. S'ils ne me voient pas à l'ouvrage, je leur montrerai ma besogne faite ; ils n'auront plus qu'à admirer et applaudir. Oui, ils applaudiront ; car je puis enfin prédire, avec certitude, le moment de la chute de mon austère Dévote. J'ai assisté ce soir à l'agonie de la vertu. La douce faiblesse va régner à sa place. Je n'en fixe pas l'époque plus tard qu'à notre première entrevue : mais déjà je vous entends crier à l'orgueil. Annoncer sa victoire, se vanter à l'avance ! Hé, là, là, calmez-vous ! Pour vous prouver ma modestie, je vais commencer par l'histoire de ma défaite...

En vérité, votre pupille est une petite personne bien ridicule ! C'est bien un enfant qu'il faudrait traiter comme tel, et à qui on ferait grâce en ne la[1] mettant qu'en pénitence ! Croiriez-vous qu'après ce qui s'est passé avant-hier entre elle et moi, après la façon amicale dont nous nous sommes quittés hier matin ; lorsque j'ai voulu y retourner le soir, comme elle en était convenue, j'ai trouvé sa porte fermée en dedans ? Qu'en dites-vous ? on éprouve

note

1. La logique voudrait qu'on trouve ici « *le* » au lieu de « *la* », puisque l'antécédent est le mot « *enfant* » et non pas « *pupille* ».

quelquefois de ces enfantillages-là la veille : mais le lendemain ! cela n'est-il pas plaisant ?

Je n'en ai pourtant pas ri d'abord ; jamais je n'avais autant senti l'empire de mon caractère. Assurément j'allais à ce rendez-vous sans plaisir, et uniquement par procédé. Mon lit, dont j'avais grand besoin, me semblait, pour le moment, préférable à celui de tout autre, et je ne m'en étais éloigné qu'à regret. Cependant je n'ai pas eu plutôt trouvé un obstacle, que je brûlais de le franchir ; j'étais humilié, surtout, qu'un enfant m'eût joué. Je me retirai donc avec beaucoup d'humeur, et dans le projet de ne plus me mêler de ce sot enfant, ni de ses affaires, je lui avais écrit sur-le-champ un billet que je comptais lui remettre aujourd'hui, et où je l'évaluais à son juste prix. Mais, comme on dit, la nuit porte conseil ; j'ai trouvé ce matin que, n'ayant pas ici le choix des distractions, il fallait garder celle-là : j'ai donc supprimé le sévère billet. Depuis que j'y ai réfléchi, je ne reviens pas d'avoir eu l'idée de finir une aventure, avant d'avoir en main de quoi en perdre l'Héroïne. Où nous mène pourtant un premier mouvement ! Heureux, ma belle amie, qui a su, comme vous, s'accoutumer à n'y jamais céder ! Enfin j'ai différé ma vengeance ; j'ai fait ce sacrifice à vos vues sur Gercourt.

À présent que je ne suis plus en colère, je ne vois plus que du ridicule dans la conduite de votre pupille. En effet, je voudrais bien savoir ce qu'elle espère gagner par là ! pour moi je m'y perds : si ce n'est que pour se défendre, il faut convenir qu'elle s'y prend un peu tard. Il faudra bien qu'un jour elle me dise le mot de cette énigme ! J'ai grande envie de le savoir. C'est peut-être seulement qu'elle se trouvait fatiguée ? Franchement cela se pourrait ; car sans doute elle ignore encore que les flèches de l'Amour, comme la lance d'Achille[1], portent avec elles le remède aux blessures qu'elles font. Mais non, à sa petite grimace de toute la journée, je parierais qu'il entre là-dedans du repentir... là... quelque chose... comme de la vertu... De la vertu !... c'est bien à elle qu'il convient d'en avoir ! Ah ! qu'elle la laisse à la femme véritablement née pour elle, la seule qui sache l'embellir, qui la ferait aimer !... Pardon, ma belle amie : mais c'est ce soir même que s'est passée, entre Mme de Tourvel et moi, la scène dont j'ai à vous rendre compte, et j'en conserve encore quelque émotion. J'ai besoin de me faire violence pour me distraire de

note

1. La lance d'Achille était réputée guérir les blessures qu'elle avait causées, si le héros y consentait.

l'impression qu'elle m'a faite ; c'est même pour m'y aider, que je me suis mis à vous écrire. Il faut pardonner quelque chose à ce premier moment.

Il y a déjà quelques jours que nous sommes d'accord, Mme de Tourvel et moi, sur nos sentiments ; nous ne disputons plus que sur les mots. C'était toujours, à la vérité, *son amitié* qui répondait à *mon amour* : mais ce langage de convention ne changeait pas le fond des choses ; et quand nous serions restés ainsi, j'en aurais peut-être été moins vite, mais non pas moins sûrement. Déjà même il n'était plus question de m'éloigner, comme elle le voulait d'abord ; et pour les entretiens que nous avons journellement, si je mets mes soins à lui en offrir l'occasion, elle met les siens à la saisir.

Comme c'est ordinairement à la promenade que se passent nos petits rendez-vous, le temps affreux qu'il a fait tout aujourd'hui ne me laissait rien espérer : j'en étais même vraiment contrarié ; je ne prévoyais pas combien je devais gagner à ce contretemps.

Ne pouvant se promener, on s'est mis à jouer en sortant de table ; et comme je joue peu, et que je ne suis plus nécessaire, j'ai pris ce temps pour monter chez moi, sans autre projet que d'y attendre, à peu près, la fin de la partie.

Je retournais joindre le cercle, quand j'ai trouvé la charmante femme qui entrait dans son appartement, et qui, soit imprudence ou faiblesse, m'a dit de sa douce voix : « Où allez-vous donc ? Il n'y a personne au salon. » Il ne m'en a pas fallu davantage, comme vous pouvez croire, pour essayer d'entrer chez elle ; j'y ai trouvé moins de résistance que je ne m'y attendais. Il est vrai que j'avais eu la précaution de commencer la conversation à la porte, et de la commencer indifférente ; mais à peine avons-nous été établis, que j'ai ramené la véritable, et que j'ai parlé de *mon amour* à *mon amie*. Sa première réponse, quoique simple, m'a paru assez expressive : « Oh ! tenez, m'a-t-elle dit, ne parlons pas de cela ici » ; et elle tremblait. La pauvre femme ! elle se voit mourir.

Pourtant elle avait tort de craindre. Depuis quelque temps, assuré du succès un jour ou l'autre, et la voyant user tant de force dans d'inutiles combats, j'avais résolu de ménager les miennes, et d'attendre sans effort qu'elle se rendît de lassitude. Vous sentez bien qu'ici il faut un triomphe complet, et que je ne veux rien devoir à l'occasion. C'était même d'après ce plan formé, et pour pouvoir être pressant, sans m'engager trop, que je suis revenu à ce mot d'amour, si obstinément refusé ; sûr qu'on me croyait assez d'ardeur, j'ai essayé un ton plus tendre. Ce refus ne me fâchait plus, il m'affligeait ; ma sensible amie ne me devait-elle pas quelques consolations ?

Tout en me consolant, une main était restée dans la mienne ; le joli corps était appuyé sur mon bras, et nous étions extrêmement rapprochés. Vous avez sûrement remarqué combien, dans cette situation, à mesure que la défense mollit, les demandes et les refus se passent de plus près ; comment la tête se détourne et les regards se baissent, tandis que les discours, toujours prononcés d'une voix faible, deviennent rares et entrecoupés. Ces symptômes précieux annoncent, d'une manière non équivoque, le consentement de l'âme : mais rarement a-t-il encore passé jusqu'aux sens ; je crois même qu'il est toujours dangereux de tenter alors quelque entreprise trop marquée ; parce que cet état d'abandon n'étant jamais sans un plaisir très doux, on ne saurait forcer d'en sortir, sans causer une humeur qui tourne infailliblement au profit de la défense.

Mais, dans le cas présent, la prudence m'était d'autant plus nécessaire, que j'avais surtout à redouter l'effroi que cet oubli d'elle-même ne manquerait pas de causer à ma tendre rêveuse. Aussi cet aveu que je demandais, je n'exigeais pas même qu'il fût prononcé ; un regard pouvait suffire ; un seul regard, et j'étais heureux.

Ma belle amie, les beaux yeux se sont en effet levés sur moi, la bouche céleste a même prononcé : « Eh bien ! oui, je... » Mais tout à coup le regard s'est éteint, la voix a manqué, et cette femme adorable est tombée dans mes bras. À peine avais-je eu le temps de l'y recevoir, que se dégageant avec une force convulsive, la vue égarée, et les mains élevées vers le Ciel... « Dieu... ô mon Dieu, sauvez-moi », s'est-elle écriée ; et sur-le-champ, plus prompte que l'éclair, elle était à genoux à dix pas de moi. Je l'entendais prête à suffoquer. Je me suis avancé pour la secourir ; mais elle, prenant mes mains qu'elle baignait de pleurs, quelquefois même embrassant mes genoux : « Oui, ce sera vous, disait-elle, ce sera vous qui me sauverez ! Vous ne voulez pas ma mort, laissez-moi ; sauvez-moi ; laissez-moi ; au nom de Dieu, laissez-moi ! » Et ces discours peu suivis s'échappaient à peine à travers des sanglots redoublés. Cependant elle me tenait avec une force qui ne m'aurait pas permis de m'éloigner ; alors rassemblant les miennes, je l'ai soulevée dans mes bras. Au même instant les pleurs ont cessé ; elle ne parlait plus ; tous ses membres se sont roidis, et de violentes convulsions ont succédé à cet orage.

J'étais, je l'avoue, vivement ému, et je crois que j'aurais consenti à sa demande, quand les circonstances ne m'y auraient pas forcé. Ce qu'il y a de vrai, c'est qu'après lui avoir donné quelques secours, je l'ai laissée comme elle m'en priait, et que je m'en félicite. Déjà j'en ai presque reçu le prix.

Je m'attendais qu'ainsi que le jour de ma première déclaration, elle ne se montrerait pas de la soirée. Mais vers les huit heures, elle est descendue au salon, et a seulement annoncé au cercle qu'elle s'était trouvée fort incommodée. Sa figure était abattue, sa voix faible, et son maintien composé[1] ; mais son regard était doux, et souvent il s'est fixé sur moi. Son refus de jouer m'ayant même obligé de prendre sa place, elle a pris la sienne à mes côtés. Pendant le souper, elle est restée seule dans le salon. Quand on y est revenu, j'ai cru m'apercevoir qu'elle avait pleuré : pour m'en éclaircir, je lui ai dit qu'il me semblait qu'elle s'était encore ressentie de son incommodité ; à quoi elle m'a obligeamment répondu : « Ce mal-là ne s'en va pas si vite qu'il vient ! » Enfin quand on s'est retiré, je lui ai donné la main ; et à la porte de son appartement elle a serré la mienne avec force. Il est vrai que ce mouvement m'a paru avoir quelque chose d'involontaire : mais tant mieux ; c'est une preuve de plus de mon empire.

Je parierais qu'à présent elle est enchantée d'en être là : tous les frais sont faits[2] ; il ne reste plus qu'à jouir. Peut-être, pendant que je vous écris, s'occupe-t-elle déjà de cette douce idée ! et quand même elle s'occuperait, au contraire, d'un nouveau projet de défense, ne savons-nous pas bien ce que deviennent tous ces projets-là ? Je vous le demande, cela peut-il aller plus loin que notre prochaine entrevue ? Je m'attends bien, par exemple, qu'il y aura quelques façons pour l'accorder, mais bon ! le premier pas franchi, ces Prudes austères savent-elles s'arrêter ? leur amour est une véritable explosion ; la résistance y donne plus de force. Ma farouche Dévote courrait après moi, si je cessais de courir après elle.

Enfin, ma belle amie, incessamment j'arriverai chez vous, pour vous sommer de votre parole[3]. Vous n'avez pas oublié sans doute ce que vous m'avez promis après le succès ; cette infidélité à votre Chevalier ? êtes-vous prête ? pour moi je le désire comme si nous ne nous étions jamais connus. Au reste, vous connaître est peut-être une raison pour le désirer davantage :

*Je suis juste, et ne suis point galant.**

* VOLTAIRE, Comédie de *Nanine*.

notes

1. composé : étudié.
2. tous les frais sont faits : les efforts de séduction sont terminés.
3. vous sommer de votre parole : vous demander de tenir votre promesse.

Aussi ce sera la première infidélité que je ferai à ma grave conquête ; et je vous promets de profiter du premier prétexte pour m'absenter vingt-quatre heures d'auprès d'elle. Ce sera sa punition, de m'avoir tenu si longtemps éloigné de vous. Savez-vous que voilà plus de deux mois que cette aventure m'occupe ? oui, deux mois et trois jours ; il est vrai que je compte demain, puisqu'elle ne sera véritablement consommée qu'alors. Cela me rappelle que Mlle de B*** a résisté les trois mois complets. Je suis bien aise de voir que la franche coquetterie[1] a plus de défense que l'austère vertu.

Adieu, ma belle amie ; il faut vous quitter, car il est fort tard. Cette Lettre m'a mené plus loin que je ne comptais ; mais comme j'envoie demain matin à Paris, j'ai voulu en profiter, pour vous faire partager un jour plus tôt la joie de votre ami.

*Du Château de…, ce 2 octobre 17**, au soir.*

Lettre 100

LE VICOMTE DE VALMONT
À LA MARQUISE DE MERTEUIL

Mon amie, je suis joué, trahi, perdu ; je suis au désespoir : Mme de Tourvel est partie. Elle est partie, et je ne l'ai pas su ! et je n'étais pas là pour m'opposer à son départ, pour lui reprocher son indigne trahison ! Ah ! ne croyez pas que je l'eusse laissée partir ; elle serait restée ; oui, elle serait restée, eussé-je dû employer la violence. Mais quoi ! dans ma crédule sécurité, je dormais tranquillement ; je dormais, et la foudre est tombée sur moi. Non, je ne conçois[2] rien à ce départ : il faut renoncer à connaître les femmes.

Quand je me rappelle la journée d'hier ! que dis-je ? la soirée même ! Ce regard si doux, cette voix si tendre ! et cette main serrée ! et pendant ce temps, elle projetait de me fuir ! Ô femmes, femmes ! plaignez-vous donc, si l'on vous trompe ! Mais oui, toute perfidie qu'on emploie est un vol qu'on vous fait.

Quel plaisir j'aurai à me venger ! je la retrouverai, cette femme perfide ; je reprendrai mon empire sur elle. Si l'amour m'a suffi pour en trouver les moyens, que ne sera-t-il pas, aidé de la vengeance ? Je la verrai encore à mes

notes

1. coquetterie : légèreté de mœurs.

2. conçois : comprends.

genoux, tremblante et baignée de pleurs, me criant merci[1] de sa trompeuse voix ; et moi, je serai sans pitié.

Que fait-elle à présent ? que pense-t-elle ? Peut-être elle s'applaudit de m'avoir trompé ; et fidèle aux goûts de son sexe, ce plaisir lui paraît le plus doux. Ce que n'a pu la vertu tant vantée, l'esprit de ruse l'a produit sans effort. Insensé ! je redoutais sa sagesse ; c'était sa mauvaise foi que je devais craindre.

Et être obligé de dévorer[2] mon ressentiment ! n'oser montrer qu'une tendre douleur, quand j'ai le cœur rempli de rage ! me voir réduit à supplier encore une femme rebelle, qui s'est soustraite à mon empire ! devais-je donc être humilié à ce point ? et par qui ? par une femme timide, et qui jamais ne s'est exercée à combattre. À quoi me sert de m'être établi dans son cœur, de l'avoir embrasée de tous les feux de l'amour, d'avoir porté jusqu'au délire le trouble de ses sens ; si, tranquille dans sa retraite, elle peut aujourd'hui s'enorgueillir de sa fuite plus que moi de mes victoires ? Et je le souffrirais ? mon amie, vous ne le croyez pas ; vous n'avez pas de moi cette humiliante idée !

Mais quelle fatalité m'attache à cette femme ? cent autres ne désirent-elles pas mes soins ? ne s'empresseront-elles pas d'y répondre ? Quand même aucune ne vaudrait celle-ci, l'attrait de la variété, le charme des nouvelles conquêtes, l'éclat de leur nombre, n'offrent-ils pas des plaisirs assez doux ? Pourquoi courir après celui qui nous fuit, et négliger ceux qui se présentent ? Ah ! pourquoi ?... Je l'ignore, mais je l'éprouve fortement.

Il n'est plus pour moi de bonheur, de repos, que par la possession de cette femme que je hais et que j'aime avec une égale fureur. Je ne supporterai mon sort que du moment où je disposerai du sien. Alors, tranquille et satisfait, je la verrai, à son tour, livrée aux orages que j'éprouve en ce moment ; j'en exciterai mille autres encore. L'espoir et la crainte, la méfiance et la sécurité, tous les maux inventés par la haine, tous les biens accordés par l'amour, je veux qu'ils remplissent son cœur, qu'ils s'y succèdent à ma volonté. Ce temps viendra... Mais que de travaux encore ! que j'en étais près hier, et qu'aujourd'hui je m'en vois éloigné ! Comment m'en rapprocher ? je n'ose tenter aucune démarche ; je sens que pour prendre un parti il faudrait être plus calme, et mon sang bout dans mes veines.

notes

1. **criant merci :** demandant grâce.
2. **dévorer :** garder pour soi.

Ce qui redouble mon tourment, c'est le sang-froid avec lequel chacun répond ici à mes questions sur cet événement, sur sa cause, sur tout ce qu'il offre d'extraordinaire... Personne ne sait rien, personne ne désire de rien savoir : à peine en aurait-on parlé, si j'avais consenti qu'on parlât d'autre chose. Mme de Rosemonde, chez qui j'ai couru ce matin quand j'ai appris cette nouvelle, m'a répondu avec le froid de son âge, que c'était la suite naturelle de l'indisposition que Mme de Tourvel avait eue hier ; qu'elle avait craint une maladie, et qu'elle avait préféré d'être chez elle : elle trouve cela tout simple ; elle en aurait fait autant, m'a-t-elle dit : comme s'il pouvait y avoir quelque chose de commun entre elles deux ! entre elle, qui n'a plus qu'à mourir ; et l'autre, qui fait le charme et le tourment de ma vie !

Mme de Volanges, que d'abord j'avais soupçonnée d'être complice, ne paraît affectée que de n'avoir pas été consultée sur cette démarche. Je suis bien aise, je l'avoue, qu'elle n'ait pas eu le plaisir de me nuire. Cela me prouve encore qu'elle n'a pas, autant que je le craignais, la confiance de cette femme ; c'est toujours une ennemie de moins. Comme elle se féliciterait, si elle savait que c'est moi qu'on a fui ! comme elle se serait gonflée d'orgueil, si c'eût été par ses conseils ! comme son importance en aurait redoublé ! Mon Dieu ! que je la hais ! Oh ! je renouerai avec sa fille ; je veux la travailler à ma fantaisie : aussi bien, je crois que je resterai ici quelque temps ; au moins, le peu de réflexions que j'ai pu faire me porte à ce parti.

Ne croyez-vous pas, en effet, qu'après une démarche aussi marquée, mon ingrate doit redouter ma présence ? Si donc l'idée lui est venue que je pourrais la suivre, elle n'aura pas manqué de me fermer sa porte ; et je ne veux pas plus l'accoutumer à ce moyen, qu'en souffrir l'humiliation. J'aime mieux lui annoncer au contraire que je reste ici ; je lui ferai même des instances pour qu'elle y revienne ; et quand elle sera bien persuadée de mon absence, j'arriverai chez elle : nous verrons comment elle supportera cette entrevue. Mais il faut la différer pour en augmenter l'effet, et je ne sais encore si j'en aurai la patience : j'ai eu, vingt fois dans la journée, la bouche ouverte pour demander mes chevaux. Cependant je prendrai sur moi ; je m'engage à recevoir votre réponse ici ; je vous demande seulement, ma belle amie, de ne pas me la faire attendre.

Ce qui me contrarierait le plus, serait de ne pas savoir ce qui se passe : mais mon Chasseur, qui est à Paris, a des droits à quelques accès auprès de la Femme de chambre : il pourra me servir. Je lui envoie une instruction et de l'argent. Je vous prie de trouver bon que je joigne l'un et l'autre à cette Lettre, et aussi d'avoir soin de les lui envoyer par un de vos gens, avec ordre de les lui remettre à lui-même. Je prends cette précaution, parce que le drôle a l'habitude de n'avoir jamais reçu les Lettres que je lui écris, quand elles lui prescrivent quelque chose qui le gêne ; et que, pour le moment, il ne me paraît pas aussi épris de sa conquête, que je voudrais qu'il le fût.

Adieu ma belle amie ; s'il vous vient quelque idée heureuse, quelque moyen de hâter ma marche, faites-m'en part. J'ai éprouvé plus d'une fois combien votre amitié pouvait être utile ; je l'éprouve encore en ce moment ; car je me sens plus calme depuis que je vous écris : au moins, je parle à quelqu'un qui m'entend, et non aux automates près de qui je végète depuis ce matin. En vérité, plus je vais, et plus je suis tenté de croire qu'il n'y a que vous et moi dans le monde, qui valions quelque chose.

*Du Château de…, ce 3 octobre 17**.*

Lettre 101

LE VICOMTE DE VALMONT À AZOLAN,

son Chasseur

(Jointe à la précédente.)

Il faut que vous soyez bien imbécile, vous qui êtes parti d'ici ce matin, de n'avoir pas su que Mme de Tourvel en partait aussi ; ou, si vous l'avez su, de n'être pas venu m'en avertir. À quoi sert-il donc que vous dépensiez mon argent à vous enivrer avec les Valets ; que le temps que vous devriez employer à me servir, vous le passiez à faire l'agréable auprès des Femmes de chambre, si je n'en suis pas mieux informé de ce qui se passe ? Voilà pourtant de vos négligences ! Mais je vous préviens que s'il vous en arrive une seule dans cette affaire-ci, ce sera la dernière que vous aurez à mon service.

Il faut que vous m'instruisiez de tout ce qui se passe chez Mme de Tourvel : de sa santé ; si elle dort ; si elle est triste ou gaie ; si elle sort souvent, et chez qui elle va ; si elle reçoit du monde chez elle, et qui y vient ; à quoi elle passe son temps, si elle a de l'humeur avec ses Femmes, particulièrement avec celle qu'elle avait amenée ici ; ce qu'elle fait, quand elle est seule ; si quand elle lit, elle lit de suite, ou si elle interrompt sa lecture pour rêver ; de même quand elle écrit. Songez aussi à vous rendre l'ami de celui qui porte ses Lettres à la Poste. Offrez-vous souvent à lui, pour faire cette commission à sa place ; et quand il acceptera, ne faites partir que celles qui vous paraîtront indifférentes[1], et envoyez-moi les autres, surtout celles à Mme de Volanges, si vous en rencontrez.

Arrangez-vous, pour être encore quelque temps l'amant heureux de votre Julie. Si elle en a un autre, comme vous l'avez cru, faites-la consentir à se partager ; et n'allez pas vous piquer d'une ridicule délicatesse[2] : vous serez dans le cas de bien d'autres, qui valent mieux que vous. Si pourtant votre second se rendait trop importun ; si vous vous aperceviez, par exemple, qu'il occupât trop Julie pendant la journée, et qu'elle en fût moins souvent auprès de sa Maîtresse, écartez-le par quelques moyens, ou cherchez-lui querelle : n'en craignez pas les suites, je vous soutiendrai. Surtout ne quittez pas cette maison. C'est par l'assiduité qu'on voit tout, et qu'on voit bien. Si même le hasard faisait renvoyer quelqu'un des Gens, présentez-vous pour le remplacer, comme n'étant plus à moi. Dites, dans ce cas, que vous m'avez quitté pour chercher une maison plus tranquille et plus réglée. Tâchez enfin de vous faire accepter. Je ne vous en garderai pas moins à mon service pendant ce temps ; ce sera comme chez la Duchesse de *** ; et par la suite, Mme de Tourvel vous en récompensera de même.

Si vous aviez assez d'adresse et de zèle, cette instruction devrait suffire ; mais pour suppléer à l'un et à l'autre, je vous envoie de l'argent. Le billet ci-joint vous autorise, comme vous verrez, à toucher vingt-cinq louis chez mon homme d'affaires ; car je ne doute pas que vous ne soyez sans le sol[3]. Vous emploierez de cette somme ce qui sera nécessaire pour décider Julie à établir une correspondance avec moi. Le reste servira à faire boire les Gens. Ayez soin, autant que cela se pourra, que ce soit chez le Suisse de la maison, afin qu'il aime à vous y voir venir. Mais n'oubliez pas que ce ne sont pas vos plaisirs que je veux payer, mais vos services.

Accoutumez Julie à observer tout et à tout rapporter, même ce qui lui paraîtrait minutieux[4]. Il vaut mieux qu'elle écrive dix phrases inutiles, que d'en omettre une intéressante ; et souvent ce qui paraît indifférent ne l'est pas. Comme il faut que je puisse être instruit sur-le-champ, s'il arrivait quelque chose qui vous parût mériter attention, aussitôt cette Lettre reçue, vous enverrez Philippe, sur le cheval de commission, s'établir à...* ; il y restera

* Village à moitié chemin de Paris au château de Mme de Rosemonde.

notes

1. indifférentes : sans intérêt.
2. vous piquer d'une ridicule délicatesse : montrer une susceptibilité ridicule.
3. sol : sou.
4. minutieux : trop détaillé, insignifiant.

jusqu'à nouvel ordre ; ce sera un relais en cas de besoin. Pour la correspondance courante, la Poste suffira.

Prenez garde de perdre cette Lettre. Relisez-la tous les jours, tant pour vous assurer de ne rien oublier, que pour être sûr de l'avoir encore. Faites enfin tout ce qu'il faut faire, quand on est honoré de ma confiance. Vous savez que si je suis content de vous, vous le serez de moi.

*Du Château de..., ce 3 octobre 17**.*

Lettre 102

LA PRÉSIDENTE DE TOURVEL À MADAME DE ROSEMONDE

Vous serez bien étonnée, Madame, en apprenant que je pars de chez vous aussi précipitamment. Cette démarche va vous paraître bien extraordinaire : mais que votre surprise va redoubler encore quand vous en saurez les raisons ! Peut-être trouverez-vous qu'en vous les confiant, je ne respecte pas assez la tranquillité nécessaire à votre âge ; que je m'écarte même des sentiments de vénération qui vous sont dus à tant de titres ? Ah ! Madame, pardon : mais mon cœur est oppressé ; il a besoin d'épancher sa douleur dans le sein d'une amie également douce et prudente : quelle autre que vous pouvait-il choisir ? Regardez-moi comme votre enfant. Ayez pour moi les bontés maternelles ; je les implore. J'y ai peut-être quelques droits par mes sentiments pour vous.

Où est le temps où, tout entière à ces sentiments louables, je ne connaissais point ceux qui, portant dans l'âme le trouble mortel que j'éprouve, ôtent la force de les combattre en même temps qu'ils en imposent le devoir ? Ah ! ce fatal voyage m'a perdue...

Que vous dirai-je enfin ? j'aime, oui, j'aime éperdument. Hélas ! ce mot que j'écris pour la première fois, ce mot si souvent demandé sans être obtenu, je payerais de ma vie la douceur de pouvoir une fois seulement le faire entendre à celui qui l'inspire ; et pourtant il faut le refuser sans cesse ! Il va douter encore de mes sentiments ; il croira avoir à s'en plaindre. Je suis bien malheureuse ! Que ne lui est-il aussi facile de lire dans mon cœur que d'y régner ? Oui, je souffrirais moins, s'il savait tout ce que je souffre ; mais vous-même, à qui je le dis, vous n'en aurez encore qu'une faible idée.

Dans peu de moments, je vais le fuir et l'affliger. Tandis qu'il se croira encore près de moi, je serai déjà loin de lui : à l'heure où j'avais coutume de le voir chaque jour, je serai dans des lieux où il n'est jamais venu, où je ne dois pas permettre qu'il vienne. Déjà tous mes préparatifs sont faits ; tout est là, sous mes yeux ; je ne puis les reposer sur rien qui ne m'annonce ce cruel départ. Tout est prêt, excepté moi !... et plus mon cœur s'y refuse, plus il me prouve la nécessité de m'y soumettre.

Je m'y soumettrai sans doute, il vaut mieux mourir que de vivre coupable. Déjà, je le sens, je ne le suis que trop ; je n'ai sauvé que ma sagesse, la vertu s'est évanouie. Faut-il vous l'avouer, ce qui me reste encore, je le dois à sa générosité. Enivrée du plaisir de le voir, de l'entendre, de la douceur de le sentir auprès de moi, du bonheur plus grand de pouvoir faire le sien, j'étais sans puissance et sans force ; à peine m'en restait-il pour combattre, je n'en avais plus pour résister ; je frémissais de mon danger, sans pouvoir le fuir. Hé bien ! il a vu ma peine, et il a eu pitié de moi. Comment ne le chérirais-je pas ? je lui dois bien plus que la vie.

passage analysé

Ah ! si en restant auprès de lui je n'avais à trembler que pour elle, ne croyez pas que jamais je consentisse à m'éloigner ? Que m'est-elle sans lui, ne serais-je pas trop heureuse de la perdre ? Condamnée à faire éternellement son malheur et le mien ; à n'oser ni me plaindre, ni le consoler ; à me défendre chaque jour contre lui, contre moi-même ; à mettre mes soins à causer sa peine, quand je voudrais les consacrer tous à son bonheur : vivre ainsi n'est-ce pas mourir mille fois ? voilà pourtant quel va être mon sort. Je le supporterai cependant, j'en aurai le courage. Ô vous, que je choisis pour ma mère, recevez-en le serment !

Recevez aussi celui que je fais de ne vous dérober aucune de mes actions ; recevez-le, je vous en conjure ; je vous le demande comme un secours dont j'ai besoin : ainsi engagée à vous dire tout, je m'accoutumerai à me croire toujours en votre présence. Votre vertu remplacera la mienne. Jamais, sans doute, je ne consentirai à rougir à vos yeux ; et retenue par ce frein puissant, tandis que je chérirai en vous l'indulgente amie, confidente de ma faiblesse, j'y honorerai encore l'Ange tutélaire qui me sauvera de la honte.

C'est bien en éprouver assez que d'avoir à faire cette demande. Fatal effet d'une présomptueuse[1] confiance ! pourquoi n'ai-je pas redouté plutôt ce penchant que j'ai senti naître ? Pourquoi me suis-je flattée[2] de pouvoir à mon gré le maîtriser ou le vaincre ? Insensée ! je connaissais bien peu l'amour ! Ah ! si je l'avais combattu avec plus de soin, peut-être eût-il pris moins d'empire ! peut-être alors ce départ n'eût pas été nécessaire ; ou même, en me

notes

1. présomptueuse : qui montre une trop grande confiance en soi.

2. flattée : vantée.

soumettant à ce parti douloureux, j'aurais pu ne pas rompre entièrement une liaison qu'il eût suffi de rendre moins fréquente ! Mais tout perdre à la fois ! et pour jamais ! Ô mon amie !... Mais quoi ! même en vous écrivant, je m'égare encore dans des vœux criminels. Ah ! partons, partons, et que du moins ces torts involontaires soient expiés par mes sacrifices.

Adieu, ma respectable amie ; aimez-moi comme votre fille, adoptez-moi pour telle ; et soyez sûre que, malgré ma faiblesse, j'aimerais mieux mourir que de me rendre indigne de votre choix.

*De..., ce 3 octobre 17**, à une heure du matin.*

suite, p. 250

Mme de Tourvel suppliant Valmont de la sauver en la laissant (Lettre 99), gravure du XVIIIe siècle par Lavrince.

La confession de Mme de Tourvel

Lecture analytique de l'extrait, pp. 237 à 239.

Cette lettre correspond à un important tournant du roman : Mme de Tourvel, qui a failli céder aux avances de Valmont (*cf.* la Lettre 99), préfère fuir précipitamment le château et laisse donc derrière elle une missive d'explication à Mme de Rosemonde. Laclos va ainsi instaurer entre les deux femmes une belle relation, faite de confiance et de compassion. Face à l'affrontement verbal des deux vanités libertines ou à la naïveté manipulée et pervertie de Cécile, cette relation est quasiment le seul exemple dans cette œuvre d'une correspondance sincère, sans sous-entendus ni pressions sur l'autre, qui fait ressortir la solitude criante de la Présidente, privée de tout autre soutien, amical et surtout conjugal.

Laclos a besoin d'une confidente pour son héroïne, puisque la correspondance entre celle-ci et Valmont est interrompue : en privilégiant ainsi la fonction expressive* de la lettre et l'authenticité du sentiment, il nous donne accès à l'intériorité du personnage qui prend désormais une dimension pathétique et tragique. Le romancier livre ainsi un magnifique portrait de femme sensible et lucide, confrontée à une vraie passion, aux affres de la culpabilité, mais aussi à la découverte du sentiment et de sa propre affectivité.

Une lettre de confidence

❶ Au regard de ce que vous savez de Mme de Rosemonde (*cf.*, par exemple, les Lettres 8, 11, 23, 25, 45), en quoi le choix de ce personnage comme confidente pour Mme de Tourvel est-il judicieux de la part de Laclos ?

* *Cf.* Lexique.

Extrait, pp. 237 à 239

❷ En relevant les termes par lesquels Mme de Tourvel désigne sa destinataire, montrez quel type de relation elle désire instaurer avec elle et ce qu'elle en attend.
❸ Sur quel ton Mme de Tourvel s'adresse-t-elle à Mme de Rosemonde ?
❹ Quelles sont les raisons avouées et inavouées pour lesquelles Mme de Tourvel révèle son amour ?
❺ Relevez les termes ou expressions par lesquels elle s'engage à la sincérité.
❻ Comment Mme de Tourvel met-elle en pratique cette sincérité ?

Une héroïne tragique

❼ Comment Mme de Tourvel exprime-t-elle la puissance de sa passion ?
❽ Quelles sont les marques de sa lucidité ?
❾ De quoi Mme de Tourvel se sent-elle coupable ?
❿ Relevez le champ lexical du combat, puis montrez les désirs contradictoires qui agitent le personnage.
⓫ Quelle conception cette héroïne se fait-elle de l'amour ?
⓬ Quels sont les principaux registres de cet extrait ? Étudiez-en précisément les marques.

Aveux d'amour interdit

Lectures croisées et travaux d'écriture

L'amour coupable ou interdit est un des principaux ressorts littéraires, surtout aux siècles où régnait une stricte morale religieuse et sociale. Son aveu constitue un moment particulier dans une œuvre littéraire : souvent le résultat d'une longue évolution pour vaincre obstacles ou scrupules, son impact dramatique* est fort puisqu'il déclenche des réactions en chaîne (aveu réciproque, remords, haine, jalousie...). Pour la femme surtout, dont la vertu et la fidélité conjugale ne devaient tolérer aucune faille, il représente un enjeu psychologique important puisqu'il l'amène à transgresser des interdits, à remettre en cause son propre code de valeurs et l'image de soi, et à se livrer, en se dévoilant ainsi, à celui qui l'écoute.

Ce groupement, qui présente des aveux féminins dans différents genres littéraires, permet d'étudier particulièrement les stratégies d'énonciation* en observant le choix du destinataire ainsi que la manière de s'adresser à lui ou la façon de révéler la vérité (aveu spontané, indirect, retardé, arraché...). Cette parole de dévoilement donne accès à l'intimité du locuteur, pris dans les affres de la culpabilité et de la passion toute-puissante : le lecteur peut ainsi observer l'image que le personnage veut donner de lui-même, le mélange de lucidité et de mauvaise foi, l'exigence de sincérité biaisée par la volonté de justification...

Texte A : Extrait de la Lettre 102 des *Liaisons dangereuses* de Choderlos de Laclos (pp. 237 à 239).

Texte B : Louise Labé, « Sonnet XXIV »

Connue pour sa beauté et sa grande culture, Louise Labé (entre 1516 et 1524-1566), surnommée* « la Belle Cordière »*, participa, avec Maurice Scève et Pernette du Guillet, à l'important mouvement poétique de l'*« *École

* *Cf.* Lexique.

lyonnaise » durant la Renaissance. Son œuvre, courte et notamment composée de vingt-quatre sonnets et trois élégies*, chante son amour passionné et interdit pour son amant.

Ne reprenez[1], Dames, si j'ai aimé,
Si j'ai senti mille torches ardentes,
Mille travaux[2], mille douleurs mordantes.
Si, en pleurant, j'ai mon temps consumé,

Las ! que mon nom n'en soit par vous blâmé.
Si j'ai failli[3], les peines sont présentes,
N'aigrissez point[4] leurs pointes violentes,
Mais estimez qu'Amour, à point nommé,

Sans votre ardeur[5] d'un Vulcain excuser,
Sans la beauté d'Adonis[6] accuser,
Pourra, s'il veut, plus vous rendre amoureuses,

En ayant moins que moi d'occasion[7],
Et plus d'étrange et forte passion.
Et gardez-vous d'être plus malheureuses.

Œuvres de Louise Labé Lyonnaise, « Sonnet XXIV », J. de Tournes, Lyon, 1555.

1. Ne reprenez : ne me faites pas de reproches. **2. travaux** : peines. **3. failli** : commis une faute. **4. n'aigrissez point** : ne rendez pas plus douloureuses. **5. ardeur** : amour (ce mot est de même racine que l'adjectif *ardent* et évoque d'abord une chaleur brûlante). **6.** Vulcain (le dieu forgeron) est l'époux de Vénus, déesse de l'Amour, et Adonis son amant. **7. occasion** : motif, raison.

Texte C : Mme de Lafayette, *La Princesse de Clèves*

Mme de Lafayette (1634-1693), célèbre pour son salon où se réunirent tous les beaux esprits de son temps, peut être considérée, avec* La Princesse de Clèves*, comme l'auteur du premier véritable roman français d'analyse psychologique. L'héroïne, jeune aristocrate de quinze ans, fait son entrée à la cour du roi Henri II et devient l'épouse du prince de Clèves, qu'elle estime mais n'aime pas. Au cours d'un bal, elle rencontre le duc de Nemours et les deux jeunes gens tombent amoureux l'un de l'autre. Ne parvenant plus à lutter contre sa passion, la Princesse l'avoue à son mari.

– Ah ! Madame ! s'écria Monsieur de Clèves, votre air et vos paroles me font voir que vous avez des raisons pour souhaiter d'être seule, que je ne sais point, et je vous conjure de me les dire.

* *Cf.* Lexique

Il la pressa[1] longtemps de les lui apprendre sans pouvoir l'y obliger, et, après qu'elle se fut défendue d'une manière qui augmentait toujours la curiosité de son mari, elle demeura dans un profond silence, les yeux baissés, puis tout d'un coup prenant la parole et le regardant :

– Ne me contraignez point, lui dit-elle, à vous avouer une chose que je n'ai pas la force de vous avouer, quoique j'en aie eu plusieurs fois le dessein. Songez seulement que la prudence ne veut pas qu'une femme de mon âge, et maîtresse de sa conduite, demeure exposée au milieu de la Cour.

– Que me faites-vous envisager, Madame ? s'écria Monsieur de Clèves. Je n'oserais vous le dire de peur de vous offenser.

Madame de Clèves ne répondit point ; et son silence achevant de confirmer son mari dans ce qu'il avait pensé :

– Vous ne me dites rien, reprit-il, et c'est me dire que je ne me trompe pas.

– Eh bien, Monsieur, lui répondit-elle en se jetant à ses genoux, je vais vous faire un aveu que l'on n'a jamais fait à son mari, mais l'innocence de ma conduite et de mes intentions m'en donne la force. Il est vrai que j'ai des raisons de m'éloigner de la Cour et que je veux éviter les périls où se trouvent quelquefois les personnes de mon âge. Je n'ai jamais donné nulle marque de faiblesse, et je ne craindrais pas d'en laisser paraître, si vous me laissiez la liberté de me retirer de la Cour, ou si j'avais encore Madame de Chartres[2] pour aider à me conduire. Quelque dangereux que soit le parti que je prends, je le prends avec joie pour me conserver digne d'être à vous. Je vous demande mille pardons, si j'ai des sentiments qui vous déplaisent, du moins je ne vous déplairai jamais par mes actions. Songez que pour faire ce que je fais, il faut avoir plus d'amitié et plus d'estime pour un mari que l'on en a jamais eu ; conduisez-moi, ayez pitié de moi, et aimez-moi encore, si vous pouvez.

Mme de Lafayette, *La Princesse de Clèves*, extrait du tome III, 1678.

1. **la pressa** : lui demanda avec insistance. 2. **Madame de Chartres** : la mère de l'héroïne.

Texte D : Jean Racine, *Phèdre*

Jean Racine (1639-1699) a porté à la perfection la tragédie classique, par la violence des passions exprimées, la pureté et la force du langage, la rigueur de l'engrenage tragique…

Phèdre brûle d'une passion coupable pour Hippolyte, le fils de son époux Thésée. À la fausse nouvelle de la mort de ce dernier, elle avoue son amour au jeune homme horrifié. Mais Thésée revient et Phèdre, affolée de ce qu'elle a fait, se laisse persuader par sa nourrice Œnone d'accuser Hippo-

lyte. Thésée maudit alors son fils, qui meurt, victime des dieux. Mais Phèdre, ne pouvant supporter son acte, prend du poison et vient tout avouer à son époux avant de mourir. Ce sont quasiment les derniers mots de la pièce.

PHÈDRE
Les moments me sont chers ; écoutez-moi, Thésée.
C'est moi qui sur ce fils chaste et respectueux
Osai jeter un œil profane[1], incestueux.
Le ciel mit dans mon sein une flamme funeste ;
La détestable Œnone a conduit tout le reste.
Elle a craint qu'Hippolyte, instruit de ma fureur,
Ne découvrît[2] un feu qui lui faisait horreur.
La perfide, abusant de ma faiblesse extrême,
S'est hâtée à vos yeux de l'accuser lui-même.
Elle s'en est punie et, fuyant mon courroux,
A cherché dans les flots[3] un supplice trop doux.
Le fer aurait déjà tranché ma destinée ;
Mais je laissais gémir[4] la vertu soupçonnée.
J'ai voulu, devant vous exposant mes remords,
Par un chemin plus lent descendre chez les morts.
J'ai pris, j'ai fait couler dans mes brûlantes veines
Un poison que Médée[5] apporta dans Athènes.
Déjà jusqu'à mon cœur le venin parvenu
Dans ce cœur expirant jette un froid inconnu ;
Déjà je ne vois plus qu'à travers un nuage
Et le ciel, et l'époux que ma présence outrage ;
Et la mort, à mes yeux dérobant la clarté,
Rend au jour, qu'ils souillaient, toute sa pureté.

Jean Racine, *Phèdre*, extrait de la scène 7 de l'acte V (vers 1622-1644), 1677.

1. **profane** : impie, sacrilège.
2. **découvrît** : dévoilât.
3. Œnone s'est noyée.
4. **je laissais gémir** : je ne rendais pas justice à.
5. **Médée** : célèbre magicienne, de la famille de Phèdre.

Texte E : Victor Hugo, *Ruy Blas*

On peut dire que Victor Hugo (1802-1885) incarne le XIXe siècle, tant par ses luttes politiques pour plus de démocratie et d'égalité que par son génie qui a su s'illustrer à travers tous les genres littéraires ainsi que dans le dessin ou la peinture…

***Ruy Blas** est un parfait exemple du drame romantique, genre mis à l'honneur par Hugo et Musset : la pièce ne respecte aucune unité classique, se déroule dans un contexte historique précis (l'Espagne du XVIIe siècle) et présente des héros tourmentés, aux multiples facettes, confrontés à la passion amoureuse, mais porteurs aussi d'aspirations politiques. Le héros éponyme* n'est qu'un valet mais, sous les habits et le nom de Don César, duc de Bazan, il tombe amoureux de la jeune reine, délaissée par son époux. Dans cette scène de l'acte III, Ruy Blas vient d'avouer son amour à la jeune femme* **(« je pense à vous comme l'aveugle au jour »)**...

LA REINE
Oh ! parle ! ravis-moi !
Jamais on ne m'a dit ces choses-là. J'écoute !
Ton âme en me parlant me bouleverse toute.
J'ai besoin de tes yeux, j'ai besoin de ta voix.
Oh ! c'est moi qui souffrais ! Si tu savais ! cent fois,
Cent fois, depuis six mois que ton regard m'évite...
– Mais non, je ne dois pas dire cela si vite.
Je suis bien malheureuse. Oh ! je me tais. J'ai peur !

RUY BLAS, *qui l'écoute avec ravissement.*
Oh ! madame, achevez ! vous m'emplissez le cœur !

LA REINE
Eh bien, écoute donc !
Levant les yeux au ciel.
Oui, je vais tout lui dire.
Est-ce un crime ? Tant pis ! Quand le cœur se déchire,
Il faut bien laisser voir tout ce qu'on y cachait. –
Tu fuis la reine ? Eh bien, la reine te cherchait.
Tous les jours je viens là, – là, dans cette retraite[1], –
T'écoutant, recueillant ce que tu dis, muette,
Contemplant ton esprit qui veut, juge et résout,
Et prise par ta voix qui m'intéresse à tout.
Va, tu me sembles bien le vrai roi, le vrai maître.
C'est moi, depuis six mois, tu t'en doutes peut-être,
Qui t'ai fait, par degrés, monter jusqu'au sommet.
Où Dieu t'aurait dû mettre, une femme te met.
Oui, tout ce qui te touche a mes soins. Je t'admire.
Autrefois une fleur[2], à présent un empire !

* *Cf.* Lexique

D'abord je t'ai vu bon, et puis je te vois grand.
Mon Dieu ! C'est à cela qu'une femme se prend !
Mon Dieu ! si je fais mal, pourquoi, dans cette tombe,
M'enfermer, comme on met en cage une colombe,
Sans espoir, sans amour, sans un rayon doré[3] ?
– Un jour que nous aurons le temps, je te dirai
Tout ce que j'ai souffert. – Toujours seule, oubliée ! –
Et puis, à chaque instant, je suis humiliée.
[...]
Duc, il faut, – dans ce but le ciel t'envoie ici, –
Sauver l'État qui tremble, et retirer du gouffre
Le peuple qui travaille, et m'aimer, moi qui souffre.
Je te dis tout cela sans suite, à ma façon,
Mais tu dois cependant voir que j'ai bien raison.

RUY BLAS, *tombant à genoux.*
Madame...

LA REINE, *gravement.*
Don César, je vous donne mon âme.
Reine pour tous, pour vous je ne suis qu'une femme.
Par l'amour, par le cœur, duc, je vous appartien[4].
J'ai foi dans votre honneur pour respecter le mien.
Quand vous m'appellerez, je viendrai. Je suis prête.
– Ô César ! un esprit sublime est dans ta tête.
Sois fier, car le génie est ta couronne, à toi !
Elle baise Ruy Blas au front.
Adieu.

Victor Hugo, *Ruy Blas*, scène 3 de l'acte III, 1838.

1. La Reine s'est cachée dans une petite pièce, de laquelle elle a pu voir Ruy Blas remplir avec noblesse et justice ses fonctions politiques.
2. Ruy Blas déposait des fleurs sur un banc du jardin de la Reine.
3. La Reine est véritablement prisonnière de l'étiquette espagnole, sans avoir le droit de sortir, de se distraire, etc.
4. appartien : graphie permise pour la rime pour l'œil, à la place d'« *appartiens* ».

Corpus

Texte A : Extrait de la Lettre 102 des *Liaisons dangereuses* de Choderlos de Laclos (pp. 237-239).
Texte B : « Sonnet XXIV » de Louise Labé (pp. 242-243).
Texte C : Extrait de *La Princesse de Clèves* de Mme de Lafayette (pp. 243-244).
Texte D : Extrait de *Phèdre* de Jean Racine (pp. 244-245).
Texte E : Extrait de *Ruy Blas* de Victor Hugo (pp. 245-247).

Examen des textes

❶ Qu'attendent les cinq locutrices de leur destinataire ?
❷ Quelles justifications à leur amour interdit donnent les personnages de Phèdre (texte D) et de la Reine (texte E) ?
❸ Quelles sont les raisons de l'aveu de la princesse de Clèves (texte C) et de Phèdre (texte D) ?
❹ Montrez la progression de l'aveu dans *La Princesse de Clèves* (texte C) et dans *Ruy Blas* (texte E).
❺ Quelle vision de l'amour donnent le sonnet de Louise Labé (texte B) et les extraits des pièces de Racine (texte D) et Hugo (texte E) ?

Travaux d'écriture

Question préliminaire
Montrez en quoi le choix du destinataire et du genre littéraire influe sur le registre dominant des différents aveux présentés ici.

Commentaire
Vous ferez le commentaire de l'extrait de *Phèdre* de Jean Racine (texte D).

Dissertation
Dans quelle mesure l'aveu de sentiments personnels peut-il être intéressant pour le lecteur d'une œuvre littéraire ? Vous vous appuierez, pour répondre, sur les textes du corpus et sur vos lectures personnelles.

Écriture d'invention

Imaginez un dialogue théâtral qui, dans un registre comique, mettrait en scène l'aveu d'un amour interdit. Vous aurez soin de situer la scène à notre époque et d'utiliser toutes les ressources du genre théâtral (enchaînement des répliques, didascalies...).

Illustration de la Lettre 71, gravure d'après un dessin de Charles Monnet (édition de Londres, 1796).

Lettre 103

MADAME DE ROSEMONDE
À LA PRÉSIDENTE DE TOURVEL

J'ai été, ma chère Belle, plus affligée de votre départ que surprise de sa cause ; une longue expérience, et l'intérêt que vous inspirez, avaient suffi pour m'éclairer sur l'état de votre cœur ; et s'il faut tout dire, vous ne m'avez rien ou presque rien appris par votre Lettre. Si je n'avais été instruite que par elle, j'ignorerais encore quel est celui que vous aimez ; car en me parlant de *lui* tout le temps, vous n'avez pas écrit son nom une seule fois. Je n'en avais pas besoin ; je sais bien qui c'est. Mais je le remarque, parce que je me suis rappelé que c'est toujours là le style de l'amour. Je vois qu'il en est encore comme au temps passé.

Je ne croyais guère être jamais dans le cas de revenir sur des souvenirs si éloignés de moi, et si étrangers à mon âge. Pourtant, depuis hier, je m'en suis vraiment beaucoup occupée, par le désir que j'avais d'y trouver quelque chose qui pût vous être utile. Mais que puis-je faire, que vous admirer et vous plaindre ? Je loue le parti sage que vous avez pris : mais il m'effraie, parce que j'en conclus que vous l'avez jugé nécessaire ; et quand on en est là, il est bien difficile de se tenir toujours éloignée de celui dont notre cœur nous rapproche sans cesse.

Cependant ne vous découragez pas. Rien ne doit être impossible à votre belle âme ; et quand[1] vous devriez un jour avoir le malheur de succomber (ce qu'à Dieu ne plaise !), croyez-moi, ma chère Belle, réservez-vous au moins la consolation d'avoir combattu de toute votre puissance. Et puis, ce que ne peut la sagesse humaine, la grâce divine l'opère quand il lui plaît. Peut-être êtes-vous à la veille de ses secours ; et votre vertu, éprouvée dans ces combats terribles, en sortira plus pure, et plus brillante. La force que vous n'avez pas aujourd'hui, espérez que vous la recevrez demain. N'y comptez pas pour vous en reposer sur elle, mais pour vous encourager à user de toutes les vôtres.

En laissant à la Providence le soin de vous secourir dans un danger contre lequel je ne peux rien, je me réserve de vous soutenir et vous consoler autant qu'il sera en moi. Je ne soulagerai pas vos peines, mais je les partagerai. C'est à ce titre que je recevrai volontiers vos confidences. Je sens que votre cœur

note

1. quand : même si.

doit avoir besoin de s'épancher. Je vous ouvre le mien ; l'âge ne l'a pas encore refroidi au point d'être insensible à l'amitié. Vous le trouverez toujours prêt à vous recevoir. Ce sera un faible soulagement à vos douleurs, mais au moins vous ne pleurerez pas seule : et quand ce malheureux amour, prenant trop d'empire sur vous, vous forcera d'en parler, il vaut mieux que ce soit avec moi qu'avec *lui*. Voilà que je parle comme vous ; et je crois qu'à nous deux nous ne parviendrons pas à le nommer ; au reste, nous nous entendons.

Je ne sais si je fais bien de vous dire qu'il m'a paru vivement affecté de votre départ ; il serait peut-être plus sage de ne vous en pas parler : mais je n'aime pas cette sagesse qui afflige ses amis. Je suis pourtant forcée de n'en pas parler plus longtemps. Ma vue débile[1], et ma main tremblante, ne me permettent pas de longues Lettres, quand il faut les écrire moi-même.

Adieu donc, ma chère Belle ; adieu, mon aimable enfant ; oui, je vous adopte volontiers pour ma fille, et vous avez bien tout ce qu'il faut pour faire l'orgueil et le plaisir d'une mère.

*Du Château de…, ce 3 octobre 17**.*

Lettre 104

LA MARQUISE DE MERTEUIL À MADAME DE VOLANGES

En vérité, ma chère et bonne amie, j'ai eu peine à me défendre d'un mouvement d'orgueil, en lisant votre Lettre. Quoi ! vous m'honorez de votre entière confiance ! vous allez même jusqu'à me demander des conseils ! Ah ! je suis bien heureuse, si je mérite cette opinion favorable de votre part, si je ne la dois pas seulement à la prévention de l'amitié. Au reste, quel qu'en soit le motif, elle n'en est pas moins précieuse à mon cœur ; et l'avoir obtenue, n'est à mes yeux qu'une raison de plus pour travailler davantage à la mériter. Je vais donc (mais sans prétendre vous donner un avis) vous dire librement ma façon de penser. Je m'en méfie, parce qu'elle diffère de la vôtre : mais quand je vous aurai exposé mes raisons, vous les jugerez ; et si vous les condamnez, je souscris d'avance à votre jugement. J'aurai au moins cette sagesse de ne pas me croire plus sage que vous.

note

1. **débile** : faible.

Si pourtant, et pour cette seule fois, mon avis se trouvait préférable, il faudrait en chercher la cause dans les illusions de l'amour maternel. Puisque ce sentiment est louable, il doit se trouver en vous. Qu'il se reconnaît bien en effet dans le parti que vous êtes tentée de prendre ! c'est ainsi que, s'il vous arrive d'errer quelquefois, ce n'est jamais que dans le choix des vertus.

La prudence est, à ce qu'il me semble, celle qu'il faut préférer, quand on dispose du sort des autres, et surtout quand il s'agit de le fixer par un lien indissoluble et sacré, tel que celui du mariage. C'est alors qu'une mère, également sage et tendre, doit comme vous le dites si bien, *aider sa fille de son expérience*. Or, je vous le demande, qu'a-t-elle à faire pour y parvenir ? sinon de distinguer, pour elle, entre ce qui plaît et ce qui convient.

Ne serait-ce donc pas avilir l'autorité maternelle, ne serait-ce pas l'anéantir, que de la subordonner à un goût frivole dont la puissance illusoire ne se fait sentir qu'à ceux qui la redoutent, et disparaît sitôt qu'on la méprise ? Pour moi, je l'avoue, je n'ai jamais cru à ces passions entraînantes et irrésistibles, dont il semble qu'on soit convenu de faire l'excuse générale de nos dérèglements. Je ne conçois point comment un goût, qu'un moment voit naître et qu'un autre voit mourir, peut avoir plus de force que les principes inaltérables de pudeur, d'honnêteté et de modestie ; et je n'entends pas plus qu'une femme qui les trahit puisse être justifiée par sa passion prétendue, qu'un voleur ne le serait par la passion de l'argent, ou un assassin par celle de la vengeance.

Eh ! qui peut dire n'avoir jamais eu à combattre ? Mais j'ai toujours cherché à me persuader que, pour résister, il suffisait de le vouloir ; et jusqu'alors au moins, mon expérience a confirmé mon opinion. Que serait la vertu, sans les devoirs qu'elle impose ? son culte est dans nos sacrifices, sa récompense dans nos cœurs. Ces vérités ne peuvent être niées que par ceux qui ont intérêt de les méconnaître ; et qui, déjà dépravés, espèrent faire un moment d'illusion, en essayant de justifier leur mauvaise conduite par de mauvaises raisons.

Mais pourrait-on le craindre d'un enfant simple et timide ; d'un enfant né de vous, et dont l'éducation modeste et pure n'a pu que fortifier l'heureux naturel ? C'est pourtant à cette crainte, que j'ose dire humiliante pour votre fille, que vous voulez sacrifier le mariage avantageux que votre prudence avait ménagé pour elle ! J'aime beaucoup Danceny ; et depuis longtemps, comme vous savez, je vois peu M. de Gercourt ; mais mon amitié pour l'un, mon indifférence pour l'autre, ne m'empêchent point de sentir l'énorme différence qui se trouve entre ces deux partis.

Leur naissance est égale, j'en conviens ; mais l'un est sans fortune, et celle de l'autre est telle que, même sans naissance, elle aurait suffi pour le mener à tout. J'avoue bien que l'argent ne fait pas le bonheur ; mais il faut avouer aussi qu'il le facilite beaucoup. Mlle de Volanges est, comme vous dites, assez riche pour deux : cependant, soixante mille livres de rente dont elle va jouir ne sont pas déjà tant quand on porte le nom de Danceny, quand il faut monter et soutenir une maison[1] qui y réponde. Nous ne sommes plus au temps de Mme de Sévigné. Le luxe absorbe tout : on le blâme, mais il faut l'imiter ; et le superflu finit par priver du nécessaire.

Quant aux qualités personnelles que vous comptez pour beaucoup, et avec beaucoup de raison, assurément M. de Gercourt est sans reproche de ce côté ; et à lui, ses preuves sont faites. J'aime à croire, et je crois qu'en effet Danceny ne lui cède en rien ; mais en sommes-nous aussi sûres ? Il est vrai qu'il a paru jusqu'ici exempt des défauts de son âge, et que malgré le ton du jour, il montre un goût pour la bonne compagnie qui fait augurer favorablement de lui : mais qui sait, si cette sagesse apparente, il ne la doit pas à la médiocrité de sa fortune ? Pour peu qu'on craigne d'être fripon ou crapuleux, il faut de l'argent pour être joueur et libertin, et l'on peut encore aimer les défauts dont on redoute les excès. Enfin il ne serait pas le millième qui aurait vu la bonne compagnie, uniquement faute de pouvoir mieux faire.

Je ne dis pas (à Dieu ne plaise !) que je croie tout cela de lui : mais ce serait toujours un risque à courir ; et quels reproches n'auriez-vous pas à vous faire, si l'événement n'était pas heureux ! Que répondriez-vous à votre fille, qui vous dirait : « Ma mère, j'étais jeune et sans expérience ; j'étais même séduite par une erreur pardonnable à mon âge : mais le ciel, qui avait prévu ma faiblesse, m'avait accordé une mère sage, pour y remédier et m'en garantir. Pourquoi donc, oubliant votre prudence, avez-vous consenti à mon malheur ? était-ce à moi à me choisir un époux, quand je ne connaissais rien de l'état du mariage ? Quand je l'aurais voulu, n'était-ce pas à vous de vous y opposer ? Mais je n'ai jamais eu cette folle volonté. Décidée à vous obéir, j'ai attendu votre choix avec une respectueuse résignation ; jamais je ne me suis écartée de la soumission que je vous devais, et cependant je porte aujourd'hui la peine qui n'est due qu'aux enfants rebelles. Ah ! votre faiblesse m'a perdue... » Peut-être son respect étoufferait-il ces plaintes ; mais l'amour

note

1. monter et soutenir une maison : assurer toutes les dépenses pour tenir son rang dans la société.

maternel les devinerait : et les larmes de votre fille, pour être dérobées, n'en couleraient pas moins sur votre cœur. Où chercherez-vous alors vos consolations ? Sera-ce dans ce fol amour, contre lequel vous auriez dû l'armer, et par qui au contraire vous vous serez laissé séduire ?

J'ignore, ma chère amie, si j'ai contre cette passion une prévention[1] trop forte ; mais je la crois redoutable, même dans le mariage. Ce n'est pas que je désapprouve qu'un sentiment honnête et doux vienne embellir le lien conjugal ; et adoucir en quelque sorte les devoirs qu'il impose ; mais ce n'est pas à lui qu'il appartient de le former ; ce n'est pas à l'illusion d'un moment à régler le choix de notre vie. En effet, pour choisir, il faut comparer ; et comment le pouvoir, quand un seul objet nous occupe ; quand celui-là même on ne peut le connaître, plongé que l'on est dans l'ivresse et l'aveuglement ?

J'ai rencontré, comme vous pouvez croire, plusieurs femmes atteintes de ce mal dangereux ; j'ai reçu les confidences de quelques-unes. À les entendre, il n'en est point dont l'Amant ne soit un être parfait : mais ces perfections chimériques n'existent que dans leur imagination. Leur tête exaltée ne rêve qu'agréments et vertus ; elles en parent à plaisir celui qu'elles préfèrent : c'est la draperie d'un Dieu, portée souvent par un modèle abject : mais quel qu'il soit, à peine l'en ont-elles revêtu, que, dupes de leur propre ouvrage, elles se prosternent pour l'adorer.

Ou votre fille n'aime pas Danceny, ou elle éprouve cette même illusion ; elle est commune à tous deux, si leur amour est réciproque. Ainsi votre raison pour les unir à jamais se réduit à la certitude qu'ils ne se connaissent pas, qu'ils ne peuvent se connaître. Mais, me direz-vous, M. de Gercourt et ma fille se connaissent-ils davantage ? Non, sans doute ; mais au moins ne s'abusent-ils[2] pas, ils s'ignorent seulement. Qu'arrive-t-il dans ce cas entre deux époux que je suppose honnêtes ? c'est que chacun d'eux étudie l'autre, s'observe vis-à-vis de lui, cherche et reconnaît bientôt ce qu'il faut qu'il cède de ses goûts et de ses volontés, pour la tranquillité commune. Ces légers sacrifices se font sans peine, parce qu'ils sont réciproques et qu'on les a prévus : bientôt ils font naître une bienveillance mutuelle ; et l'habitude, qui fortifie tous les penchants qu'elle ne détruit pas, amène peu à peu cette douce amitié, cette tendre confiance, qui, jointes à l'estime, forment, ce me semble, le véritable, le solide bonheur des mariages.

notes

1. prévention : ici, idée préconçue défavorable (*cf.* note 2, p. 18).

2. s'abusent-ils : se trompent-ils.

Les illusions de l'amour peuvent être plus douces ; mais qui ne sait aussi qu'elles sont moins durables ? et quels dangers n'amène pas le moment qui les détruit ! C'est alors que les moindres défauts paraissent choquants et insupportables, par le contraste qu'ils forment avec l'idée de perfection qui nous avait séduits. Chacun des deux époux croit cependant que l'autre seul a changé, et que lui vaut toujours ce qu'un moment d'erreur l'avait fait apprécier. Le charme qu'il n'éprouve plus, il s'étonne de ne le plus faire naître ; il en est humilié : la vanité blessée aigrit les esprits, augmente les torts, produit l'humeur, enfante la haine ; et de frivoles plaisirs sont payés enfin par de longues infortunes.

Voilà, ma chère amie, ma façon de penser sur l'objet qui nous occupe ; je ne la défends pas, je l'expose seulement ; c'est à vous à décider. Mais si vous persistez dans votre avis, je vous demande de me faire connaître les raisons qui auront combattu les miennes : je serai bien aise de m'éclairer auprès de vous, et surtout d'être rassurée sur le sort de votre aimable enfant, dont je désire bien ardemment le bonheur, et par mon amitié pour elle, et par celle qui m'unit à vous pour la vie.

*Paris, ce 4 octobre 17**.*

Lettre 105

LA MARQUISE DE MERTEUIL
À CÉCILE VOLANGES

Hé bien ! Petite, vous voilà donc bien fâchée, bien honteuse, et ce M. de Valmont est un méchant homme, n'est-ce pas ? Comment ! il ose vous traiter comme la femme qu'il aimerait le mieux ! Il vous apprend ce que vous mouriez d'envie de savoir ! En vérité, ces procédés-là sont impardonnables. Et vous, de votre côté, vous voulez garder votre sagesse pour votre Amant (qui n'en abuse pas) ; vous ne chérissez de l'amour que les peines, et non les plaisirs ! Rien de mieux, et vous figurerez à merveille dans un Roman. De la passion, de l'infortune, de la vertu par-dessus tout, que de belles choses ! Au milieu de ce brillant cortège, on s'ennuie quelquefois à la vérité, mais on le rend bien.

Voyez donc, la pauvre enfant, comme elle est à plaindre ! Elle avait les yeux battus le lendemain ! Et que direz-vous donc, quand ce seront ceux de votre Amant ? Allez, mon bel Ange, vous ne les aurez pas toujours ainsi ; tous les hommes ne sont pas des Valmont. Et puis ne plus oser lever ces yeux-là ! Oh !

par exemple, vous avez eu bien raison ; tout le monde y aurait lu votre aventure. Croyez-moi cependant, s'il en était ainsi, nos Femmes et même nos Demoiselles auraient le regard plus modeste.

Malgré les louanges que je suis forcée de vous donner, comme vous voyez, il faut convenir pourtant que vous avez manqué votre chef-d'œuvre ; c'était de tout dire à votre Maman. Vous aviez si bien commencé ! déjà vous vous étiez jetée dans ses bras, vous sanglotiez, elle pleurait aussi ; quelle scène pathétique ! et quel dommage de ne l'avoir pas achevée ! Votre tendre mère, toute ravie d'aise, et pour aider à votre vertu, vous aurait cloîtrée pour toute votre vie ; et là vous auriez aimé Danceny tant que vous auriez voulu, sans rivaux et sans péché ; vous vous seriez désolée tout à votre aise ; et Valmont, à coup sûr, n'aurait pas été troubler votre douleur par de contrariants plaisirs.

Sérieusement peut-on, à quinze ans passés, être enfant comme vous l'êtes ? Vous avez bien raison de dire que vous ne méritez pas mes bontés. Je voulais pourtant être votre amie : vous en avez besoin peut-être avec la mère que vous avez, et le mari qu'elle veut vous donner ! Mais si vous ne vous formez pas davantage, que voulez-vous qu'on fasse de vous ? Que peut-on espérer, si ce qui fait venir l'esprit aux filles semble au contraire vous l'ôter ?

Si vous pouviez prendre sur vous de raisonner un moment, vous trouveriez bientôt que vous devez vous féliciter au lieu de vous plaindre. Mais vous êtes honteuse, et cela vous gêne ! Hé ! tranquillisez-vous ; la honte que cause l'amour est comme sa douleur : on ne l'éprouve qu'une fois. On peut encore la feindre après ; mais on ne la sent plus. Cependant le plaisir reste, et c'est bien quelque chose. Je crois même avoir démêlé[1], à travers votre petit bavardage, que vous pourriez le compter pour beaucoup. Allons, un peu de bonne foi. Là, ce trouble qui vous empêchait de *faire comme vous disiez*, qui vous faisait trouver *si difficile de se défendre*, qui vous rendait *comme fâchée*, quand Valmont s'en est allé, était-ce bien la honte qui le causait ? ou si c'était le plaisir ? *et ses façons de dire auxquelles on ne sait comment répondre*, cela ne viendrait-il pas de *ses façons de faire* ? Ah ! petite fille, vous mentez, et vous mentez à votre amie ! Cela n'est pas bien. Mais brisons là[2].

Ce qui pour tout le monde serait un plaisir, et pourrait n'être que cela, devient dans votre situation un véritable bonheur. En effet, placée entre une mère dont il vous importe d'être aimée, et un Amant dont vous désirez de l'être toujours, comment ne voyez-vous pas que le seul moyen d'obtenir ces

notes

1. **démêlé** : deviné.

2. **brisons là** : cessons la conversation sur ce sujet.

succès opposés, est de vous occuper d'un tiers ? Distraite par cette nouvelle aventure, tandis que vis-à-vis de votre Maman vous aurez l'air de sacrifier à votre soumission pour elle un goût qui lui déplaît, vous acquerrez vis-à-vis de votre Amant l'honneur d'une belle défense. En l'assurant sans cesse de votre amour, vous ne lui en accorderez pas les dernières preuves. Ces refus, si peu pénibles dans le cas où vous serez, il ne manquera pas de les mettre sur le compte de votre vertu ; il s'en plaindra peut-être, mais il vous en aimera davantage, et pour avoir le double mérite, aux yeux de l'un de sacrifier l'amour, à ceux de l'autre, d'y résister, il ne vous en coûtera que d'en goûter les plaisirs. Oh ! combien de femmes ont perdu leur réputation, qui l'eussent conservée avec soin, si elles avaient pu la soutenir par de pareils moyens !

Ce parti que je vous propose, ne vous paraît-il pas le plus raisonnable, comme le plus doux ? Savez-vous ce que vous avez gagné à celui que vous avez pris ? c'est que votre Maman a attribué votre redoublement de tristesse à un redoublement d'amour, qu'elle en est outrée, et que pour vous en punir elle n'attend que d'en être plus sûre. Elle vient de m'en écrire ; elle tentera tout pour obtenir cet aveu de vous-même. Elle ira, peut-être, me dit-elle, jusqu'à vous proposer Danceny pour époux ; et cela, pour vous engager à parler. Et si, vous laissant séduire par cette trompeuse tendresse, vous répondiez, selon votre cœur, bientôt renfermée pour longtemps, peut-être pour toujours, vous pleureriez à loisir votre aveugle crédulité.

Cette ruse qu'elle veut employer contre vous, il faut la combattre par une autre. Commencez donc, en lui montrant moins de tristesse, à lui faire croire que vous songez moins à Danceny. Elle se le persuadera d'autant plus facilement, que c'est l'effet ordinaire de l'absence ; et elle vous en saura d'autant plus de gré, qu'elle y trouvera une occasion de s'applaudir de sa prudence, qui lui a suggéré ce moyen. Mais si, conservant quelque doute, elle persistait pourtant à vous éprouver, et qu'elle vînt à vous parler de mariage, renfermez-vous, en fille bien née[1], dans une parfaite soumission. Au fait, qu'y risquez-vous ? Pour ce qu'on fait d'un mari, l'un vaut toujours bien l'autre ; et le plus incommode est encore moins gênant qu'une mère.

Une fois plus contente de vous, votre Maman vous mariera enfin ; et alors, plus libre dans vos démarches, vous pourrez, à votre choix, quitter Valmont pour prendre Danceny, ou même les garder tous deux. Car, prenez-y garde, votre Danceny est gentil : mais c'est un de ces hommes qu'on a quand on

note

1. bien née : de bonne famille.

veut et tant qu'on veut ; on peut donc se mettre à l'aise avec lui. Il n'en est pas de même de Valmont : on le garde difficilement ; et il est dangereux de le quitter. Il faut avec lui beaucoup d'adresse, ou, quand on n'en a pas, beaucoup de docilité. Mais, aussi, si vous pouviez parvenir à vous l'attacher comme ami, ce serait là un bonheur ! il vous mettrait tout de suite au premier rang de nos femmes à la mode. C'est comme cela qu'on acquiert une consistance[1] dans le monde, et non pas à rougir et à pleurer, comme quand vos Religieuses vous faisaient dîner à genoux.

Vous tâcherez donc, si vous êtes sage, de vous raccommoder avec Valmont, qui doit être très en colère contre vous ; et comme il faut savoir réparer ses sottises, ne craignez pas de lui faire quelques avances ; aussi bien apprendrez-vous bientôt, que si les hommes nous font les premières, nous sommes presque toujours obligées de faire les secondes. Vous avez un prétexte pour celles-ci : car il ne faut pas que vous gardiez cette Lettre ; et j'exige de vous de la remettre à Valmont aussitôt que vous l'aurez lue. N'oubliez pas pourtant de la recacheter auparavant. D'abord, c'est qu'il faut vous laisser le mérite de la démarche que vous ferez vis-à-vis de lui, et qu'elle n'ait pas l'air de vous avoir été conseillée ; et puis, c'est qu'il n'y a que vous au monde, dont je sois assez l'amie pour vous parler comme je fais.

Adieu, bel Ange, suivez mes conseils, et vous me maudirez si vous vous en trouvez bien.

P.-S. À propos, j'oubliais... un mot encore. Voyez donc à soigner davantage votre style. Vous écrivez toujours comme une enfant. Je vois bien d'où cela vient ; c'est que vous dites tout ce que vous pensez, et rien de ce que vous ne pensez pas. Cela peut passer ainsi de vous à moi, qui devons n'avoir rien de caché l'une pour l'autre : mais avec tout le monde ! avec votre Amant surtout ! vous auriez toujours l'air d'une petite sotte. Vous voyez bien que, quand vous écrivez à quelqu'un, c'est pour lui et non pas pour vous : vous devez donc moins chercher à lui dire ce que vous pensez, que ce qui lui plaît davantage.

Adieu, mon cœur : je vous embrasse au lieu de vous gronder, dans l'espérance que vous serez plus raisonnable.

*Paris, ce 4 octobre 17**.*

note

1. consistance : place importante.

Lettre 106

LA MARQUISE DE MERTEUIL AU VICOMTE DE VALMONT

À merveille, Vicomte, et pour le coup, je vous aime à la fureur ! Au reste, après la première de vos deux Lettres, on pouvait s'attendre à la seconde : aussi ne m'a-t-elle point étonnée ; et tandis que déjà fier de vos succès à venir, vous en sollicitiez la récompense, et que vous me demandiez si j'étais prête, je voyais bien que je n'avais pas tant besoin de me presser. Oui, d'honneur ; en lisant le beau récit de cette scène tendre, et qui vous avait *si vivement ému* ; en voyant votre retenue, digne des plus beaux temps de notre Chevalerie, j'ai dit vingt fois : « Voilà une affaire manquée ! »

Mais c'est que cela ne pouvait pas être autrement. Que voulez-vous que fasse une pauvre femme qui se rend et qu'on ne prend pas ? Ma foi, dans ce cas-là, il faut au moins sauver l'honneur ; et c'est ce qu'a fait notre Présidente. Je sais bien que pour moi, qui ai senti que la marche qu'elle a prise n'est vraiment pas sans quelque effet, je me propose d'en faire usage, pour mon compte, à la première occasion un peu sérieuse qui se présentera : mais je promets bien que si celui pour qui j'en ferai les frais n'en profite pas mieux que vous, il peut assurément renoncer à moi pour toujours.

Vous voilà donc absolument réduit à rien et cela entre deux femmes dont l'une était déjà au lendemain, et l'autre ne demandait pas mieux que d'y être ! Hé bien ! vous allez croire que je me vante, et dire qu'il est facile de prophétiser après l'événement ; mais je peux vous jurer que je m'y attendais. C'est que réellement vous n'avez pas le génie de votre état ; vous n'en savez que ce que vous en avez appris, et vous n'inventez rien. Aussi, dès que les circonstances ne se prêtent plus à vos formules d'usage, et qu'il vous faut sortir de la route ordinaire, vous restez court[1] comme un Écolier. Enfin un enfantillage d'une part, de l'autre, un retour de pruderie, parce qu'on ne les éprouve pas tous les jours suffisent pour vous déconcerter ; et vous ne savez ni les prévenir, ni y remédier. Ah ! Vicomte ! Vicomte ! vous m'apprenez à ne pas juger les hommes par leurs succès ; et bientôt, il faudra dire de vous : Il fut brave un tel jour. Et quand vous avez fait sottises sur sottises, vous

note

1. vous restez court : vous manquez d'idée, de repartie.

recourez à moi ! Il semble que je n'aie rien autre chose à faire que de les réparer. Il est vrai que ce serait bien assez d'ouvrage.

Quoi qu'il en soit, de ces deux aventures, l'une est entreprise contre mon gré, et je ne m'en mêle point ; pour l'autre, comme vous y avez mis quelque complaisance pour moi, j'en fais mon affaire. La Lettre que je joins ici, que vous lirez d'abord, et que vous remettrez ensuite à la petite Volanges, est plus que suffisante pour vous la ramener : mais, je vous en prie, donnez quelques soins à cet enfant, et faisons-en, de concert, le désespoir de sa mère et de Gercourt. Il n'y a pas à craindre de forcer les doses. Je vois clairement que la petite personne n'en sera point effrayée ; et nos vues sur elle une fois remplies, elle deviendra ce qu'elle pourra.

Je me désintéresse entièrement sur son compte. J'avais eu quelque envie d'en faire au moins une intrigante subalterne, et de la prendre pour jouer *les seconds*[1] sous moi : mais je vois qu'il n'y a pas d'étoffe[2] ; elle a une sotte ingénuité qui n'a pas cédé même au spécifique[3] que vous avez employé, lequel pourtant n'en manque guère ; et c'est, selon moi, la maladie la plus dangereuse que femme puisse avoir. Elle dénote, surtout, une faiblesse de caractère presque toujours incurable et qui s'oppose à tout ; de sorte que, tandis que nous nous occuperions à former cette petite fille pour l'intrigue, nous n'en ferions qu'une femme facile. Or, je ne connais rien de si plat que cette facilité de bêtise, qui se rend sans savoir ni comment ni pourquoi, uniquement parce qu'on l'attaque et qu'elle ne sait pas résister. Ces sortes de femmes ne sont absolument que des machines à plaisir.

Vous me direz qu'il n'y a qu'à n'en faire que cela, et que c'est assez pour nos projets. À la bonne heure ! mais n'oublions pas que de ces machines-là, tout le monde parvient bientôt à en connaître les ressorts et les moteurs ; ainsi, que pour se servir de celle-ci sans danger, il faut se dépêcher, s'arrêter de bonne heure et la briser ensuite. À la vérité, les moyens ne nous manqueront pas pour nous en défaire, et Gercourt la fera toujours bien enfermer quand nous voudrons. Au fait, quand il ne pourra plus douter de sa déconvenue[4], quand elle sera bien publique et bien notoire, que nous importe qu'il se venge, pourvu qu'il ne se console pas ? Ce que je dis du mari, vous le pensez sans doute de la mère ; ainsi cela vaut fait.

notes

1. ***les seconds*** : les seconds rôles, les rôles subalternes.
2. **il n'y a pas d'étoffe** : elle n'a pas de qualités marquantes, de personnalité.
3. **spécifique** : médicament.
4. **déconvenue** : déception.

Ce parti que je crois le meilleur, et auquel je me suis arrêtée, m'a décidée à mener la jeune personne un peu vite, comme vous verrez par ma lettre ; cela rend aussi très important de ne rien laisser entre ses mains qui puisse nous compromettre, et je vous prie d'y avoir attention. Cette précaution une fois prise, je me charge du moral ; le reste vous regarde. Si pourtant nous voyons par la suite que l'ingénuité se corrige, nous serons toujours à temps de changer de projet. Il n'en aurait pas moins fallu, un jour ou l'autre, nous occuper de ce que nous allons faire : dans aucun cas, nos soins ne seront perdus.

Savez-vous que les miens ont risqué de l'être, et que l'étoile de Gercourt a pensé l'emporter sur ma prudence ? Mme de Volanges n'a-t-elle pas eu un moment de faiblesse maternelle ? ne voulait-elle pas donner sa fille à Danceny ? C'était là ce qu'annonçait cet intérêt plus tendre, que vous aviez remarqué *le lendemain*. C'est encore vous qui auriez été cause de ce beau chef-d'œuvre ! Heureusement la tendre mère m'en a écrit, et j'espère que ma réponse l'en dégoûtera. J'y parle tant de vertu, et surtout je la cajole tant, qu'elle doit trouver que j'ai raison.

Je suis fâchée de n'avoir pas eu le temps de prendre copie de ma Lettre, pour vous édifier sur l'austérité de ma morale. Vous verriez comme je méprise les femmes assez dépravées pour avoir un Amant ! Il est si commode d'être rigoriste dans ses discours ! cela ne nuit jamais qu'aux autres, et ne nous gêne aucunement... Et puis je n'ignore pas que la bonne Dame a eu ses petites faiblesses comme une autre, dans son jeune temps, et je n'étais pas fâchée de l'humilier au moins dans sa conscience ; cela me consolait un peu des louanges que je lui donnais contre la mienne. C'est ainsi que dans la même Lettre, l'idée de nuire à Gercourt m'a donné le courage d'en dire du bien.

Adieu, Vicomte ; j'approuve beaucoup le parti que vous prenez de rester quelque temps où vous êtes. Je n'ai point de moyens pour hâter votre marche ; mais je vous invite à vous désennuyer avec notre commune Pupille. Pour ce qui est de moi, malgré votre citation[1] polie, vous voyez bien qu'il faut encore attendre ; et vous conviendrez, sans doute, que ce n'est pas ma faute.

Paris, ce 4 octobre 17★★.

note

1. citation : convocation devant les tribunaux ; Mme de Merteuil fait allusion à l'exigence de Valmont afin qu'elle accomplisse sa promesse.

Lettre 107

AZOLAN

AU VICOMTE DE VALMONT

Monsieur,

Conformément à vos ordres, j'ai été, aussitôt la réception de votre Lettre, chez M. Bertrand, qui m'a remis les vingt-cinq louis, comme vous lui aviez ordonné. Je lui en avais demandé deux de plus pour Philippe, à qui j'avais dit de partir sur-le-champ, comme Monsieur me l'avait mandé, et qui n'avait pas d'argent ; mais Monsieur votre homme d'affaires n'a pas voulu, en disant qu'il n'avait pas d'ordre de ça de vous. J'ai donc été obligé de les donner de moi et Monsieur m'en tiendra compte, si c'est sa bonté.

Philippe est parti hier au soir. Je lui ai bien recommandé de ne pas quitter le cabaret, afin qu'on puisse être sûr de le trouver si on en a besoin.

J'ai été tout de suite après chez Mme la Présidente pour voir Mlle Julie : mais elle était sortie, et je n'ai parlé qu'à La Fleur, de qui je n'ai pu rien savoir, parce que depuis son arrivée il n'avait été à l'hôtel[1] qu'à l'heure des repas. C'est le second qui a fait tout le service, et Monsieur sait bien que je ne connaissais pas celui-là. Mais j'ai commencé aujourd'hui.

Je suis retourné ce matin chez Mlle Julie, et elle a paru bien aise de me voir. Je l'ai interrogée sur la cause du retour de sa Maîtresse ; mais elle m'a dit n'en rien savoir, et je crois qu'elle a dit vrai. Je lui ai reproché de ne pas m'avoir averti de son départ, et elle m'a assuré qu'elle ne l'avait su que le soir même en allant coucher Madame : si bien qu'elle a passé toute la nuit à ranger, et que la pauvre fille n'a pas dormi deux heures. Elle n'est sortie ce soir-là de la chambre de sa Maîtresse qu'à une heure passée, et elle l'a laissée qui se mettait seulement à écrire.

Le matin, Mme de Tourvel, en partant, a remis une Lettre au Concierge du Château. Mlle Julie ne sait pas pour qui : elle dit que c'était peut-être pour Monsieur ; mais Monsieur ne m'en parle pas.

Pendant tout le voyage, Madame a eu un grand capuchon sur sa figure, ce qui faisait qu'on ne pouvait la voir : mais Mlle Julie croit être sûre qu'elle a pleuré souvent. Elle n'a pas dit une parole pendant la route, et elle n'a pas

note

1. **l'hôtel** : l'hôtel particulier de Mme de Tourvel.

voulu s'arrêter à...*, comme elle avait fait en allant ; ce qui n'a pas fait trop de plaisir à Mlle Julie, qui n'avait pas déjeuné. Mais, comme je lui ai dit, les Maîtres sont les Maîtres.

En arrivant, Madame s'est couchée ; mais elle n'est restée au lit que deux heures. En se levant, elle a fait venir son Suisse, et lui a donné ordre de ne laisser entrer personne. Elle n'a point fait de toilette[1] du tout. Elle s'est mise à table pour dîner ; mais elle n'a mangé qu'un peu de potage, et elle en est sortie tout de suite. On lui a porté son café chez elle et Mlle Julie est entrée en même temps. Elle a trouvé sa Maîtresse qui rangeait des papiers dans son secrétaire, et elle a vu que c'était des Lettres. Je paricrais bien que ce sont celles de Monsieur ; et des trois qui lui sont arrivées dans l'après-midi, il y en a une qu'elle avait encore devant elle tout au soir ! Je suis bien sûr que c'est encore une de Monsieur. Mais pourquoi donc est-ce qu'elle s'en est allée comme ça ? ça m'étonne, moi ! au reste, sûrement que Monsieur le sait bien ? Et ce ne sont pas mes affaires.

Mme la Présidente est allée l'après-midi dans la Bibliothèque, et elle y a pris deux Livres qu'elle a emportés dans son boudoir : mais Mlle Julie assure qu'elle n'a pas lu dedans un quart d'heure dans toute la journée, et qu'elle n'a fait que lire cette Lettre, rêver et être appuyée sur sa main. Comme j'ai imaginé que Monsieur serait bien aise de savoir quels sont ces Livres-là ; et que Mlle Julie ne le savait pas, je me suis fait mener aujourd'hui dans la Bibliothèque, sous prétexte de la voir. Il n'y a de vide que pour deux Livres : l'un est le second volume des *Pensées chrétiennes* ; et l'autre, le premier d'un Livre, qui a pour titre *Clarisse*[2]. J'écris bien comme il y a : Monsieur saura peut-être ce que c'est.

Hier au soir, Madame n'a pas soupé ; elle n'a pris que du thé.

Elle a sonné de bonne heure ce matin ; elle a demandé ses chevaux tout de suite, et elle a été avant neuf heures, aux Feuillants, où elle a entendu la Messe. Elle a voulu se confesser ; mais son Confesseur était absent, et il ne reviendra pas de huit à dix jours. J'ai cru qu'il était bon de mander cela à Monsieur.

Elle est rentrée ensuite, elle a déjeuné, et puis s'est mise à écrire, et elle y est restée jusqu'à près d'une heure. J'ai trouvé occasion de faire bientôt ce que

* Toujours le même Village, à moitié chemin de la route.

notes

1. Elle n'a point fait de toilette : elle est restée en vêtements simples.

2. *Clarisse Harlowe*, roman de l'écrivain anglais Samuel Richardson (1689-1761).

Monsieur désirait le plus : car c'est moi qui ai porté les Lettres à la poste. Il n'y en avait pas pour Mme de Volanges : mais j'en envoie une à Monsieur, qui était pour M. le Président : il m'a paru que ça devait être la plus intéressante. Il y en avait une aussi pour Mme de Rosemonde ; mais j'ai imaginé que Monsieur la verrait toujours bien quand il voudrait et je l'ai laissée partir. Au reste, Monsieur saura bien tout, puisque Mme la Présidente lui écrit aussi. J'aurai par la suite toutes celles qu'il voudra ; car c'est presque toujours Mlle Julie qui les remet aux Gens, et elle m'a assuré que, par amitié pour moi, et puis aussi pour Monsieur, elle ferait volontiers ce que je voudrais.

Elle n'a pas même voulu de l'argent que je lui ai offert : mais je pense bien que Monsieur voudra lui faire quelque petit présent ; et si c'est sa volonté, et qu'il veuille m'en charger, je saurai aisément ce qui lui fera plaisir.

J'espère que Monsieur ne trouvera pas que j'aie mis de la négligence à le servir, et j'ai bien à cœur de me justifier des reproches qu'il me fait. Si je n'ai pas su le départ de Mme la Présidente, c'est au contraire mon zèle pour le service de Monsieur qui en est cause, puisque c'est lui qui m'a fait partir à trois heures du matin ; ce qui fait que je n'ai pas vu Mlle Julie la veille, au soir, comme de coutume, ayant été coucher au Tournebride, pour ne pas réveiller dans le Château.

Quant à ce que Monsieur me reproche d'être souvent sans argent, d'abord c'est que j'aime à me tenir proprement, comme Monsieur peut voir ; et puis, il faut bien soutenir l'honneur de l'habit qu'on porte[1] ; je sais bien que je devrais peut-être un peu épargner pour la suite ; mais je me confie entièrement dans la générosité de Monsieur, qui est si bon Maître.

Pour ce qui est d'entrer au service de Mme de Tourvel, en restant à celui de Monsieur, j'espère que Monsieur ne l'exigera pas de moi. C'était bien différent chez Mme la Duchesse ; mais assurément je n'irai pas porter la livrée, et encore une livrée de Robe[2], après avoir eu l'honneur d'être Chasseur de Monsieur. Pour tout ce qui est du reste, Monsieur peut disposer de celui qui a l'honneur d'être avec autant de respect que d'affection, son très humble serviteur.

ROUX AZOLAN, *Chasseur.*

*Paris, ce 5 octobre 17**, à onze heures du soir.*

notes

1. l'habit qu'on porte : les domestiques portaient une livrée, un uniforme, selon la famille qu'ils servaient.

2. La *noblesse de robe* (anoblie en ayant rempli certaines fonctions dans l'administration royale) a beaucoup moins de prestige que la *noblesse d'épée* (militaire).

Lettre 108

LA PRÉSIDENTE DE TOURVEL
À MADAME DE ROSEMONDE

Ô mon indulgente mère ! que j'ai de grâces à vous rendre, et que j'avais besoin de votre Lettre ! Je l'ai lue et relue sans cesse ; je ne pouvais pas m'en détacher. Je lui dois les seuls moments moins pénibles que j'aie passés depuis mon départ. Comme vous êtes bonne ! la sagesse, la vertu, savent donc compatir à la faiblesse ! vous avez pitié de mes maux ! ah ! si vous les connaissiez !... ils sont affreux. Je croyais avoir éprouvé les peines de l'amour, mais le tourment inexprimable, celui qu'il faut avoir senti pour en avoir l'idée, c'est de se séparer de ce qu'on aime, de s'en séparer pour toujours !... Oui, la peine qui m'accable aujourd'hui reviendra demain, après-demain, toute ma vie ! Mon Dieu, que je suis jeune encore, et qu'il me reste de temps à souffrir !

Être soi-même l'artisan de son malheur ; se déchirer le cœur de ses propres mains ; et tandis qu'on souffre ces douleurs insupportables, sentir à chaque instant qu'on peut les faire cesser d'un mot et que ce mot soit un crime ! ah ! mon amie !...

Quand j'ai pris ce parti si pénible de m'éloigner de lui, j'espérais que l'absence augmenterait mon courage et mes forces : combien je me suis trompée ! il semble au contraire qu'elle ait achevé de les détruire. J'avais plus à combattre, il est vrai : mais même en résistant, tout n'était pas privation ; au moins je le voyais quelquefois ; souvent même, sans oser porter mes regards sur lui, je sentais les siens fixés sur moi : oui, mon amie, je le sentais, il semblait qu'ils réchauffassent mon âme ; et sans passer par mes yeux, ils n'en arrivaient pas moins à mon cœur. À présent, dans ma pénible solitude, isolée de tout ce qui m'est cher, tête à tête avec mon infortune, tous les moments de ma triste existence sont marqués par mes larmes, et rien n'en adoucit l'amertume, nulle consolation ne se mêle à mes sacrifices : et ceux que j'ai faits jusqu'à présent n'ont servi qu'à me rendre plus douloureux ceux qui me restent à faire.

Hier encore, je l'ai bien vivement senti. Dans les Lettres qu'on m'a remises, il y en avait une de lui ; on était encore à deux pas de moi, que je l'avais reconnue entre les autres. Je me suis levée involontairement : je tremblais, j'avais peine à cacher mon émotion ; et cet état n'était pas sans plaisir. Restée seule le moment d'après, cette trompeuse douceur s'est bientôt évanouie, et ne m'a laissé qu'un sacrifice de plus à faire. En effet, pouvais-je ouvrir cette

Lettre, que pourtant je brûlais de lire ? Par la fatalité qui me poursuit, les consolations qui paraissent se présenter à moi ne font, au contraire, que m'imposer de nouvelles privations ; et celles-ci deviennent plus cruelles encore, par l'idée que M. de Valmont les partage.

Le voilà enfin, ce nom qui m'occupe sans cesse, et que j'ai eu tant de peine à écrire ; l'espèce de reproche que vous m'en faites m'a véritablement alarmée. Je vous supplie de croire qu'une fausse honte n'a point altéré ma confiance en vous ; et pourquoi craindrais-je de le nommer ? Ah ! je rougis de mes sentiments, et non de l'objet qui les cause. Quel autre que lui est plus digne de les inspirer ! Cependant, je ne sais pourquoi ce nom ne se présente point naturellement sous ma plume ; et cette fois encore, j'ai eu besoin de réflexion pour le placer. Je reviens à lui.

Vous me mandez qu'il vous a paru *vivement affecté de mon départ*. Qu'a-t-il donc fait ? qu'a-t-il dit ? a-t-il parlé de revenir à Paris ? Je vous prie de l'en détourner autant que vous pourrez. S'il m'a bien jugée, il ne doit pas m'en vouloir de cette démarche : mais il doit sentir aussi que c'est un parti pris sans retour. Un de mes plus grands tourments est de ne pas savoir ce qu'il pense. J'ai bien encore là sa Lettre... mais vous êtes sûrement de mon avis, je ne dois pas l'ouvrir.

Ce n'est que par vous, mon indulgente amie, que je puis ne pas être entièrement séparée de lui. Je ne veux pas abuser de vos bontés ; je sens à merveille que vos Lettres ne peuvent pas être longues : mais vous ne refuserez pas deux mots à votre enfant ; un pour soutenir son courage, et l'autre pour l'en consoler. Adieu, ma respectable amie.

*Paris, ce 5 octobre 17**.*

Lettre 109

CÉCILE VOLANGES
À LA MARQUISE DE MERTEUIL

Ce n'est que d'aujourd'hui, Madame, que j'ai remis à M. de Valmont la Lettre que vous m'avez fait l'honneur de m'écrire. Je l'ai gardée quatre jours, malgré les frayeurs que j'avais souvent qu'on ne la trouvât, mais je la cachais avec bien du soin ; et quand le chagrin me reprenait, je m'enfermais pour la relire.

Je vois bien que ce que je croyais un si grand malheur n'en est presque pas un ; et il faut avouer qu'il y a bien du plaisir ; de façon que je ne m'afflige presque plus. Il n'y a que l'idée de Danceny qui me tourmente toujours quelquefois. Mais il y a déjà tout plein de moments où je n'y songe pas du tout ! aussi c'est que M. de Valmont est bien aimable !

Je me suis raccommodée avec lui depuis deux jours : ça m'a été bien facile ; car je ne lui avais encore dit que deux paroles, qu'il m'a dit que si j'avais quelque chose à lui dire, il viendrait le soir dans ma chambre, et je n'ai eu qu'à répondre que je le voulais bien. Et puis, dès qu'il y a été, il n'a pas paru plus fâché que si je ne lui avais jamais rien fait. Il ne m'a grondée qu'après, et encore bien doucement, et c'était d'une manière... Tout comme vous ; ce qui m'a prouvé qu'il avait aussi bien de l'amitié pour moi.

Je ne saurais vous dire combien il m'a raconté de drôles de choses et que je n'aurais jamais crues, particulièrement sur Maman. Vous me feriez bien plaisir de me mander si tout ça est vrai. Ce qui est bien sûr, c'est que je ne pouvais pas me retenir de rire ; si bien qu'une fois j'ai ri aux éclats, ce qui nous a fait bien peur ; car Maman aurait pu entendre ; et si elle était venue voir, qu'est-ce que je serais devenue ? C'est bien pour le coup qu'elle m'aurait remise au Couvent !

Comme il faut être prudent, et que, comme M. de Valmont m'a dit lui-même, pour rien au monde il ne voudrait risquer de me compromettre, nous sommes convenus que dorénavant il viendrait seulement ouvrir la porte, et que nous irions dans sa chambre. Pour là, il n'y a rien à craindre ; j'y ai déjà été hier, et actuellement que je vous écris, j'attends encore qu'il vienne. À présent, Madame, j'espère que vous ne me gronderez plus.

Il y a pourtant une chose qui m'a bien surprise dans votre Lettre ; c'est ce que vous me mandez pour quand je serai mariée, au sujet de Danceny et de M. de Valmont. Il me semble qu'un jour, à l'Opéra, vous me disiez au contraire qu'une fois mariée, je ne pouvais plus aimer que mon mari, et qu'il me faudrait même oublier Danceny : au reste, peut-être que j'avais mal entendu, et j'aime bien mieux que cela soit autrement, parce qu'à présent, je ne craindrai plus tant le moment de mon mariage. Je le désire même, puisque j'aurai plus de liberté ; j'espère qu'alors je pourrai m'arranger de façon à ne plus songer qu'à Danceny. Je sens bien que je ne serai véritablement heureuse qu'avec lui ; car à présent son idée me tourmente toujours et je n'ai de bonheur que quand je peux ne pas penser à lui, ce qui est bien difficile ; et dès que j'y pense, je redeviens chagrine tout de suite.

Ce qui me console un peu, c'est que vous m'assurez que Danceny m'en aimera davantage ; mais en êtes-vous bien sûre... ? Oh ! oui, vous ne voudriez pas me tromper. C'est pourtant plaisant que ce soit Danceny que j'aime et que M. de Valmont... Mais, comme vous dites, c'est peut-être un bonheur ! Enfin, nous verrons.

Je n'ai pas trop entendu ce que vous me marquez au sujet de ma façon d'écrire. Il me semble que Danceny trouve mes Lettres bien comme elles sont. Je sens pourtant bien que je ne dois rien lui dire de tout ce qui se passe avec M. de Valmont ; ainsi vous n'avez rien que faire de craindre[1].

Maman ne m'a point encore parlé de mon mariage : mais laissez faire ; quand elle m'en parlera, puisque c'est pour m'attraper, je vous promets que je saurai mentir.

Adieu, ma bien bonne amie ; je vous remercie bien, et je vous promets que je n'oublierai jamais toutes vos bontés pour moi. Il faut que je finisse, car il est près d'une heure ; ainsi M. de Valmont ne doit pas tarder.

*Du Château de..., ce 10 octobre 17**.*

Lettre 110

LE VICOMTE DE VALMONT
À LA MARQUISE DE MERTEUIL

*Puissances du ciel, j'avais une âme pour la douleur : donnez-m'en une pour la félicité !** C'est, je crois, le tendre Saint-Preux[2] qui s'exprime ainsi. Mieux partagé que lui, je possède à la fois les deux existences. Oui, mon amie, je suis, en même temps, très heureux et très malheureux ; et puisque vous avez mon entière confiance, je vous dois le double récit de mes peines et de mes plaisirs.

Sachez donc que mon ingrate Dévote me tient toujours rigueur. J'en suis à ma quatrième Lettre renvoyée. J'ai peut-être tort de dire la quatrième ; car ayant bien deviné, dès le premier renvoi, qu'il serait suivi de beaucoup d'autres, et ne voulant pas perdre ainsi mon temps, j'ai pris le parti de mettre mes doléances en lieux communs, et de ne point dater : et depuis le second Courrier, c'est toujours la même Lettre qui va et vient ; je ne fais que changer d'enveloppe. Si ma Belle finit comme finissent ordinairement les Belles, et s'attendrit un jour, au moins de lassitude, elle gardera enfin la missive, et il

* *Nouvelle Héloïse.*

notes

1. vous n'avez rien que faire de craindre : vous n'avez aucune raison de vous inquiéter.

2. Saint-Preux : héros de *Julie ou la Nouvelle Héloïse* de Rousseau.

sera temps alors de me remettre au courant. Vous voyez qu'avec ce nouveau genre de correspondance, je ne peux pas être parfaitement instruit.

J'ai découvert pourtant que la légère personne a changé de Confidente ; au moins me suis-je assuré que, depuis son départ du Château, il n'est venu aucune Lettre d'elle pour Mme de Volanges, tandis qu'il est en venu deux pour la vieille Rosemonde ; et comme celle-ci ne nous en a rien dit, comme elle n'ouvre plus la bouche de *sa chère Belle*, dont auparavant elle parlait sans cesse, j'en ai conclu que c'était elle qui avait la confidence. Je présume que d'une part, le besoin de parler de moi, et l'autre, la petite honte de revenir vis-à-vis de Mme de Volanges sur un sentiment si longtemps désavoué, ont produit cette grande révolution. Je crains encore d'avoir perdu au change : car plus les femmes vieillissent, et plus elles deviennent rêches et sévères. La première lui aurait dit bien plus de mal de moi ; mais celle-ci lui en dira plus de l'amour ; et la sensible Prude a bien plus de frayeur du sentiment que de la personne.

Le seul moyen de me mettre au fait, est, comme vous voyez, d'intercepter le commerce[1] clandestin. J'en ai déjà envoyé l'ordre à mon Chasseur ; et j'en attends l'exécution de jour en jour. Jusque-là, je ne puis rien faire qu'au hasard : aussi, depuis huit jours, je repasse inutilement tous les moyens connus, tous ceux des Romans et de mes Mémoires secrets ; je n'en trouve aucun qui convienne, ni aux circonstances de l'aventure, ni au caractère de l'Héroïne. La difficulté ne serait pas de m'introduire chez elle, même la nuit, même encore de l'endormir, et d'en faire une nouvelle Clarisse[2] : mais après plus de deux mois de soins et de peine, recourir à des moyens qui me soient étrangers ! me traîner servilement sur la trace des autres, et triompher sans gloire !... Non, elle n'aura pas *les plaisirs du vice et les honneurs de la vertu**. Ce n'est pas assez pour moi de la posséder, je veux qu'elle se livre. Or, il faut pour cela non seulement pénétrer jusqu'à elle, mais y arriver de son aveu ; la trouver seule et dans l'intention de m'écouter ; surtout, lui fermer les yeux sur le danger, car si elle le voit, elle saura le surmonter ou mourir. Mais mieux je sais ce qu'il faut faire, plus j'en trouve l'exécution difficile ; et dussiez-vous

* *Nouvelle Héloïse.*

notes

1. **commerce** : relation.

2. Dans le roman de Richardson, Clarisse est violée dans son sommeil par le libertin Lovelace qui lui a fait boire un soporifique.

encore vous moquer de moi, je vous avouerai que mon embarras redouble à mesure que je m'en occupe davantage.

La tête m'en tournerait, je crois, sans les heureuses distractions que me donne notre commune Pupille ; c'est à elle que je dois d'avoir encore à faire autre chose que des Élégies[1].

Croiriez-vous que cette petite fille était tellement effarouchée, qu'il s'est passé trois grands jours avant que votre Lettre ait produit tout son effet ? Voilà comme une seule idée fausse peut gâter le plus heureux naturel !

Enfin, ce n'est que Samedi qu'on est venu tourner autour de moi et me balbutier quelques mots ; encore prononcés si bas et tellement étouffés par la honte, qu'il était impossible de les entendre. Mais la rougeur qu'ils causèrent m'en fit deviner le sens. Jusque-là, je m'étais tenu fier : mais fléchi par un si plaisant repentir, je voulus bien promettre d'aller trouver le soir même la jolie Pénitente ; et cette grâce de ma part, fut reçue avec toute la reconnaissance due à un si grand bienfait.

Comme je ne perds jamais de vue ni vos projets ni les miens, j'ai résolu de profiter de cette occasion pour connaître au juste la valeur de cet enfant, et aussi pour accélérer son éducation. Mais pour suivre ce travail avec plus de liberté j'avais besoin de changer le lieu de nos rendez-vous ; car un simple cabinet, qui sépare la chambre de votre Pupille de celle de sa mère, ne pouvait lui inspirer assez de sécurité, pour la laisser se déployer à l'aise. Je m'étais donc promis de faire *innocemment* quelque bruit, qui pût lui causer assez de crainte pour la décider à prendre, à l'avenir, un asile plus sûr ; elle m'a encore épargné ce soin.

La petite personne est rieuse ; et, pour favoriser sa gaieté, je m'avisai, dans nos entr'actes, de lui raconter toutes les aventures scandaleuses qui me passaient par la tête ; et pour les rendre plus piquantes et fixer davantage son attention, je les mettais toutes sur le compte de sa Maman, que je me plaisais à chamarrer[2] ainsi de vices et de ridicules.

Ce n'était pas sans motif que j'avais fait ce choix ; il encourageait mieux que tout autre ma timide écolière, et je lui inspirais en même temps le plus profond mépris pour sa mère. J'ai remarqué depuis longtemps, que si ce moyen n'est pas toujours nécessaire à employer pour séduire une jeune fille, il est indispensable, et souvent même le plus efficace, quand on veut la dépraver ; car celle qui ne respecte pas sa mère, ne se respectera pas

notes

1. Élégies : poèmes où l'amant malheureux se plaint de son sort.

2. chamarrer : orner.

elle-même : vérité morale que je crois si utile que j'ai été bien aise de fournir un exemple à l'appui du précepte.

Cependant votre Pupille, qui ne songeait pas à la morale, étouffait de rire à chaque instant ; et enfin, une fois, elle pensa éclater. Je n'eus pas de peine à lui faire croire qu'elle avait fait *un bruit affreux*. Je feignis une grande frayeur, qu'elle partagea facilement. Pour qu'elle s'en ressouvînt mieux, je ne permis plus au plaisir de reparaître, et la laissai seule trois heures plus tôt que de coutume : aussi convînmes-nous, en nous séparant, que dès le lendemain ce serait dans ma chambre que nous nous rassemblerions.

Je l'y ai déjà reçue deux fois ; et dans ce court intervalle l'écolière est devenue presque aussi savante que le maître. Oui, en vérité, je lui ai tout appris, jusqu'aux complaisances ! je n'ai excepté que les précautions.

Ainsi occupé toute la nuit, j'y gagne de dormir une grande partie du jour ; et comme la société actuelle du Château n'a rien qui m'attire, à peine parais-je une heure au salon dans la journée. J'ai même, d'aujourd'hui, pris le parti de manger dans ma chambre, et je ne compte plus la quitter que pour de courtes promenades. Ces bizarreries passent sur le compte de ma santé. J'ai déclaré que j'étais *perdu de vapeurs ;* j'ai annoncé aussi un peu de fièvre. Il ne m'en coûte que de parler d'une voix lente et éteinte. Quant au changement de ma figure, fiez-vous-en à votre Pupille. *L'amour y pourvoira.**

J'occupe mon loisir, en rêvant aux moyens de reprendre sur mon ingrate les avantages que j'ai perdus, et aussi à composer une espèce de catéchisme de débauche, à l'usage de mon écolière. Je m'amuse à n'y rien nommer que par le mot technique ; et je ris d'avance de l'intéressante conversation que cela doit fournir entre elle et Gercourt la première nuit de leur mariage. Rien n'est plus plaisant que l'ingénuité avec laquelle elle se sert déjà du peu qu'elle sait de cette langue ! elle n'imagine pas qu'on puisse parler autrement. Cette enfant est réellement séduisante ! Ce contraste de la candeur naïve avec le langage de l'effronterie ne laisse pas de faire de l'effet ; et, je ne sais pourquoi, il n'y a plus que les choses bizarres qui me plaisent.

Peut-être je me livre trop à celle-ci, puisque j'y compromets mon temps et ma santé : mais j'espère que ma feinte maladie, outre qu'elle me sauvera de l'ennui du salon, pourra m'être encore de quelque utilité auprès de l'austère Dévote, dont la vertu tigresse s'allie pourtant avec la douce sensibilité ! Je ne

* Regnard, *Folies amoureuses*[1].

note

1. Comédie de Jean-François Regnard (1655-1709), représentée en 1701.

doute pas qu'elle ne soit déjà instruite de ce grand événement, et j'ai beaucoup d'envie de savoir ce qu'elle en pense ; d'autant plus que je parierais bien qu'elle ne manquera pas de s'en attribuer l'honneur. Je réglerai l'état de ma santé sur l'impression qu'il fera sur elle.

Vous voilà, ma belle amie, au courant de mes affaires comme moi-même. Je désire avoir bientôt des nouvelles plus intéressantes à vous apprendre ; et je vous prie de croire que, dans le plaisir que je m'en promets, je compte pour beaucoup la récompense que j'attends de vous.

*Du Château de..., ce 11 octobre 17**.*

Lettre 111

LE COMTE DE GERCOURT À MADAME DE VOLANGES

Tout paraît, Madame, devoir être tranquille dans ce pays ; et nous attendons, de jour en jour, la permission de rentrer en France. J'espère que vous ne douterez pas que je n'aie toujours le même empressement à m'y rendre, et à y former les nœuds qui doivent m'unir à vous et à Mlle de Volanges. Cependant M. le Duc de ***, mon cousin, et à qui vous savez que j'ai tant d'obligations, vient de me faire part de son rappel de Naples. Il me mande qu'il compte passer par Rome, et voir, dans sa route, la partie d'Italie qui lui reste à connaître. Il m'engage à l'accompagner dans ce voyage, qui sera environ de six semaines ou deux mois. Je ne vous cache pas qu'il me serait agréable de profiter de cette occasion ; sentant bien qu'une fois marié, je prendrai difficilement le temps de faire d'autres absences que celles que mon service exigera. Peut-être aussi serait-il plus convenable d'attendre l'hiver pour ce mariage ; puisque ce ne peut être qu'alors que tous mes parents seront rassemblés à Paris ; et nommément M. le Marquis de *** à qui je dois l'espoir de vous appartenir. Malgré ces considérations, mes projets à cet égard seront absolument subordonnés aux vôtres ; et pour peu que vous préfériez vos premiers arrangements, je suis prêt à renoncer aux miens. Je vous prie seulement de me faire savoir le plus tôt possible vos intentions à ce sujet. J'attendrai votre réponse ici, et elle seule réglera ma conduite.

Je suis avec respect, Madame, et avec tous les sentiments qui conviennent à un fils, votre très humble, etc.

Le Comte DE GERCOURT.
*Bastia, ce 10 octobre 17**.*

Lettre 112

MADAME DE ROSEMONDE
À LA PRÉSIDENTE DE TOURVEL

(Dictée seulement.)

Je ne reçois qu'à l'instant même, ma chère Belle, votre Lettre du 11* et les doux reproches qu'elle contient. Convenez que vous aviez bien envie de m'en faire davantage ; et que si vous ne vous étiez pas ressouvenue que vous étiez *ma fille*, vous m'auriez réellement grondée. Vous auriez été pourtant bien injuste ! C'était le désir et l'espoir de pouvoir vous répondre moi-même, qui me faisait différer chaque jour, et vous voyez qu'encore aujourd'hui, je suis obligée d'emprunter la main de ma Femme de chambre. Mon malheureux rhumatisme m'a repris, il s'est niché cette fois sur le bras droit, et je suis absolument manchotte. Voilà ce que c'est, jeune et fraîche comme vous êtes, d'avoir une si vieille amie ! on souffre de ses incommodités.

Aussitôt que mes douleurs me donneront un peu de relâche, je me promets bien de causer longuement avec vous. En attendant, sachez seulement que j'ai reçu vos deux Lettres ; qu'elles auraient redoublé, s'il était possible, ma tendre amitié pour vous ; et que je ne cesserai jamais de prendre part, bien vivement, à tout ce qui vous intéresse.

Mon neveu est aussi un peu indisposé, mais sans aucun danger et sans qu'il faille en prendre aucune inquiétude ; c'est une incommodité légère, qui, à ce qu'il me semble, affecte plus son humeur que sa santé. Nous ne le voyons presque plus.

Sa retraite et votre départ ne rendent pas notre petit cercle plus gai. La petite Volanges, surtout, vous trouve furieusement à dire[1], et bâille, tant que la journée dure, à avaler ses poings. Particulièrement depuis quelques jours, elle nous fait l'honneur de s'endormir profondément toutes les après-dînées.

* Cette Lettre ne s'est pas retrouvée.

note

1. vous trouve furieusement à dire : regrette fortement votre absence.

Adieu, ma chère Belle ; je suis pour toujours votre bien bonne amie, votre maman, votre sœur même, si mon grand âge me permettait ce titre. Enfin je vous suis attachée par tous les plus tendres sentiments.

Signé ADÉLAÏDE, *pour Madame* DE ROSEMONDE.
*Du Château de…, ce 14 octobre 17***.

Lettre 113

LA MARQUISE DE MERTEUIL AU VICOMTE DE VALMONT

Je crois devoir vous prévenir, Vicomte, qu'on commence à s'occuper de vous à Paris ; qu'on y remarque votre absence et que déjà on en devine la cause. J'étais hier à un souper fort nombreux ; il y fut dit positivement que vous étiez retenu au Village par un amour romanesque et malheureux : aussitôt la joie se peignit sur le visage de tous les envieux de vos succès et de toutes les femmes que vous avez négligées. Si vous m'en croyez, vous ne laisserez pas prendre consistance à ces bruits dangereux, et vous viendrez sur-le-champ les détruire par votre présence.

Songez que si une fois vous laissez perdre l'idée qu'on ne vous résiste pas, vous éprouverez bientôt qu'on vous résistera en effet plus facilement ; que vos rivaux vont aussi perdre de leur respect pour vous, et oser vous combattre : car lequel d'entre eux ne se croit pas plus fort que la vertu ? Songez surtout que dans la multitude des femmes que vous avez affichées[1], toutes celles que vous n'avez pas eues vont tenter de détromper le Public, tandis que les autres s'efforceront de l'abuser. Enfin, il faut vous attendre à être apprécié peut-être autant au-dessous de votre valeur, que vous l'avez été au-dessus jusqu'à présent.

Revenez donc, Vicomte, et ne sacrifiez pas votre réputation à un caprice puéril. Vous avez fait tout ce que nous voulions de la petite Volanges ; et pour votre Présidente, ce ne sera pas apparemment en restant à dix lieues d'elle, que vous vous en passerez la fantaisie. Croyez-vous qu'elle ira vous chercher ? Peut-être ne songe-t-elle déjà plus à vous, ou ne s'en occupe-t-elle encore que pour se féliciter de vous avoir humilié. Au moins ici, pourrez-

note

1. **que vous avez affichées :** dont vous avez dit publiquement que vous les aviez séduites.

vous vous trouver quelque occasion de reparaître avec éclat, et vous en avez besoin ; et quand vous vous obstineriez à votre ridicule aventure, je ne vois pas que votre retour y puisse rien... ; au contraire.

En effet, si votre Présidente *vous adore*, comme vous me l'avez tant dit et si peu prouvé, son unique consolation, son seul plaisir, doivent être à présent de parler de vous, de savoir ce que vous faites, ce que vous dites, ce que vous pensez, et jusqu'à la moindre des choses qui vous intéressent. Ces misères-là prennent du prix, en raison des privations qu'on éprouve. Ce sont les miettes de pain tombantes de la table du riche : celui-ci les dédaigne ; mais le pauvre les recueille avidement et s'en nourrit. Or, la pauvre Présidente reçoit à présent toutes ces miettes-là ; et plus elle en aura, moins elle sera pressée de se livrer à l'appétit du reste.

De plus, depuis que vous connaissez sa Confidente, vous ne doutez pas que chaque Lettre d'elle ne contienne au moins un petit sermon, et tout ce qu'elle croit propre à *corroborer*[1] *sa sagesse et fortifier sa vertu**. Pourquoi donc laisser à l'une des ressources pour se défendre, et à l'autre pour vous nuire ?

Ce n'est pas que je sois du tout de votre avis sur la perte que vous croyez avoir faite au changement de Confidente. D'abord, Mme de Volanges vous hait, et la haine est toujours plus clairvoyante et plus ingénieuse que l'amitié. Toute la vertu de votre vieille tante ne l'engagera pas à médire un seul instant de son cher neveu ; car la vertu a aussi ses faiblesses. Ensuite vos craintes portent sur une remarque absolument fausse.

Il n'est pas vrai que *plus les femmes vieillissent, et plus elles deviennent rêches et sévères*. C'est de quarante à cinquante ans que le désespoir de voir leur figure se flétrir, la rage de se sentir obligées d'abandonner des prétentions et des plaisirs auxquels elles tiennent encore, rendent presque toutes les femmes bégueules et acariâtres[2]. Il leur faut ce long intervalle pour faire en entier ce grand sacrifice : mais dès qu'il est consommé, toutes se partagent en deux classes.

La plus nombreuse, celle des femmes qui n'ont eu pour elles que leur figure et leur jeunesse, tombe dans une imbécile apathie, et n'en sort plus que pour le jeu et pour quelques pratiques de dévotion ; celle-là est toujours

* *On ne s'avise jamais de tout !* Comédie.

notes

1. ***corroborer*** : renforcer.

2. **bégueules et acariâtres :** excessivement prudes et désagréables.

ennuyeuse, souvent grondeuse, quelquefois un peu tracassière[1], mais rarement méchante. On ne peut pas dire non plus que ces femmes soient ou ne soient pas sévères : sans idées et sans existence, elles répètent, sans le comprendre et indifféremment, tout ce qu'elles entendent dire, et restent par elles-mêmes absolument nulles.

L'autre classe, beaucoup plus rare, mais véritablement précieuse, est celle des femmes qui, ayant eu un caractère et n'ayant pas négligé de nourrir leur raison, savent se créer une existence, quand celle de la nature leur manque ; et prennent le parti de mettre à leur esprit les parures qu'elles employaient avant pour leur figure. Celles-ci ont pour l'ordinaire le jugement très sain, et l'esprit à la fois solide, gai et gracieux. Elles remplacent les charmes séduisants par l'attachante bonté, et encore par l'enjouement dont le charme augmente en proportion de l'âge : c'est ainsi qu'elles parviennent en quelque sorte à se rapprocher de la jeunesse en s'en faisant aimer. Mais alors, loin d'être, comme vous le dites, *rêches et sévères*, l'habitude de l'indulgence, leurs longues réflexions sur la faiblesse humaine, et surtout les souvenirs de leur jeunesse, par lesquels seuls elles tiennent encore à la vie, les placeraient plutôt, peut-être trop près de la facilité.

Ce que je peux vous dire enfin, c'est qu'ayant toujours recherché les vieilles femmes, dont j'ai reconnu de bonne heure l'utilité des suffrages, j'ai rencontré plusieurs d'entre elles auprès de qui l'inclination[2] me ramenait autant que l'intérêt. Je m'arrête là ; car à présent que vous vous enflammez si vite et si moralement, j'aurais peur que vous ne devinssiez subitement amoureux de votre vieille tante, et que vous ne vous enterrassiez avec elle dans le tombeau où vous vivez déjà depuis si longtemps. Je reviens donc.

Malgré l'enchantement où vous me paraissez être de votre petite écolière, je ne peux pas croire qu'elle entre pour quelque chose dans vos projets. Vous l'avez trouvée sous la main, vous l'avez prise : à la bonne heure ! mais ce ne peut pas être là un goût. Ce n'est même pas, à vrai dire, une entière jouissance : vous ne possédez absolument que sa personne ! je ne parle pas de son cœur, dont je me doute bien que vous ne vous souciez guère : mais vous n'occupez seulement pas sa tête. Je ne sais pas si vous vous en êtes aperçu, mais moi j'en ai la preuve dans la dernière Lettre qu'elle m'a écrite★ ; je vous

★ Voyez la Lettre 109.

notes

1. **tracassière :** médisante.

2. **inclination :** goût, sympathie.

l'envoie pour que vous en jugiez. Voyez donc que quand elle parle de vous, c'est toujours *M. de Valmont ;* que toutes ses idées, même celles que vous lui faites naître, n'aboutissent jamais qu'à Danceny ; et lui, elle ne l'appelle pas Monsieur, c'est bien toujours *Danceny* seulement. Par là, elle le distingue de tous les autres ; et même en se livrant à vous, elle ne se familiarise qu'avec lui. Si une telle conquête vous paraît *séduisante*, si les plaisirs qu'elle donne *vous attachent*, assurément vous êtes modeste et peu difficile ! Que vous la gardiez, j'y consens ; cela entre même dans mes projets. Mais il me semble que cela ne vaut pas de se déranger un quart d'heure ; qu'il faudrait aussi avoir quelque empire, et ne lui permettre, par exemple, de se rapprocher de Danceny, qu'après le lui avoir fait un peu plus oublier.

Avant de cesser de m'occuper de vous, pour venir à moi, je veux encore vous dire que ce moyen de maladie que vous m'annoncez vouloir prendre, est bien connu et bien usé. En vérité, Vicomte, vous n'êtes pas inventif ! Moi, je me répète aussi quelquefois, comme vous allez voir ; mais je tâche de me sauver par les détails, et surtout le succès me justifie. Je vais encore en tenter un, et courir une nouvelle aventure. Je conviens qu'elle n'aura pas le mérite de la difficulté ; mais au moins sera-ce une distraction, et je m'ennuie à périr.

Je ne sais pourquoi, depuis l'aventure de Prévan, Belleroche m'est devenu insupportable. Il a tellement redoublé d'attention, de tendresse, de *vénération*, que je n'y peux plus tenir. Sa colère, dans le premier moment, m'avait paru plaisante ; il a pourtant bien fallu la calmer, car c'eût été me compromettre que de le laisser faire : et il n'y avait pas moyen de lui faire entendre raison. J'ai donc pris le parti de lui montrer plus d'amour, pour en venir à bout plus facilement : mais lui, a pris cela au sérieux ; et depuis ce temps il m'excède par son enchantement éternel. Je remarque surtout l'insultante confiance qu'il prend en moi, et la sécurité avec laquelle il me regarde comme à lui pour toujours. J'en suis vraiment humiliée. Il me prise[1] donc bien peu, s'il croit valoir assez pour me fixer ! Ne me disait-il pas dernièrement que je n'aurais jamais aimé un autre que lui ? Oh ! pour le coup, j'ai eu besoin de toute ma prudence, pour ne pas le détromper sur-le-champ, en lui disant ce qui en était. Voilà, certes, un plaisant Monsieur, pour avoir un droit exclusif ! Je conviens qu'il est bien fait et d'une assez belle figure : mais, à tout prendre, ce n'est, au fait, qu'un Manœuvre d'amour. Enfin le moment est venu, il faut nous séparer.

note

1. me prise : m'estime.

J'essaie déjà depuis quinze jours, et j'ai employé, tour à tour, la froideur, le caprice, l'humeur, les querelles ; mais le tenace personnage ne quitte pas prise ainsi : il faut donc prendre un parti plus violent, en conséquence je l'emmène à ma campagne. Nous partons après-demain. Il n'y aura avec nous que quelques personnes désintéressées et peu clairvoyantes, et nous y aurons presque autant de liberté que si nous y étions seuls. Là, je le surchargerai à tel point d'amour et de caresses, nous y vivrons si bien l'un pour l'autre uniquement, que je parie bien qu'il désirera plus que moi la fin de ce voyage, dont il se fait un si grand bonheur ; et s'il n'en revient pas plus ennuyé de moi que je ne le suis de lui, dites, j'y consens, que je n'en sais pas plus que vous.

Le prétexte de cette espèce de retraite est de m'occuper sérieusement de mon grand procès, qui en effet se jugera enfin au commencement de l'hiver. J'en suis bien aise ; car il est vraiment désagréable d'avoir ainsi toute sa fortune en l'air[1]. Ce n'est pas que je sois inquiète de l'événement ; d'abord j'ai raison, tous mes Avocats me l'assurent ; et quand je ne l'aurais pas ! je serais donc bien maladroite, si je ne savais pas gagner un procès, où je n'ai pour adversaires que des mineurs encore en bas âge, et leur vieux tuteur ! Comme il ne faut pourtant rien négliger dans une Affaire si importante, j'aurai effectivement avec moi deux Avocats. Ce voyage ne vous paraît-il pas gai ? cependant s'il me fait gagner mon procès et perdre Belleroche, je ne regretterai pas mon temps.

À présent, Vicomte, devinez le successeur ; je vous le donne en cent. Mais bon ! ne sais-je pas que vous ne devinez jamais rien ? hé bien, c'est Danceny. Vous êtes étonné, n'est-ce pas ? car enfin je ne suis pas encore réduite à l'éducation des enfants ! Mais celui-ci mérite d'être excepté ; il n'a que les grâces de la jeunesse, et non la frivolité. Sa grande réserve dans le cercle est très propre à éloigner tous les soupçons, et on ne l'en trouve que plus aimable, quand il se livre, dans le tête-à-tête. Ce n'est pas que j'en aie déjà eu avec lui pour mon compte, je ne suis encore que sa confidente ; mais sous ce voile de l'amitié, je crois lui voir un goût très vif pour moi, et je sens que j'en prends beaucoup pour lui. Ce serait bien dommage que tant d'esprit et de délicatesse allassent se sacrifier et s'abrutir auprès de cette petite imbécile de Volanges ! J'espère qu'il se trompe en croyant l'aimer : elle est si loin de le mériter ! Ce n'est pas que je sois jalouse d'elle ; mais c'est que ce serait un meurtre ; et je veux en sauver Danceny. Je vous prie donc, Vicomte, de

note

1. **en l'air :** en suspens.

mettre vos soins à ce qu'il ne puisse se rapprocher de *sa Cécile* (comme il a encore la mauvaise habitude de la nommer). Un premier goût a toujours plus d'empire qu'on ne croit et je ne serais sûre de rien s'il la revoyait à présent ; surtout pendant mon absence. À mon retour, je me charge de tout et j'en réponds.

J'ai bien songé à emmener le jeune homme avec moi : mais j'en ai fait le sacrifice à ma prudence ordinaire ; et puis, j'aurais craint qu'il ne s'aperçût de quelque chose entre Belleroche et moi, et je serais au désespoir qu'il eût la moindre idée de ce qui se passe. Je veux au moins m'offrir à son imagination, pure et sans tache ; telle enfin qu'il faudrait être, pour être vraiment digne de lui.

*Paris, ce 15 octobre 17**.*

Lettre 114

LA PRÉSIDENTE DE TOURVEL À MADAME DE ROSEMONDE

Ma chère amie, je cède à ma vive inquiétude ; et sans savoir si vous serez en état de me répondre, je ne puis m'empêcher de vous interroger. L'état de M. de Valmont, que vous me dites *sans danger*, ne me laisse pas autant de sécurité que vous paraissez en avoir. Il n'est pas rare que la mélancolie et le dégoût du monde soient des symptômes avant-coureurs de quelque maladie grave ; les souffrances du corps, comme celles de l'esprit, font désirer la solitude ; et souvent on reproche de l'humeur à celui dont on devrait seulement plaindre les maux.

Il me semble qu'il devrait au moins consulter quelqu'un. Comment, étant malade vous-même, n'avez-vous pas un Médecin auprès de vous ? Le mien que j'ai vu ce matin, et que je ne vous cache pas que j'ai consulté indirectement, est d'avis que, dans les personnes naturellement actives, cette espèce d'apathie subite n'est jamais à négliger ; et, comme il me disait encore, les maladies ne cèdent plus au traitement, quand elles n'ont pas été prises à temps. Pourquoi faire courir ce risque à quelqu'un qui vous est si cher ?

Ce qui redouble mon inquiétude, c'est que, depuis quatre jours, je ne reçois plus de nouvelles de lui. Mon Dieu, ne me trompez-vous point sur son état ? Pourquoi aurait-il cessé de m'écrire tout à coup ? Si c'était seulement l'effet de mon obstination à lui renvoyer ses Lettres, je crois qu'il aurait pris ce parti plus tôt. Enfin, sans croire aux pressentiments, je suis depuis quelques jours d'une tristesse qui m'effraie. Ah ! peut-être suis-je à la veille du plus grand des malheurs !

Vous ne sauriez croire, et j'ai honte de vous dire, combien je suis peinée de ne plus recevoir ces mêmes Lettres, que pourtant je refuserais encore de lire. J'étais sûre au moins qu'il était occupé de moi ! et je voyais quelque chose qui venait de lui. Je ne les ouvrais pas, ces Lettres, mais je pleurais en les regardant : mes larmes étaient plus douces et plus faciles ; et celles-là seules dissipaient en partie l'oppression habituelle que j'éprouve depuis mon retour. Je vous en conjure, mon indulgente amie, écrivez-moi, vous-même, aussitôt que vous le pourrez, et en attendant, faites-moi donner chaque jour de vos nouvelles et des siennes.

Je m'aperçois qu'à peine je vous ai dit un mot pour vous : mais vous connaissez mes sentiments, mon attachement sans réserve, ma tendre reconnaissance pour votre sensible amitié ; vous pardonnerez au trouble où je suis, à mes peines mortelles, au tourment affreux d'avoir à redouter des maux dont peut-être je suis la cause. Grand Dieu ! cette idée désespérante me poursuit et déchire mon cœur ; ce malheur me manquait, et je sens que je suis née pour les éprouver tous.

Adieu, ma chère amie ; aimez-moi, plaignez-moi. Aurai-je une Lettre de vous aujourd'hui ?

*Paris, ce 16 octobre 17**.*

Lettre 115

LE VICOMTE DE VALMONT À LA MARQUISE DE MERTEUIL

C'est une chose inconcevable, ma belle amie, comme aussitôt qu'on s'éloigne, on cesse facilement de s'entendre. Tant que j'étais auprès de vous, nous n'avions jamais qu'un même sentiment, une même façon de voir ; et parce que, depuis près de trois mois, je ne vous vois plus, nous ne sommes plus de même avis sur rien. Qui de nous deux a tort ? sûrement vous n'hésiteriez pas sur la réponse : mais moi, plus sage, ou plus poli, je ne décide pas. Je vais seulement répondre à votre Lettre, et continuer de vous exposer ma conduite.

D'abord, je vous remercie de l'avis que vous me donnez des bruits qui courent sur mon compte ; mais je ne m'en inquiète pas encore : je me crois sûr d'avoir bientôt de quoi les faire cesser. Soyez tranquille, je ne reparaîtrai dans le monde que plus célèbre que jamais, et toujours plus digne de vous.

J'espère qu'on me comptera même pour quelque chose dans l'aventure de la petite Volanges, dont vous paraissez faire si peu de cas : comme si ce n'était rien, que d'enlever, en une soirée, une jeune fille à son Amant aimé, d'en user ensuite tant qu'on le veut et absolument comme de son bien, et sans plus d'embarras ; d'en obtenir ce qu'on n'ose pas même exiger de toutes les filles dont c'est le métier ; et cela, sans la déranger en rien de son tendre amour ; sans la rendre inconstante, pas même infidèle : car, en effet, je n'occupe seulement pas sa tête ! en sorte qu'après ma fantaisie passée, je la remettrai entre les bras de son Amant, pour ainsi dire, sans qu'elle se soit aperçue de rien. Est-ce donc là une marche si ordinaire ? et puis croyez-moi, une fois sortie de mes mains, les principes que je lui donne, ne s'en développeront pas moins ; et je prédis que la timide écolière prendra bientôt un essor propre à faire honneur à son maître.

Si pourtant on aime mieux le genre héroïque, je montrerai la Présidente, ce modèle cité de toutes les vertus ! respectée même de nos plus libertins ! telle enfin qu'on avait perdu jusqu'à l'idée de l'attaquer ! je la montrerai, dis-je, oubliant ses devoirs et sa vertu, sacrifiant sa réputation et deux ans de sagesse, pour courir après le bonheur de me plaire, pour s'enivrer de celui de m'aimer, se trouvant suffisamment dédommagée de tant de sacrifices par un mot, par un regard qu'encore elle n'obtiendra pas toujours. Je ferai plus, je la quitterai ; et je ne connais pas cette femme, ou je n'aurai point de successeur. Elle résistera au besoin de consolation, à l'habitude du plaisir, au désir même de la vengeance. Enfin, elle n'aura existé que pour moi ; et que sa carrière soit plus ou moins longue, j'en aurai seul ouvert et fermé la barrière. Une fois parvenu à ce triomphe, je dirai à mes rivaux : « Voyez mon ouvrage, et cherchez-en dans le siècle un second exemple ! »

Vous allez me demander d'où vient aujourd'hui cet excès de confiance ? c'est que depuis huit jours je suis dans la confidence de ma Belle ; elle ne me dit pas ses secrets, mais je les surprends. Deux Lettres d'elle à Mme de Rosemonde m'ont suffisamment instruit, et je ne lirai plus les autres que par curiosité. Je n'ai absolument besoin, pour réussir, que de me rapprocher d'elle, et mes moyens sont trouvés. Je vais incessamment les mettre en usage.

Vous êtes curieuse, je crois ?... Mais non, pour vous punir de ne pas croire à mes inventions, vous ne les saurez pas. Tout de bon, vous mériteriez que je vous retirasse ma confiance, au moins pour cette aventure ; en effet, sans le doux prix attaché par vous à ce succès, je ne vous en parlerais plus. Vous voyez que je suis fâché. Cependant, dans l'espoir que vous vous corrigerez, je veux bien m'en tenir à cette punition légère ; et revenant à l'indulgence, j'oublie un moment mes grands projets, pour raisonner des vôtres avec vous.

Vous voilà donc à la campagne, ennuyeuse comme le sentiment, et triste comme la fidélité ! Et ce pauvre Belleroche ! vous ne vous contentez pas de lui faire boire l'eau d'oubli, vous lui en donnez la question[1] ! Comment s'en trouve-t-il ? supporte-t-il bien les nausées de l'amour ? Je voudrais pour beaucoup qu'il ne vous en devînt que plus attaché ; je suis curieux de voir quel remède plus efficace vous parviendriez à employer. Je vous plains, en vérité, d'avoir été obligée de recourir à celui-là. Je n'ai fait qu'une fois, dans ma vie, l'amour par procédé. J'avais certainement un grand motif, puisque c'était à la Comtesse de *** ; et vingt fois, entre ses bras, j'ai été tenté de lui dire : « Madame, je renonce à la place que je sollicite, et permettez-moi de quitter celle que j'occupe. » Aussi, de toutes les femmes que j'ai eues, c'est la seule dont j'ai vraiment du plaisir à dire du mal.

Pour votre motif à vous, je le trouve, à vrai dire, d'un ridicule rare ; et vous aviez raison de croire que je ne devinerais pas le successeur. Quoi ! c'est pour Danceny que vous vous donnez toute cette peine-là ! Eh ! ma chère amie, laissez-le adorer *sa vertueuse Cécile*, et ne vous compromettez pas dans ces jeux d'enfants. Laissez les écoliers se former auprès des *Bonnes*, ou jouer avec les pensionnaires *à de petits jeux innocents*. Comment allez-vous vous charger d'un novice qui ne saura ni vous prendre, ni vous quitter, et avec qui il vous faudra tout faire ? Je vous le dis sérieusement, je désapprouve ce choix, et quelque secret qu'il restât, il vous humilierait au moins à mes yeux et dans votre conscience.

Vous prenez, dites-vous, beaucoup de goût pour lui : allons donc, vous vous trompez sûrement, et je crois même avoir trouvé la cause de votre erreur. Ce beau dégoût de Belleroche vous est venu dans un temps de disette[2], et Paris ne vous offrant pas de choix, vos idées, toujours trop vives, se sont portées sur le premier objet que vous avez rencontré. Mais songez qu'à votre retour, vous pourrez choisir entre mille ; et si enfin vous redoutez l'inaction dans laquelle vous risquez de tomber en différant, je m'offre à vous pour amuser vos loisirs.

notes

1. *Donner la question* signifie « soumettre à la torture ». Le supplice de l'eau consistait à forcer le condamné à ingurgiter une grande quantité d'eau.

2. **disette** : manque du nécessaire.

D'ici à votre arrivée, mes grandes affaires seront terminées de manière ou d'autre ; et sûrement, ni la petite Volanges, ni la Présidente elle-même, ne m'occuperont pas assez alors, pour que je ne sois pas à vous autant que vous le désirerez. Peut-être même, d'ici là, aurai-je déjà remis la petite fille aux mains de son discret Amant. Sans convenir, quoi que vous en disiez, que ce ne soit pas une jouissance *attachante*, comme j'ai le projet qu'elle garde de moi toute sa vie une idée supérieure à celle de tous les autres hommes, je me suis mis, avec elle, sur un ton que je ne pourrais soutenir longtemps sans altérer ma santé ; et dès ce moment, je ne tiens plus à elle, que par le soin qu'on doit aux affaires de famille...

Vous ne m'entendez pas ?... C'est que j'attends une seconde époque pour confirmer mon espoir, et m'assurer que j'ai pleinement réussi dans mes projets. Oui, ma belle amie, j'ai déjà un premier indice que le mari de mon écolière ne courra pas le risque de mourir sans postérité ; et que le Chef[1] de la maison de Gercourt ne sera à l'avenir qu'un Cadet de celle de Valmont. Mais laissez-moi finir, à ma fantaisie, cette aventure que je n'ai entreprise qu'à votre prière. Songez que si vous rendez Danceny inconstant, vous ôtez tout le piquant de cette histoire. Considérez enfin, que m'offrant pour le représenter auprès de vous, j'ai, ce me semble, quelques droits à la préférence.

J'y compte si bien, que je n'ai pas craint de contrarier vos vues, en concourant moi-même à augmenter la tendre passion du discret Amoureux, pour le premier et digne objet de son choix. Ayant donc trouvé hier votre Pupille occupée à lui écrire, et l'ayant dérangée d'abord de cette douce occupation pour une autre plus douce encore, je lui ai demandé, après, de voir sa Lettre ; et comme je l'ai trouvée froide et contrainte, je lui ai fait sentir que ce n'était pas ainsi qu'elle consolerait son Amant, et je l'ai décidée à en écrire une autre sous ma dictée ; où, en imitant du mieux que j'ai pu son petit radotage, j'ai tâché de nourrir l'amour du jeune homme par un espoir plus certain. La petite personne était toute ravie, me disait-elle, de se trouver parler si bien ; et dorénavant, je serai chargé de la correspondance. Que n'aurai-je pas fait pour ce Danceny ? J'aurai été à la fois son ami, son confident, son rival et sa maîtresse ! Encore, en ce moment, je lui rends le service de le sauver de vos liens dangereux ; oui, sans doute, dangereux ; car vous posséder et vous perdre, c'est acheter un moment de bonheur par une éternité de regrets.

note

1. le Chef : l'aîné. Valmont veut dire que Cécile est enceinte de lui.

Adieu, ma belle amie ; ayez le courage de dépêcher Belleroche le plus que vous pourrez. Laissez là Danceny, et préparez-vous à retrouver, et à me rendre, les délicieux plaisirs de notre première liaison.

P.-S. Je vous fais compliment sur le jugement prochain du grand procès. Je serai fort aise que cet heureux événement arrive sous mon règne.

*Du Château de…, ce 19 octobre 17**.*

Lettre 116

LE CHEVALIER DANCENY À CÉCILE VOLANGES

Mme de Merteuil est partie ce matin pour la campagne ; ainsi, ma charmante Cécile, me voilà privé du seul plaisir qui me restait en votre absence, celui de parler de vous à votre amie et à la mienne. Depuis quelque temps, elle m'a permis de lui donner ce titre ; et j'en ai profité avec d'autant plus d'empressement, qu'il me semblait, par là, me rapprocher de vous davantage. Mon Dieu ! que cette femme est aimable ! et quel charme flatteur elle sait donner à l'amitié ! Il semble que ce doux sentiment s'embellisse et se fortifie chez elle de tout ce qu'elle refuse à l'amour. Si vous saviez comme elle vous aime, comme elle se plaît à m'entendre lui parler de vous !... C'est là sans doute ce qui m'attache autant à elle. Quel bonheur de pouvoir vivre uniquement pour vous deux, de passer sans cesse des délices de l'amour aux douceurs de l'amitié, d'y consacrer toute mon existence, d'être en quelque sorte le point de réunion de votre attachement réciproque ; et de sentir toujours qu'en m'occupant du bonheur de l'une, je travaillerais également à celui de l'autre ! Aimez, aimez beaucoup, ma charmante amie, cette femme adorable. L'attachement que j'ai pour elle, donnez-y plus de prix encore, en le partageant. Depuis que j'ai goûté le charme de l'amitié, je désire que vous l'éprouviez à votre tour. Les plaisirs que je ne partage pas avec vous, il me semble n'en jouir qu'à moitié. Oui, ma Cécile, je voudrais entourer votre cœur de tous les sentiments les plus doux ; que chacun de ses mouvements vous fît éprouver une sensation de bonheur ; et je croirais encore ne pouvoir jamais vous rendre qu'une partie de la félicité que je tiendrais de vous.

Pourquoi faut-il que ces projets charmants ne soient qu'une chimère de mon imagination, et que la réalité ne m'offre au contraire que des privations douloureuses et indéfinies ? L'espoir que vous m'aviez donné de vous voir à cette campagne, je m'aperçois bien qu'il faut y renoncer. Je n'ai plus de consolation que celle de me persuader qu'en effet cela ne vous est pas possible. Et vous négligez de me le dire, de vous en affliger avec moi ! Déjà, deux fois, mes plaintes à ce sujet sont restées sans réponse. Ah Cécile ! Cécile, je crois bien que vous m'aimez de toutes les facultés de votre âme, mais votre âme n'est pas brûlante comme la mienne ! Que n'est-ce à moi à lever les obstacles ? Pourquoi ne sont-ce pas mes intérêts qu'il me faille ménager, au lieu des vôtres ? je saurais bientôt vous prouver que rien n'est impossible à l'amour.

Vous ne me mandez pas non plus quand doit finir cette absence cruelle : au moins, ici, peut-être vous verrais-je. Vos charmants regards ranimeraient mon âme abattue ; leur touchante expression rassurerait mon cœur, qui quelquefois en a besoin. Pardon, ma Cécile ; cette crainte n'est pas un soupçon. Je crois à votre amour, à votre constance. Ah ! je serais trop malheureux, si j'en doutais. Mais tant d'obstacles ! et toujours renouvelés ! Mon amie, je suis triste, bien triste. Il semble que ce départ de Mme de Merteuil ait renouvelé en moi le sentiment de tous mes malheurs.

Adieu, ma Cécile ; adieu, ma bien-aimée. Songez que votre Amant s'afflige, et que vous pouvez seule lui rendre le bonheur.

*Paris, ce 17 octobre 17**.*

Lettre 117

CÉCILE VOLANGES
AU CHEVALIER DANCENY
(Dictée par Valmont.)

Croyez-vous donc, mon bon ami, que j'aie besoin d'être grondée pour être triste, quand je sais que vous vous affligez ? et doutez-vous que je ne souffre autant que vous de toutes vos peines ? Je partage même celles que je vous cause volontairement ; et j'ai de plus que vous, de voir que vous ne me rendez pas justice. Oh ! cela n'est pas bien. Je vois bien ce qui vous fâche ; c'est que les deux dernières fois que vous m'avez demandé de venir ici, je ne vous ai pas répondu à cela : mais cette réponse est-elle donc si aisée à faire ? Croyez-vous que je ne sache pas que ce que vous voulez est bien mal ? Et pourtant, si j'ai déjà tant de peine à vous refuser de loin, que serait-ce donc si vous étiez là ? Et puis, pour avoir voulu vous consoler un moment, je resterais affligée toute ma vie.

Tenez, je n'ai rien de caché pour vous ; voilà mes raisons, jugez vous-même. J'aurais peut-être fait ce que vous voulez, sans ce que je vous ai mandé, que ce M. de Gercourt, qui cause tout notre chagrin, n'arrivera pas encore de sitôt ; et comme, depuis quelque temps, Maman me témoigne beaucoup plus d'amitié ; comme, de mon côté, je la caresse le plus que je peux ; qui sait ce que je pourrai obtenir d'elle ? Et si nous pouvions être heureux sans que j'aie rien à me reprocher, est-ce que cela ne vaudrait pas bien mieux ? Si j'en crois ce qu'on m'a dit souvent, les hommes même n'aiment plus tant leurs femmes, quand elles les ont trop aimés avant de l'être. Cette crainte-là me retient encore plus que tout le reste. Mon ami, n'êtes-vous pas sûr de mon cœur, et ne sera-t-il pas toujours temps ?

Écoutez, je vous promets que, si je ne peux pas éviter le malheur d'épouser M. de Gercourt, que je hais déjà tant avant de le connaître, rien ne me retiendra plus pour être à vous autant que je pourrai, et même avant tout. Comme je ne me soucie d'être aimée que de vous, et que vous verrez bien si je fais mal, il n'y aura pas de ma faute, le reste me sera bien égal ; pourvu que vous me promettiez de m'aimer toujours autant que vous faites. Mais, mon ami, jusque-là, laissez-moi continuer comme je fais ; et ne me demandez plus une chose que j'ai de bonnes raisons pour ne pas faire, et que pourtant il me fâche de vous refuser.

Je voudrais bien aussi que M. de Valmont ne fût pas si pressant pour vous ; cela ne sert qu'à me rendre plus chagrine encore. Oh ! vous avez là un bien bon ami, je vous assure ! Il fait tout comme vous feriez vous-même. Mais adieu, mon cher ami ; j'ai commencé bien tard à vous écrire, et j'y ai passé une partie de la nuit. Je vas me coucher et réparer le temps perdu. Je vous embrasse, mais ne me grondez plus.

*Du Château de..., ce 18 octobre 17**.*

Lettre 118

LE CHEVALIER DANCENY
À LA MARQUISE DE MERTEUIL

Si j'en crois mon Almanach, il n'y a, mon adorable amie, que deux jours que vous êtes absente ; mais si j'en crois mon cœur, il y a deux siècles. Or, je le tiens de vous-même, c'est toujours son cœur qu'il faut croire ; il est donc bien temps que vous reveniez, et toutes vos affaires doivent être plus que finies. Comment voulez-vous que je m'intéresse à votre procès, si, perte ou gain, j'en dois également payer les frais par l'ennui de votre absence ? Oh ! que j'aurais envie de quereller ! et qu'il est triste, avec un si beau sujet d'avoir de l'humeur, de n'avoir pas le droit d'en montrer !

N'est-ce pas cependant une véritable infidélité, une noire trahison, que de laisser votre ami loin de vous, après l'avoir accoutumé à ne plus pouvoir se passer de votre présence ? Vous aurez beau consulter vos Avocats, ils ne vous trouveront pas de justification pour ce mauvais procédé : et puis, ces gens-là ne disent que des raisons, et des raisons ne suffisent pas pour répondre à des sentiments.

Pour moi, vous m'avez tant dit que c'était par raison que vous faisiez ce voyage, que vous m'avez tout à fait brouillé avec elle. Je ne veux plus du tout l'entendre ; pas même quand elle me dit de vous oublier. Cette raison-là est pourtant bien raisonnable ; et au fait, cela ne serait pas si difficile que vous pouviez le croire. Il suffirait seulement de perdre l'habitude de penser toujours à vous, et rien ici, je vous assure, ne vous rappellerait à moi.

Nos plus jolies femmes, celles qu'on dit les plus aimables, sont encore si loin de vous, qu'elles ne pourraient en donner qu'une bien faible idée. Je crois même qu'avec des yeux exercés, plus on a cru d'abord qu'elles vous ressemblaient, plus on y trouve après de différence : elles ont beau faire, beau y mettre tout ce qu'elles savent, il leur manque toujours d'être vous, et c'est positivement là qu'est le charme. Malheureusement, quand les journées sont si longues, et qu'on est désoccupé, on rêve, on fait des châteaux en Espagne[1], on se crée sa chimère ; peu à peu l'imagination s'exalte : on veut embellir son ouvrage, on rassemble tout ce qui peut plaire, on arrive enfin à la perfection ; et dès qu'on en est là, le portrait ramène au modèle, et on est tout étonné de voir qu'on n'a fait que songer à vous.

Dans ce moment même, je suis encore la dupe d'une erreur à peu près semblable. Vous croyez peut-être que c'était pour m'occuper de vous, que je me suis mis à vous écrire ? point du tout : c'était pour m'en distraire. J'avais cent choses à vous dire, dont vous n'étiez pas l'objet, qui comme vous savez, m'intéressent bien vivement ; et ce sont celles-là pourtant dont j'ai été distrait. Et depuis quand le charme de l'amitié distrait-il donc de celui de l'amour ? Ah ! si j'y regardais de bien près, peut-être aurais-je un petit reproche à me faire ! Mais chut ! oublions cette légère faute de peur d'y retomber ; et que mon amie elle-même l'ignore.

note

1. châteaux en Espagne : projets sans consistance ni réalisation.

Aussi pourquoi n'êtes-vous pas là pour me répondre, pour me ramener si je m'égare, pour me parler de ma Cécile, pour augmenter, s'il est possible, le bonheur que je goûte à l'aimer, par l'idée si douce que c'est votre amie que j'aime ? Oui, je l'avoue, l'amour qu'elle m'inspire m'est devenu plus précieux encore, depuis que vous avez bien voulu en recevoir la confidence. J'aime tant à vous ouvrir mon cœur, à occuper le vôtre de mes sentiments, à les y déposer sans réserve ! il me semble que je les chéris davantage, à mesure que vous daignez les recueillir ; et puis, je vous regarde et je me dis : C'est en elle qu'est renfermé tout mon bonheur.

Je n'ai rien de nouveau à vous apprendre sur ma situation. La dernière lettre que j'ai reçue d'*elle* augmente et assure mon espoir, mais le retarde encore. Cependant ses motifs sont si tendres et si honnêtes, que je ne puis l'en blâmer ni m'en plaindre. Peut-être n'entendez-vous pas trop bien ce que je vous dis là ; mais pourquoi n'êtes-vous pas ici ? Quoiqu'on dise tout à son amie, on n'ose pas tout écrire. Les secrets de l'amour, surtout, sont si délicats, qu'on ne peut les laisser aller ainsi sur leur bonne foi. Si quelquefois on leur permet de sortir, il ne faut pas au moins les perdre de vue ; il faut en quelque sorte les voir entrer dans leur nouvel asile. Ah ! revenez donc, mon adorable amie ; vous voyez bien que votre retour est nécessaire. Oubliez enfin les *mille raisons* qui vous retiennent où vous êtes, ou apprenez-moi à vivre où vous n'êtes pas.

J'ai l'honneur d'être, etc.

*Paris, ce 19 octobre 17**.*

Lettre 119

MADAME DE ROSEMONDE
À LA PRÉSIDENTE DE TOURVEL

Quoique je souffre encore beaucoup, ma chère Belle, j'essaie de vous écrire moi-même, afin de pouvoir vous parler de ce qui vous intéresse. Mon neveu garde toujours sa misanthropie[1]. Il envoie fort régulièrement savoir de mes nouvelles tous les jours ; mais il n'est pas venu une fois s'en informer lui-même, quoique je l'en ai fait prier : en sorte que je ne le vois pas plus que

note

1. **misanthropie** : humeur sombre qui porte à fuir la compagnie d'autrui.

s'il était à Paris. Je l'ai pourtant rencontré ce matin, où je ne l'attendais guère. C'est dans ma Chapelle, où je suis descendue pour la première fois depuis ma douloureuse incommodité. J'ai appris aujourd'hui que depuis quatre jours il y va régulièrement entendre la Messe. Dieu veuille que cela dure !

Quand je suis entrée, il est venu à moi, et m'a félicitée fort affectueusement sur le meilleur état de ma santé. Comme la Messe commençait, j'ai abrégé la conversation, que je comptais bien reprendre après ; mais il a disparu avant que j'ai pu le joindre. Je ne vous cacherai pas que je l'ai trouvé un peu changé. Mais, ma chère Belle, ne me faites pas repentir de ma confiance en votre raison, par des inquiétudes trop vives ; et surtout soyez sûre que j'aimerais encore mieux vous affliger, que vous tromper.

Si mon neveu continue à me tenir rigueur, je prendrai le parti, aussitôt que je serai mieux, de l'aller voir dans sa chambre ; et je tâcherai de pénétrer la cause de cette singulière manie, dans laquelle je crois bien que vous êtes pour quelque chose. Je vous manderai ce que j'aurai appris. Je vous quitte, ne pouvant plus remuer les doigts : et puis, si Adélaïde savait que j'ai écrit, elle me gronderait toute la soirée. Adieu, ma chère Belle.

*Du Château de…, ce 20 octobre 17**.*

Lettre 120

LE VICOMTE DE VALMONT AU PÈRE ANSELME

(Feuillant[1] du Couvent de la rue Saint-Honoré.)

Je n'ai pas l'honneur d'être connu de vous, Monsieur : mais je sais la confiance entière qu'a en vous Mme la Présidente de Tourvel, et je sais de plus combien cette confiance est dignement placée. Je crois donc pouvoir sans indiscrétion m'adresser à vous, pour en obtenir un service bien essentiel, vraiment digne de votre saint ministère[2], et où l'intérêt de Mme de Tourvel se trouve joint au mien.

J'ai entre les mains des papiers importants qui la concernent, qui ne peuvent être confiés à personne, et que je ne dois ni ne veux remettre

notes

1. ***Feuillant*** : nom d'un ordre monastique.
2. **ministère** : fonction du prêtre.

qu'entre ses mains. Je n'ai aucun moyen de l'en instruire, parce que des raisons, que peut-être vous aurez sues d'elle, mais dont je ne crois pas qu'il me soit permis de vous instruire, lui ont fait prendre le parti de refuser toute correspondance avec moi : parti que j'avoue volontiers aujourd'hui ne pouvoir blâmer, puisqu'elle ne pouvait prévoir des événements auxquels j'étais moi-même bien loin de m'attendre, et qui n'étaient possibles qu'à la force plus qu'humaine qu'on est forcé d'y reconnaître.

Je vous prie donc, Monsieur, de vouloir bien l'informer de mes nouvelles résolutions, et de lui demander pour moi une entrevue particulière, où je puisse au moins réparer, en partie, mes torts par mes excuses ; et, pour dernier sacrifice, anéantir à ses yeux les seules traces existantes d'une erreur ou d'une faute qui m'avait rendu coupable envers elle.

Ce ne sera qu'après cette expiation préliminaire, que j'oserai déposer à vos pieds l'humiliant aveu de mes longs égarements ; et implorer votre médiation pour une réconciliation bien plus importante encore, et malheureusement plus difficile[1]. Puis-je espérer, Monsieur, que vous ne me refuserez pas des soins si nécessaires et si précieux ? et que vous daignerez soutenir ma faiblesse, et guider mes pas dans un sentier nouveau, que je désire bien ardemment de suivre, mais que j'avoue, en rougissant, ne pas connaître encore ?

J'attends votre réponse avec l'impatience du repentir qui désire de réparer, et je vous prie de me croire avec autant de reconnaissance que de vénération,

Votre très humble, etc.

P.-S. Je vous autorise, Monsieur, au cas que vous le jugiez convenable, à communiquer cette Lettre en entier à Mme de Tourvel, que je me ferai toute ma vie un devoir de respecter, et en qui je ne cesserai jamais d'honorer celle dont le Ciel s'est servi pour ramener mon âme à la vertu, par le touchant spectacle de la sienne.

*Du Château de..., ce 22 octobre 17**.*

note

1. Valmont parle ici de son retour à la religion et de sa réconciliation avec Dieu.

Lettre 121

LA MARQUISE DE MERTEUIL AU CHEVALIER DANCENY

J'ai reçu votre Lettre, mon trop jeune ami ; mais avant de vous remercier, il faut que je vous gronde, et je vous préviens que si vous ne vous corrigez pas, vous n'aurez plus de réponse de moi. Quittez donc, si vous m'en croyez, ce ton de cajolerie, qui n'est plus que du jargon, dès qu'il n'est pas l'expression de l'amour. Est-ce donc là le style de l'amitié ? non, mon ami, chaque sentiment a son langage qui lui convient ; et se servir d'un autre, c'est déguiser la pensée qu'on exprime. Je sais bien que nos petites femmes n'entendent rien de ce qu'on peut leur dire, s'il n'est traduit, en quelque sorte, dans ce jargon d'usage ; mais je croyais mériter, je l'avoue, que vous me distinguassiez d'elles. Je suis vraiment fâchée, et peut-être plus que je ne devrais l'être, que vous m'ayez si mal jugée.

Vous ne trouverez donc dans ma Lettre que ce qui manque à la vôtre, franchise et simplesse[1]. Je vous dirai bien, par exemple, que j'aurais grand plaisir à vous voir, et que je suis contrariée de n'avoir auprès de moi que des gens qui m'ennuient, au lieu de gens qui me plaisent ; mais vous, cette même phrase, vous la traduisez ainsi : *Apprenez-moi à vivre où vous n'êtes pas ;* en sorte que quand vous serez, je suppose, auprès de votre Maîtresse, vous ne sauriez pas y vivre que je n'y sois en tiers. Quelle pitié ! et ces femmes, *à qui il manque toujours d'être moi*, vous trouvez peut-être aussi que cela manque à votre Cécile ! voilà pourtant où conduit un langage qui, par l'abus qu'on en fait aujourd'hui, est encore au-dessous du jargon des compliments, et ne devient plus qu'un simple protocole[2], auquel on ne croit pas davantage qu'au très humble serviteur !

Mon ami, quand vous m'écrivez, que ce soit pour me dire votre façon de penser et de sentir, et non pour m'envoyer des phrases que je trouverai, sans vous, plus ou moins bien dites dans le premier Roman du jour. J'espère que vous ne vous fâcherez pas de ce que je vous dis là, quand même vous y verriez un peu d'humeur ; car je ne nie pas d'en avoir : mais pour éviter jusqu'à l'air du défaut que je vous reproche, je ne vous dirai pas que cette humeur est peut-être un peu augmentée par l'éloignement où je suis de vous. Il me

notes

1. **simplesse :** simplicité, naturel.

2. **protocole :** formule de politesse.

semble qu'à tout prendre, vous valez mieux qu'un procès et deux Avocats, et peut-être même encore que *l'attentif* Belleroche.

Vous voyez qu'au lieu de vous désoler de mon absence, vous devriez vous en féliciter ; car jamais je ne vous avais fait un aussi beau compliment. Je crois que l'exemple me gagne, et que je veux dire aussi des cajoleries : mais non, j'aime mieux m'en tenir à ma franchise ; c'est donc elle seule qui vous assure de ma tendre amitié, et de l'intérêt qu'elle m'inspire. Il est fort doux d'avoir un jeune ami, dont le cœur est occupé ailleurs. Ce n'est pas là le système de toutes les femmes ; mais c'est le mien. Il me semble qu'on se livre, avec plus de plaisir, à un sentiment dont on ne peut rien avoir à craindre : aussi j'ai passé pour vous, d'assez bonne heure peut-être, au rôle de confidente. Mais vous choisissez vos Maîtresses si jeunes, que vous m'avez fait apercevoir pour la première fois, que je commence à être vieille ! C'est bien fait à vous de vous préparer ainsi une longue carrière de constance, et je vous souhaite de tout mon cœur qu'elle soit réciproque.

Vous avez raison de vous rendre *aux motifs tendres et honnêtes* qui, à ce que vous me mandez, *retardent votre bonheur.* La longue défense est le seul mérite qui reste à celles qui ne résistent pas toujours ; et ce que je trouverais impardonnable à toute autre qu'à une enfant comme la petite Volanges, serait de ne pas savoir fuir un danger, dont elle a été suffisamment avertie par l'aveu qu'elle a fait de son amour. Vous autres hommes, vous n'avez pas d'idées de ce qu'est la vertu, et de ce qu'il en coûte pour la sacrifier ! Mais pour peu qu'une femme raisonne, elle doit savoir qu'indépendamment de la faute qu'elle commet, une faiblesse est pour elle le plus grand des malheurs ; et je ne conçois pas qu'aucune s'y laisse jamais prendre, quand elle peut avoir un moment pour y réfléchir.

N'allez pas combattre cette idée, car c'est elle qui m'attache principalement à vous. Vous me sauverez des dangers de l'amour ; et quoique j'aie bien su sans vous m'en défendre jusqu'à présent, je consens à en avoir de la reconnaissance, et je vous en aimerai mieux et davantage.

Sur ce, mon cher Chevalier, je prie Dieu qu'il vous ait en sainte et digne garde.

*Du Château de…, ce 22 octobre 17**.*

Lettre 122

MADAME DE ROSEMONDE
À LA PRÉSIDENTE DE TOURVEL

J'espérais, mon aimable fille, pouvoir enfin calmer vos inquiétudes ; et je vois au contraire avec chagrin, que je vais les augmenter encore ! Calmez-vous cependant ; mon neveu n'est pas en danger : on ne peut pas même dire qu'il soit réellement malade. Mais il se passe sûrement en lui quelque chose d'extraordinaire. Je n'y comprends rien ; mais je suis sortie de sa chambre avec un sentiment de tristesse, peut-être même d'effroi, que je me reproche de vous faire partager, et dont cependant je ne puis m'empêcher de causer avec vous. Voici le récit de ce qui s'est passé : vous pouvez être sûre qu'il est fidèle ; car je vivrais quatre-vingts autres années, que je n'oublierais pas l'impression que m'a faite cette triste scène.

J'ai donc été ce matin chez mon neveu ; je l'ai trouvé écrivant, et entouré de différents tas de papiers, qui avaient l'air d'être l'objet de son travail. Il s'en occupait au point, que j'étais au milieu de sa chambre, qu'il n'avait pas encore tourné la tête pour savoir qui entrait. Aussitôt qu'il m'a aperçue, j'ai très bien remarqué qu'en se levant il s'efforçait de composer sa figure, et peut-être même est-ce là ce qui m'y a fait faire plus d'attention. Il était, à la vérité, sans toilette et sans poudre[1] ; mais je l'ai trouvé pâle et défait, et ayant surtout la physionomie altérée. Son regard, que nous avons vu si vif et si gai, était triste et abattu ; enfin, soit dit entre nous, je n'aurais pas voulu que vous le vissiez ainsi : car il avait l'air très touchant et très propre, à ce que je crois, à inspirer cette tendre pitié, qui est un des plus dangereux pièges de l'amour.

Quoique frappée de mes remarques, j'ai pourtant commencé la conversation comme si je ne m'étais aperçue de rien. Je lui ai d'abord parlé de sa santé, et sans me dire qu'elle soit bonne, il ne m'a point articulé pourtant qu'elle fût mauvaise. Alors je me suis plainte de sa retraite, qui avait un peu l'air d'une manie, et je tâchais de mêler un peu de gaieté à ma réprimande ; mais lui m'a répondu seulement, d'un ton pénétré : « C'est un tort de plus, je l'avoue ; mais il sera réparé avec les autres. » Son air, plus encore que ses discours, a un peu dérangé mon enjouement, et je me suis hâtée de lui dire qu'il mettait trop d'importance à un simple reproche de l'amitié.

note

1. Poudre que les hommes se mettaient sur les cheveux ou la perruque.

Nous nous sommes donc remis à causer tranquillement. Il m'a dit, peu de temps après, que peut-être une affaire, *la plus grande affaire de sa vie*, le rappellerait bientôt à Paris : mais comme j'avais peur de la deviner, ma chère Belle, et que ce début ne me menât à une confidence dont je ne voulais pas, je ne lui ai fait aucune question, et je me suis contentée de lui répondre que plus de dissipation[1] serait utile à sa santé. J'ai ajouté que, pour cette fois, je ne lui ferais aucune instance, aimant mes amis pour eux-mêmes ; c'est à cette phrase si simple, que serrant mes mains, et parlant avec une véhémence que je ne puis vous rendre : « Oui, ma tante, m'a-t-il dit, aimez, aimez beaucoup un neveu qui vous respecte et vous chérit ; et, comme vous dites, aimez-le pour lui-même. Ne vous affligez pas de son bonheur, et ne troublez, par aucun regret, l'éternelle tranquillité dont il espère jouir bientôt. Répétez-moi que vous m'aimez, que vous me pardonnez ; oui, vous me pardonnerez ; je connais votre bonté : mais comment espérer la même indulgence de ceux que j'ai tant offensés ? » Alors il s'est baissé sur moi, pour me cacher, je crois, des marques de douleur, que le son de sa voix me décelait malgré lui.

Émue plus que je ne puis vous dire, je me suis levée précipitamment ; et sans doute il a remarqué mon effroi ; car sur-le-champ, se composant[2] davantage : « Pardon, a-t-il repris, pardon, Madame, je sens que je m'égare malgré moi. Je vous prie d'oublier mes discours, et de vous souvenir seulement de mon profond respect. Je ne manquerai pas, a-t-il ajouté, d'aller vous en renouveler l'hommage avant mon départ. » Il m'a semblé que cette dernière phrase m'engageait à terminer ma visite ; et je me suis en allée, en effet.

Mais plus j'y réfléchis, et moins je devine ce qu'il a voulu dire. Quelle est cette affaire, *la plus grande de sa vie* ? à quel sujet me demande-t-il pardon ? d'où lui est venu cet attendrissement involontaire en me parlant ? Je me suis déjà fait ces questions mille fois ; sans pouvoir y répondre. Je ne vois même rien là qui ait rapport à vous : cependant, comme les yeux de l'amour sont plus clairvoyants que ceux de l'amitié, je n'ai voulu vous laisser rien ignorer de ce qui s'est passé entre mon neveu et moi.

Je me suis reprise à quatre fois pour écrire cette longue Lettre, que je ferais plus longue encore, sans la fatigue que je ressens. Adieu, ma chère Belle.

*Du Château de…, ce 25 octobre 17**.*

notes

1. **dissipation :** amusement, plaisir.

2. **se composant :** modifiant son attitude.

Lettre 123

LE PÈRE ANSELME
AU VICOMTE DE VALMONT

J'ai reçu, Monsieur le Vicomte, la Lettre dont vous m'avez honoré ; et dès hier, je me suis transporté, suivant vos désirs, chez la personne en question. Je lui ai exposé l'objet et les motifs de la démarche que vous demandiez de faire auprès d'elle. Quelque attachée que je l'ai trouvée au parti sage qu'elle avait pris d'abord, sur ce que je lui ai remontré qu'elle risquait peut-être par son refus de mettre obstacle à votre heureux retour, et de s'opposer ainsi, en quelque sorte, aux vues miséricordieuses de la Providence, elle a consenti à recevoir votre visite, à condition, toutefois, que ce sera la dernière, et m'a chargé de vous annoncer qu'elle serait chez elle Jeudi prochain, 28. Si ce jour ne pouvait pas vous convenir, vous voudrez bien l'en informer et lui en indiquer un autre. Votre Lettre sera reçue.

Cependant, Monsieur le Vicomte, permettez-moi de vous inviter à ne pas différer sans de fortes raisons, afin de pouvoir vous livrer plus tôt et plus entièrement aux dispositions louables que vous me témoignez. Songez que celui qui tarde à profiter du moment de la grâce, s'expose à ce qu'elle lui soit retirée ; que si la bonté divine est infinie, l'usage en est pourtant réglé par la justice ; et qu'il peut venir un moment où le Dieu de miséricorde se change en un Dieu de vengeance.

Si vous continuez à m'honorer de votre confiance, je vous prie de croire que tous mes soins vous seront acquis, aussitôt que vous le désirerez : quelque grandes que soient mes occupations, mon affaire la plus importante sera toujours de remplir les devoirs du saint Ministère, auquel je me suis particulièrement dévoué ; et le moment le plus beau de ma vie, celui où je verrai mes efforts prospérer par la bénédiction du Tout-Puissant. Faibles pécheurs que nous sommes, nous ne pouvons rien par nous-mêmes ! Mais le Dieu qui vous rappelle peut tout ; et nous devrons également à sa bonté, vous, le désir constant de vous rejoindre à lui, et moi, les moyens de vous y conduire. C'est avec son secours, que j'espère vous convaincre bientôt que la Religion sainte peut donner seule, même en ce monde, le bonheur solide et durable qu'on cherche vainement dans l'aveuglement des passions humaines.

J'ai l'honneur d'être, avec une respectueuse considération, etc.

*Paris, ce 25 octobre 17**.*

Lettre 124

LA PRÉSIDENTE DE TOURVEL
À MADAME DE ROSEMONDE

Au milieu de l'étonnement où m'a jetée, Madame, la nouvelle que j'ai apprise hier, je n'oublie pas la satisfaction qu'elle doit vous causer, et je me hâte de vous en faire part. M. de Valmont ne s'occupe plus ni de moi ni de son amour ; et ne veut plus que réparer, par une vie plus édifiante[1], les fautes ou plutôt les erreurs de sa jeunesse. J'ai été informée de ce grand événement par le Père Anselme, auquel il s'est adressé pour le diriger à l'avenir, et aussi pour lui ménager une entrevue avec moi, dont je juge que l'objet principal est de me rendre mes Lettres qu'il avait gardées jusqu'ici, malgré la demande contraire que je lui avais faite.

Je ne puis, sans doute, qu'applaudir à cet heureux changement, et m'en féliciter, si, comme il le dit, j'ai pu y concourir en quelque chose. Mais pourquoi fallait-il que j'en fusse l'instrument, et qu'il m'en coûtât le repos de ma vie ? Le bonheur de M. de Valmont ne pouvait-il arriver jamais que par mon infortune ? Oh ! mon indulgente amie, pardonnez-moi cette plainte. Je sais qu'il ne m'appartient pas de sonder les décrets de Dieu ; mais tandis que je lui demande sans cesse, et toujours vainement, la force de vaincre mon malheureux amour, il la prodigue à celui qui ne la lui demandait pas, et me laisse, sans secours, entièrement livrée à ma faiblesse.

Mais étouffons ce coupable murmure. Ne sais-je pas que l'Enfant prodigue, à son retour, obtint plus de grâces de son père, que le fils qui ne s'était jamais absenté[2] ? Quel compte avons-nous à demander à celui qui ne nous doit rien ? Et quand il serait possible que nous eussions quelques droits auprès de lui, quels pourraient être les miens ? Me vanterais-je d'une sagesse, que déjà je ne dois qu'à Valmont ? Il m'a sauvée, et j'oserais me plaindre en souffrant pour lui ! Non : mes souffrances me seront chères, si son bonheur en est le prix. Sans doute il fallait qu'il revînt à son tour au Père commun. Le Dieu qui l'a formé devait chérir son ouvrage. Il n'avait point créé cet être charmant, pour n'en faire qu'un réprouvé[3]. C'est à moi de porter la peine de

notes

1. **édifiante** : vertueuse.
2. Allusion à la parabole du Fils prodigue, dans l'*Évangile selon saint Luc* : le fils cadet demande sa part d'héritage à son père et s'en va la dissiper dans un pays lointain. Mais, rapidement ruiné, il retourne chez son père qui l'accueille à bras ouverts, suscitant ainsi la jalousie du fils aîné, resté dans la demeure paternelle.
3. **réprouvé** : personne rejetée par Dieu, maudite.

mon audacieuse imprudence ; ne devais-je pas sentir que, puisqu'il m'était défendu de l'aimer, je ne devais pas me permettre de le voir ?

Ma faute ou mon malheur est de m'être refusée trop longtemps à cette vérité. Vous m'êtes témoin, ma chère et digne amie, que je me suis soumise à ce sacrifice, aussitôt que j'en ai reconnu la nécessité ; mais, pour qu'il fût entier, il y manquait que M. de Valmont ne le partageât point. Vous avouerai-je que cette idée est à présent ce qui me tourmente le plus ? Insupportable orgueil, qui adoucit les maux que nous éprouvons, par ceux que nous faisons souffrir ! Ah ! je vaincrai ce cœur rebelle, je l'accoutumerai aux humiliations.

C'est surtout pour y parvenir que j'ai enfin consenti à recevoir, Jeudi prochain, la pénible visite de M. de Valmont. Là, je l'entendrai me dire lui-même que je ne lui suis plus rien, que l'impression faible et passagère que j'avais faite sur lui est entièrement effacée ! Je verrai ses regards se porter sur moi, sans émotion, tandis que la crainte de déceler la mienne me fera baisser les yeux. Ces mêmes Lettres qu'il refusa si longtemps à mes demandes réitérées, je les recevrai de son indifférence ; il me les remettra comme des objets inutiles, et qui ne l'intéressent plus ; et mes mains tremblantes, en recevant ce dépôt honteux, sentiront qu'il leur est remis d'une main ferme et tranquille ! Enfin, je le verrai s'éloigner... s'éloigner pour jamais, et mes regards qui le suivront, ne verront pas les siens se retourner sur moi !

Et j'étais réservée à tant d'humiliation ! Ah ! que du moins je me la rende utile, en me pénétrant par elle du sentiment de ma faiblesse. Oui, ces Lettres qu'il ne se soucie plus de garder, je les conserverai précieusement. Je m'imposerai la honte de les relire chaque jour, jusqu'à ce que mes larmes en aient effacé les dernières traces ; et les siennes, je les brûlerai comme infectées du poison dangereux qui a corrompu mon âme. Oh ! qu'est-ce donc que l'amour, s'il nous fait regretter jusqu'aux dangers auxquels il nous expose ; si surtout, on peut craindre de le ressentir encore, même alors qu'on ne l'inspire plus ! Fuyons cette passion funeste, qui ne laisse de choix qu'entre la honte et le malheur, et souvent même les réunit tous deux ; et qu'au moins la prudence remplace la vertu.

Que ce Jeudi est encore loin ! que ne puis-je consommer à l'instant ce douloureux sacrifice, et en oublier à la fois et la cause et l'objet ! Cette visite m'importune ; je me repens d'avoir promis. Hé ! qu'a-t-il besoin de me revoir encore ? que sommes-nous à présent l'un à l'autre ? S'il m'a offensée, je le lui pardonne. Je le félicite même de vouloir réparer ses torts ; je l'en loue. Je ferai plus, je l'imiterai ; et séduite par les mêmes erreurs, son exemple me ramènera. Mais quand son projet est de me fuir, pourquoi commencer par me chercher ? Le plus pressé pour chacun de nous, n'est-il pas d'oublier l'autre ? Ah ! sans doute, et ce sera dorénavant mon unique soin.

Si vous le permettez, mon aimable amie, ce sera auprès de vous que j'irai m'occuper de ce travail difficile. Si j'ai besoin de secours, peut-être même de consolation, je n'en veux recevoir que de vous. Vous seule savez m'entendre et parler à mon cœur. Votre précieuse amitié remplira toute mon existence. Rien ne me paraîtra difficile pour seconder les soins que vous voudrez bien vous donner. Je vous devrai ma tranquillité, mon bonheur, ma vertu ; et le fruit de vos bontés pour moi sera de m'en avoir enfin rendue digne.

Je me suis, je crois, beaucoup égarée dans cette Lettre ; je le présume au moins par le trouble où je n'ai pas cessé d'être en vous écrivant. S'il s'y trouvait quelques sentiments dont j'aie à rougir, couvrez-les de votre indulgente amitié. Je m'en remets entièrement à elle. Ce n'est pas à vous que je veux dérober aucun des mouvements de mon cœur.

Adieu, ma respectable amie. J'espère, sous peu de jours, vous annoncer celui de mon arrivée.

*Paris, ce 25 octobre 17**.*

Quatrième partie

Lettre 125

LE VICOMTE DE VALMONT
À LA MARQUISE DE MERTEUIL

La voilà donc vaincue, cette femme superbe qui avait osé croire qu'elle pourrait me résister ! Oui, mon amie, elle est à moi, entièrement à moi ; et depuis hier, elle n'a plus rien à m'accorder.

Je suis encore trop plein de mon bonheur, pour pouvoir l'apprécier, mais je m'étonne du charme inconnu que j'ai ressenti. Serait-il donc vrai que la vertu augmentât le prix d'une femme, jusque dans le moment même de sa faiblesse ? Mais reléguons cette idée puérile avec les contes de bonnes femmes. Ne rencontre-t-on pas presque partout une résistance plus ou moins bien feinte au premier triomphe ? et ai-je trouvé nulle part le charme dont je parle ? ce n'est pourtant pas non plus celui de l'amour ; car enfin, si j'ai eu quelquefois, auprès de cette femme étonnante, des moments de faiblesse qui ressemblaient à cette passion pusillanime[1], j'ai toujours su les vaincre et revenir à mes principes. Quand même la scène d'hier m'aurait, comme je le crois, emporté un peu plus loin que je ne comptais ; quand j'aurais, un

note

1. pusillanime : qui manque de force d'âme.

moment, partagé le trouble et l'ivresse que je faisais naître, cette illusion passagère serait dissipée à présent ; et cependant le même charme subsiste. J'aurais même, je l'avoue, un plaisir assez doux à m'y livrer, s'il ne me causait quelque inquiétude. Serai-je donc, à mon âge, maîtrisé comme un écolier, par un sentiment involontaire et inconnu ? Non : il faut, avant tout, le combattre et l'approfondir.

Peut-être, au reste, en ai-je déjà entrevu la cause ! Je me plais au moins dans cette idée, et je voudrais qu'elle fût vraie.

Dans la foule des femmes auprès desquelles j'ai rempli jusqu'à ce jour le rôle et les fonctions d'Amant, je n'en avais encore rencontré aucune qui n'eût, au moins, autant d'envie de se rendre, que j'en avais de l'y déterminer ; je m'étais même accoutumé à appeler *prudes* celles qui ne faisaient que la moitié du chemin, par opposition à tant d'autres, dont la défense provocante ne couvre jamais qu'imparfaitement les premières avances qu'elles ont faites.

Ici, au contraire, j'ai trouvé une première prévention défavorable et fondée depuis sur les conseils et les rapports d'une femme haineuse, mais clairvoyante ; une timidité naturelle et extrême, que fortifiait une pudeur éclairée ; un attachement à la vertu, que la Religion dirigeait, et qui comptait déjà deux années de triomphe, enfin des démarches éclatantes, inspirées par ces différents motifs et qui toutes n'avaient pour but que de se soustraire à mes poursuites.

Ce n'est pas, comme dans mes autres aventures, une simple capitulation plus ou moins avantageuse, et dont il est plus facile de profiter que de s'enorgueillir ; c'est une victoire complète, achetée par une campagne pénible, et décidée par de savantes manœuvres. Il n'est donc pas surprenant que ce succès, dû à moi seul, m'en devienne plus précieux ; et le surcroît de plaisir que j'ai éprouvé dans mon triomphe, et que je ressens encore, n'est que la douce impression du sentiment de la gloire. Je chéris cette façon de voir, qui me sauve l'humiliation de penser que je puisse dépendre en quelque manière de l'esclave même que je me serais asservie ; que je n'aie pas en moi seul la plénitude de mon bonheur ; et que la faculté de m'en faire jouir dans toute son énergie soit réservée à telle ou telle femme, exclusivement à toute autre.

Ces réflexions sensées régleront ma conduite dans cette importante occasion ; et vous pouvez être sûre que je ne me laisserai pas tellement enchaîner, que je ne puisse toujours briser ces nouveaux liens, en me jouant et à ma volonté. Mais déjà je vous parle de ma rupture, et vous ignorez encore par quels moyens j'en ai acquis le droit ; lisez donc, et voyez à quoi s'expose la sagesse, en essayant de secourir la folie. J'étudiais si attentivement mes discours et les réponses que j'obtenais, que j'espère vous rendre les uns et les autres avec une exactitude dont vous serez contente.

Vous verrez par les deux copies des Lettres ci-jointes*, quel médiateur j'avais choisi pour me rapprocher de ma Belle, et avec quel zèle le saint personnage s'est employé pour nous réunir. Ce qu'il faut vous dire encore, et que j'avais appris par une Lettre interceptée suivant l'usage, c'est que la crainte et la petite humiliation d'être quittée avaient un peu dérangé la prudence de l'austère Dévote et avaient rempli son cœur et sa tête de sentiments et d'idées, qui, pour n'avoir pas le sens commun, n'en étaient pas moins intéressants. C'est après ces préliminaires, nécessaires à savoir, qu'hier Jeudi 28, jour préfix[1] et donné par l'ingrate, je me suis présenté chez elle en esclave timide et repentant, pour en sortir en vainqueur couronné.

Il était six heures du soir quand j'arrivai chez la belle Recluse, car depuis son retour, sa porte était restée fermée à tout le monde. Elle essaya de se lever quand on m'annonça ; mais ses genoux tremblants ne lui permirent pas de rester dans cette situation : elle se rassit sur-le-champ. Comme le Domestique qui m'avait introduit eut quelque service à faire dans l'appartement, elle en parut impatientée. Nous remplîmes cet intervalle par les compliments[2] d'usage. Mais pour ne rien perdre d'un temps dont tous les moments étaient précieux, j'examinais soigneusement le local ; et dès lors, je marquai de l'œil le théâtre de ma victoire. J'aurais pu en choisir un plus commode : car, dans cette même chambre, il se trouvait une ottomane. Mais je remarquai qu'en face d'elle était un portrait du mari ; et j'eus peur, je l'avoue, qu'avec une femme si singulière, un seul regard que le hasard dirigerait de ce côté, ne détruisît en un moment l'ouvrage de tant de soins. Enfin, nous restâmes seuls et j'entrai en matière.

Après avoir exposé, en peu de mots, que le Père Anselme l'avait dû informer des motifs de ma visite, je me suis plaint du traitement rigoureux que j'avais éprouvé ; et j'ai particulièrement appuyé sur *le mépris* qu'on m'avait témoigné. On s'en est défendu, comme je m'y attendais ; et, comme vous vous y attendiez bien aussi, j'en ai fondé la preuve sur la méfiance et

* Lettres 120 et 123.

notes

1. **préfix** : fixé à l'avance.

2. **compliments** : formules de politesse.

l'effroi que j'avais inspirés, sur la fuite scandaleuse qui s'en était suivie, le refus de répondre à mes Lettres, celui même de les recevoir, etc., etc. Comme on commençait une justification qui aurait été bien facile, j'ai cru devoir l'interrompre ; et pour me faire pardonner cette manière brusque, je l'ai couverte aussitôt par une cajolerie. « Si tant de charmes, ai-je donc repris, ont fait sur mon cœur une impression si profonde, tant de vertus n'en ont pas moins fait sur mon âme. Séduit, sans doute, par le désir de m'en rapprocher, j'avais osé m'en croire digne. Je ne vous reproche point d'en avoir jugé autrement ; mais je me punis de mon erreur. » Comme on gardait le silence de l'embarras, j'ai continué : « J'ai désiré, Madame, ou de me justifier à vos yeux, ou d'obtenir de vous le pardon des torts que vous me supposez ; afin de pouvoir au moins terminer, avec quelque tranquillité, des jours auxquels je n'attache plus de prix, depuis que vous avez refusé de les embellir. »

Ici, on a pourtant essayé de répondre. « Mon devoir ne me permettait pas... » Et la difficulté d'achever le mensonge que le devoir exigeait n'a pas permis de finir la phrase. J'ai donc repris du ton le plus tendre : « Il est donc vrai que c'est moi que vous avez fui ? – Ce départ était nécessaire. – Et que vous m'éloignez de vous ? – Il le faut – Et pour toujours ? – Je le dois. » Je n'ai pas besoin de vous dire que pendant ce court dialogue, la voix de la tendre Prude était oppressée, et que ses yeux ne s'élevaient pas jusqu'à moi.

Je jugeai devoir animer un peu cette scène languissante ; ainsi, me levant avec l'air du dépit : « Votre fermeté, dis-je, alors, me rend toute la mienne. Hé bien ! oui, Madame, nous serons séparés, séparés même plus que vous ne pensez : et vous vous féliciterez à loisir de votre ouvrage. » Un peu surprise de ce ton de reproche, elle voulut répliquer. « La résolution que vous avez prise... dit-elle. – N'est que l'effet de mon désespoir, repris-je avec emportement. Vous avez voulu que je sois malheureux ; je vous prouverai que vous avez réussi au-delà de vos souhaits. – Je désire votre bonheur », répondit-elle. Et le son de sa voix commençait à annoncer une émotion assez forte. Aussi me précipitant à ses genoux, et du ton dramatique que vous me connaissez : « Ah ! cruelle, me suis-je écrié, peut-il exister pour moi un bonheur que vous ne partagiez pas ? Où donc le trouver loin de vous ? Ah ! jamais ! jamais ! » J'avoue qu'en me livrant à ce point j'avais beaucoup compté sur le secours des larmes : mais soit mauvaise disposition, soit peut-être seulement l'effet de l'attention pénible et continuelle que je mettais à tout, il me fut impossible de pleurer.

Par bonheur je me ressouvins que pour subjuguer une femme, tout moyen était également bon ; et qu'il suffisait de l'étonner par un grand mouvement, pour que l'impression en restât profonde et favorable. Je suppléai donc, par la terreur, à la sensibilité qui se trouvait en défaut ; et pour cela, changeant seulement l'inflexion de ma voix, et gardant la même posture : « Oui, continuai-je, j'en fais le serment à vos pieds, vous posséder ou mourir. » En prononçant ces dernières paroles, nos regards se rencontrèrent. Je ne sais ce que la timide personne vit ou crut voir dans les miens, mais elle se leva d'un air effrayé, et s'échappa de mes bras dont je l'avais entourée. Il est vrai que je ne fis rien pour la retenir : car j'avais remarqué plusieurs fois que les scènes de désespoir, menées trop vivement, tombaient dans le ridicule dès qu'elles devenaient longues, ou ne laissaient que des ressources vraiment tragiques, et que j'étais fort éloigné de vouloir prendre. Cependant, tandis qu'elle se dérobait à moi, j'ajoutai d'un ton bas et sinistre, mais de façon qu'elle pût m'entendre : « Hé bien ! la mort ! »

Je me relevai alors ; et gardant un moment le silence, je jetais sur elle, comme au hasard, des regards farouches qui, pour avoir l'air d'être égarés, n'en étaient pas moins clairvoyants et observateurs. Le maintien mal assuré, la respiration haute, la contraction de tous les muscles, les bras tremblants, et à demi élevés, tout me prouvait assez que l'effet était tel que j'avais voulu le produire ; mais, comme en amour rien ne se finit que de très près, et que nous étions alors assez loin l'un de l'autre, il fallait avant tout se rapprocher. Ce fut pour y parvenir, que je passai le plus tôt possible à une apparente tranquillité, propre à calmer les effets de cet état violent, sans en affaiblir l'impression.

Ma transition fut : « Je suis bien malheureux. J'ai voulu vivre pour votre bonheur, et je l'ai troublé. Je me dévoue pour votre tranquillité, et je la trouble encore. » Ensuite d'un air composé, mais contraint : « Pardon, Madame ; peu accoutumé aux orages des passions, je sais mal en réprimer les mouvements. Si j'ai eu tort de m'y livrer, songez au moins que c'est pour la dernière fois. Ah ! calmez-vous, calmez-vous, je vous en conjure. » Et pendant ce long discours je me rapprochais insensiblement. « Si vous voulez que je me calme, répondit la Belle effarouchée, vous-même soyez donc plus tranquille. – Hé bien ! oui, je vous le promets », lui dis-je. J'ajoutai d'une voix plus faible : « Si l'effort est grand, au moins ne doit-il pas être long. Mais, repris-je aussitôt d'un air égaré, je suis venu, n'est-il pas vrai, pour vous rendre vos Lettres ? De grâce, daignez les reprendre. Ce douloureux sacrifice me reste à faire ; ne me laissez rien qui puisse affaiblir mon courage. » Et tirant de ma poche le précieux recueil : « Le voilà, dis-je, ce dépôt trompeur des assurances de votre amitié ! Il m'attachait à la vie, reprenez-le. Donnez ainsi vous-même le signal qui doit me séparer de vous pour jamais. »

Ici l'Amante craintive céda entièrement à sa tendre inquiétude. « Mais, Monsieur de Valmont, qu'avez-vous, et que voulez-vous dire ? la démarche que vous faites aujourd'hui n'est-elle pas volontaire ? n'est-ce pas le fruit de vos propres réflexions ? et ne sont-ce pas elles qui vous ont fait approuver vous-même le parti nécessaire que j'ai suivi par devoir ? – Hé bien ! ai-je repris, ce parti a décidé le mien. – Et quel est-il ? – Le seul qui puisse, en me séparant de vous, mettre un terme à mes peines. – Mais, répondez-moi, quel est-il ? » Là, je la pressai de mes bras, sans qu'elle se défendît aucunement ; et jugeant par cet oubli des bienséances, combien l'émotion était forte et puissante : « Femme adorable, lui dis-je en risquant l'enthousiasme, vous n'avez pas d'idée de l'amour que vous inspirez ; vous ne saurez jamais jusqu'à quel point vous fûtes adorée, et de combien ce sentiment m'était plus cher que mon existence ! Puissent tous vos jours être fortunés et tranquilles ; puissent-ils s'embellir de tout le bonheur dont vous m'avez privé ! Payez au moins ce vœu sincère par un regret, par une larme ; et croyez que le dernier de mes sacrifices ne sera pas le plus pénible à mon cœur. Adieu. »

Tandis que je parlais ainsi, je sentais son cœur palpiter avec violence ; j'observais l'altération de sa figure ; je voyais surtout les larmes la suffoquer, et ne couler cependant que rares et pénibles. Ce ne fut qu'alors que je pris le parti de feindre de m'éloigner ; aussi me retenant avec force : « Non, écoutez-moi, dit-elle vivement. – Laissez-moi, répondis-je. – Vous m'écouterez, je le veux. – Il faut vous fuir, il le faut ! – Non ! » s'écria-t-elle... À ce dernier mot, elle se précipita ou plutôt tomba évanouie entre mes bras. Comme je doutais encore d'un si heureux succès, je feignis un grand effroi ; mais tout en m'effrayant, je la conduisais, ou la portais vers le lieu précédemment désigné pour le champ de ma gloire ; et en effet, elle ne revint à elle que soumise et déjà livrée à son heureux vainqueur.

Jusque-là, ma belle amie, vous me trouverez, je crois, une pureté de méthode qui vous fera plaisir ; et vous verrez que je ne me suis écarté en rien des vrais principes de cette guerre, que nous avons remarqué souvent être si semblable à l'autre. Jugez-moi donc comme Turenne[1] ou Frédéric[2]. J'ai forcé à combattre l'ennemi qui ne voulait que temporiser ; je me suis donné, par de savantes manœuvres, le choix du terrain et celui des dispositions ; j'ai su inspirer la sécurité à l'ennemi, pour le joindre plus facilement dans sa

notes

1. Turenne (1611-1675), maréchal de France sous Louis XIII et Louis XIV, qui connut de nombreux succès militaires.

2. Frédéric II (1712-1786), roi de Prusse, célèbre pour ses campagnes militaires.

retraite ; j'ai su y faire succéder la terreur, avant d'en venir au combat ; je n'ai rien mis au hasard, que par la considération d'un grand avantage en cas de succès, et la certitude des ressources en cas de défaite ; enfin, je n'ai engagé l'action qu'avec une retraite assurée, par où je pusse couvrir et conserver tout ce que j'avais conquis précédemment. C'est, je crois, tout ce qu'on peut faire ; mais je crains, à présent, de m'être amolli comme Annibal dans les délices de Capoue[1]. Voilà ce qui s'est passé depuis.

Je m'attendais bien qu'un si grand événement ne se passerait pas sans les larmes et le désespoir d'usage ; et si je remarquai d'abord un peu plus de confusion, et une sorte de recueillement, j'attribuai l'un et l'autre à l'état de Prude : aussi, sans m'occuper de ces légères différences que je croyais purement locales, je suivais simplement la grande route des consolations ; bien persuadé que, comme il arrive d'ordinaire, les sensations aideraient le sentiment, et qu'une seule action ferait plus que tous les discours, que pourtant je ne négligeais pas. Mais je trouvai une résistance vraiment effrayante, moins encore par son excès que par la forme sous laquelle elle se montrait.

Figurez-vous une femme assise, d'une raideur immobile, et d'une figure invariable ; n'ayant l'air ni de penser, ni d'écouter, ni d'entendre ; dont les yeux fixes laissent échapper des larmes assez continues, mais qui coulent sans effort. Telle était Mme de Tourvel, pendant mes discours ; mais si j'essayais de ramener son attention vers moi par une caresse, par le geste même le plus innocent, à cette apparente apathie succédaient aussitôt la terreur, la suffocation, les convulsions, les sanglots, et quelques cris par intervalles, mais sans un mot articulé.

Ces crises revinrent plusieurs fois, et toujours plus fortes ; la dernière même fut si violente, que j'en fus entièrement découragé et craignis un moment d'avoir remporté une victoire inutile. Je me rabattis sur les lieux communs d'usage ; et dans le nombre se trouva celui-ci : « Et vous êtes dans le désespoir, parce que vous avez fait mon bonheur ? » À ce mot, l'adorable femme se tourna vers moi ; et sa figure, quoique encore un peu égarée, avait pourtant déjà repris son expression céleste. « Votre bonheur », me dit-elle ! Vous devinez ma réponse. « Vous êtes donc heureux ? » Je redoublai les protesta-

note

1. Annibal ou Hannibal (247-183 av. J.-C), général et homme d'État carthaginois, qui, lors de la deuxième guerre Punique, fait passer son armée à travers les Alpes pour attaquer les troupes romaines qu'il bat au lac Trasimène en 217. Mais, au lieu de marcher sur Rome, il laisse ses troupes se reposer à Capoue, donnant aux Romains le temps de se reprendre.

tions. « Et heureux par moi ! » J'ajoutai les louanges et les tendres propos. Tandis que je parlais, tous ses membres s'assouplirent ; elle retomba avec mollesse, appuyée sur son fauteuil ; et m'abandonnant une main que j'avais osé prendre : « Je sens, dit-elle, que cette idée me console et me soulage. »

Vous jugez qu'ainsi remis sur la voie, je ne la quittai plus ; c'était réellement la bonne, et peut-être la seule. Aussi quand je voulus tenter un second succès, j'éprouvai d'abord quelque résistance, et ce qui s'était passé auparavant me rendait circonspect : mais ayant appelé à mon secours cette même idée de mon bonheur, j'en ressentis bientôt les favorables effets : « Vous avez raison, me dit la tendre personne ; je ne puis plus supporter mon existence, qu'autant qu'elle servira à vous rendre heureux. Je m'y consacre tout entière : dès ce moment je me donne à vous, et vous n'éprouverez de ma part ni refus ni regrets. » Ce fut avec cette candeur naïve ou sublime, qu'elle me livra sa personne et ses charmes, et qu'elle augmenta mon bonheur en le partageant. L'ivresse fut complète et réciproque ; et, pour la première fois, la mienne survécut au plaisir. Je ne sortis de ses bras que pour tomber à ses genoux, pour lui jurer un amour éternel ; et, il faut tout avouer, je pensais ce que je disais. Enfin, même après nous être séparés, son idée ne me quittait point, et j'ai eu besoin de me travailler pour m'en distraire.

Ah ! pourquoi n'êtes-vous pas ici, pour balancer[1] au moins le charme de l'action par celui de la récompense ? Mais je ne perdrai rien pour attendre, n'est-il pas vrai ? et j'espère pouvoir regarder, comme convenu entre nous, l'heureux arrangement que je vous ai proposé dans ma dernière Lettre. Vous voyez que je m'exécute, et que, comme je vous l'ai promis, mes affaires seront assez avancées pour pouvoir vous donner une partie de mon temps. Dépêchez-vous donc de renvoyer votre pesant Belleroche, et laissez là le doucereux Danceny pour ne vous occuper que de moi. Mais que faites-vous donc tant à cette campagne, que vous ne me répondez seulement pas ? Savez-vous que je vous gronderais volontiers ? Mais le bonheur porte à l'indulgence. Et puis je n'oublie pas qu'en me replaçant au nombre de vos soupirants, je dois me soumettre, de nouveau, à vos petites fantaisies. Souvenez-vous cependant que le nouvel Amant ne veut rien perdre des anciens droits de l'ami.

Adieu, comme autrefois... Oui, *adieu, mon Ange ! Je t'envoie tous les baisers de l'amour.*

note

1. balancer : contrebalancer.

P.-S. Savez-vous que Prévan, au bout de son mois de prison, a été obligé de quitter son Corps ? C'est aujourd'hui la nouvelle de tout Paris. En vérité, le voilà cruellement puni d'un tort qu'il n'a pas eu, et votre succès est complet !

*Paris, ce 29 octobre 17**.*

Lettre 126

MADAME DE ROSEMONDE À LA PRÉSIDENTE DE TOURVEL

Je vous aurais répondu plus tôt, mon aimable Enfant, si la fatigue de ma dernière Lettre ne m'avait rendu mes douleurs, ce qui m'a encore privée tous ces jours-ci de l'usage de mon bras. J'étais bien pressée de vous remercier des bonnes nouvelles que vous m'avez données de mon neveu, et je ne l'étais pas moins de vous en faire pour votre compte, de sincères félicitations. On est forcé de reconnaître véritablement là un coup de la Providence, qui, en touchant l'un, a aussi sauvé l'autre. Oui, ma chère Belle, Dieu qui ne voulait que vous éprouver, vous a secourue au moment où vos forces étaient épuisées ; et malgré votre petit murmure, vous avez, je crois, quelques actions de grâces à lui rendre. Ce n'est pas que je ne sente fort bien qu'il vous eût été plus agréable que cette résolution vous fût venue la première, et que celle de Valmont n'en eût été que la suite ; il semble même, humainement parlant, que les droits de notre sexe en eussent été mieux conservés, et nous ne voulons en perdre aucun ! Mais qu'est-ce que ces considérations légères, auprès des objets importants qui se trouvent remplis ? Voit-on celui qui se sauve du naufrage se plaindre de n'avoir pas eu le choix des moyens ?

Vous éprouverez bientôt, ma chère fille, que les peines que vous redoutez s'allégeront d'elles-mêmes ; et quand elles devraient subsister toujours et dans leur entier, vous n'en sentiriez pas moins qu'elles seraient encore plus faciles à supporter que les remords du crime et le mépris de soi-même. Inutilement, vous aurais-je parlé plus tôt avec cette apparente sévérité : l'amour est un sentiment indépendant, que la prudence peut faire éviter, mais qu'elle ne saurait vaincre ; et qui, une fois né, ne meurt que de sa belle mort ou du défaut absolu d'espoir. C'est ce dernier cas, dans lequel vous êtes, qui me rend le courage et le droit de vous dire librement mon avis. Il est cruel d'effrayer un malade désespéré, qui n'est plus susceptible que de consolations et de palliatifs[1] : mais il est sage d'éclairer un convalescent sur les dangers qu'il a courus, pour lui inspirer la prudence dont il a besoin, et la soumission aux conseils qui peuvent encore lui être nécessaires.

Puisque vous me choisissez pour votre Médecin, c'est comme tel que je vous parle, et que je vous dis que les petites incommodités que vous ressentez à présent, et qui peut-être exigent quelques remèdes, ne sont pourtant rien en comparaison de la maladie effrayante dont voilà la guérison assurée. Ensuite comme votre amie, comme l'amie d'une femme raisonnable et vertueuse, je me permettrai d'ajouter que cette passion, qui vous avait subjuguée, déjà si malheureuse par elle-même, le devenait encore plus par son objet. Si j'en crois ce qu'on m'en dit, mon neveu, que j'avoue aimer peut-être avec faiblesse, et qui réunit en effet beaucoup de qualités louables à beaucoup d'agréments, n'est ni sans danger pour les femmes, ni sans tort vis-à-vis d'elles, et met presque un prix égal à les séduire et à les perdre. Je crois bien que vous l'auriez converti. Jamais personne sans doute n'en fut plus digne : mais tant d'autres s'en sont flattées de même, dont l'espoir a été déçu, que j'aime bien mieux que vous n'en soyez pas réduite à cette ressource.

Considérez à présent, ma chère Belle, qu'au lieu de tant de dangers que vous auriez eu à courir, vous aurez, outre le repos de votre conscience et votre propre tranquillité, la satisfaction d'avoir été la principale cause de l'heureux retour de Valmont. Pour moi, je ne doute pas que ce ne soit, en grande partie, l'ouvrage de votre courageuse résistance, et qu'un moment de faiblesse de votre part n'eût peut-être laissé mon neveu dans un égarement éternel. J'aime à penser ainsi, et désire vous voir penser de même ; vous y trouverez vos premières consolations, et moi, de nouvelles raisons de vous aimer davantage.

Je vous attends ici sous peu de jours, mon aimable fille, comme vous me l'annoncez. Venez retrouver le calme et le bonheur dans les mêmes lieux où vous l'aviez perdu ; venez surtout vous réjouir avec votre tendre mère, d'avoir si heureusement tenu la parole que vous lui aviez donnée, de ne rien faire qui ne fût digne d'elle et de vous !

*Du Château de…, ce 30 octobre 17**.*

note

1. **palliatifs** : soins qui atténuent les effets d'une maladie sans la guérir.

Lettre 127

LA MARQUISE DE MERTEUIL AU VICOMTE DE VALMONT

Si je n'ai pas répondu, Vicomte, à votre Lettre du 19, ce n'est pas que je n'en aie eu le temps ; c'est tout simplement qu'elle m'a donné de l'humeur, et que je ne lui ai pas trouvé le sens commun[1]. J'avais donc cru n'avoir rien de mieux à faire que de la laisser dans l'oubli ; mais puisque vous revenez sur elle, que vous paraissez tenir aux idées qu'elle contient, et que vous prenez mon silence pour un consentement, il faut vous dire clairement mon avis.

J'ai pu avoir quelquefois la prétention de remplacer à moi seule tout un sérail ; mais il ne m'a jamais convenu d'en faire partie. Je croyais que vous saviez cela. Au moins, à présent que vous ne pouvez plus l'ignorer, vous jugerez facilement combien votre proposition a dû me paraître ridicule. Qui, moi ! je sacrifierais un goût, et encore un goût nouveau, pour m'occuper de vous ? Et pour m'en occuper comment ? en attendant à mon tour, et en esclave soumise, les sublimes faveurs de votre *Hautesse*. Quand, par exemple, vous voudrez vous distraire un moment de *ce charme inconnu* que *l'adorable, la céleste* Mme de Tourvel, vous a fait seule éprouver ou quand vous craindrez de compromettre, auprès *de l'attachante Cécile*, l'idée supérieure que vous êtes bien aise qu'elle conserve de vous : alors descendant jusqu'à moi, vous y viendrez chercher des plaisirs, moins vifs à la vérité, mais sans conséquence ; et vos précieuses bontés, quoique un peu rares, suffiront de reste[2] à mon bonheur !

Certes, vous êtes riche en bonne opinion de vous-même : mais apparemment je ne le suis pas en modestie ; car j'ai beau me regarder, je ne peux pas me trouver déchue jusque-là. C'est peut-être un tort que j'ai ; mais je vous préviens que j'en ai beaucoup d'autres encore.

J'ai surtout celui de croire que *l'écolier, le doucereux* Danceny, uniquement occupé de moi, me sacrifiant, sans s'en faire un mérite, une première passion, avant même qu'elle ait été satisfaite, et m'aimant enfin comme on aime à son âge, pourrait, malgré ses vingt ans, travailler plus efficacement que vous à mon bonheur et à mes plaisirs. Je me permettrai même d'ajouter que, s'il me venait en fantaisie de lui donner un adjoint, ce ne serait pas vous, au moins pour le moment.

notes

1. **sens commun :** raison, bon sens.

2. **de reste :** plus qu'il n'en faut.

Et par quelles raisons, m'allez-vous demander ? Mais d'abord il pourrait fort bien n'y en avoir aucune : car le caprice qui vous ferait préférer, peut également vous faire exclure. Je veux pourtant bien, par politesse, vous motiver mon avis. Il me semble que vous auriez trop de sacrifices à me faire ; et moi, au lieu d'en avoir la reconnaissance que vous ne manqueriez pas d'en attendre, je serais capable de croire que vous m'en devriez encore ! Vous voyez bien, qu'aussi éloignés l'un de l'autre par notre façon de penser, nous ne pouvons nous rapprocher d'aucune manière ; et je crains qu'il ne me faille beaucoup de temps, mais beaucoup, avant de changer de sentiment. Quand je serai corrigée, je vous promets de vous avertir. Jusque-là, croyez-moi, faites d'autres arrangements, et gardez vos baisers ; vous avez tant à les placer mieux !...

Adieu, comme autrefois, dites-vous ? Mais autrefois, ce me semble, vous faisiez un peu plus de cas de moi ; vous ne m'aviez pas destinée tout à fait aux troisièmes rôles ; et surtout vous vouliez bien attendre que j'eusse dit oui, avant d'être sûr de mon consentement. Trouvez donc bon qu'au lieu de vous dire aussi, adieu comme autrefois, je vous dise, adieu comme à présent.

Votre servante, Monsieur le Vicomte.

*Du Château de..., ce 31 octobre 17**.*

suite, p. 320

« Votre Lettre [...] m'a donné de l'humeur »

Lecture analytique de la Lettre 127, pp. 309-310.

Mme de Merteuil répond ici, avec un retard prémédité, à deux lettres de Valmont (Lettres 115 et 125), dans lesquelles le Vicomte se moquait de la liaison entre la Marquise et Danceny, vantait sa victoire sur Mme de Tourvel et surtout exigeait l'accomplissement du pacte passé à la Lettre 20 et qui stipulait que Mme de Merteuil se donnerait à lui sitôt qu'il lui aurait fourni des preuves de la chute de la Présidente. Il s'agit donc d'une lettre « d'humeur », dans laquelle l'épistolière réagit violemment, exprimant les mêmes revendications de liberté que dans sa lettre-manifeste (Lettre 81), tout en ne parvenant pas à dissimuler sa profonde jalousie. Son orgueil féminin tente alors de prendre sa revanche sur les fantasmes de supériorité masculine de Valmont qu'elle se plaît à humilier (celui-ci fera d'ailleurs profil bas dans sa réponse, Lettre 129).

Ce texte met en valeur la fonction impressive* de la lettre : Mme de Merteuil y pèse chaque mot pour établir un rapport de force avec son correspondant. On voit bien ici comment les relations se tendent entre les deux complices qui chercheront désormais à exercer l'un sur l'autre leur volonté de puissance. En voulant atteindre Valmont dans son image de libertin et en refusant d'honorer leur pacte, la Marquise met en marche l'engrenage fatal qui les conduira à l'autodestruction.

Les revendications de Mme de Merteuil

❶ Quels sont les mots ou les idées de Valmont cités dans cette lettre qui ont blessé Mme de Merteuil et auxquels elle réagit ?

* *Cf.* Lexique.

❷ Dans le 2e paragraphe, reprenez tous les termes par lesquels elle file la métaphore* du sérail et montrez comment elle la renverse à son avantage dans les 4e et 5e paragraphes.
❸ Quelle revendication la Marquise exprime-t-elle à travers cette métaphore ? Comment s'en sert-elle pour blesser Valmont ?
❹ Relevez le champ lexical de la liberté et montrez comment la Marquise la revendique.
❺ À travers quels termes Mme de Merteuil exprime-t-elle l'idée qu'elle se fait d'elle-même ?
❻ Comment sa jalousie se révèle-t-elle dans cette lettre ?

Les relations tendues entre les deux libertins

❼ Comment la Marquise instaure-t-elle un dialogue avec son correspondant ?
❽ Relevez tous les termes péjoratifs qui concernent Valmont.
❾ Quels tons emploie-t-elle pour s'adresser à lui ?
❿ Comment et à quelles fins Mme de Merteuil utilise-t-elle l'ironie dans cette lettre ?
⓫ Que veut-elle montrer au Vicomte en reprenant des citations de ses lettres précédentes ?
⓬ Relevez les termes et expressions par lesquels la Marquise compare Valmont et Danceny. Quel effet veut-elle produire sur le Vicomte ?
⓭ Comment et dans quel but Mme de Merteuil souligne-t-elle les écarts qui se sont créés entre Valmont et elle ?
⓮ Quelle réponse apporte-t-elle finalement à l'exigence de Valmont concernant le pacte ?

* *Cf.* Lexique.

Ironie au Siècle des Lumières

Lectures croisées et travaux d'écriture

Les origines de l'ironie comme procédé argumentatif remontent aux dialogues socratiques dans lesquels le philosophe feint l'ignorance et semble épouser d'abord le point de vue de l'adversaire, pour l'amener ensuite, par des questions apparemment naïves, à constater lui-même sa propre ignorance. L'ironie repose donc essentiellement sur le décalage et l'opposition : décalage entre ce que dit le locuteur et ce qu'il pense, entre sa fausse naïveté et sa perspicacité, entre la forme et le fond de son discours, entre la logique apparente et l'incohérence totale du propos, etc. Si elle fut si employée au XVIIIe siècle, c'est par goût du jeu d'esprit, du double sens, de la connivence entre ceux qui partagent codes et valeurs. Elle est devenue également une arme de choix dans la lutte des Lumières contre le pouvoir, l'intolérance et le fanatisme : face à la censure, les écrivains ont pu s'abriter derrière le sens premier de leurs textes, apparemment inoffensif. Mais les lecteurs plus avertis, surpris ou choqués par ces distorsions, dérangés par les aberrations logiques ou l'énormité des positions soutenues, prennent conscience de la dimension critique du texte : ces effets de rupture soulignent le dysfonctionnement des institutions, des individus, des systèmes de pensée. L'ironie se révèle donc particulièrement efficace dans la dénonciation, puisqu'elle amène le lecteur à découvrir par lui-même les failles ou les incohérences du point de vue adverse et à établir une complicité d'intelligence avec l'auteur.

Texte A : Lettre 127 des *Liaisons dangereuses* de Choderlos de Laclos (pp. 309-310).

Texte B : Montesquieu, *Lettres persanes*

Charles de Secondat, baron de La Brède et de Montesquieu (1689-1755), fut un des premiers penseurs des Lumières, remarquable par sa curiosité d'esprit : il voyagea énormément, s'intéressa aux sciences, à la philosophie, au droit, à la politique. L'ampleur de sa pensée se manifeste à travers son ouvrage majeur,* De l'esprit des lois *(1748), qui eut une grande influence sur les idées politiques du XVIIIe siècle.

Les* Lettres persanes *sont un roman épistolaire, paru anonymement en 1721, dans lequel deux Persans voyagent en Europe et échangent leurs impressions. Montesquieu utilise ici le détour par le regard étranger pour obliger son lecteur à voir autrement et remettre en question les coutumes et valeurs occidentales.

Lettre 24

Rica à Ibben, à Smyrne

[...]

Ne crois pas que je puisse, quant à présent, te parler à fond des mœurs et des coutumes européennes : je n'en ai moi-même qu'une légère idée, et je n'ai eu à peine que le temps de m'étonner.

Le roi de France est le plus puissant prince de l'Europe. Il n'a point de mines d'or comme le roi d'Espagne son voisin ; mais il a plus de richesses que lui, parce qu'il les tire de la vanité de ses sujets, plus inépuisable que les mines. On lui a vu entreprendre ou soutenir de grandes guerres, n'ayant d'autres fonds que des titres d'honneur à vendre ; et, par un prodige de l'orgueil humain, ses troupes se trouvaient payées, ses places munies[1], et ses flottes équipées.

D'ailleurs, ce roi est un grand magicien : il exerce son empire sur l'esprit même de ses sujets ; il les fait penser comme il veut. S'il n'a qu'un million d'écus dans son trésor, et qu'il en ait besoin de deux, il n'a qu'à leur persuader qu'un écu en vaut deux, et ils le croient. S'il a une guerre difficile à soutenir, et qu'il n'ait point d'argent, il n'a qu'à leur mettre dans la tête qu'un morceau de papier est de l'argent, et ils en sont aussitôt convaincus. Il va même jusqu'à leur faire croire qu'il les guérit de toutes sortes de maux en les touchant[2], tant est grande la force et la puissance qu'il a sur les esprits !

Ce que je dis de ce prince ne doit pas t'étonner : il y a un autre magicien plus fort que lui, qui n'est pas moins maître de son esprit, qu'il l'est lui-même de celui des autres. Ce magicien s'appelle le pape : tantôt il lui fait croire que trois ne sont qu'un[3] ; que le pain qu'on mange n'est pas du pain, ou que le vin qu'on boit n'est pas du vin[4] ; et mille autres choses de cette espèce.

Montesquieu, *Lettres persanes*, extrait de la Lettre 24, 1721.

1. ses places munies : ses places fortes équipées et défendues. **2.** Le roi de France passait pour guérir certaines maladies (les écrouelles, maladie de peau) le jour de son sacre. **3.** Allusion au dogme de la Trinité : un seul Dieu en trois personnes. **4.** Allusion à l'Eucharistie, où le pain et le vin deviennent le corps et le sang du Christ.

Texte C : Marivaux, *Le Spectateur français*

Pierre Carlet de Chamblain de Marivaux (1688-1763) ne fut pas seulement auteur de romans et de comédies, mais il a laissé également une abondante œuvre journalistique. Il édita trois journaux, dont* Le Spectateur français *(1721-1724), qui paraissait de façon irrégulière, en feuilles volantes. Il y proposait, sur un ton souvent désinvolte, des chroniques parisiennes, des observations prétextes à la réflexion.

***L'article suivant nous présente, dans une librairie, un lecteur âgé qui répond à un libraire lui proposant de lire quelques feuilles du* Spectateur.**

[...]

– Moi ! le lire, répondit-il ; non, je ne lis que du bon, du raisonnable, de l'instructif, et ce qu'il me faut n'est pas dans vos feuilles. Ce ne sont ordinairement que de petits ouvrages de jeunes gens qui ont quelque vivacité d'écolier, quelques saillies[1] plus étourdies que brillantes, et qui prennent les mauvaises contorsions de leur esprit pour des façons de penser légères, délicates et cavalières. Je n'en veux point, mon cher ; je ne suis point curieux d'originalités puériles.

– En effet, je suis du sentiment de Monsieur, dis-je alors, en me mêlant de la conversation ; il parle en homme sensé. Pures bagatelles que des feuilles ! La raison, le bon sens et la finesse peuvent-ils se trouver dans si peu de papier ? Ne faut-il pas un vaste terrain pour les contenir ? Un bon esprit s'avisa-t-il jamais de penser et d'écrire autrement qu'en gros volumes ? Jugez de quel poids peuvent être des idées enfermées dans une feuille d'impression que vous allez soulever d'un souffle ! Et quand même elles seraient raisonnables, ces idées, est-il de la dignité d'un personnage de cinquante ans, par exemple, de lire une feuille volante, un colifichet[2] ? Cela le travestit en petit jeune homme, et déshonore sa gravité ; il déroge[3]. Non, à cet âge-là, tout savant, tout homme d'esprit ne doit ouvrir que des in-folio[4], de gros tomes respectables par leur pesanteur, et qui, lorsqu'il les lit, le mettent en posture décente ; de sorte qu'à la vue du titre seul, et retournant chaque feuillet du gros livre, il puisse se dire

familièrement en lui-même : Voilà ce qu'il faut à un homme aussi sérieux que moi, et d'une aussi profonde réflexion. Là-dessus il se sent comme entouré d'une solitude philosophique, dans laquelle il goûte en paix le plaisir de penser qu'il se nourrit d'aliments spirituels, dont le goût n'appartient qu'aux raisons graves. Eh bien, monsieur, qu'en dites-vous ? N'est-ce pas là votre pensée ?
Ce discours surprit un peu mon homme. Il ne savait s'il devait se fâcher ou se taire ; je ne lui donnai pas le temps de se déterminer. Monsieur, lui dis-je encore, en lui présentant un assez gros livre que je tenais, voici un Traité de Morale. Le volume n'est pas extrêmement gros, et à la rigueur on pourrait le chicaner[5] sur la médiocrité de sa forme ; mais je vous conseille pourtant de lui faire grâce en faveur de sa matière ; c'est de la morale, et de la morale déterminée, toute crue. Malepeste[6] ! vous voyez bien que cela fait une lecture importante, et digne du flegme d'un homme sensé ; peut-être même la trouverez-vous ennuyeuse, et tant mieux ! À notre âge, il est beau de soutenir l'ennui que peut donner une matière naturellement froide, sérieuse, sans art, et scrupuleusement conservée dans son caractère. Si l'on avait du plaisir à la lire, cela gâterait tout. Voilà une plaisante morale que celle qui instruit agréablement ! Tout le monde peut s'instruire à ce prix-là, ce n'est pas là de quoi l'homme raisonnable doit être avide ; ce n'est pas tant l'utile qu'il lui faut, que l'honneur d'agir en homme capable de se fatiguer pour chercher cet utile, et la vaste sécheresse d'un gros livre fait justement son affaire.
Chacun a son goût, et je vois bien que vous n'êtes pas du mien, me dit alors le personnage qui se retira mécontent et décontenancé, et que peut-être notre conversation réconciliera dans la suite avec les brochures ; si ce n'est avec les miennes, qui peuvent ne le pas mériter, ce sera du moins avec celles des autres.

Marivaux, *Le Spectateur français*, extrait de la 6e feuille, 27 avril 1722.

1. saillies : traits d'esprit. **2. colifichet :** petit objet sans valeur. **3. déroge :** perd son rang. **4. in-folio :** livre relié (par opposition à la feuille volante). **5. chicaner :** critiquer sur des détails. **6.** *Malepeste* est un juron.

Texte D : Voltaire, *De l'horrible danger de la lecture*

François Marie Arouet, dit Voltaire (1694-1778), s'est illustré dans tous les combats du XVIIIe siècle pour la liberté de penser, la justice, la diffusion du savoir... Il s'engagea par ses nombreux écrits contre le fanatisme et l'obscurantisme et dut subir à maintes reprises censure et exil.

Ce texte est un pamphlet* écrit en 1765 ; l'imprimerie avait été introduite en Turquie au début du siècle, mais s'y trouvait en butte à de nombreuses oppositions. Voltaire se sert alors de la fiction orientale, mise à la mode par les* Lettres persanes *de Montesquieu, pour composer un chef-d'œuvre d'ironie.

Nous, *Joussouf Chéribi*, par la grâce de DIEU, mouphti[1] du Saint Empire ottoman, lumière des lumières, élu entre les élus, à tous les fidèles qui ces présentes verront, sottise et bénédiction.

Comme ainsi soit que *Saïd Effendi*, ci-devant ambassadeur de la Sublime Porte[2] vers un petit État nommé *Frankrom*, situé entre l'Espagne et l'Italie, a rapporté parmi nous le pernicieux usage de l'imprimerie, ayant consulté sur cette nouveauté nos vénérables frères les cadis[3] et imans[4] de la ville impériale de Stamboul, et surtout les fakirs[5] connus par leur zèle contre l'esprit, il a semblé bon à *Mahomet* et à nous de condamner, proscrire, anathématiser[6] ladite infernale invention de l'imprimerie, pour les causes ci-dessous énoncées.

1° Cette facilité de communiquer ses pensées tend évidemment à dissiper l'ignorance, qui est la gardienne et la sauvegarde des États bien policés[7].

2° Il est à craindre que, parmi les livres apportés d'Occident, il ne s'en trouve quelques-uns sur l'agriculture et sur les moyens de perfectionner les arts mécaniques, lesquels ouvrages pourraient à la longue (ce qu'à DIEU ne plaise) réveiller le génie de nos cultivateurs et de nos manufacturiers, exciter leur industrie, augmenter leurs richesses, et leur inspirer un jour quelque élévation d'âme, quelque amour du bien public, sentiments absolument opposés à la saine doctrine.

3° Il arriverait à la fin que nous aurions des livres d'histoire dégagés du merveilleux qui entretient la nation dans une heureuse stupidité ; on aurait dans ces livres l'imprudence de rendre justice aux bonnes et aux mauvaises actions, et de recommander l'équité et l'amour de la patrie, ce qui est visiblement contraire aux droits de notre place.

4° Il se pourrait dans la suite des temps que de misérables philosophes, sous le prétexte spécieux[8], mais punissable, d'éclairer les hommes et de les rendre meilleurs, viendraient nous enseigner des vertus dangereuses, dont le peuple ne doit jamais avoir de connaissance.

5° Ils pourraient, en augmentant le respect qu'ils ont pour DIEU, et en imprimant scandaleusement qu'il remplit tout de sa présence, diminuer le nombre des pèlerins de La Mecque, au grand détriment du salut des âmes.

* *Cf.* Lexique

6° Il arriverait souvent qu'à force de lire les auteurs occidentaux qui ont traité des maladies contagieuses, et de la manière de les prévenir, nous serions assez malheureux pour nous garantir de la peste, ce qui serait un attentat énorme contre les ordres de la Providence.

À ces causes et autres, pour l'édification[9] des fidèles, et pour le bien de leurs âmes, nous leur défendons de jamais lire aucun livre, sous peine de damnation éternelle. Et de peur que la tentation diabolique ne leur prenne de s'instruire, nous défendons aux pères et aux mères d'enseigner à lire à leurs enfants. Et pour prévenir toute contravention à notre ordonnance, nous leur défendons expressément de penser, sous les mêmes peines ; enjoignons à tous les vrais croyants de dénoncer à notre officialité[10] quiconque aurait prononcé quatre phrases liées ensemble, desquelles on pourrait inférer[11] un sens clair et net. Ordonnons que dans toutes les conversations on ait à se servir de termes qui ne signifient rien, selon l'ancien usage de la Sublime-Porte.

[...]

Donné dans notre palais de la stupidité, le 7 de la lune de Muharem, l'an 1143 de l'hégire[12].

Voltaire, extrait de *De l'horrible danger de la lecture*, 1765.

1. **mouphti** : *mufti* ou *muphti* ; chef religieux dans la religion musulmane.
2. **Sublime-Porte** : Empire ottoman. 3. **cadis** : juges. 4. **imans** : responsables religieux.
5. **fakirs** : ascètes musulmans, proches des moines dans le christianisme.
6. **anathématiser** : déclarer hérétique, excommunier. 7. **policés** : bien administrés, civilisés.
8. **spécieux** : faux, illusoire. 9. **édification** : éducation en vue de la morale et de la vertu.
10. **officialité** : tribunal religieux. 11. **inférer** : tirer. 12. ***hégire*** : début de l'ère musulmane (an 622 de l'ère chrétienne) qui marque le départ de Mahomet de La Mecque pour Médine.

Corpus

Texte A : Lettre 127 des *Liaisons dangereuses* de Choderlos de Laclos (pp. 309-310).

Texte B : Extrait de la Lettre 24 des *Lettres persanes* de Montesquieu (pp. 314-315).

Texte C : Extrait de la 6e feuille du *Spectateur français* de Marivaux (pp. 315-316).

Texte D : Extrait de *De l'horrible danger de la lecture* de Voltaire (pp. 316-318).

Examen des textes

❶ Quels intérêts présente pour Montesquieu et Voltaire (textes B et D) le fait de passer par un point de vue étranger ?
❷ Quel effet produisent les paroles de Marivaux (texte C) sur son interlocuteur ? Expliquez ses réactions.
❸ Quelle conception Marivaux (texte C) se fait-il d'un « bon livre » ?
❹ Quels sont les signes qui indiquent au lecteur que le texte de Voltaire (texte D) n'est pas « sérieux » ?

Travaux d'écriture

Question préliminaire
Relevez les procédés de l'ironie dans les quatre extraits et classez-les en montrant comment ils agissent sur le lecteur.

Commentaire
Vous ferez le commentaire de l'extrait de *De l'horrible danger de la lecture* de Voltaire (texte D).

Dissertation
Voltaire affirme : « *Les meilleurs livres sont ceux dont le lecteur fait lui-même la moitié.* » Vous montrerez dans quelle mesure le point de vue de Voltaire trouve toute sa pertinence dans la littérature d'argumentation, en vous appuyant sur les textes du corpus et vos lectures personnelles.

Écriture d'invention
Un journaliste contemporain veut défendre le principe du repos dominical et décide pour cela d'imiter Voltaire, en rédigeant un édit ironique. Vous écrirez ce texte en respectant la forme de l'édit et en exploitant toutes les ressources de l'ironie.

Lettre 128

LA PRÉSIDENTE DE TOURVEL À MADAME DE ROSEMONDE

Je n'ai reçu qu'hier, Madame, votre tardive réponse. Elle m'aurait tuée sur-le-champ, si j'avais eu encore mon existence en moi : mais un autre en est possesseur ; et cet autre est M. de Valmont. Vous voyez que je ne vous cache rien. Si vous devez ne me plus trouver digne de votre amitié, je crains moins encore de la perdre que de la surprendre[1]. Tout ce que je puis vous dire, c'est que, placée par M. de Valmont entre sa mort ou son bonheur, je me suis décidée pour ce dernier parti. Je ne m'en vante, ni ne m'en accuse : je dis simplement ce qui est.

Vous sentirez aisément, d'après cela, quelle impression a dû me faire votre Lettre, et les vérités sévères qu'elle contient. Ne croyez pas cependant qu'elle ait pu faire naître un regret en moi, ni qu'elle puisse jamais me faire changer de sentiment ni de conduite. Ce n'est pas que je n'aie des moments cruels ; mais quand mon cœur est le plus déchiré, quand je crains de ne pouvoir plus supporter mes tourments, je me dis : Valmont est heureux ; et tout disparaît devant cette idée, ou plutôt elle change tout en plaisirs.

C'est donc à votre neveu que je me suis consacrée ; c'est pour lui que je me suis perdue. Il est devenu le centre unique de mes pensées, de mes sentiments, de mes actions. Tant que ma vie sera nécessaire à son bonheur, elle me sera précieuse, et je la trouverai fortunée. Si quelque jour il en juge autrement... il n'entendra de ma part ni plainte ni reproche. J'ai déjà osé fixer les yeux sur ce moment fatal et mon parti est pris.

Vous voyez à présent combien peu doit m'affecter la crainte que vous paraissez avoir, qu'un jour M. de Valmont ne me perde : car avant de le vouloir, il aura donc cessé de m'aimer ; et que me feront alors de vains reproches que je n'entendrai pas ? Seul, il sera mon juge. Comme je n'aurai vécu que pour lui, ce sera en lui que reposera ma mémoire ; et s'il est forcé de reconnaître que je l'aimais, je serai suffisamment justifiée.

Vous venez, Madame, de lire dans mon cœur. J'ai préféré le malheur de perdre votre estime, par ma franchise, à celui de m'en rendre indigne par l'avilissement du mensonge. J'ai cru devoir cette entière confiance à vos

note

1. **surprendre :** tromper.

anciennes bontés pour moi. Ajouter un mot de plus pourrait vous faire soupçonner que j'ai l'orgueil d'y compter encore, quand au contraire je me rends justice en cessant d'y prétendre. Je suis avec respect, Madame, votre très humble et très obéissante servante.

Paris, ce 1er novembre 17★★.

Lettre 129

LE VICOMTE DE VALMONT À LA MARQUISE DE MERTEUIL

Dites-moi donc, ma belle amie, d'où peut venir ce ton d'aigreur et de persiflage qui règne dans votre dernière Lettre ? Quel est donc ce crime que j'ai commis, apparemment sans m'en douter, et qui vous donne tant d'humeur ? J'ai eu l'air, me reprochez-vous, de compter sur votre consentement avant de l'avoir obtenu : mais je croyais que ce qui pourrait paraître de la présomption pour tout le monde ne pouvait jamais être pris, de vous à moi, que pour de la confiance ; et depuis quand ce sentiment nuit-il à l'amitié ou à l'amour ? En réunissant l'espoir au désir, je n'ai fait que céder à l'impulsion naturelle, qui nous fait nous placer toujours le plus près possible du bonheur que nous cherchons ; et vous avez pris pour l'effet de l'orgueil ce qui ne l'était que de mon empressement. Je sais fort bien que l'usage a introduit, dans ce cas, un doute respectueux : mais vous savez aussi que ce n'est qu'une forme, un simple protocole ; et j'étais, ce me semble, autorisé à croire que ces précautions minutieuses n'étaient plus nécessaires entre nous.

Il me semble même que cette marche franche et libre, quand elle est fondée sur une ancienne liaison, est bien préférable à l'insipide cajolerie, qui affadit[1] si souvent l'amour. Peut-être, au reste, le prix que je trouve à cette manière ne vient-il que de celui que j'attache au bonheur qu'elle me rappelle : mais par là même, il me serait plus pénible encore de vous voir en juger autrement.

Voilà pourtant le seul tort que je me connaisse : car je n'imagine pas que vous ayez pu penser sérieusement qu'il existât une femme dans le monde, qui me parût préférable à vous ; et encore moins, que j'aie pu vous apprécier aussi mal que vous feignez de le croire. Vous vous êtes regardée, me dites-vous, à

note

1. affadit : rend fade.

ce sujet, et vous ne vous êtes pas trouvée déchue à ce point. Je le crois bien, et cela prouve seulement que votre miroir est fidèle. Mais n'auriez-vous pas pu en conclure, avec plus de facilité et de justice, qu'à coup sûr je n'avais pas jugé ainsi de vous ?

Je cherche vainement une cause à cette étrange idée. Il me semble pourtant qu'elle tient, de plus ou moins près, aux éloges que je me suis permis de donner à d'autres femmes. Je l'infère[1] au moins de votre affectation à relever les épithètes *d'adorable, de céleste, d'attachante*, dont je me suis servi en vous parlant de Mme de Tourvel, ou de la petite Volanges. Mais ne savez-vous pas que ces mots, plus souvent pris au hasard que par réflexion, expriment moins le cas que l'on fait de la personne, que la situation dans laquelle on se trouve quand on en parle ? Et si, dans le moment même où j'étais si vivement affecté ou par l'une ou par l'autre, je ne vous en désirais pourtant pas moins ; si je vous donnais une préférence marquée sur toutes deux, puisque enfin je ne pouvais renouveler notre première liaison qu'au préjudice des deux autres, je ne crois pas qu'il y ait là si grand sujet de reproche.

Il ne me sera pas plus difficile de me justifier sur *le charme inconnu* dont vous me paraissiez aussi un peu choquée : car d'abord, de ce qu'il est inconnu, il ne s'ensuit pas qu'il soit plus fort. Hé ! qui pourrait l'emporter sur les délicieux plaisirs que vous seule savez rendre toujours nouveaux, comme toujours plus vifs ? J'ai donc voulu dire seulement que celui-là était d'un genre que je n'avais pas encore éprouvé ; mais sans prétendre lui assigner de classe ; et j'avais ajouté, ce que je répète aujourd'hui, que, quel qu'il soit, je saurai le combattre et le vaincre. J'y mettrai bien plus de zèle encore, si je peux voir dans ce léger travail un hommage à vous offrir.

Pour la petite Cécile, je crois bien inutile de vous en parler. Vous n'avez pas oublié que c'est à votre demande que je me suis chargé de cette enfant, et je n'attends que votre congé[2] pour m'en défaire. J'ai pu remarquer son ingénuité et sa fraîcheur ; j'ai pu même la croire un moment *attachante*, parce que, plus ou moins, on se complaît toujours un peu dans son ouvrage : mais assurément, elle n'a assez de consistance en aucun genre, pour fixer en rien l'attention.

À présent, ma belle amie, j'en appelle à votre justice, à vos premières bontés pour moi ; à la longue et parfaite amitié, à l'entière confiance qui

notes

1. l'infère : la déduis.

2. congé : permission.

depuis ont resserré nos liens : ai-je mérité le ton rigoureux que vous prenez avec moi ? Mais qu'il vous sera facile de m'en dédommager quand vous voudrez ! Dites seulement un mot, et vous verrez si tous les charmes et tous les attachements me retiendront ici, non pas un jour, mais une minute. Je volerai à vos pieds et dans vos bras, et je vous prouverai, mille fois et de mille manières, que vous êtes, que vous serez toujours, la véritable souveraine de mon cœur.

Adieu, ma belle amie ; j'attends votre Réponse avec beaucoup d'empressement.

*Paris, ce 3 novembre 17**.*

Lettre 130

MADAME DE ROSEMONDE
À LA PRÉSIDENTE DE TOURVEL

Et pourquoi, me chère Belle, ne voulez-vous plus être ma fille ? pourquoi semblez-vous m'annoncer que toute correspondance va être rompue entre nous ? Est-ce pour me punir de n'avoir pas deviné ce qui était contre toute vraisemblance ? ou me soupçonnez-vous de vous avoir affligée volontairement ? Non, je connais trop bien votre cœur, pour croire qu'il pense ainsi du mien. Aussi la peine que m'a faite votre lettre est-elle bien moins relative à moi qu'à vous-même !

Ô ma jeune amie ! je vous le dis avec douleur ; mais vous êtes bien trop digne d'être aimée, pour que jamais l'amour vous rende heureuse. Hé ! quelle femme vraiment délicate et sensible n'a pas trouvé l'infortune dans ce même sentiment qui lui promettait tant de bonheur ! Les hommes savent-ils apprécier la femme qu'ils possèdent ?

Ce n'est pas que plusieurs ne soient honnêtes dans leurs procédés, et constants dans leur affection : mais, parmi ceux-là même, combien peu savent encore se mettre à l'unisson de notre cœur ! Ne croyez pas, ma chère Enfant, que leur amour soit semblable au nôtre. Ils éprouvent bien la même ivresse ; souvent même ils y mettent plus d'emportement : mais ils ne connaissent pas cet empressement inquiet, cette sollicitude délicate, qui produit en nous ces soins tendres et continus, et dont l'unique but est toujours l'objet aimé. L'homme jouit du bonheur qu'il ressent, et la femme de celui qu'elle procure. Cette différence, si essentielle et si peu remarquée, influe pourtant, d'une manière bien sensible, sur la totalité de leur conduite respective. Le plaisir de l'un est de satisfaire des désirs, celui de l'autre est surtout de les faire naître. Plaire, n'est pour lui qu'un moyen de succès ; tandis que pour elle, c'est le succès lui-même. Et la coquetterie, si souvent reprochée aux femmes, n'est autre chose que l'abus de cette façon de sentir, et par là même en prouve la réalité. Enfin, ce goût exclusif, qui caractérise particulièrement l'amour, n'est dans l'homme qu'une préférence, qui sert, au plus, à augmenter un plaisir, qu'un autre objet affaiblirait peut-être, mais ne détruirait pas ; tandis que dans les femmes, c'est un sentiment profond, qui non seulement anéantit tout désir étranger, mais qui, plus fort que la nature, et soustrait à son empire, ne leur laisse éprouver que répugnance et dégoût, là même où semble devoir naître la volupté.

Et n'allez pas croire que des exceptions plus ou moins nombreuses, et qu'on peut citer, puissent s'opposer avec succès à ces vérités générales ! Elles ont pour garant la voix publique, qui, pour les hommes seulement, a distingué l'infidélité de l'inconstance : distinction dont ils se prévalent[1], quand ils devraient en être humiliés ; et qui, pour notre sexe, n'a jamais été adoptée que par ces femmes dépravées qui en font la honte, et à qui tout moyen paraît bon, qu'elles espèrent pouvoir les sauver du sentiment pénible de leur bassesse.

J'ai cru, ma chère Belle, qu'il pourrait vous être utile d'avoir ces réflexions à opposer aux idées chimériques d'un bonheur parfait, dont l'amour ne manque jamais d'abuser notre imagination ; espoir trompeur, auquel on tient encore, même alors qu'on se voit forcé de l'abandonner, et dont la perte irrite et multiplie les chagrins déjà trop réels, inséparables d'une passion vive ! Cet emploi d'adoucir vos peines ou d'en diminuer le nombre est le seul que je veuille, que je puisse remplir en ce moment. Dans les maux sans remèdes, les conseils ne peuvent plus porter que sur le régime. Ce que je vous demande seulement, c'est de vous souvenir que plaindre un malade, ce n'est pas le blâmer. Eh ! qui sommes-nous, pour nous blâmer les uns les autres ? Laissons le droit de juger à celui-là seul qui lit dans les cœurs[2] ; et j'ose même croire qu'à ses yeux paternels, une foule de vertus peut racheter une faiblesse.

Mais, je vous en conjure, ma chère amie, défendez-vous surtout de ces résolutions violentes, qui annoncent moins la force qu'un entier découragement : n'oubliez pas qu'en rendant un autre possesseur de votre existence,

notes

1. **se prévalent** : tirent avantages.

2. **celui-là seul qui lit dans les cœurs** : Dieu.

pour me servir de votre expression, vous n'avez pas pu cependant frustrer vos amis de ce qu'ils en possédaient à l'avance, et qu'ils ne cesseront jamais de réclamer.

Adieu, ma chère fille ; songez quelquefois à votre tendre mère et croyez que vous serez toujours, et par-dessus tout, l'objet de ses plus chères pensées.

*Du Château de…, ce 4 novembre 17**.*

Lettre 131

LA MARQUISE DE MERTEUIL AU VICOMTE DE VALMONT

À la bonne heure, Vicomte, et je suis plus contente de vous cette fois-ci que l'autre ; mais à présent, causons de bonne amitié et j'espère vous convaincre que, pour vous comme pour moi, l'arrangement que vous paraissez désirer serait une véritable folie.

N'avez-vous pas encore remarqué que le plaisir, qui est bien en effet l'unique mobile de la réunion des deux sexes, ne suffit pourtant pas pour former une liaison entre eux ? et que, s'il est précédé du désir qui rapproche, il n'est pas moins suivi du dégoût qui repousse ? C'est une loi de la nature, que l'amour seul peut changer ; et de l'amour, en a-t-on quand on veut ? Il en faut pourtant toujours : et cela serait vraiment fort embarrassant, si on ne s'était pas aperçu qu'heureusement, il suffisait qu'il en existât d'un côté. La difficulté est devenue par là de moitié moindre, et même sans qu'il y ait eu beaucoup à perdre ; en effet, l'un jouit du bonheur d'aimer, l'autre de celui de plaire, un peu moins vif à la vérité, mais auquel se joint le plaisir de tromper, ce qui fait équilibre ; et tout s'arrange.

Mais, dites-moi, Vicomte, qui de nous deux se chargera de tromper l'autre ? Vous savez l'histoire de ces deux fripons qui se reconnurent en jouant : Nous ne nous ferons rien, se dirent-ils, payons les cartes par moitié ; et ils quittèrent la partie. Suivons, croyez-moi, ce prudent exemple, et ne perdons pas ensemble un temps que nous pouvons si bien employer ailleurs.

Pour vous prouver qu'ici votre intérêt me décide autant que le mien, et que je n'agis ni par humeur, ni par caprice, je ne vous refuse pas le prix convenu entre nous : je sens à merveille que pour une seule soirée nous nous suffirons de reste ; et je ne doute même pas que nous ne sachions assez l'embellir pour ne la voir finir qu'à regret. Mais n'oublions pas que ce regret est nécessaire au bonheur ; et quelque douce que soit notre illusion, n'allons pas croire qu'elle puisse être durable.

Vous voyez que je m'exécute à mon tour, et cela, sans que vous vous soyez encore mis en règle avec moi ; car enfin je devais avoir la première Lettre de la céleste Prude ; et pourtant, soit que vous y teniez encore, soit que vous ayez oublié les conditions d'un marché, qui vous intéresse peut-être moins que vous ne voulez me le faire croire, je n'ai rien reçu, absolument rien. Cependant, ou je me trompe, ou la tendre Dévote doit beaucoup écrire : car que ferait-elle quand elle est seule ? Elle n'a sûrement pas le bon esprit de se distraire. J'aurais donc, si je voulais, quelques petits reproches à vous faire ; mais je les passe sous silence, en compensation d'un peu d'humeur que j'ai eu peut-être dans ma dernière Lettre.

À présent, Vicomte, il ne me reste plus qu'à vous faire une demande ; et elle est encore autant pour vous que pour moi : c'est de différer un moment que je désire peut-être autant que vous, mais dont il me semble que l'époque doit être retardée jusqu'à mon retour à la Ville. D'une part, nous n'aurions pas ici la liberté nécessaire ; et, de l'autre, j'y aurais quelque risque à courir : car il ne faudrait qu'un peu de jalousie, pour me rattacher de plus belle ce triste Belleroche, qui pourtant ne tient plus qu'à un fil. Il en est déjà à se battre les flancs pour m'aimer ; c'est au point, qu'à présent je mets autant de malice que de prudence dans les caresses dont je le surcharge. Mais, en même temps, vous voyez bien que ce ne serait pas là un sacrifice à vous faire ! une infidélité réciproque rendra le charme bien plus puissant.

Savez-vous que je regrette quelquefois que nous en soyons réduits à ces ressources ! Dans le temps où nous nous aimions, car je crois que c'était de l'amour, j'étais heureuse ; et vous, Vicomte ?... Mais pourquoi s'occuper encore d'un bonheur qui ne peut revenir ? Non, quoi que vous en disiez, c'est un retour impossible. D'abord, j'exigerais des sacrifices que sûrement vous ne pourriez ou ne voudriez pas me faire, et qu'il se peut bien que je ne mérite pas ; et puis, comment vous fixer ? Oh ! non, non, je ne veux seulement pas m'occuper de cette idée ; et malgré le plaisir que je trouve en ce moment à vous écrire, j'aime bien mieux vous quitter brusquement. Adieu, Vicomte.

*Du Château de…, ce 6 novembre 17**.*

Lettre 132

LA PRÉSIDENTE DE TOURVEL À MADAME DE ROSEMONDE

Pénétrée[1], Madame, de vos bontés pour moi, je m'y livrerais tout entière, si je n'étais retenue, en quelque sorte, par la crainte de les profaner en les acceptant. Pourquoi faut-il, quand je les vois si précieuses, que je sente en même temps que je n'en suis plus digne ? Ah ? j'oserai du moins vous en témoigner ma reconnaissance ; j'admirerai, surtout, cette indulgence de la vertu, qui ne connaît nos faiblesses que pour y compatir, et dont le charme puissant conserve sur les cœurs un empire si doux et si fort, même à côté du charme de l'amour.

Mais puis-je mériter encore une amitié qui ne suffit plus à mon bonheur ? Je dis de même de vos conseils ; j'en sens le prix et ne puis les suivre. Et comment ne croirais-je pas à un bonheur parfait, quand je l'éprouve en ce moment ? Oui, si les hommes sont tels que vous le dites, il faut les fuir, ils sont haïssables ; mais qu'alors Valmont est loin de leur ressembler ! S'il a comme eux cette violence de passion, que vous nommez emportement, combien n'est-elle pas surpassée en lui par l'excès de sa délicatesse ! Ô mon amie ! vous me parlez de partager mes peines, jouissez donc de mon bonheur ; je le dois à l'amour, et de combien encore l'objet en augmente le prix ! Vous aimez votre neveu, dites-vous, peut-être avec faiblesse ? Ah ! si vous le connaissiez comme moi ! je l'aime avec idolâtrie, et bien moins encore qu'il ne le mérite. Il a pu sans doute être entraîné dans quelques erreurs, il en convient lui-même ; mais qui jamais connut comme lui le véritable amour ? Que puis-je vous dire de plus ? il le ressent tel qu'il l'inspire.

Vous allez croire que c'est là *une de ces idées chimériques dont l'amour ne manque jamais d'abuser notre imagination :* mais dans ce cas, pourquoi serait-il devenu plus tendre, plus empressé, depuis qu'il n'a plus rien à obtenir ? Je l'avouerai, je lui trouvais auparavant un air de réflexion, de réserve, qui l'abandonnait rarement et qui souvent me ramenait, malgré moi, aux fausses et cruelles impressions qu'on m'avait données de lui. Mais depuis qu'il peut se livrer sans contrainte aux mouvements de son cœur, il semble deviner tous les désirs du mien. Qui sait si nous n'étions pas nés l'un pour l'autre ! si ce bonheur ne m'était pas réservé, d'être nécessaire au sien ! Ah ! si c'est une

note

1. **Pénétrée :** convaincue.

illusion, que je meure donc avant qu'elle finisse. Mais non ; je veux vivre pour le chérir, pour l'adorer. Pourquoi cesserait-il de m'aimer ? Quelle autre femme rendrait-il plus heureuse que moi ? Et, je le sens par moi-même, ce bonheur qu'on fait naître, est le plus fort lien, le seul qui attache véritablement. Oui, c'est ce sentiment délicieux qui ennoblit l'amour, qui le purifie en quelque sorte, et le rend vraiment digne d'une âme tendre et généreuse, telle que celle de Valmont.

Adieu, ma chère, ma respectable, mon indulgente amie. Je voudrais en vain vous écrire plus longtemps ; voici l'heure où il a promis de venir, et toute autre idée m'abandonne. Pardon ! mais vous voulez mon bonheur, et il est si grand dans ce moment, que je suffis à peine à le sentir.

*Paris, ce 7 novembre 17**.*

Lettre 133

LE VICOMTE DE VALMONT À LA MARQUISE DE MERTEUIL

Quels sont donc, ma belle amie, ces sacrifices que vous jugez que je ne ferais pas, et dont pourtant le prix serait de vous plaire ? Faites-les-moi connaître seulement, et si je balance à vous les offrir, je vous permets d'en refuser l'hommage. Eh ! comment me jugez-vous depuis quelque temps, si, même dans votre indulgence, vous doutez de mes sentiments ou de mon énergie ? Des sacrifices que je ne voudrais ou ne pourrais pas faire ! Ainsi, vous me croyez amoureux, subjugué ? et le prix que j'ai mis au succès, vous me soupçonnez de l'attacher à la personne ? Ah ! grâces au Ciel, je n'en suis pas encore réduit là, et je m'offre à vous le prouver. Oui, je vous le prouverai, quand même ce devrait être envers Mme de Tourvel. Assurément, après cela, il ne doit pas vous rester de doute.

J'ai pu, je crois, sans me compromettre, donner quelque temps à une femme, qui a au moins le mérite d'être d'un genre qu'on rencontre rarement. Peut-être aussi la saison morte dans laquelle est venue cette aventure, m'a fait m'y livrer davantage ; et encore à présent, qu'à peine le grand courant commence à reprendre, il n'est pas étonnant qu'elle m'occupe presque en entier. Mais songez donc qu'il n'y a guère que huit jours que je jouis du fruit de trois mois de soins. Je me suis si souvent arrêté davantage à ce qui valait bien moins, et ne m'avait pas tant coûté !... et jamais vous n'en avez rien conclu contre moi.

Et puis, voulez-vous savoir la véritable cause de l'empressement que j'y mets ? la voici. Cette femme est naturellement timide ; dans les premiers temps, elle doutait sans cesse de son bonheur, et ce doute suffisait pour le troubler : en sorte que je commence à peine à pouvoir remarquer jusqu'où va ma puissance en ce genre. C'est une chose que j'étais pourtant curieux de savoir ; et l'occasion ne s'en trouve pas si facilement qu'on le croit.

D'abord, pour beaucoup de femmes, le plaisir est toujours le plaisir, et n'est jamais que cela ; et auprès de celles-là, de quelque titre qu'on nous décore, nous ne sommes jamais que des facteurs, de simples commissionnaires[1], dont l'activité fait tout le mérite, et parmi lesquels, celui qui fait le plus est toujours celui qui fait le mieux.

Dans une autre classe, peut-être la plus nombreuse aujourd'hui, la célébrité de l'Amant, le plaisir de l'avoir enlevé à une rivale, la crainte de se le voir enlever à son tour, occupent les femmes presque tout entières : nous entrons bien, plus ou moins, pour quelque chose dans l'espèce de bonheur dont elles jouissent ; mais il tient plus aux circonstances qu'à la personne. Il leur vient par nous, et non de nous.

Il fallait donc trouver, pour mon observation, une femme délicate et sensible, qui fît son unique affaire de l'amour, et qui, dans l'amour même, ne vît que son Amant ; dont l'émotion, loin de suivre la route ordinaire, partît toujours du cœur, pour arriver aux sens ; que j'ai vue, par exemple (et je ne parle pas du premier jour) sortir du plaisir tout éplorée, et le moment d'après retrouver la volupté dans un mot qui répondait à son âme. Enfin, il fallait qu'elle réunît encore cette candeur naturelle, devenue insurmontable par l'habitude de s'y livrer, et qui ne lui permet de dissimuler aucun des sentiments de son cœur. Or, vous en conviendrez, de telles femmes sont rares ; et je puis croire que sans celle-ci, je n'en aurais peut-être jamais rencontré.

Il ne serait donc pas étonnant qu'elle me fixât plus longtemps qu'une autre, et si le travail que je veux faire sur elle exige que je la rende heureuse, parfaitement heureuse ! pourquoi m'y refuserais-je, surtout quand cela me sert, au lieu de me contrarier ? Mais de ce que l'esprit est occupé, s'ensuit-il que le cœur soit esclave ? Non, sans doute. Aussi le prix que je ne me défends pas de mettre à cette aventure ne m'empêchera pas d'en courir d'autres, ou même de la sacrifier à de plus agréables.

note

1. commissionnaires : personnes qui agissent pour le compte d'autrui.

Je suis tellement libre, que je n'ai seulement pas négligé la petite Volanges, à laquelle pourtant je tiens si peu. Sa mère la ramène à la Ville dans trois jours ; et moi, depuis hier, j'ai su assurer mes communications : quelque argent au portier, et quelques fleurettes[1] à sa femme, en ont fait l'affaire. Concevez-vous que Danceny n'ait pas su trouver ce moyen si simple ? et puis, qu'on dise que l'amour rend ingénieux ! il abrutit au contraire ceux qu'il domine. Et je ne saurais pas m'en défendre ! Ah ! soyez tranquille. Déjà je vais, sous peu de jours, affaiblir, en la partageant, l'impression peut-être trop vive que j'ai éprouvée ; et si un simple partage ne suffit pas, je les multiplierai.

Je n'en serai pas moins prêt à remettre la jeune pensionnaire à son discret Amant, dès que vous le jugerez à propos. Il me semble que vous n'avez plus de raisons pour l'en empêcher ; et moi, je consens à rendre ce service signalé au pauvre Danceny. C'est, en vérité, le moins que je lui doive pour tous ceux qu'il m'a rendus. Il est actuellement dans la grande inquiétude de savoir s'il sera reçu chez Mme de Volanges ; je le calme le plus que je peux, en l'assurant que, de façon ou d'autre, je ferai son bonheur au premier jour : et en attendant, je continue à me charger de la correspondance, qu'il veut reprendre à l'arrivée de *sa Cécile*. J'ai déjà six Lettres de lui, et j'en aurai bien encore une ou deux avant l'heureux jour. Il faut que ce garçon-là soit bien désœuvré !

Mais laissons ce couple enfantin, et revenons à nous ; que je puisse m'occuper uniquement de l'espoir si doux que m'a donné votre Lettre. Oui, sans doute, vous me fixerez, et je ne vous pardonnerais pas d'en douter. Ai-je donc jamais cessé d'être constant pour vous ? Nos liens ont été dénoués, et non pas rompus ; notre prétendue rupture ne fut qu'une erreur de notre imagination : nos sentiments, nos intérêts, n'en sont pas moins restés unis. Semblable au voyageur qui revient détrompé, je reconnaîtrai comme lui, que j'avais laissé le bonheur pour courir après l'espérance ; et je dirai comme d'Harcourt :

*Plus je vis d'étrangers, plus j'aimai ma patrie.**

* Du Belloi, Tragédie du *Siège de Calais*[2].

notes

1. fleurettes : mots doux (*cf.* l'expression *conter fleurette*).

2. Tragédie patriotique de Pierre-Laurent de Belloy (auteur dramatique français, 1727-1775), qui remporta un énorme succès en 1765.

Ne combattez donc plus l'idée, ou plutôt le sentiment qui vous ramène à moi ; et après avoir essayé de tous les plaisirs dans nos courses différentes, jouissons du bonheur de sentir qu'aucun d'eux n'est comparable à celui que nous avions éprouvé, et que nous retrouverons plus délicieux encore !

Adieu, ma charmante amie. Je consens à attendre votre retour : mais pressez-le donc, et n'oubliez pas combien je le désire.

*Paris, ce 8 novembre 17**.*

Lettre 134

LA MARQUISE DE MERTEUIL AU VICOMTE DE VALMONT

En vérité, Vicomte, vous êtes bien comme les enfants, devant qui il ne faut rien dire et à qui on ne peut rien montrer qu'ils ne veuillent s'en emparer aussitôt ! Une simple idée qui me vient, à laquelle même je vous avertis que je ne veux pas m'arrêter, parce que je vous en parle, vous en abusez pour y ramener mon attention ; pour m'y fixer, quand je cherche à m'en distraire ; et me faire, en quelque sorte, partager malgré moi vos désirs étourdis ! Est-il donc généreux à vous de me laisser supporter seule tout le fardeau de la prudence ? Je vous le redis, et me le répète plus souvent encore, l'arrangement que vous me proposez est réellement impossible. Quand vous y mettriez toute la générosité que vous me montrez en ce moment, croyez-vous donc que je n'aie pas aussi ma délicatesse, et que je veuille accepter des sacrifices qui nuiraient à votre bonheur ?

Or, est-il vrai, Vicomte, que vous vous faites illusion sur le sentiment qui vous attache à Mme de Tourvel ? C'est de l'amour, ou il n'en exista jamais : vous le niez bien de cent façons ; mais vous le prouvez de mille. Qu'est-ce, par exemple, que ce subterfuge dont vous vous servez vis-à-vis de vous-même (car je vous crois sincère avec moi), qui vous fait rapporter à l'envie d'observer le désir que vous ne pouvez ni cacher ni combattre, de garder cette femme ? Ne dirait-on pas que jamais vous n'en avez rendu une autre heureuse, parfaitement heureuse ? Ah ! si vous en doutez, vous avez bien peu de mémoire ! Mais non, ce n'est pas cela. Tout simplement votre cœur abuse votre esprit, et le fait se payer de mauvaises raisons : mais moi, qui ai un grand intérêt à ne pas m'y tromper, je ne suis pas si facile à contenter.

C'est ainsi qu'en remarquant votre politesse, qui vous a fait supprimer soigneusement tous les mots que vous vous êtes imaginé m'avoir déplu, j'ai vu cependant que, peut-être sans vous en apercevoir, vous n'en conserviez pas moins les mêmes idées. En effet, ce n'est plus l'adorable, la céleste Mme de Tourvel : mais c'est *une femme étonnante, une femme délicate et sensible*, et cela, à l'exclusion de toutes les autres ; *une femme rare enfin*, et telle *qu'on n'en rencontrerait pas une seconde*. Il en est de même de ce charme inconnu qui n'est pas *le plus fort*. Hé bien ! soit : mais puisque vous ne l'aviez jamais trouvé jusque-là, il est bien à croire que vous ne le trouveriez pas davantage à l'avenir, et la perte que vous feriez n'en serait pas moins irréparable. Ou ce sont là, Vicomte, des symptômes assurés d'amour, ou il faut renoncer à en trouver aucun.

Soyez assuré que pour cette fois, je vous parle sans humeur. Je me suis promis de n'en plus prendre ; j'ai trop bien reconnu qu'elle pouvait devenir un piège dangereux. Croyez-moi, ne soyons qu'amis, et restons-en là. Sachez-moi gré seulement de mon courage à me défendre : oui, de mon courage ; car il en faut quelquefois, même pour ne pas prendre un parti qu'on sent être mauvais.

Ce n'est donc plus que pour vous ramener à mon avis par persuasion, que je vais répondre à la demande que vous me faites sur les sacrifices que j'exigerais et que vous ne pourriez pas faire. Je me sers à dessein de ce mot *exiger*, parce que je suis sûre que, dans un moment, vous m'allez, en effet, trouver trop exigeante : mais tant mieux ! Loin de me fâcher de vos refus, je vous en remercierai. Tenez, ce n'est pas avec vous que je veux dissimuler, j'en ai peut-être besoin.

J'exigerais donc, voyez la cruauté ! que cette rare, cette étonnante Mme de Tourvel ne fût plus pour vous qu'une femme ordinaire, une femme telle qu'elle est seulement : car il ne faut pas s'y tromper ; ce charme qu'on croit trouver dans les autres, c'est en nous qu'il existe ; et c'est l'amour seul qui embellit tant l'objet aimé. Ce que je vous demande là, tout impossible que cela soit, vous feriez peut-être bien l'effort de me le promettre, de me le jurer même ; mais, je l'avoue, je n'en croirais pas de vains discours. Je ne pourrais être persuadée que par l'ensemble de votre conduite.

Ce n'est pas tout encore, je serais capricieuse. Ce sacrifice de la petite Cécile, que vous m'offrez de si bonne grâce, je ne m'en soucierais pas du tout. Je vous demanderais, au contraire, de continuer ce pénible service, jusqu'à nouvel ordre de ma part ; soit que j'aimasse à abuser ainsi de mon empire ; soit que, plus indulgente ou plus juste, il me suffit de disposer de vos sentiments, sans vouloir contrarier vos plaisirs. Quoi qu'il en soit, je voudrais être obéie ; et mes ordres seraient bien rigoureux !

Il est vrai qu'alors je me croirais obligée de vous remercier ; que sait-on ? peut-être même de vous récompenser. Sûrement, par exemple, j'abrégerais une absence qui me deviendrait insupportable. Je vous reverrais enfin, Vicomte, et je vous reverrais... comment ?... Mais vous vous souvenez que ceci n'est plus qu'une conversation, un simple récit d'un projet impossible, et je ne veux pas l'oublier toute seule...

Savez-vous que mon procès m'inquiète un peu ? J'ai voulu enfin connaître au juste quels étaient mes moyens ; mes Avocats me citent bien quelques Lois, et surtout beaucoup d'*autorités*, comme ils les appellent : mais je n'y vois pas autant de raison et de justice. J'en suis presque à regretter d'avoir refusé l'accommodement[1]. Cependant je me rassure, en songeant que le Procureur est adroit, l'Avocat éloquent, et la Plaideuse jolie. Si ces trois moyens devaient ne plus valoir, il faudrait changer tout le train des affaires ; et que deviendrait le respect pour les anciens usages ?

Ce procès est actuellement la seule chose qui me retienne ici. Celui de Belleroche est fini : hors de Cour, dépens compensés[2]. Il en est à regretter le bal de ce soir ; c'est bien le regret d'un désœuvré ! Je lui rendrai sa liberté entière à mon retour à la Ville. Je lui fais ce douloureux sacrifice, et je m'en console par la générosité qu'il y trouve.

Adieu, Vicomte, écrivez-moi souvent : le détail de vos plaisirs me dédommagera au moins en partie des ennuis que j'éprouve.

*Du Château de..., ce 11 novembre 17**.*

Lettre 135

LA PRÉSIDENTE DE TOURVEL À MADAME DE ROSEMONDE

J'essaie de vous écrire, sans savoir encore si je le pourrai. Ah ! Dieu, quand je songe qu'à ma dernière Lettre c'était l'excès de mon bonheur qui m'empêchait de la continuer ! C'est celui de mon désespoir qui m'accable à présent ; qui ne me laisse de force que pour sentir mes douleurs, et m'ôte celle de les exprimer.

notes

| **1. accommodement :** arrangement à l'amiable. | **2. dépens compensés :** frais payés.

Valmont... Valmont ne m'aime plus, il ne m'a jamais aimée. L'amour ne s'en va pas ainsi. Il me trompe, il me trahit, il m'outrage. Tout ce qu'on peut réunir d'infortunes, d'humiliations, je les éprouve, et c'est de lui qu'elles me viennent.

Et ne croyez pas que ce soit un simple soupçon : j'étais si loin d'en avoir ! Je n'ai pas le bonheur de pouvoir douter. Je l'ai vu : que pourrait-il me dire pour se justifier ?... Mais que lui importe ! il ne le tentera seulement pas... Malheureuse ! que lui feront tes reproches et tes larmes ? c'est bien de toi qu'il s'occupe !...

Il est donc vrai qu'il m'a sacrifiée, livrée même... et à qui ?... une vile créature... Mais que dis-je ? Ah ! j'ai perdu jusqu'au droit de la mépriser. Elle a trahi moins de devoirs, elle est moins coupable que moi. Oh ! que la peine est douloureuse, quand elle s'appuie sur le remords ! Je sens mes tourments qui redoublent. Adieu, ma chère amie ; quelque indigne que je me sois rendue de votre pitié, vous en aurez cependant pour moi, si vous pouvez vous former l'idée de ce que je souffre.

Je viens de relire ma Lettre, et je m'aperçois qu'elle ne peut vous instruire de rien ; je vais donc tâcher d'avoir le courage de vous raconter ce cruel événement. C'était hier ; je devais, pour la première fois, depuis mon retour, souper hors de chez moi. Valmont vint me voir à cinq heures ; jamais il ne m'avait paru si tendre. Il me fit connaître que mon projet de sortir le contrariait, et vous jugez que j'eus bientôt celui de rester chez moi. Cependant, deux heures après, et tout à coup, son air et son ton changèrent sensiblement. Je ne sais s'il me sera échappé quelque chose qui aura pu lui déplaire ; quoi qu'il en soit, peu de temps après, il prétendit se rappeler une affaire qui l'obligeait de me quitter, et il s'en alla : ce ne fut pourtant pas sans m'avoir témoigné des regrets très vifs, qui me parurent tendres, et qu'alors je crus sincères.

Rendue à moi-même, je jugeai plus convenable de ne pas me dispenser de mes premiers engagements, puisque j'étais libre de les remplir. Je finis ma toilette, et montai en voiture. Malheureusement mon Cocher me fit passer devant l'Opéra, et je me trouvai dans l'embarras[1] de la sortie ; j'aperçus à quatre pas devant moi, et dans la file à côté de la mienne, la voiture de Valmont. Le cœur me battit aussitôt, mais ce n'était pas de crainte ; et la seule idée qui m'occupait, était le désir que ma voiture avançât. Au lieu de cela, ce

note

1. **embarras** : cohue.

fut la sienne qui fut forcée de reculer, et qui se trouva à côté de la mienne. Je m'avançai sur-le-champ : quel fut mon étonnement de trouver à ses côtés une fille[1], bien connue pour telle ! Je me retirai, comme vous pouvez penser, et c'en était déjà bien assez pour navrer mon cœur ; mais ce que vous aurez peine à croire, c'est que cette même fille, apparemment instruite par une odieuse confidence, n'a pas quitté la portière de la voiture, ni cessé de me regarder, avec des éclats de rire à faire scène[2].

Dans l'anéantissement où j'en fus, je me laissai pourtant conduire dans la maison où je devais souper : mais il me fut impossible d'y rester ; je me sentais, à chaque instant, prête à m'évanouir, et surtout je ne pouvais retenir mes larmes.

En rentrant, j'écrivis à M. de Valmont, et lui envoyai ma Lettre aussitôt ; il n'était pas chez lui. Voulant, à quelque prix que ce fût, sortir de cet état de mort, ou le confirmer à jamais, je renvoyai avec ordre de l'attendre : mais avant minuit mon Domestique revint, en me disant que le Cocher, qui était de retour, lui avait dit que son Maître ne rentrerait pas de la nuit. J'ai cru ce matin n'avoir plus autre chose à faire qu'à lui redemander mes Lettres, et le prier de ne plus revenir chez moi. J'ai en effet donné des ordres en conséquence ; mais sans doute, ils étaient inutiles. Il est près de midi ; il ne s'est point encore présenté, et je n'ai pas même reçu un mot de lui.

À présent, ma chère amie, je n'ai plus rien à ajouter : vous voilà instruite, et vous connaissez mon cœur. Mon seul espoir est de n'avoir pas longtemps encore à affliger votre sensible amitié.

*Paris, ce 15 novembre 17**.*

Lettre 136

LA PRÉSIDENTE DE TOURVEL AU VICOMTE DE VALMONT

Sans doute, Monsieur, après ce qui s'est passé hier, vous ne vous attendez plus à être reçu chez moi, et sans doute aussi vous le désirez fort peu ! Ce billet a donc moins pour objet de vous prier de n'y plus venir, que de vous redemander des Lettres qui n'auraient jamais dû exister ; et qui, si elles ont pu vous intéresser un moment, comme des preuves de l'aveuglement que vous

notes

1. fille : prostituée.

2. faire scène : faire scandale.

aviez fait naître, ne peuvent que vous être indifférentes à présent qu'il est dissipé, et qu'elles n'expriment plus qu'un sentiment que vous avez détruit.

Je reconnais et j'avoue que j'ai eu tort de prendre en vous une confiance, dont tant d'autres avant moi avaient été les victimes ; en cela je n'accuse que moi seule : mais je croyais au moins n'avoir pas mérité d'être livrée, par vous, au mépris et à l'insulte. Je croyais qu'en vous sacrifiant tout, et perdant pour vous seul mes droits à l'estime des autres et à la mienne, je pouvais m'attendre cependant à ne pas être jugée par vous plus sévèrement que par le public, dont l'opinion sépare encore, par un immense intervalle, la femme faible de la femme dépravée. Ces torts, qui seraient ceux de tout le monde, sont les seuls dont je vous parle. Je me tais sur ceux de l'amour ; votre cœur n'entendrait pas le mien. Adieu, Monsieur.

*Paris, ce 15 novembre 17**.*

Lettre 137

LE VICOMTE DE VALMONT
À LA PRÉSIDENTE DE TOURVEL

On vient seulement, Madame, de me rendre votre Lettre ; j'ai frémi en la lisant, et elle me laisse à peine la force d'y répondre. Quelle affreuse idée avez-vous donc de moi ! Ah ! sans doute, j'ai des torts ; et tels que je ne me les pardonnerai de ma vie, quand même vous les couvririez de votre indulgence. Mais que ceux que vous me reprochez ont toujours été loin de mon âme ! Qui, moi ! vous humilier ! vous avilir ! quand je vous respecte autant que je vous chéris ; quand je n'ai connu l'orgueil, que du moment où vous m'avez jugé digne de vous. Les apparences vous ont déçue ; et je conviens qu'elles ont pu être contre moi : mais n'aviez-vous donc pas dans votre cœur ce qu'il fallait pour les combattre ? et ne s'est-il pas révolté à la seule idée qu'il pouvait avoir à se plaindre du mien ? Vous l'avez cru cependant ! Ainsi, non seulement vous m'avez jugé capable de ce délire atroce, mais vous avez même craint de vous y être exposée par vos bontés pour moi. Ah ! si vous vous trouvez dégradée à ce point par votre amour, je suis donc moi-même bien vil à vos yeux ?

Oppressé par le sentiment douloureux que cette idée me cause, je perds à la repousser le temps que je devrais employer à la détruire. J'avouerai tout ; une autre considération me retient encore. Faut-il donc retracer des faits que je voudrais anéantir, et fixer votre attention et la mienne sur un moment d'erreur que je voudrais racheter du reste de ma vie, dont je suis encore à concevoir[1] la cause, et dont le souvenir doit faire à jamais mon humiliation et mon désespoir ? Ah ! si, en m'accusant, je dois exciter votre colère, vous n'aurez pas au moins à chercher loin votre vengeance ; il vous suffira de me livrer à mes remords.

Cependant, qui le croirait ? cet événement a pour première cause le charme tout-puissant que j'éprouve auprès de vous. Ce fut lui qui me fit oublier trop longtemps une affaire importante, et qui ne pouvait se remettre. Je vous quittai trop tard, et ne trouvai plus la personne que j'allais chercher. J'espérais la rejoindre à l'Opéra, et ma démarche fut pareillement infructueuse. Émilie que j'y trouvai, que j'ai connue dans un temps où j'étais bien loin de connaître ni vous ni l'amour, Émilie n'avait pas sa voiture, et me demanda de la remettre chez elle, à quatre pas de là. Je n'y vis aucune conséquence, et j'y consentis. Mais ce fut alors que je vous rencontrai ; et je sentis sur-le-champ que vous seriez portée à me juger coupable.

La crainte de vous déplaire ou de vous affliger est si puissante sur moi, qu'elle dut être et fut en effet bientôt remarquée. J'avoue même qu'elle me fit tenter d'engager cette fille à ne pas se montrer ; cette précaution de la délicatesse a tourné contre l'amour. Accoutumée, comme toutes celles de son état, à n'être sûre d'un empire toujours usurpé que par l'abus qu'elles se permettent d'en faire, Émilie se garda bien d'en laisser échapper une occasion si éclatante. Plus elle voyait mon embarras s'accroître, plus elle affectait de se montrer ; et sa folle gaieté, dont je rougis que vous ayez pu un moment vous croire l'objet, n'avait de cause que la peine cruelle que je ressentais, qui elle-même venait encore de mon respect et de mon amour.

Jusque-là, sans doute, je suis plus malheureux que coupable ; et ces torts, *qui seraient ceux de tout le monde, et les seuls dont vous me parlez*, ces torts n'existant pas, ne peuvent m'être reprochés. Mais vous vous taisez en vain sur ceux de l'amour : je ne garderai pas sur eux le même silence ; un trop grand intérêt m'oblige à le rompre.

Ce n'est pas que, dans la confusion où je suis de cet inconcevable égarement, je puisse, sans une extrême douleur, prendre sur moi d'en rappeler le souvenir. Pénétré de mes torts, je consentirais à en porter la peine, ou j'attendrais mon pardon du temps, de mon éternelle tendresse et de mon

note

1. concevoir : chercher à comprendre.

repentir. Mais comment pouvoir me taire, quand ce qui me reste à vous dire importe à votre délicatesse ?

Ne croyez pas que je cherche un détour pour excuser ou pallier[1] ma faute ; je m'avoue coupable. Mais je n'avoue point, je n'avouerai jamais que cette erreur humiliante puisse être regardée comme un tort de l'amour. Eh ! que peut-il y avoir de commun entre une surprise des sens, entre un moment d'oubli de soi-même, que suivent bientôt la honte et le regret, et un sentiment pur, qui ne peut naître que dans une âme délicate, ne s'y soutenir que par l'estime, et dont enfin le bonheur est le fruit ! Ah ! ne profanez pas ainsi l'amour. Craignez surtout de vous profaner vous-même, en réunissant sous un même point de vue ce qui jamais ne peut se confondre. Laissez les femmes viles et dégradées redouter une rivalité qu'elles sentent malgré elles pouvoir s'établir, et éprouver les tourments d'une jalousie également cruelle et humiliante : mais vous, détournez vos yeux de ces objets qui souilleraient vos regards ; et pure comme la Divinité, comme elle aussi punissez l'offense sans la ressentir.

Mais quelle peine m'imposerez-vous, qui me soit plus douloureuse que celle que je ressens ? qui puisse être comparée au regret de vous avoir déplu, au désespoir de vous avoir affligée, à l'idée accablante de m'être rendu moins digne de vous ? Vous vous occupez de punir ! et moi, je vous demande des consolations : non que je les mérite ; mais parce qu'elles me sont nécessaires, et qu'elles ne peuvent me venir que de vous.

Si, tout à coup, oubliant mon amour et le vôtre, et ne mettant plus de prix à mon bonheur, vous voulez au contraire me livrer à une douleur éternelle, vous en avez le droit : frappez ; mais si, plus indulgente, ou plus sensible, vous vous rappelez encore ces sentiments si tendres qui unissaient nos cœurs ; cette volupté de l'âme, toujours renaissante et toujours plus vivement sentie ; ces jours si doux, si fortunés, que chacun de nous devait à l'autre ; tous ces biens de l'amour et que lui seul procure ! peut-être préférerez-vous le pouvoir de les faire renaître à celui de les détruire. Que vous dirai-je enfin ? j'ai tout perdu, et tout perdu par ma faute ; mais je puis tout recouvrer par vos bienfaits. C'est à vous à décider maintenant. Je n'ajoute plus qu'un mot. Hier encore, vous me juriez que mon bonheur était bien sûr tant qu'il dépendrait de vous ! Ah ! Madame, me livrerez-vous aujourd'hui à un désespoir éternel ?

*Paris, ce 15 novembre 17**.*

note

1. **pallier** : faire excuser.

Lettre 138

LE VICOMTE DE VALMONT
À LA MARQUISE DE MERTEUIL

Je persiste, ma belle amie : non, je ne suis point amoureux ; et ce n'est pas ma faute si les circonstances me forcent d'en jouer le rôle. Consentez seulement, et revenez ; vous verrez bientôt par vous-même combien je suis sincère. J'ai fait mes preuves hier, et elles ne peuvent être détruites par ce qui se passe aujourd'hui.

J'étais donc chez la tendre Prude, et j'y étais bien sans aucune autre affaire : car la petite Volanges, malgré son état, devait passer toute la nuit au bal précoce de Mme V***. Le désœuvrement m'avait fait désirer d'abord de prolonger cette soirée ; et j'avais même, à ce sujet, exigé un petit sacrifice ; mais à peine fut-il accordé, que le plaisir que je me promettais fut troublé par l'idée de cet amour que vous vous obstinez à me croire, ou au moins à me reprocher ; en sorte que je n'éprouvai plus d'autre désir que celui de pouvoir à la fois m'assurer et vous convaincre que c'était, de votre part, pure calomnie.

Je pris donc un parti violent ; et sous un prétexte assez léger, je laissai là ma Belle, toute surprise, et sans doute encore plus affligée. Mais moi, j'allai tranquillement joindre Émilie à l'Opéra ; et elle pourrait vous rendre compte, que jusqu'à ce matin que nous nous sommes séparés, aucun regret n'a troublé nos plaisirs.

J'avais pourtant un assez beau sujet d'inquiétude, si ma parfaite indifférence ne m'en avait sauvé : car vous saurez que j'étais à peine à quatre maisons de l'Opéra, et ayant Émilie dans ma voiture, que celle de l'austère Dévote vint exactement ranger la mienne, et qu'un embarras survenu nous laissa près d'un demi-quart d'heure à côté l'un de l'autre. On se voyait comme à midi, et il n'y avait pas moyen d'échapper.

Mais ce n'est pas tout ; je m'avisai de confier à Émilie que c'était la femme à la Lettre. (Vous vous rappellerez peut-être cette folie-là, et qu'Émilie était le pupitre*.) Elle qui ne l'avait pas oubliée, et qui est rieuse, n'eut de cesse qu'elle n'eût considéré tout à son aise *cette vertu*, disait-elle, et cela, avec des éclats de rire d'un scandale à en donner de l'humeur.

* Lettres 47 et 48.

Ce n'est pas tout encore ; la jalouse femme n'envoya-t-elle pas, chez moi, dès le soir même ? Je n'y étais pas : mais, dans son obstination, elle y envoya une seconde fois, avec ordre de m'attendre. Moi, dès que j'avais été décidé à rester chez Émilie, j'avais renvoyé ma voiture, sans autre ordre au Cocher que de venir me reprendre ce matin ; et comme en arrivant chez moi, il y trouva l'amoureux Messager, il crut tout simple de lui dire que je ne rentrerais pas de la nuit. Vous devinez bien l'effet de cette nouvelle, et qu'à mon retour, j'ai trouvé mon congé signifié avec toute la dignité que comportait la circonstance !

Ainsi cette aventure, interminable, selon vous, aurait pu, comme vous voyez, être finie de ce matin ; si même elle ne l'est pas, ce n'est point, comme vous l'allez croire, que je mette du prix à la continuer : c'est que, d'une part, je n'ai pas trouvé décent de me laisser quitter ; et, de l'autre, que j'ai voulu vous réserver l'honneur de ce sacrifice.

J'ai donc répondu au sévère billet par une grande Épître de sentiments ; j'ai donné de longues raisons, et je me suis reposé sur l'amour du soin de les faire trouver bonnes. J'ai déjà réussi. Je viens de recevoir un second billet, toujours bien rigoureux, et qui confirme l'éternelle rupture, comme cela devait être ; mais dont le ton n'est pourtant plus le même. Surtout, on ne veut plus me voir : ce parti pris y est annoncé quatre fois de la manière la plus irrévocable. J'en ai conclu qu'il n'y avait pas un moment à perdre pour me présenter. J'ai déjà envoyé mon Chasseur, pour s'emparer du Suisse ; et dans un moment, j'irai moi-même faire signer mon pardon : car dans les torts de cette espèce, il n'y a qu'une seule formule qui porte absolution[1] générale, et celle-là ne s'expédie qu'en présence.

Adieu, ma charmante amie ; je cours tenter ce grand événement.

*Paris, ce 15 novembre 17**.*

note

1. absolution : effacement de la faute.

Quatrième partie, Lettre 139

Lettre 139

LA PRÉSIDENTE DE TOURVEL À MADAME DE ROSEMONDE

Que je me reproche, ma sensible amie, de vous avoir parlé trop, et trop tôt, de mes peines passagères ! je suis cause que vous vous affligez à présent ; ces chagrins qui vous viennent de moi durent encore, et moi, je suis heureuse. Oui, tout est oublié, pardonné ; disons mieux, tout est réparé. À cet état de douleur et d'angoisse, ont succédé le calme et les délices. Ô joie de mon cœur, comment vous exprimer ! Valmont est innocent ; on n'est point coupable avec autant d'amour. Ces torts graves, offensants, que je lui reprochais avec tant d'amertume, il ne les avait pas et si, sur un seul point, j'ai eu besoin d'indulgence, n'avais-je donc pas aussi mes injustices à réparer ?

Je ne vous ferai point le détail des faits ou des raisons qui le justifient ; peut-être même l'esprit les apprécierait mal : c'est au cœur seul qu'il appartient de les sentir. Si pourtant vous deviez me soupçonner de faiblesse, j'appellerais votre jugement à l'appui du mien. Pour les hommes, dites-vous vous-même, l'infidélité n'est pas l'inconstance.

Ce n'est pas que je ne sente que cette distinction, qu'en vain l'opinion autorise, n'en blesse pas moins la délicatesse : mais de quoi se plaindrait la mienne, quand celle de Valmont en souffre plus encore ? Ce même tort que j'oublie, ne croyez pas qu'il se le pardonne ou s'en console ; et pourtant, combien n'a-t-il pas réparé cette légère faute par l'excès de son amour et celui de mon bonheur !

Ou ma félicité est plus grande, ou j'en sens mieux le prix depuis que j'ai craint de l'avoir perdue : mais ce que je puis vous dire, c'est que, si je me sentais la force de supporter encore des chagrins aussi cruels que ceux que je viens d'éprouver, je ne croirais pas en acheter trop cher le surcroît de bonheur que j'ai goûté depuis. Ô ma tendre mère ! grondez votre fille inconsidérée[1], de vous avoir affligée par trop de précipitation ; grondez-la d'avoir jugé témérairement et calomnié celui qu'elle ne devait pas cesser d'adorer ; mais en la reconnaissant imprudente, voyez-la heureuse, et augmentez sa joie en la partageant.

*Paris, ce 16 novembre 17**, au soir.*

note

1. inconsidérée : qui parle sans réfléchir.

Lettre 140

LE VICOMTE DE VALMONT
À LA MARQUISE DE MERTEUIL

Comment donc se fait-il, ma belle amie, que je ne reçoive point de réponse de vous ? Ma dernière Lettre pourtant me paraissait en mériter une ; et depuis trois jours que je devrais l'avoir reçue, je l'attends encore ! Je suis fâché au moins ; aussi ne vous parlerai-je pas du tout de mes grandes affaires.

Que le raccommodement ait eu son plein effet ; qu'au lieu de reproches et de méfiance, il n'ait produit que de nouvelles tendresses ; que ce soit moi actuellement qui reçoive les excuses et les réparations dues à ma candeur soupçonnée ; je ne vous en dirai mot ; et sans l'événement imprévu de la nuit dernière, je ne vous écrirais pas du tout. Mais comme celui-là regarde votre Pupille, et que vraisemblablement elle ne sera pas dans le cas de vous en informer elle-même, au moins de quelque temps, je me charge de ce soin.

Par des raisons que vous devinerez, ou que vous ne devinerez pas, Mme de Tourvel ne m'occupait plus depuis quelques jours, et comme ces raisons-là ne pouvaient exister chez la petite Volanges, j'en étais devenu plus assidu auprès d'elle. Grâce à l'obligeant Portier, je n'avais aucun obstacle à vaincre ; et nous menions, votre Pupille et moi, une vie commode et réglée. Mais l'habitude amène la négligence ; les premiers jours nous n'avions jamais pris assez de précautions pour notre sûreté ; nous tremblions encore derrière les verrous. Hier, une incroyable distraction a causé l'accident dont j'ai à vous instruire ; et si, pour mon compte, j'en ai été quitte pour la peur, il en coûte plus cher à la petite fille.

Nous ne dormions pas, mais nous étions dans le repos et l'abandon qui suivent la volupté, quand nous avons entendu la porte de la chambre s'ouvrir tout à coup. Aussitôt je saute à mon épée, tant pour ma défense que pour celle de notre commune Pupille ; je m'avance et ne vois personne : mais en effet la porte était ouverte. Comme nous avions de la lumière, j'ai été à la recherche, et n'ai trouvé âme qui vive. Alors je me suis rappelé que nous avions oublié nos précautions ordinaires ; et sans doute la porte poussée seulement, ou mal fermée, s'était rouverte d'elle-même.

En allant rejoindre ma timide compagne pour la tranquilliser, je ne l'ai plus trouvée dans son lit ; elle était tombée, ou s'était sauvée dans sa ruelle[1] : enfin, elle y était étendue sans connaissance, et sans autre mouvement que d'assez fortes convulsions. Jugez de mon embarras ! Je parvins pourtant à la remettre dans son lit, et même à la faire revenir ; mais elle s'était blessée dans sa chute, et elle ne tarda pas à en ressentir les effets.

Des maux de reins, de violentes coliques, des symptômes moins équivoques encore, m'ont eu bientôt éclairé sur son état[2] : mais, pour le lui apprendre, il a fallu lui dire d'abord celui où elle était auparavant ; car elle ne s'en doutait pas. Jamais peut-être, jusqu'à elle, on n'avait conservé tant d'innocence, en faisant si bien tout ce qu'il fallait pour s'en défaire ! Oh ! celle-là ne perd pas son temps à réfléchir !

Mais elle en perdait beaucoup à se désoler, et je sentais qu'il fallait prendre un parti. Je suis donc convenu avec elle que j'irais sur-le-champ chez le Médecin et le Chirurgien de la maison, et qu'en les prévenant qu'on allait venir les chercher, je leur confierais le tout, sous le secret ; qu'elle, de son côté, sonnerait sa Femme de chambre ; qu'elle lui ferait ou ne lui ferait pas sa confidence, comme elle voudrait ; mais qu'elle enverrait chercher du secours, et défendrait surtout qu'on réveillât Mme de Volanges : attention délicate et naturelle d'une fille qui craint d'inquiéter sa mère.

J'ai fait mes deux courses et mes deux confessions le plus lestement que j'ai pu, et de là, je suis rentré chez moi, d'où je ne suis pas encore sorti ; mais le Chirurgien, que je connaissais d'ailleurs, est venu à midi me rendre compte de l'état de la malade. Je ne m'étais pas trompé ; mais il espère que s'il ne survient pas d'accident, on ne s'apercevra de rien dans la maison. La Femme de chambre est du secret ; le Médecin a donné un nom à la maladie ; et cette affaire s'arrangera comme mille autres, à moins que par la suite il ne nous soit utile qu'on en parle.

Mais y a-t-il encore quelque intérêt commun entre vous et moi ? Votre silence m'en ferait douter ; je n'y croirais même plus du tout, si le désir que j'en ai ne me faisait chercher tous les moyens d'en conserver l'espoir.

Adieu, ma belle amie ; je vous embrasse, rancune tenante.

*Paris, ce 21 novembre 17**.*

notes

1. ruelle : espace entre le lit et le mur.

2. Cécile est en train de faire une fausse couche.

Lettre 141

LA MARQUISE DE MERTEUIL AU VICOMTE DE VALMONT

Mon Dieu ! Vicomte, que vous me gênez par votre obstination ! Que vous importe mon silence ? croyez-vous, si je le garde, que ce soit faute de raisons pour me défendre. Ah ! plût à Dieu ! Mais non, c'est seulement qu'il m'en coûte de vous les dire.

Parlez-moi vrai ; vous faites-vous illusion à vous-même, ou cherchez-vous à me tromper ? la différence entre vos discours et vos actions ne me laisse de choix qu'entre ces deux sentiments : lequel est le véritable ? Que voulez-vous donc que je vous dise, quand moi-même je ne sais que penser ?

Vous paraissez vous faire un grand mérite de votre dernière scène avec la Présidente ; mais qu'est-ce donc qu'elle prouve pour votre système, ou contre le mien ? Assurément je ne vous ai jamais dit que vous aimiez assez cette femme pour ne la pas tromper, pour n'en pas saisir toutes les occasions qui vous paraîtraient agréables ou faciles ; je ne doutais même pas qu'il ne vous fût à peu près égal de satisfaire avec une autre, avec la première venue, jusqu'aux désirs que celle-ci seule aurait fait naître ; et je ne suis pas surprise que, pour un libertinage d'esprit qu'on aurait tort de vous disputer, vous ayez fait une fois par projet, ce que vous aviez fait mille autres par occasion. Qui ne sait que c'est là le simple courant du monde, et votre usage à tous, tant que vous êtes, depuis le scélérat jusqu'aux *espèces* ? Celui qui s'en abstient aujourd'hui passe pour romanesque ; et ce n'est pas là, je crois, le défaut que je vous reproche.

Mais ce que j'ai dit, ce que j'ai pensé, ce que je pense encore, c'est que vous n'en avez pas moins de l'amour pour votre Présidente ; non pas, à la vérité, de l'amour bien pur ni bien tendre, mais de celui que vous pouvez avoir ; de celui, par exemple, qui fait trouver à une femme les agréments ou les qualités qu'elle n'a pas ; qui la place dans une classe à part, et met toutes les autres en second ordre ; qui vous tient encore attaché à elle, même alors que vous l'outragez ; tel enfin que je conçois qu'un Sultan peut le ressentir pour sa Sultane favorite, ce qui ne l'empêche pas de lui préférer souvent une simple Odalisque[1]. Ma comparaison me paraît d'autant plus juste que, comme lui,

note

1. Odalisque : femme du harem.

jamais vous n'êtes ni l'Amant ni l'ami d'une femme ; mais toujours son tyran ou son esclave. Aussi suis-je bien sûre que vous vous êtes bien humilié, bien avili, pour rentrer en grâce avec ce bel objet ! et trop heureux d'y être parvenu, dès que vous croyez le moment arrivé d'obtenir votre pardon, vous me quittez *pour ce grand événement.*

Encore dans votre dernière Lettre, si vous ne m'y parlez pas de cette femme uniquement, c'est que vous ne voulez m'y rien dire *de vos grandes affaires* ; elles vous semblent si importantes, que le silence que vous gardez à ce sujet vous semble une punition pour moi. Et c'est après ces mille preuves de votre préférence décidée pour une autre, que vous me demandez tranquillement s'il y a encore *quelque intérêt commun entre vous et moi* ! Prenez-y garde, Vicomte ! si une fois je réponds, ma réponse sera irrévocable ; et craindre de la faire en ce moment, c'est peut-être déjà en dire trop. Aussi je n'en veux absolument plus parler.

Tout ce que je peux faire, c'est de vous raconter une histoire. Peut-être n'aurez-vous pas le temps de la lire, ou celui d'y faire assez attention pour la bien entendre ? libre à vous. Ce ne sera, au pis aller, qu'une histoire de perdue.

Un homme de ma connaissance s'était empêtré, comme vous, d'une femme qui lui faisait peu d'honneur. Il avait bien, par intervalles, le bon esprit de sentir que, tôt ou tard, cette aventure lui ferait tort : mais quoiqu'il en rougît, il n'avait pas le courage de rompre. Son embarras était d'autant plus grand, qu'il s'était vanté à ses amis d'être entièrement libre ; et qu'il n'ignorait pas que le ridicule qu'on a, augmente toujours en proportion qu'on s'en défend. Il passait ainsi sa vie, ne cessant de faire des sottises, et ne cessant de dire après : *Ce n'est pas ma faute.* Cet homme avait une amie qui fut tentée un moment de le livrer au Public en cet état d'ivresse, et de rendre ainsi son ridicule ineffaçable : mais pourtant, plus généreuse que maligne, ou peut-être encore par quelque autre motif, elle voulut tenter un dernier moyen, pour être, à tout événement, dans le cas de dire, comme son ami : *Ce n'est pas ma faute.* Elle lui fit donc parvenir sans aucun autre avis, la Lettre qui suit, comme un remède dont l'usage pourrait être utile à son mal.

« On s'ennuie de tout, mon Ange, c'est une Loi de la Nature ; ce n'est pas ma faute.

Si donc je m'ennuie aujourd'hui d'une aventure qui m'a occupé entièrement depuis quatre mortels mois, ce n'est pas ma faute.

Si, par exemple, j'ai eu juste autant d'amour que toi de vertu, et c'est sûrement beaucoup dire, il n'est pas étonnant que l'un ait fini en même temps que l'autre. Ce n'est pas ma faute.

Il suit de là, que depuis quelque temps je t'ai trompée : mais aussi, ton impitoyable tendresse m'y forçait en quelque sorte ! Ce n'est pas ma faute.

Aujourd'hui, une femme que j'aime éperdument exige que je te sacrifie. Ce n'est pas ma faute.

Je sens bien que voilà une belle occasion de crier au parjure[1] : mais si la Nature n'a accordé aux hommes que la constance, tandis qu'elle donnait aux femmes l'obstination, ce n'est pas ma faute.

Crois-moi, choisis un autre Amant, comme j'ai fait une autre Maîtresse. Ce conseil est bon, très bon ; si tu le trouves mauvais, ce n'est pas ma faute.

Adieu, mon Ange, je t'ai prise avec plaisir, je te quitte sans regret : je te reviendrai peut-être. Ainsi va le monde. Ce n'est pas ma faute. »

De vous dire, Vicomte, l'effet de cette dernière tentative, et ce qui s'en est suivi, ce n'est pas le moment : mais je vous promets de vous le dire dans ma première Lettre. Vous y trouverez aussi mon *ultimatum* sur le renouvellement du traité que vous me proposez. Jusque-là, adieu tout simplement...

À propos, je vous remercie de vos détails sur la petite Volanges ; c'est un article à réserver jusqu'au lendemain du mariage, pour la Gazette de médisance. En attendant, je vous fais mon compliment de condoléance sur la perte de votre postérité. Bonsoir, Vicomte.

*Du Château de..., ce 24 novembre 17**.*

Lettre 142

LE VICOMTE DE VALMONT
À LA MARQUISE DE MERTEUIL

Ma foi, ma belle amie, je ne sais si j'ai mal lu ou mal entendu, et votre Lettre, et l'histoire que vous m'y faites, et le petit modèle épistolaire qui y était compris. Ce que je puis vous dire, c'est que ce dernier m'a paru original et propre à faire de l'effet : aussi je l'ai copié tout simplement, et tout simplement

note

1. **parjure** : violation de serment.

encore, je l'ai envoyé à la céleste Présidente. Je n'ai pas perdu un moment, car la tendre missive a été expédiée dès hier au soir. Je l'ai préféré ainsi, parce que d'abord je lui avais promis de lui écrire hier ; et puis aussi, parce que j'ai pensé qu'elle n'aurait pas trop de toute la nuit pour se recueillir et méditer *sur ce grand événement*, dussiez-vous une seconde fois me reprocher l'expression.

J'espérais pouvoir vous envoyer ce matin la réponse de ma bien-aimée : mais il est près de midi, et je n'ai encore rien reçu. J'attendrai jusqu'à cinq heures ; et si alors je n'ai pas eu de nouvelles, j'irai en chercher moi-même ; car, surtout en procédés, il n'y a que le premier pas qui coûte.

À présent, comme vous pouvez croire, je suis fort empressé d'apprendre la fin de l'histoire de cet homme de votre connaissance, si véhémentement[1] soupçonné de ne savoir pas, au besoin, sacrifier une femme. Ne se sera-t-il pas corrigé ? et sa généreuse amie ne lui aura-t-elle pas fait grâce ?

Je ne désire pas moins de recevoir votre *ultimatum* : comme vous dites si politiquement ! Je suis curieux, surtout, de savoir si, dans cette dernière démarche, vous trouverez encore de l'amour. Ah ! sans doute, il y en a, et beaucoup ! Mais pour qui ? Cependant, je ne prétends rien faire valoir, et j'attends tout de vos bontés.

Adieu, ma charmante amie ; je ne fermerai cette Lettre qu'à deux heures, dans l'espoir de pouvoir y joindre la réponse désirée.

À deux heures après midi.

Toujours rien, l'heure me presse beaucoup ; je n'ai pas le temps d'ajouter un mot : mais cette fois, refuserez-vous encore les plus tendres baisers de l'amour ?

*Paris, ce 27 novembre 17**.*

Lettre 143

LA PRÉSIDENTE DE TOURVEL
À MADAME DE ROSEMONDE

Le voile est déchiré, Madame, sur lequel était peinte l'illusion de mon bonheur. La funeste vérité m'éclaire, et ne me laisse voir qu'une mort assurée et prochaine, dont la route m'est tracée entre la honte et le remords. Je la

note

1. **véhémentement** : fortement.

suivrai... je chérirai mes tourments s'ils abrègent mon existence. Je vous envoie la Lettre que j'ai reçue hier ; je n'y joindrai aucune réflexion, elle les porte avec elle. Ce n'est plus le temps de se plaindre, il n'y a plus qu'à souffrir. Ce n'est pas de pitié que j'ai besoin, c'est de force.

Recevez, Madame, le seul adieu que je ferai, et exaucez ma dernière prière ; c'est de me laisser à mon sort, de m'oublier entièrement, de ne plus me compter sur la terre. Il est un terme dans le malheur, où l'amitié même augmente nos souffrances et ne peut les guérir. Quand les blessures sont mortelles, tout secours devient inhumain. Tout autre sentiment m'est étranger, que celui du désespoir. Rien ne peut plus me convenir, que la nuit profonde où je vais ensevelir ma honte. J'y pleurerai mes fautes, si je puis pleurer encore ! car, depuis hier, je n'ai pas versé une larme. Mon cœur flétri n'en fournit plus.

Adieu, Madame. Ne me répondez point. J'ai fait le serment sur cette Lettre cruelle de n'en plus recevoir aucune.

*Paris, ce 27 novembre 17**.*

Lettre 144

LE VICOMTE DE VALMONT À LA MARQUISE DE MERTEUIL

Hier, à trois heures du soir, ma belle amie, impatienté de n'avoir pas de nouvelles, je me suis présenté chez la belle délaissée ; on m'a dit qu'elle était sortie. Je n'ai vu dans cette phrase qu'un refus de me recevoir qui ne m'a ni fâché ni surpris ; et je me suis retiré, dans l'espérance que cette démarche engagerait au moins une femme si polie, à m'honorer d'un mot de réponse. L'envie que j'avais de la recevoir m'a fait passer exprès chez moi vers les neuf heures, et je n'y ai rien trouvé. Étonné de ce silence, auquel je ne m'attendais pas, j'ai chargé mon Chasseur d'aller aux informations, et de savoir si la sensible personne était morte ou mourante. Enfin, quand je suis rentré, il m'a appris que Mme de Tourvel était sortie en effet à onze heures du matin, avec sa Femme de chambre ; qu'elle s'était fait conduire au Couvent de..., et qu'à sept heures du soir, elle avait renvoyé sa voiture et ses gens, en faisant dire qu'on ne l'attendît pas chez elle. Assurément, c'est se mettre en règle. Le Couvent est le véritable asile d'une veuve ; et si elle persiste dans une résolution si louable, je joindrai à toutes les obligations que je lui ai déjà, celle de la célébrité que va prendre cette aventure.

Je vous le disais bien, il y a quelque temps, que malgré vos inquiétudes, je ne reparaîtrais sur la scène du monde que brillant d'un nouvel éclat. Qu'ils se montrent donc, ces Critiques sévères, qui m'accusaient d'un amour romanesque et malheureux ; qu'ils fassent des ruptures plus promptes et plus brillantes : mais non, qu'ils fassent mieux ; qu'ils se présentent comme consolateurs, la route leur est tracée. Eh bien ! qu'ils osent seulement tenter cette carrière que j'ai parcourue en entier ; et si l'un d'eux obtient le moindre succès, je lui cède la première place. Mais ils éprouveront tous que, quand j'y mets du soin, l'impression que je laisse est ineffaçable. Ah ! sans doute, celle-ci le sera ; et je compterais pour rien tous mes autres triomphes, si jamais je devais avoir auprès de cette femme un rival préféré.

Ce parti qu'elle a pris flatte mon amour-propre, j'en conviens : mais je suis fâché qu'elle ait trouvé en elle une force suffisante pour se séparer autant de moi. Il n'y aura donc entre nous deux, d'autres obstacles que ceux que j'aurai mis moi-même ! Quoi ! si je voulais me rapprocher d'elle, elle pourrait ne le plus vouloir ; que dis-je ? ne le pas désirer, n'en plus faire son suprême bonheur ! Est-ce donc ainsi qu'on aime ? et croyez-vous, ma belle amie, que je doive le souffrir ? Ne pourrais-je pas, par exemple, et ne vaudrait-il pas mieux tenter de ramener cette femme au point de prévoir la possibilité d'un raccommodement, qu'on désire toujours tant qu'on l'espère ? Je pourrais essayer cette démarche sans y mettre d'importance, et par conséquent, sans qu'elle vous donnât d'ombrage. Au contraire, ce serait un simple essai que nous ferions de concert ; et quand même je réussirais, ce ne serait qu'un moyen de plus de renouveler, à votre volonté, un sacrifice qui a paru vous être agréable. À présent, ma belle amie, il me reste à en recevoir le prix, et tous mes vœux sont pour votre retour. Venez donc vite retrouver votre Amant, vos plaisirs, vos amis, et le courant des aventures.

Celle de la petite Volanges a tourné à merveille. Hier, que mon inquiétude ne me permettait pas de rester en place, j'ai été, dans mes courses différentes, jusque chez Mme de Volanges. J'ai trouvé votre pupille déjà dans le salon, encore dans le costume de malade, mais en pleine convalescence, et n'en étant que plus fraîche et plus intéressante. Vous autres femmes, en pareil cas, vous seriez restées un mois sur votre chaise longue : ma foi, vive les demoiselles ! Celle-ci m'a en vérité donné envie de savoir si la guérison était parfaite.

J'ai encore à vous dire que cet accident de la petite fille a pensé rendre fou votre *sentimentaire*[1] Danceny. D'abord, c'était de chagrin ; aujourd'hui c'est de joie. *Sa Cécile* était malade ! Vous jugez que la tête tourne dans un tel malheur. Trois fois par jour il envoyait savoir des nouvelles, et n'en passait aucun sans s'y présenter lui-même ; enfin il a demandé, par une belle Épître à la Maman, la permission d'aller la féliciter sur la convalescence d'un objet si cher ; et Mme de Volanges y a consenti : si bien que j'ai trouvé le jeune homme établi comme par le passé, à un peu de familiarité près qu'il n'osait encore se permettre.

C'est de lui-même que j'ai su ces détails ; car je suis sorti en même temps que lui, et je l'ai fait jaser[2]. Vous n'avez pas d'idée de l'effet que cette visite lui a causé. C'est une joie, ce sont des désirs, des transports impossibles à rendre. Moi qui aime les grands mouvements, j'ai achevé de lui faire perdre la tête, en l'assurant que sous très peu de jours, je le mettrais à même de voir sa Belle de plus près encore.

En effet, je suis décidé à la lui remettre, aussitôt après mon expérience faite. Je veux me consacrer à vous tout entier ; et puis, vaudrait-il la peine que votre pupille fût aussi mon élève, si elle ne devait tromper que son mari ? Le chef-d'œuvre est de tromper son Amant et surtout son premier Amant ! car pour moi, je n'ai pas à me reprocher d'avoir prononcé le mot d'amour.

Adieu, ma belle amie ; revenez donc au plus tôt jouir de votre empire sur moi, en recevoir l'hommage et m'en payer le prix.

*Paris, ce 28 novembre 17**.*

Lettre 145

LA MARQUISE DE MERTEUIL AU VICOMTE DE VALMONT

Sérieusement, Vicomte, vous avez quitté la Présidente ? vous lui avez envoyé la Lettre que je vous avais faite pour elle ? En vérité, vous êtes charmant ; et vous avez surpassé mon attente ! J'avoue de bonne foi que ce triomphe me flatte plus que tous ceux que j'ai pu obtenir jusqu'à présent. Vous allez trouver peut-être que j'évalue bien haut cette femme, que naguère

notes

1. ***sentimentaire*** : néologisme de Laclos pour nuancer péjorativement le terme *sentimental*.

2. **jaser** : parler.

j'appréciais si peu ; point du tout : mais c'est que ce n'est pas sur elle que j'ai remporté cet avantage ; c'est sur vous : voilà le plaisant et ce qui est vraiment délicieux.

Oui, Vicomte, vous aimiez beaucoup Mme de Tourvel, et même vous l'aimez encore ; vous l'aimez comme un fou : mais parce que je m'amusais à vous en faire honte, vous l'avez bravement sacrifiée. Vous en auriez sacrifié mille, plutôt que de souffrir une plaisanterie. Où nous conduit pourtant la vanité ! Le Sage a bien raison, quand il dit qu'elle est l'ennemie du bonheur.

Où en seriez-vous à présent, si je n'avais voulu que vous faire une malice ? Mais je suis incapable de tromper, vous le savez bien ; et dussiez-vous, à mon tour, me réduire au désespoir et au Couvent, j'en cours les risques, et je me rends à mon vainqueur.

Cependant si je capitule, c'est en vérité pure faiblesse : car si je voulais, que de chicanes[1] n'aurais-je pas encore à faire ! et peut-être le mériteriez-vous ? J'admire, par exemple, avec quelle finesse ou quelle gaucherie vous me proposez en douceur de vous laisser renouer avec la Présidente. Il vous conviendrait beaucoup, n'est-ce pas, de vous donner le mérite de cette rupture sans y perdre les plaisirs de la jouissance ? Et comme alors cet apparent sacrifice n'en serait plus un pour vous, vous m'offrez de le renouveler à ma volonté ! Par cet arrangement, la céleste dévote se croirait toujours l'unique choix de votre cœur, tandis que je m'enorgueillirais d'être la rivale préférée ; nous serions trompées toutes deux, mais vous seriez content, et qu'importe le reste ?

C'est dommage qu'avec tant de talent pour les projets, vous en ayez si peu pour l'exécution ; et que par une seule démarche inconsidérée, vous ayez mis vous-même un obstacle invincible à ce que vous désirez le plus.

Quoi ! vous aviez l'idée de renouer, et vous avez pu écrire ma Lettre ! Vous m'avez donc crue bien gauche à mon tour ! Ah ! croyez-moi, Vicomte, quand une femme frappe dans le cœur d'une autre, elle manque rarement de trouver l'endroit sensible, et la blessure est incurable. Tandis que je frappais celle-ci, ou plutôt que je dirigeais vos coups, je n'ai pas oublié que cette femme était ma rivale, que vous l'aviez trouvée un moment préférable à moi, et qu'enfin, vous m'aviez placée au-dessous d'elle. Si je me suis trompée dans ma vengeance, je consens à en porter la faute. Ainsi, je trouve bon que vous tentiez tous les moyens : je vous y invite même, et vous promets de ne pas me

note

1. **chicanes** : contestations sur des points de détail.

fâcher de vos succès, si vous parvenez à en avoir. Je suis si tranquille sur cet objet que je ne veux plus m'en occuper. Parlons d'autre chose.

Par exemple, de la santé de la petite Volanges. Vous m'en direz des nouvelles positives à mon retour, n'est-il pas vrai ? Je serai bien aise d'en avoir. Après cela, ce sera à vous de juger s'il vous conviendra mieux de remettre la petite fille à son Amant, ou de tenter de devenir une seconde fois le fondateur d'une nouvelle branche des Valmont, sous le nom de Gercourt. Cette idée m'avait paru assez plaisante, et en vous laissant le choix, je vous demande pourtant de ne pas prendre de parti définitif, sans que nous en ayons causé ensemble. Ce n'est pas vous remettre à un temps éloigné, car je serai à Paris incessamment. Je ne peux pas vous dire positivement le jour ; mais vous ne doutez pas que, dès que je serai arrivée, vous n'en soyez le premier informé.

Adieu, Vicomte ; malgré mes querelles, mes malices et mes reproches, je vous aime toujours beaucoup, et je me prépare à vous le prouver. Au revoir, mon ami.

*Du Château de..., ce 29 novembre 17**.*

Lettre 146

LA MARQUISE DE MERTEUIL AU CHEVALIER DANCENY

Enfin, je pars, mon jeune ami, et demain au soir, je serai de retour à Paris. Au milieu de tous les embarras qu'entraîne un déplacement, je ne recevrai personne. Cependant, si vous avez quelque confidence bien pressée à me faire, je veux bien vous excepter de la règle générale ; mais je n'excepterai que vous : ainsi, je vous demande le secret sur mon arrivée. Valmont même n'en sera pas instruit.

Qui m'aurait dit, il y a quelque temps, que bientôt vous auriez ma confiance exclusive, je ne l'aurais pas cru. Mais la vôtre a entraîné la mienne. Je serais tentée de croire que vous y avez mis de l'adresse, peut-être même de la séduction. Cela serait bien mal au moins ! Au reste, elle ne serait pas dangereuse à présent ; vous avez vraiment bien autre chose à faire ! Quand l'Héroïne est en scène, on ne s'occupe guère de la Confidente.

Aussi n'avez-vous seulement pas eu le temps de me faire part de vos nouveaux succès. Quand votre Cécile était absente, les jours n'étaient pas assez longs pour écouter vos tendres plaintes. Vous les auriez faites aux échos, si je n'avais pas été là pour les entendre. Quand, depuis, elle a été malade, vous m'avez même encore honorée du récit de vos inquiétudes ; vous aviez besoin de quelqu'un à qui les dire. Mais à présent que celle que vous aimez est à Paris, qu'elle se porte bien, et surtout que vous la voyez quelquefois, elle suffit à tout, et vos amis ne vous sont plus rien.

Je ne vous en blâme pas ; c'est la faute de vos vingt ans. Depuis Alcibiade[1] jusqu'à vous, ne sait-on pas que les jeunes gens n'ont jamais connu l'amitié que dans leurs chagrins ? Le bonheur les rend quelquefois indiscrets, mais jamais confiants. Je dirai bien comme Socrate : *J'aime que mes amis viennent à moi quand ils sont malheureux** ; mais en sa qualité de Philosophe, il se passait bien d'eux quand ils ne venaient pas. En cela, je ne suis pas tout à fait si sage que lui, et j'ai senti votre silence avec toute la faiblesse d'une femme.

N'allez pourtant pas me croire exigeante : il s'en faut bien que je le sois ! Le même sentiment qui me fait remarquer ces privations, me les fait supporter avec courage, quand elles sont la preuve ou la cause du bonheur de mes amis. Je ne compte donc sur vous pour demain au soir, qu'autant que l'amour vous laissera libre et désoccupé, et je vous défends de me faire le moindre sacrifice.

Adieu, Chevalier ; je me fais une vraie fête de vous revoir : viendrez-vous ?

*Du Château de…, ce 29 novembre 17**.*

Lettre 147

MADAME DE VOLANGES
À MADAME DE ROSEMONDE

Vous serez sûrement aussi affligée que je le suis, ma digne amie, en apprenant l'état où se trouve Mme de Tourvel ; elle est malade depuis hier : sa maladie a pris si vivement, et se montre avec des symptômes si graves, que j'en suis vraiment alarmée.

Une fièvre ardente, un transport violent et presque continuel, une soif qu'on ne peut apaiser, voilà tout ce qu'on remarque. Les Médecins disent ne

* MARMONTEL, *Conte moral d'Alcibiade.*

note

1. Alcibiade (v. 450-404 av. J.-C.), homme d'État athénien, célèbre pour sa grande beauté. Il fut le disciple et l'ami de Socrate.

pouvoir rien pronostiquer encore ; et le traitement sera d'autant plus difficile, que la malade refuse avec obstination toute espèce de remèdes : c'est au point qu'il a fallu la tenir de force pour la saigner[1] ; et il a fallu depuis en user de même deux autres fois pour lui remettre sa bande, que dans son transport elle veut toujours arracher.

Vous qui l'avez vue, comme moi, si peu forte, si timide et si douce, concevez-vous donc que quatre personnes puissent à peine la contenir, et que pour peu qu'on veuille lui représenter[2] quelque chose, elle entre dans des fureurs inexprimables ? Pour moi, je crains qu'il n'y ait plus que du délire, et que ce ne soit une vraie aliénation d'esprit.

Ce qui augmente ma crainte à ce sujet, c'est ce qui s'est passé avant-hier.

Ce jour-là, elle arriva vers les onze heures du matin, avec sa Femme de chambre, au Couvent de... Comme elle a été élevée dans cette Maison, et qu'elle a conservé l'habitude d'y entrer quelquefois, elle y fut reçue comme à l'ordinaire, et elle parut à tout le monde tranquille et bien-portante. Environ deux heures après, elle s'informa si la chambre qu'elle occupait, étant Pensionnaire, était vacante, et sur ce qu'on lui répondit que oui, elle demanda d'aller la revoir ; la Prieure l'y accompagna avec quelques autres Religieuses. Ce fut alors qu'elle déclara qu'elle revenait s'établir dans cette chambre, que, disait-elle, elle n'aurait jamais dû quitter ; et qu'elle ajouta qu'elle n'en sortirait *qu'à la mort* : ce fut son expression.

D'abord on ne sut que dire ; mais le premier étonnement passé, on lui représenta que sa qualité de femme mariée ne permettait pas de la recevoir sans une permission particulière. Cette raison ni mille autres n'y firent rien ; et dès ce moment, elle s'obstina, non seulement à ne pas sortir du Couvent, mais même de sa chambre. Enfin, de guerre lasse, à sept heures du soir, on consentit qu'elle y passât la nuit. On renvoya sa voiture et ses gens, et on remit au lendemain à prendre un parti.

On assure que pendant toute la soirée, loin que son air ou son maintien eussent rien d'égaré, l'un et l'autre étaient composés et réfléchis ; que seulement elle tomba quatre ou cinq fois dans une rêverie si profonde, qu'on ne parvenait pas à l'en tirer en lui parlant ; et que, chaque fois, avant d'en sortir, elle portait les deux mains à son front qu'elle avait l'air de serrer avec

notes

1. La saignée (extraction d'une quantité de sang des vaisseaux) était le remède systématique, pratiqué à l'occasion de toute maladie.

2. **représenter** : faire observer, signifier.

force : sur quoi une des Religieuses qui étaient présentes lui ayant demandé si elle souffrait de la tête, elle la fixa longtemps avant de répondre, et lui dit enfin : « Ce n'est pas là qu'est le mal ! » Un moment après, elle demanda qu'on la laissât seule, et pria qu'à l'avenir on ne lui fît plus de question.

Tout le monde se retira, hors sa Femme de chambre, qui devait heureusement coucher dans la même chambre qu'elle, faute d'autre place.

Suivant le rapport de cette fille, sa Maîtresse a été assez tranquille jusqu'à onze heures du soir. Elle a dit alors vouloir se coucher : mais, avant d'être entièrement déshabillée, elle se mit à marcher dans sa chambre, avec beaucoup d'action et de gestes fréquents. Julie, qui avait été témoin de ce qui s'était passé dans la journée, n'osa lui rien dire, et attendit en silence pendant près d'une heure. Enfin, Mme de Tourvel l'appela deux fois coup sur coup ; elle n'eut que le temps d'accourir, et sa Maîtresse tomba dans ses bras, en disant : « Je n'en peux plus. » Elle se laissa conduire à son lit, et ne voulut rien prendre, ni qu'on allât chercher aucun secours. Elle se fit mettre seulement de l'eau auprès d'elle, et elle ordonna à Julie de se coucher.

Celle-ci assure être restée jusqu'à deux heures du matin sans dormir, et n'avoir entendu pendant ce temps, ni mouvement ni plaintes. Mais elle dit avoir été réveillée à cinq heures par les discours de sa Maîtresse, qui parlait d'une voix forte et élevée ; et qu'alors lui ayant demandé si elle n'avait besoin de rien, et n'obtenant point de réponse, elle prit de la lumière, et alla au lit de Mme de Tourvel, qui ne la reconnut point ; mais qui, interrompant tout à coup les propos sans suite qu'elle tenait, s'écria vivement : « Qu'on me laisse seule, qu'on me laisse dans les ténèbres ; ce sont les ténèbres qui me conviennent. » J'ai remarqué hier par moi-même que cette phrase lui revient souvent.

Enfin Julie profita de cette espèce d'ordre, pour sortir et aller chercher du monde et des secours : mais Mme de Tourvel a refusé l'un et l'autre, avec les fureurs et les transports qui sont revenus si souvent depuis.

L'embarras où cela a mis tout le Couvent a décidé la Prieure à m'envoyer chercher hier à sept heures du matin... Il ne faisait pas jour. Je suis accourue sur-le-champ. Quand on m'a annoncée à Mme de Tourvel, elle a paru reprendre sa connaissance, et a répondu : « Ah ! oui, qu'elle entre. » Mais quand j'ai été près de son lit, elle m'a regardée fixement, a pris vivement ma main qu'elle a serrée, et m'a dit d'une voix forte, mais sombre : « Je meurs pour ne vous avoir pas crue. » Aussitôt après, se cachant les yeux, elle est revenue à son discours le plus fréquent : « Qu'on me laisse seule, etc. » ; et toute connaissance s'est perdue.

Ce propos qu'elle m'a tenu, et quelques autres échappés dans son délire, me font craindre que cette cruelle maladie n'ait une cause plus cruelle encore. Mais respectons les secrets de notre amie, et contentons-nous de plaindre son malheur.

Toute la journée d'hier a été également orageuse, et partagée entre des accès de transports effrayants, et des moments d'un abattement léthargique, les seuls où elle prend et donne quelque repos. Je n'ai quitté le chevet de son lit qu'à neuf heures du soir, et je vais y retourner ce matin pour toute la journée. Sûrement, je n'abandonnerai pas ma malheureuse amie ; mais ce qui est désolant, c'est son obstination à refuser tous les soins et tous les secours.

Je vous envoie le bulletin de cette nuit que je viens de recevoir, et qui, comme vous le verrez, n'est rien moins que consolant. J'aurai soin de vous les faire passer tous exactement.

Adieu, ma digne amie, je vais retrouver la malade. Ma fille, qui heureusement est presque rétablie, vous présente son respect.

*Paris, ce 29 novembre 17**.*

Lettre 148

LE CHEVALIER DANCENY
À LA MARQUISE DE MERTEUIL

Ô vous que j'aime ! ô toi que j'adore ! ô vous qui avez commencé mon bonheur ! ô toi qui l'as comblé ! Amie sensible, tendre Amante, pourquoi le souvenir de ta douleur vient-il troubler le charme que j'éprouve ? Ah ! Madame, calmez-vous, c'est l'amitié qui vous le demande. Ô ! mon amie, sois heureuse ! c'est la prière de l'amour.

Hé ! quels reproches avez-vous donc à vous faire ? croyez-moi, votre délicatesse vous abuse. Les regrets qu'elle vous cause, les torts dont elle m'accuse, sont également illusoires ; et je sens dans mon cœur qu'il n'y a eu, entre nous deux, d'autre séducteur que l'amour. Ne crains donc plus de te livrer aux sentiments que tu inspires, de te laisser pénétrer de tous les feux que tu fais naître. Quoi ! pour avoir été éclairés plus tard, nos cœurs en seraient-ils moins purs ? non, sans doute. C'est au contraire la séduction, qui, n'agissant jamais que par projets, peut combiner sa marche et ses moyens, et prévoir au loin les événements. Mais l'amour véritable ne permet pas ainsi de méditer et de réfléchir : il nous distrait de nos pensées par nos sentiments ; son empire n'est jamais plus fort que quand il est inconnu ; et c'est dans l'ombre et le silence qu'il nous entoure de liens qu'il est également impossible d'apercevoir et de rompre.

C'est ainsi qu'hier même, malgré la vive émotion que me causait l'idée de votre retour, malgré le plaisir extrême que je sentis en vous voyant, je croyais pourtant n'être encore appelé ni conduit que par la paisible amitié : ou plutôt, entièrement livré aux doux sentiments de mon cœur, je m'occupais bien peu d'en démêler l'origine ou la cause. Ainsi que moi, ma tendre amie, tu éprouvais, sans le connaître, ce charme impérieux qui livrait nos âmes aux douces impressions de la tendresse ; et tous deux nous n'avons reconnu l'amour, qu'en sortant de l'ivresse où ce Dieu nous avait plongés.

Mais cela même nous justifie au lieu de nous condamner. Non, tu n'as pas trahi l'amitié, et je n'ai pas davantage abusé de ta confiance. Tous deux, il est vrai, nous ignorions nos sentiments ; mais cette illusion, nous l'éprouvions seulement sans chercher à la faire naître. Ah ! loin de nous en plaindre, ne songeons qu'au bonheur qu'elle nous a procuré ; et sans le troubler par d'injustes reproches, ne nous occupons qu'à l'augmenter encore par le charme de la confiance et de la sécurité. Ô mon amie ! que cet espoir est cher à mon cœur ! Oui, désormais délivrée de toute crainte, et tout entière à l'amour, tu partageras mes désirs, mes transports, le délire de mes sens, l'ivresse de mon âme ; et chaque instant de nos jours fortunés sera marqué par une volupté nouvelle.

Adieu, toi que j'adore ! Je te verrai ce soir, mais te trouverai-je seule ? Je n'ose l'espérer. Ah ! tu ne le désires pas autant que moi.

Paris, ce 1er décembre 17★★.

Lettre 149

MADAME DE VOLANGES
À MADAME DE ROSEMONDE

J'ai espéré hier, presque toute la journée, ma digne amie, pouvoir vous donner ce matin des nouvelles plus favorables de la santé de notre chère malade : mais depuis hier au soir cet espoir est détruit, et il ne me reste que le regret de l'avoir perdu. Un événement, bien indifférent en apparence, mais bien cruel par les suites qu'il a eues, a rendu l'état de la malade au moins aussi fâcheux qu'il était auparavant, si même il n'a pas empiré.

Je n'aurais rien compris à cette révolution subite, si je n'avais reçu hier l'entière confidence de notre malheureuse amie. Comme elle ne m'a pas laissée ignorer que vous étiez instruite aussi de toutes ses infortunes, je puis vous parler sans réserve sur sa triste situation.

Hier matin, quand je suis arrivée au Couvent, on me dit que la malade dormait depuis plus de trois heures ; et son sommeil était si profond et si tranquille, que j'eus peur un moment qu'il ne fût léthargique. Quelque temps après, elle se réveilla, et ouvrit elle-même les rideaux de son lit. Elle nous regarda tous avec l'air de la surprise ; et comme je me levais pour aller à elle, elle me reconnut, me nomma, et me pria d'approcher. Elle ne me laissa le temps de lui faire aucune question, et me demanda où elle était, ce que nous faisions là, si elle était malade, et pourquoi elle n'était pas chez elle ? Je crus d'abord que c'était un nouveau délire, seulement plus tranquille que le précédent : mais je m'aperçus qu'elle entendait fort bien mes réponses. Elle avait en effet retrouvé sa tête, mais non pas sa mémoire.

Elle me questionna, avec beaucoup de détail, sur tout ce qui lui était arrivé depuis qu'elle était au Couvent, où elle ne se souvenait pas d'être venue. Je lui répondis exactement, en supprimant seulement ce qui aurait pu la trop effrayer : et lorsqu'à mon tour je lui demandai comment elle se trouvait, elle me répondit qu'elle ne souffrait pas dans ce moment ; mais qu'elle avait été bien tourmentée pendant son sommeil, et qu'elle se sentait fatiguée. Je l'engageai à se tranquilliser et à parler peu ; après quoi, je refermai en partie ses rideaux, que je laissai entr'ouverts, et je m'assis auprès de son lit. Dans le même temps, on lui proposa un bouillon qu'elle prit et qu'elle trouva bon.

Elle resta ainsi environ une demi-heure, durant laquelle elle ne parla que pour me remercier des soins que je lui avais donnés ; et elle mit dans ses remerciements l'agrément et la grâce que vous lui connaissez. Ensuite elle garda pendant quelque temps un silence absolu, qu'elle ne rompit que pour dire : « Ah ! oui, je me ressouviens d'être venue ici », et un moment après elle s'écria douloureusement : « Mon amie, mon amie, plaignez-moi ; je retrouve tous mes malheurs. » Comme alors je m'avançai vers elle, elle saisit ma main, et s'y appuyant la tête : « Grand Dieu ! continua-t-elle, ne puis-je donc mourir ? » Son expression, plus encore que ses discours, m'attendrit jusqu'aux larmes ; elle s'en aperçut à ma voix, et me dit : « Vous me plaignez ! Ah ! si vous connaissiez !... » Et puis s'interrompant : « Faites qu'on nous laisse seules, et je vous dirai tout. »

Ainsi que je crois vous l'avoir marqué, j'avais déjà des soupçons sur ce qui devait faire le sujet de cette confidence ; et craignant que cette conversation, que je prévoyais devoir être longue et triste, ne nuisît peut-être à l'état de notre malheureuse amie, je m'y refusai d'abord, sous prétexte qu'elle avait besoin de repos : mais elle insista, et je me rendis à ses instances. Dès que nous fûmes seules, elle m'apprit tout ce que déjà vous avez su d'elle, et que par cette raison je ne vous répéterai point.

Enfin, en me parlant de la façon cruelle dont elle avait été sacrifiée, elle ajouta : « Je me croyais bien sûre d'en mourir, et j'en avais le courage ; mais de survivre à mon malheur et à ma honte, c'est ce qui m'est impossible. » Je tentai de combattre ce découragement ou plutôt ce désespoir, avec les armes de la Religion, jusqu'alors si puissantes sur elle ; mais je sentis bientôt que je n'avais pas assez de force pour ces fonctions augustes[1], et je m'en tins à lui proposer d'appeler le Père Anselme, que je sais avoir toute sa confiance. Elle y consentit et parut même le désirer beaucoup. On l'envoya chercher en effet, et il vint sur-le-champ. Il resta fort longtemps avec la malade, et dit en sortant, que si les Médecins en jugeaient comme lui, il croyait qu'on pouvait différer la cérémonie des Sacrements[2], qu'il reviendrait le lendemain.

Il était environ trois heures après midi, et jusqu'à cinq, notre amie fut assez tranquille : en sorte que nous avions tous repris de l'espoir. Par malheur, on apporta alors une Lettre pour elle. Quand on voulut la lui remettre, elle répondit d'abord n'en vouloir recevoir aucune, et personne n'insista. Mais de ce moment, elle parut plus agitée. Bientôt après, elle demanda d'où venait cette Lettre ? elle n'était pas timbrée ; qui l'avait apportée ? on l'ignorait ; de quelle part on l'avait remise ? on ne l'avait pas dit aux Tourières. Ensuite elle garda quelque temps le silence ; après quoi, elle recommença à parler : mais ses propos sans suite nous apprirent seulement que le délire était revenu.

Cependant il y eut encore un intervalle tranquille, jusqu'à ce qu'enfin elle demanda qu'on lui remît la Lettre qu'on avait apportée pour elle. Dès qu'elle eut jeté les yeux dessus, elle s'écria : « De lui ! grand Dieu ! » et puis d'une voix forte mais oppressée : « Reprenez-la, reprenez-la. » Elle fit sur-le-champ fermer les rideaux de son lit, et défendit que personne approchât : mais presque aussitôt nous fûmes bien obligés de revenir auprès d'elle. Le transport avait repris plus violent que jamais, et il s'y était joint des convulsions vraiment effrayantes. Ces accidents n'ont plus cessé de la soirée ; et le bulletin de ce matin m'apprend que la nuit n'a pas été moins orageuse. Enfin, son état

notes

1. **augustes** : respectables, vénérables.

2. **Sacrements** : l'extrême-onction, que l'on administre à quelqu'un sur le point de mourir, pour le pardon de ses péchés.

est tel, que je m'étonne qu'elle n'y ait pas déjà succombé ; et je ne vous cache point qu'il ne me reste que bien peu d'espoir.

Je suppose que cette malheureuse Lettre est de M. de Valmont, mais que peut-il encore oser lui dire ? Pardon, ma chère amie, je m'interdis toute réflexion : mais il est bien cruel de voir périr si malheureusement une femme, jusqu'alors si heureuse et si digne de l'être.

*Paris, ce 2 décembre 17**.*

Lettre 150

LE CHEVALIER DANCENY
À LA MARQUISE DE MERTEUIL

En attendant le bonheur de te voir je me livre, ma tendre amie, au plaisir de t'écrire ; et c'est en m'occupant de toi, que je charme le regret d'en être éloigné. Te tracer mes sentiments, me rappeler les tiens, est pour mon cœur une vraie jouissance ; et c'est par elle que le temps même des privations m'offre encore mille biens précieux à mon amour. Cependant, s'il faut t'en croire, je n'obtiendrai point de réponse de toi : cette Lettre même sera la dernière ; et nous nous priverons d'un commerce qui, selon toi, est dangereux *et dont nous n'avons pas besoin*. Sûrement je t'en croirai, si tu persistes : car que peux-tu vouloir, que par cette raison même je ne le veuille aussi ? Mais avant de te décider entièrement, ne permettras-tu pas que nous en causions ensemble ?

Sur l'article des dangers, tu dois juger seule : je ne puis rien calculer, et je m'en tiens à te prier de veiller à ta sûreté, car je ne puis être tranquille quand tu seras inquiète. Pour cet objet, ce n'est pas nous deux qui ne sommes qu'un, c'est toi qui es nous deux.

Il n'en est pas de même *sur le besoin* : ici nous ne pouvons avoir qu'une même pensée, et si nous différons d'avis, ce ne peut être que faute de nous expliquer ou de nous entendre. Voici donc ce que je crois sentir.

Sans doute, une Lettre paraît bien peu nécessaire, quand on peut se voir librement. Que dirait-elle, qu'un mot, un regard, ou même le silence, n'exprimassent cent fois mieux encore ? Cela me paraît si vrai, que dans le moment où tu me parlas de ne plus nous écrire, cette idée glissa facilement sur mon âme ; elle la gêna peut-être, mais ne l'affecta point. Tel à peu près quand voulant donner un baiser sur ton cœur, je rencontre un ruban ou une gaze[1], je l'écarte seulement, et n'ai cependant pas le sentiment d'un obstacle.

Mais depuis, nous nous sommes séparés ; et dès que tu n'as plus été là, cette idée de Lettre est revenue me tourmenter. Pourquoi, me suis-je dit, cette privation de plus ? Quoi ! pour être éloignés, n'a-t-on plus rien à se dire ? Je suppose que, favorisés par les circonstances, on passe ensemble une journée entière ; faudra-t-il prendre le temps de causer sur celui de jouir ? Oui, de jouir, ma tendre amie ; car auprès de toi, les moments mêmes du repos fournissent encore une jouissance délicieuse. Enfin quel que soit le temps, on finit par se séparer, et puis, on est si seul ! C'est alors qu'une Lettre est si précieuse ! si on ne la lit pas, du moins on la regarde... Ah ! sans doute, on peut regarder une Lettre sans la lire, comme il me semble que la nuit j'aurais encore quelque plaisir à toucher ton portrait...

Ton portrait, ai-je dit ? Mais une Lettre est le portrait de l'âme. Elle n'a pas, comme une froide image, cette stagnance[2] si éloignée de l'amour ; elle se prête à tous nos mouvements : tour à tour elle s'anime, elle jouit, elle se repose... Tes sentiments me sont tous si précieux ! me priveras-tu d'un moyen de les recueillir ?

Es-tu donc sûre que le besoin de m'écrire ne te tourmentera jamais ? Si dans la solitude, ton cœur se dilate ou s'oppresse, si un mouvement de joie passe jusqu'à ton âme, si une tristesse involontaire vient la troubler un moment ; ce ne sera donc pas dans le sein de ton ami, que tu répandras ton bonheur ou ta peine ? tu auras donc un sentiment qu'il ne partagera pas ? tu le laisseras donc, rêveur et solitaire, s'égarer loin de toi ? Mon amie... ma tendre amie ! Mais c'est à toi qu'il appartient de prononcer. J'ai voulu discuter seulement, et non pas te séduire ; je ne t'ai dit que des raisons, j'ose croire que j'eusse été plus fort par des prières. Je tâcherai donc, si tu persistes, de ne pas m'affliger ; je ferai mes efforts pour me dire ce que tu m'aurais écrit : mais tiens, tu le dirais mieux que moi ; et j'aurai surtout plus de plaisir à l'entendre.

Adieu, ma charmante amie ; l'heure approche enfin où je pourrai te voir : je te quitte bien vite, pour t'aller retrouver plus tôt.

*Paris, ce 3 décembre 17**.*

notes

1. **gaze** : tissu très léger.

2. **stagnance** : stagnation, immobilité.

Lettre 151

LE VICOMTE DE VALMONT
À LA MARQUISE DE MERTEUIL

Sans doute, Marquise, que vous ne me croyez pas assez peu d'usage[1], pour penser que j'aie pu prendre le change[2] sur le tête-à-tête où je vous ai trouvée ce soir, et sur *l'étonnant hasard* qui avait conduit Danceny chez vous ! Ce n'est pas que votre physionomie exercée n'ait su prendre à merveille l'expression du calme et de la sérénité, ni que vous vous soyez trahie par aucune de ces phrases qui quelquefois échappent au trouble ou au repentir. Je conviens même encore que vos regards dociles vous ont parfaitement servie ; et que s'ils avaient su se faire croire aussi bien que se faire entendre, loin que j'eusse pris ou conservé le moindre soupçon, je n'aurais pas douté un moment du chagrin extrême que vous causait *ce tiers importun*. Mais, pour ne pas déployer en vain d'aussi grands talents, pour en obtenir le succès que vous vous en promettiez, pour produire enfin l'illusion que vous cherchiez à faire naître, il fallait donc auparavant former votre Amant novice avec plus de soin.

Puisque vous commencez à faire des éducations, apprenez à vos élèves à ne pas rougir et se déconcerter à la moindre plaisanterie ; à ne pas nier si vivement, pour une seule femme, les mêmes choses dont ils se défendent avec tant de mollesse pour toutes les autres. Apprenez-leur encore à savoir entendre l'éloge de leur Maîtresse, sans se croire obligés d'en faire les honneurs[3] ; et si vous leur permettez de vous regarder dans le cercle, qu'ils sachent au moins auparavant déguiser ce regard de possession si facile à reconnaître, et qu'ils confondent si maladroitement avec celui de l'amour. Alors vous pourrez les faire paraître dans vos exercices publics, sans que leur conduite fasse tort à leur sage institutrice ; et moi-même, trop heureux de concourir à votre célébrité, je vous promets de faire et de publier les programmes de ce nouveau collège.

Mais jusque-là je m'étonne, je l'avoue, que ce soit moi que vous ayez entrepris de traiter comme un écolier. Oh ! qu'avec toute autre femme, je serais bientôt vengé ! que je m'en ferais de plaisir ! et qu'il surpasserait aisément celui qu'elle aurait cru me faire perdre ! Oui, c'est bien pour vous

notes

1. assez peu d'usage : assez dépourvu d'expérience.

2. prendre le change : me laisser tromper.

3. en faire les honneurs : en dire du bien.

seule que je peux préférer la réparation à la vengeance ; et ne croyez pas que je sois retenu par le moindre doute, par la moindre incertitude ; je sais tout.

Vous êtes à Paris depuis quatre jours ; et chaque jour vous avez vu Danceny, et vous n'avez vu que lui seul. Aujourd'hui même votre porte était encore fermée ; et il n'a manqué à votre Suisse, pour m'empêcher d'arriver jusqu'à vous, qu'une assurance égale à la vôtre. Cependant je ne devais pas douter, me mandiez-vous, d'être le premier informé de votre arrivée ; de cette arrivée dont vous ne pouviez pas encore me dire le jour, tandis que vous m'écriviez la veille de votre départ. Nierez-vous ces faits, ou tenterez-vous de vous en excuser ? L'un et l'autre sont également impossibles ; et pourtant je me contiens encore ! Reconnaissez là votre empire ; mais croyez-moi, contente de l'avoir éprouvé, n'en abusez pas plus longtemps. Nous nous connaissons tous deux, Marquise ; ce mot doit vous suffire.

Vous sortez demain toute la journée, m'avez-vous dit ? À la bonne heure, si vous sortez en effet ; et vous jugez que je le saurai. Mais enfin, vous rentrerez le soir ; et pour notre difficile réconciliation, nous n'aurons pas trop de temps jusqu'au lendemain. Faites-moi donc savoir si ce sera chez vous, ou *là-bas*, que se feront nos expiations nombreuses et réciproques. Surtout, plus de Danceny. Votre mauvaise tête s'était remplie de son idée, et je peux n'être pas jaloux de ce délire de votre imagination : mais songez que de ce moment, ce qui n'était qu'une fantaisie, deviendrait une préférence marquée. Je ne me crois pas fait pour cette humiliation, et je ne m'attends pas à la recevoir de vous.

J'espère même que ce sacrifice ne vous en paraîtra pas un. Mais quand il vous coûterait quelque chose, il me semble que je vous ai donné un assez bel exemple ! qu'une femme sensible et belle, qui n'existait que pour moi, qui dans ce moment même meurt peut-être d'amour et de regret, peut bien valoir un jeune écolier, qui, si vous voulez, ne manque ni de figure ni d'esprit, mais qui n'a encore ni usage ni consistance.

Adieu, Marquise ; je ne vous dis rien de mes sentiments pour vous. Tout ce que je puis faire en ce moment, c'est de ne pas scruter mon cœur. J'attends votre réponse. Songez en la faisant, songez bien que plus il vous est facile de me faire oublier l'offense que vous m'avez faite, plus un refus de votre part, un simple délai, la graverait dans mon cœur en traits ineffaçables.

*Paris, ce 3 décembre 17**, au soir.*

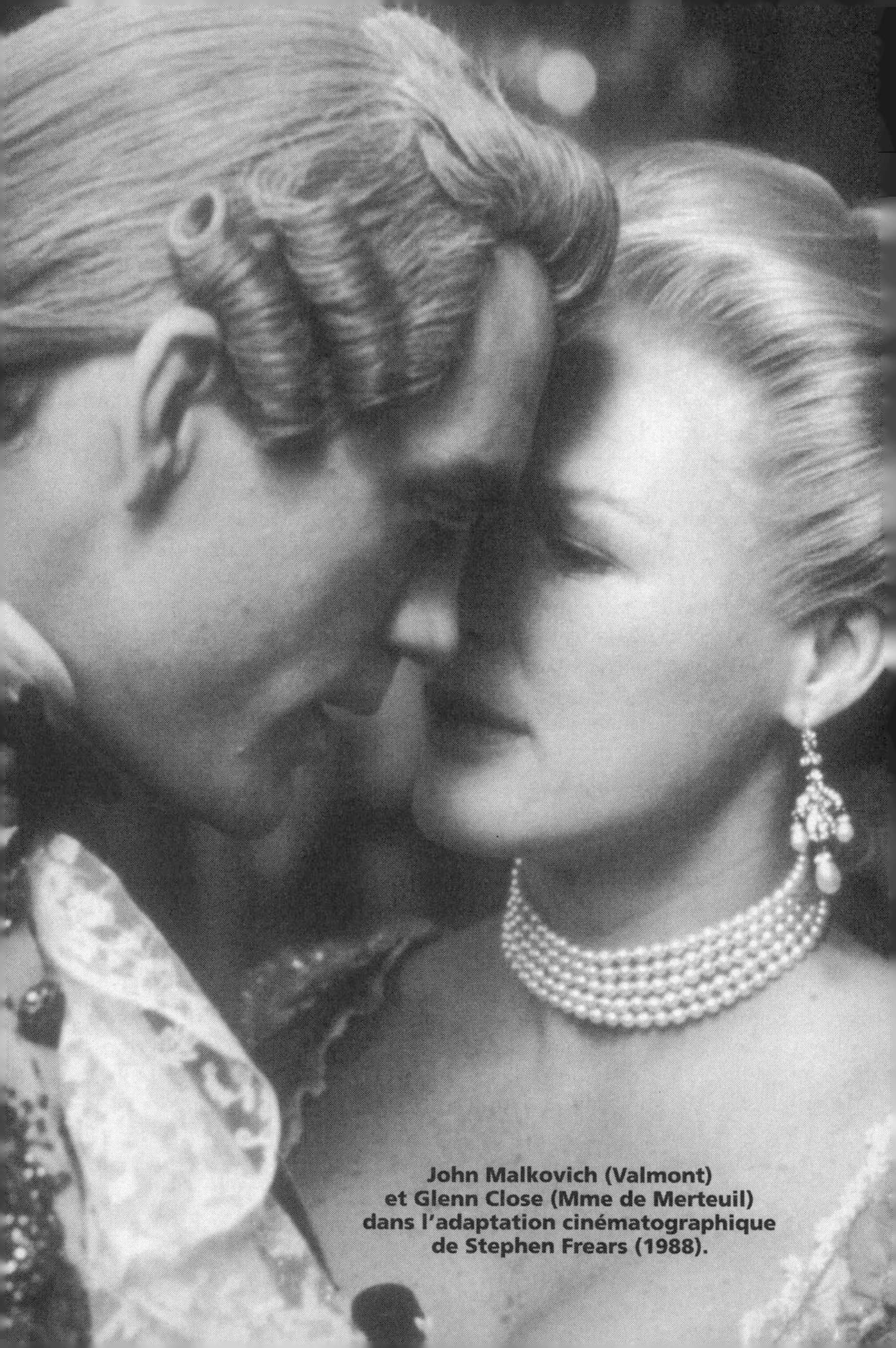

**John Malkovich (Valmont)
et Glenn Close (Mme de Merteuil)
dans l'adaptation cinématographique
de Stephen Frears (1988).**

Quatrième partie, Lettre 152

Lettre 152

LA MARQUISE DE MERTEUIL AU VICOMTE DE VALMONT

Prenez donc garde, Vicomte, et ménagez davantage mon extrême timidité ! Comment voulez-vous que je supporte l'idée accablante d'encourir votre indignation, et surtout que je ne succombe pas à la crainte de votre vengeance ? d'autant que, comme vous savez, si vous me faisiez une noirceur, il me serait impossible de vous la rendre. J'aurais beau parler, votre existence n'en serait ni moins brillante ni moins paisible. Au fait, qu'auriez-vous à redouter ? d'être obligé de partir, si on vous en laissait le temps. Mais ne vit-on pas chez l'Étranger comme ici ? et à tout prendre, pourvu que la Cour de France vous laissât tranquille à celle où vous vous fixeriez, ce ne serait pour vous que changer le lieu de vos triomphes[1]. Après avoir tenté de vous rendre votre sang-froid par ces considérations morales, revenons à nos affaires.

Savez-vous, Vicomte, pourquoi je ne me suis jamais remariée ? Ce n'est assurément pas faute d'avoir trouvé assez de partis avantageux ; c'est uniquement pour que personne n'ait le droit de trouver à redire à mes actions. Ce n'est même pas que j'aie craint de ne pouvoir plus faire mes volontés, car j'aurais bien toujours fini par là : mais c'est qu'il m'aurait gêné que quelqu'un eût eu seulement le droit de s'en plaindre ; c'est qu'enfin je ne voulais tromper que pour mon plaisir, et non par nécessité. Et voilà que vous m'écrivez la Lettre la plus maritale qu'il soit possible de voir ! Vous ne m'y parlez que de torts de mon côté, et de grâces du vôtre ! Mais comment donc peut-on manquer à celui à qui on ne doit rien ? Je ne saurais le concevoir !

Voyons ; de quoi s'agit-il tant ? Vous avez trouvé Danceny chez moi, et cela vous a déplu ? à la bonne heure : mais qu'avez-vous pu en conclure ? ou que c'était l'effet du hasard, comme je vous le disais, ou celui de ma volonté, comme je ne vous le disais pas. Dans le premier cas, votre Lettre est injuste ; dans le second, elle est ridicule : c'était bien la peine d'écrire ! Mais vous êtes jaloux, et la jalousie ne raisonne pas. Hé bien ! je vais raisonner pour vous.

Ou vous avez un rival, ou vous n'en avez pas. Si vous en avez un, il faut plaire pour lui être préféré ; si vous n'en avez pas, il faut encore plaire pour

note

1. Mme de Merteuil évoque ici les moyens de pression secrets qu'elle a sur Valmont (*cf.* Lettre 81), à propos desquels Laclos ne juge pas utile de renseigner précisément son lecteur.

éviter d'en avoir. Dans tous les cas, c'est la même conduite à tenir : ainsi, pourquoi vous tourmenter ? pourquoi, surtout, me tourmenter moi-même ! Ne savez-vous donc plus être le plus aimable ? et n'êtes-vous plus sûr de vos succès ? Allons donc, Vicomte, vous vous faites tort. Mais, ce n'est pas cela ; c'est qu'à vos yeux, je ne vaux pas que vous vous donniez tant de peine. Vous désirez moins mes bontés, que vous ne voulez abuser de votre empire. Allez, vous êtes un ingrat. Voilà bien, je crois, du sentiment ! et pour peu que je continuasse, cette Lettre pourrait devenir fort tendre : mais vous ne le méritez pas.

Vous ne méritez pas davantage que je me justifie. Pour vous punir de vos soupçons, vous les garderez : ainsi, sur l'époque de mon retour, comme sur les visites de Danceny, je ne vous dirai rien. Vous vous êtes donné bien de la peine pour vous en instruire, n'est-il pas vrai ? Hé bien ! en êtes-vous plus avancé ? Je souhaite que vous y ayez trouvé beaucoup de plaisir ; quant à moi, cela n'a pas nui au mien.

Tout ce que je peux donc répondre à votre menaçante Lettre, c'est qu'elle n'a eu ni le don de me plaire, ni le pouvoir de m'intimider ; et que pour le moment, je suis on ne peut pas moins disposée à vous accorder vos demandes.

Au vrai, vous accepter tel que vous vous montrez aujourd'hui, ce serait vous faire une infidélité réelle. Ce ne serait pas là renouer avec mon ancien Amant ; ce serait en prendre un nouveau, et qui ne vaut pas l'autre à beaucoup près. Je n'ai pas assez oublié le premier pour m'y tromper ainsi. Le Valmont que j'aimais était charmant. Je veux bien convenir même que je n'ai pas rencontré d'homme plus aimable. Ah ! je vous en prie, Vicomte, si vous le retrouvez, amenez-le-moi ; celui-là sera toujours bien reçu.

Prévenez-le cependant que, dans aucun cas, ce ne serait ni pour aujourd'hui ni pour demain. Son *Menechme*[1] lui a fait un peu tort ; et en me pressant trop, je craindrais de m'y tromper. Ou bien, peut-être ai-je donné parole à Danceny pour ces deux jours-là ? Et votre Lettre m'a appris que vous ne plaisantiez pas, quand on manquait à sa parole. Vous voyez donc qu'il faut attendre.

note

1. ***Menechme*** : frère jumeau ; le terme est tiré du titre d'une comédie latine de Plaute (IIIe-IIe s. av. J.-C.), *Les Ménechmes*, dont les héros sont des jumeaux. Cette pièce a été imitée par Regnard (*cf.* note 1, p. 271).

Mais que vous importe ? vous vous vengerez toujours bien de votre rival. Il ne fera pas pis à votre Maîtresse que vous ferez à la sienne, et après tout, une femme n'en vaut-elle pas une autre ? ce sont vos principes. Celle même qui serait *tendre et sensible, qui n'existerait que pour vous et qui mourrait enfin d'amour et de regret*, n'en serait pas moins sacrifiée à la première fantaisie, à la crainte d'être plaisanté un moment ; et vous voulez qu'on se gêne ? Ah ! cela n'est pas juste.

Adieu, Vicomte ; redevenez donc aimable. Tenez, je ne demande pas mieux que de vous trouver charmant ; et dès que j'en serai sûre, je m'engage à vous le prouver. En vérité, je suis trop bonne.

*Paris, ce 4 décembre 17**.*

Lettre 153

LE VICOMTE DE VALMONT À LA MARQUISE DE MERTEUIL

Je réponds sur-le-champ à votre Lettre, et je tâcherai d'être clair ; ce qui n'est pas facile avec vous, quand une fois[1] vous avez pris le parti de ne pas entendre.

De longs discours n'étaient pas nécessaires pour établir que chacun de nous ayant en main tout ce qu'il faut pour perdre l'autre, nous avons un égal intérêt à nous ménager mutuellement : aussi, ce n'est pas de cela dont il s'agit. Mais entre le parti violent de se perdre, et celui, sans doute meilleur, de rester unis comme nous l'avons été, de le devenir davantage encore en reprenant notre première liaison ; entre ces deux partis, dis-je, il y en a mille autres à prendre. Il n'était donc pas ridicule de vous dire, et il ne l'est pas de vous répéter que, de ce jour même, je serai ou votre Amant ou votre ennemi.

Je sens à merveille que ce choix vous gêne ; qu'il vous conviendrait mieux de tergiverser[2] ; et je n'ignore pas que vous n'avez jamais aimé à être placée ainsi entre le oui et le non : mais vous devez sentir aussi que je ne puis vous laisser sortir de ce cercle étroit, sans risquer d'être joué ; et vous avez dû prévoir que je ne le souffrirais pas. C'est maintenant à vous à décider : je peux vous laisser le choix, mais non pas rester dans l'incertitude.

notes

1. une fois : une fois pour toutes.

2. tergiverser : retarder la décision, l'engagement.

Je vous préviens seulement que vous ne m'abuserez pas par vos raisonnements, bons ou mauvais ; que vous ne me séduirez pas davantage par quelques cajoleries dont vous chercheriez à parer vos refus ; et qu'enfin, le moment de la franchise est arrivé. Je ne demande pas mieux que de vous donner l'exemple ; et je vous déclare avec plaisir que je préfère la paix et l'union : mais s'il faut rompre l'une ou l'autre, je crois en avoir le droit et les moyens.

J'ajoute donc que le moindre obstacle mis de votre part sera pris de la mienne pour une véritable déclaration de guerre : vous voyez que la réponse que je vous demande n'exige ni longues ni belles phrases. Deux mots suffisent.

*Paris, ce 4 décembre 17**.*

RÉPONSE DE LA MARQUISE DE MERTEUIL
écrite au bas de la même Lettre.

Hé bien ! la guerre.

Lettre 154

MADAME DE VOLANGES
À MADAME DE ROSEMONDE

Les bulletins vous instruisent mieux que je ne pourrais le faire, ma chère amie, du fâcheux état de notre malade. Tout entière aux soins que je lui donne, je ne prends sur eux le temps de vous écrire, qu'autant qu'il y a d'autres événements que ceux de la maladie. En voici un, auquel certainement je ne m'attendais pas. C'est une Lettre que j'ai reçue de M. de Valmont, à qui il a plu de me choisir pour sa confidente, et même pour sa médiatrice auprès de Mme de Tourvel, pour qui il avait aussi joint une Lettre à la mienne. J'ai renvoyé l'une en répondant à l'autre. Je vous fais passer cette dernière, et je crois que vous jugerez comme moi, que je ne pouvais ni ne devais rien faire de ce qu'il me demande. Quand je l'aurais voulu, notre malheureuse amie n'aurait pas été en état de m'entendre. Son délire est continuel. Mais que direz-vous de ce désespoir de M. de Valmont ? D'abord faut-il y croire, ou veut-il seulement tromper tout le monde, et jusqu'à la fin* ? Si pour cette fois il est sincère, il peut bien dire qu'il a lui-même fait son malheur. Je crois qu'il sera peu content de ma réponse : mais j'avoue que tout ce qui me fixe sur cette malheureuse aventure, me soulève de plus en plus contre son auteur.

Adieu, ma chère amie ; je retourne à mes tristes soins, qui le deviennent bien davantage encore par le peu d'espoir que j'ai de les voir réussir. Vous connaissez mes sentiments pour vous.

*Paris, ce 5 décembre 17**.*

Lettre 155

LE VICOMTE DE VALMONT AU CHEVALIER DANCENY

J'ai passé deux fois chez vous, mon cher Chevalier : mais depuis que vous avez quitté le rôle d'Amant pour celui d'homme à bonnes fortunes[1], vous êtes, comme de raison, devenu introuvable. Votre Valet de chambre m'a assuré cependant que vous rentreriez chez vous ce soir, qu'il avait ordre de vous attendre ; mais moi, qui suis instruit de vos projets, j'ai très bien compris que vous ne rentreriez que pour un moment, pour prendre le costume de la chose, et que sur-le-champ vous recommenceriez vos courses victorieuses. À la bonne heure, et je ne puis qu'y applaudir : mais peut-être, pour ce soir, allez-vous être tenté de changer leur direction. Vous ne savez encore que la moitié de vos affaires ; il faut vous mettre au courant de l'autre, et puis, vous vous déciderez. Prenez donc le temps de lire ma Lettre. Ce ne sera pas vous distraire de vos plaisirs, puisque au contraire elle n'a d'autre objet que de vous donner le choix entre eux.

Si j'avais eu votre confiance entière, si j'avais su par vous la partie de vos secrets que vous m'avez laissée à deviner, j'aurais été instruit à temps ; et mon zèle, moins gauche, ne gênerait pas aujourd'hui votre marche. Mais partons du point où nous sommes. Quelque parti que vous preniez, votre pis-aller[2] ferait toujours bien le bonheur d'un autre.

* C'est parce qu'on n'a rien trouvé dans la suite de cette Correspondance qui pût résoudre ce doute, qu'on a pris le parti de supprimer la Lettre de M. de Valmont.

notes

1. à bonnes fortunes : heureux en amour.

2. votre pis-aller : le moins bon des choix qui vous sont proposés.

Vous avez un rendez-vous pour cette nuit, n'est-il pas vrai ? avec une femme charmante et que vous adorez ? car à votre âge, quelle femme n'adore-t-on pas, au moins les huit premiers jours ! Le lieu de la scène doit encore ajouter à vos plaisirs. Une petite maison délicieuse, *et qu'on n'a prise que pour vous*, doit embellir la volupté, des charmes de la liberté, et de ceux du mystère. Tout est convenu, on vous attend : et vous brûlez de vous y rendre ! voilà ce que nous savons tous deux, quoique vous ne m'en ayez rien dit. Maintenant, voici ce que vous ne savez pas, et qu'il faut que je vous dise.

Depuis mon retour à Paris, je m'occupais des moyens de vous rapprocher de Mlle de Volanges ; je vous l'avais promis ; et encore la dernière fois que je vous en parlai, j'eus lieu de juger par vos réponses, je pourrais dire par vos transports, que c'était m'occuper de votre bonheur. Je ne pouvais pas réussir à moi seul dans cette entreprise assez difficile, mais après avoir préparé les moyens, j'ai remis le reste au zèle de votre jeune Maîtresse. Elle a trouvé, dans son amour, des ressources qui avaient manqué à mon expérience : enfin votre malheur veut qu'elle ait réussi. Depuis deux jours, m'a-t-elle dit ce soir, tous les obstacles sont surmontés, et votre bonheur ne dépend plus que de vous.

Depuis deux jours aussi, elle se flattait de vous apprendre cette nouvelle elle-même, et malgré l'absence de sa maman, vous auriez été reçu ; mais vous ne vous êtes seulement pas présenté ! et pour vous dire tout, soit caprice ou raison, la petite personne m'a paru un peu fâchée de ce manque d'empressement de votre part. Enfin, elle a trouvé le moyen de me faire aussi parvenir jusqu'à elle, et m'a fait promettre de vous rendre le plus tôt possible la Lettre que je joins ici. À l'empressement qu'elle y a remis, je parierais bien qu'il est question d'un rendez-vous pour ce soir. Quoi qu'il en soit, j'ai promis sur l'honneur et sur l'amitié, que vous auriez la tendre missive dans la journée, et je ne puis ni ne veux manquer à ma parole.

À présent, jeune homme, quelle conduite allez-vous tenir ? Placé entre la coquetterie et l'amour, entre le plaisir et le bonheur, quel va être votre choix ? Si je parlais au Danceny d'il y a trois mois, seulement à celui d'il y a huit jours, bien sûr de son cœur, je le serais de ses démarches : mais le Danceny d'aujourd'hui, arraché par les femmes, courant les aventures, et devenu, suivant l'usage, un peu scélérat, préférera-t-il une jeune fille timide, qui n'a pour elle que sa beauté, son innocence et son amour, aux agréments d'une femme parfaitement *usagée* ?

Pour moi, mon cher ami, il me semble que, même dans vos nouveaux principes, que j'avoue bien être aussi un peu les miens, les circonstances me décideraient pour la jeune Amante. D'abord, c'en est une de plus, et puis la nouveauté, et encore la crainte de perdre le fruit de vos soins en négligeant de le cueillir ; car enfin, de ce côté, ce serait véritablement l'occasion manquée, et elle ne revient pas toujours, surtout pour une première faiblesse : souvent, dans ce cas, il ne faut qu'un moment d'humeur, un soupçon jaloux, moins encore, pour empêcher le plus beau triomphe. La vertu qui se noie se raccroche quelquefois aux branches ; et une fois réchappée, elle se tient sur ses gardes, et n'est plus facile à surprendre.

Au contraire, de l'autre côté, que risquez-vous ? pas même une rupture ; une brouillerie tout au plus, où l'on achète de quelques soins le plaisir d'un raccommodement. Quel autre parti reste-t-il à une femme déjà rendue, que celui de l'indulgence ? Que gagnerait-elle à la sévérité ? la perte de ses plaisirs, sans profit pour sa gloire.

Si, comme je le suppose, vous prenez le parti de l'amour, qui me paraît aussi celui de la raison, je crois qu'il est de la prudence de ne point vous faire excuser au rendez-vous manqué ; laissez-vous attendre tout simplement : si vous risquez de donner une raison, on sera peut-être tenté de la vérifier. Les femmes sont curieuses et obstinées ; tout peut se découvrir : je viens, comme vous savez, d'en être moi-même un exemple. Mais si vous laissez l'espoir, comme il sera soutenu par la vanité, il ne sera perdu que longtemps après l'heure propre aux informations : alors demain vous aurez à choisir l'obstacle insurmontable qui vous aura retenu ; vous aurez été malade, mort s'il le faut, ou toute autre chose dont vous serez également désespéré, et tout se raccommodera.

Au reste, pour quelque côté que vous vous décidiez, je vous prie seulement de m'en instruire ; et comme je n'y ai pas d'intérêt, je trouverai toujours que vous avez bien fait. Adieu, mon cher ami.

Ce que j'ajoute encore, c'est que je regrette Mme de Tourvel ; c'est que je suis au désespoir d'être séparé d'elle ; c'est que je paierais de la moitié de ma vie le bonheur de lui consacrer l'autre. Ah ! croyez-moi, on n'est heureux que par l'amour.

*Paris, ce 5 décembre 17**.*

Lettre 156

CÉCILE VOLANGES AU CHEVALIER DANCENY

(Jointe à la précédente.)

Comment se fait-il, mon cher ami, que je cesse de vous voir, quand je ne cesse pas de le désirer ? n'en avez-vous plus autant d'envie que moi ? Ah ! c'est bien à présent que je suis triste ! plus triste que quand nous étions séparés tout à fait. Le chagrin que j'éprouvais par les autres, c'est à présent de vous qu'il me vient, et cela fait bien plus de mal.

Depuis quelques jours, Maman n'est jamais chez elle, vous le savez bien ; et j'espérais que vous essaieriez de profiter de ce temps de liberté : mais vous ne songez seulement pas à moi ; je suis bien malheureuse ! Vous me disiez tant que c'était moi qui aimais le moins ! je savais bien le contraire, et en voilà bien la preuve. Si vous étiez venu pour me voir, vous m'auriez vue en effet : car moi, je ne suis pas comme vous ; je ne songe qu'à ce qui peut nous réunir. Vous mériteriez bien que je ne vous dise rien de tout ce que j'ai fait pour ça, et qui m'a donné tant de peine : mais je vous aime trop, et j'ai tant envie de vous voir, que je ne peux m'empêcher de vous le dire. Et puis, je verrai bien après si vous m'aimez réellement !

J'ai si bien fait que le Portier est dans nos intérêts et qu'il m'a promis que toutes les fois que vous viendriez, il vous laisserait toujours entrer comme s'il ne vous voyait pas : et nous pouvons bien nous fier à lui, car c'est un bien honnête homme. Il ne s'agit donc plus que d'empêcher qu'on ne vous voie dans la maison ; et ça, c'est bien aisé, en n'y venant que le soir, et quand il n'y aura plus rien à craindre du tout. Par exemple, depuis que Maman sort tous les jours, elle se couche tous les jours à onze heures ; ainsi nous aurions bien du temps.

Le Portier m'a dit que, quand vous voudriez venir comme ça, au lieu de frapper à la porte, vous n'auriez qu'à frapper à sa fenêtre, et qu'il ouvrirait tout de suite ; et puis, vous trouverez bien le petit escalier ; et comme vous ne pourrez pas avoir de la lumière, je laisserai la porte de ma chambre entr'ouverte, ce qui vous éclairera toujours un peu. Vous prendrez bien garde de ne pas faire de bruit, surtout en passant auprès de la petite porte de Maman. Pour celle de ma Femme de chambre, c'est égal, parce qu'elle m'a promis qu'elle ne se réveillerait pas ; c'est aussi une bien bonne fille ! Et pour vous en aller, ça sera tout de même. À présent, nous verrons si vous viendrez.

Mon Dieu, pourquoi donc le cœur me bat-il si fort en vous écrivant ? Est-ce qu'il doit m'arriver quelque malheur, ou si c'est l'espérance de vous voir qui me trouble comme ça ? Ce que je sens bien, c'est que je ne vous ai jamais tant aimé, et que jamais je n'ai tant désiré de vous le dire. Venez donc, mon ami, mon cher ami ; que je puisse vous répéter cent fois que je vous aime, que je vous adore, que je n'aimerai jamais que vous.

J'ai trouvé moyen de faire dire à M. de Valmont que j'avais quelque chose à lui dire ; et lui, comme il est bien bon ami, il viendra sûrement demain, et je le prierai de vous remettre ma Lettre tout de suite. Ainsi je vous attendrai demain au soir, et vous viendrez sans faute, si vous ne voulez pas que votre Cécile soit bien malheureuse.

Adieu, mon cher ami ; je vous embrasse de tout mon cœur.

*Paris, ce 4 décembre 17**, au soir.*

Lettre 157

LE CHEVALIER DANCENY AU VICOMTE DE VALMONT

Ne doutez, mon cher Vicomte, ni de mon cœur, ni de mes démarches : comment résisterais-je à un désir de ma Cécile ? Ah ! c'est bien elle, elle seule que j'aime, que j'aimerai toujours ! son ingénuité, sa tendresse, ont un charme pour moi, dont j'ai pu avoir la faiblesse de me laisser distraire, mais que rien n'effacera jamais. Engagé dans une autre aventure, pour ainsi dire sans m'en être aperçu, souvent le souvenir de Cécile est venu me troubler jusque dans les plus doux plaisirs ; et peut-être mon cœur ne lui a-t-il jamais rendu d'hommage plus vrai, que dans le moment même où je lui étais infidèle. Cependant, mon ami, ménageons sa délicatesse, et cachons-lui mes torts ; non pour la surprendre, mais pour ne pas l'affliger. Le bonheur de Cécile est le vœu le plus ardent que je forme ; jamais je ne me pardonnerais une faute qui lui aurait coûté une larme.

J'ai mérité, je le sens, la plaisanterie que vous me faites sur ce que vous appelez mes nouveaux principes ; mais vous pouvez m'en croire, ce n'est point par eux que je me conduis dans ce moment ; et dès demain je suis décidé à le prouver. J'irai m'accuser à celle même qui a causé mon égarement[1], et qui l'a partagé ; je lui dirai : « Lisez dans mon cœur ; il a pour vous l'amitié la plus tendre ; l'amitié unie au désir ressemble tant à l'amour !... Tous deux nous nous sommes trompés ; mais susceptible d'erreur, je ne suis point capable de mauvaise foi. » Je connais mon amie ; elle est honnête autant qu'indulgente ; elle fera plus que me pardonner, elle m'approuvera. Elle-même se reprochait souvent d'avoir trahi l'amitié ; souvent sa délicatesse effrayait son amour : plus sage que moi, elle fortifiera dans mon âme ces craintes utiles, que je cherchais témérairement à étouffer dans la sienne. Je lui devrai d'être meilleur, comme à vous d'être plus heureux. Ô ! mes amis, partagez ma reconnaissance. L'idée de vous devoir mon bonheur en augmente le prix.

Adieu, mon cher Vicomte. L'excès de ma joie ne m'empêche point de songer à vos peines, et d'y prendre part. Que ne puis-je vous être utile ! Mme de Tourvel reste donc inexorable ? On la dit aussi bien malade. Mon Dieu, que je vous plains ! Puisse-t-elle reprendre à la fois de la santé et de l'indulgence, et faire à jamais votre bonheur ! Ce sont les vœux de l'amitié ; j'ose espérer qu'ils seront exaucés par l'amour.

Je voudrais causer plus longtemps avec vous ; mais l'heure me presse, et peut-être Cécile m'attend déjà.

*Paris, ce 5 décembre 17**.*

Lettre 158

LE VICOMTE DE VALMONT
À LA MARQUISE DE MERTEUIL

(À son réveil.)

Eh bien, Marquise, comment vous trouvez-vous des plaisirs de la nuit dernière ? n'en êtes-vous pas un peu fatiguée ? Convenez donc que Danceny est charmant ! il fait des prodiges, ce garçon-là ! Vous n'attendiez pas cela de lui, n'est-il pas vrai ? Allons, je me rends justice ; un pareil rival méritait bien que je lui fusse sacrifié. Sérieusement, il est plein de bonnes qualités ! Mais surtout, que d'amour, de constance, de délicatesse ! Ah ! si jamais vous êtes

note

1. Danceny parle de Mme de Merteuil.

aimée de lui comme l'est sa Cécile, vous n'aurez point de rivales à craindre : il vous l'a prouvé cette nuit. Peut-être à force de coquetterie, une autre femme pourra vous l'enlever un moment ; un jeune homme ne sait guère se refuser à des agaceries[1] provocantes : mais un seul mot de l'objet aimé suffit, comme vous voyez, pour dissiper cette illusion ; ainsi il ne vous manque plus que d'être cet objet-là, pour être parfaitement heureuse.

Sûrement vous ne vous y tromperez pas ; vous avez le tact trop sûr pour qu'on puisse le craindre. Cependant l'amitié qui nous unit, aussi sincère de ma part que bien reconnue de la vôtre, m'a fait désirer, pour vous, l'épreuve de cette nuit ; c'est l'ouvrage de mon zèle, il a réussi : mais point de remerciements ; cela n'en vaut pas la peine : rien n'était plus facile.

Au fait, que m'en a-t-il coûté ? un léger sacrifice, et quelque peu d'adresse. J'ai consenti à partager avec le jeune homme les faveurs de sa Maîtresse : mais enfin il y avait bien autant de droit que moi ; et je m'en souciais si peu ! La Lettre que la jeune personne lui a écrite, c'est bien moi qui l'ai dictée ; mais c'était seulement pour gagner du temps, parce que nous avions à l'employer mieux. Celle que j'y ai jointe, oh ! ce n'était rien, presque rien ; quelques réflexions de l'amitié pour guider le choix du nouvel Amant : mais en honneur, elles étaient inutiles ; il faut dire la vérité, il n'a pas balancé un moment.

Et puis, dans sa candeur, il doit aller chez vous aujourd'hui vous raconter tout ; et sûrement ce récit-là vous fera grand plaisir ! il vous dira : *Lisez dans mon cœur ;* il me le mande : et vous voyez bien que cela raccommode tout. J'espère qu'en y lisant ce qu'il voudra, vous y lirez peut-être aussi que les Amants si jeunes ont leurs dangers ; et encore, qu'il vaut mieux m'avoir pour ami que pour ennemi.

Adieu, Marquise ; jusqu'à la première occasion.

*Paris, ce 6 décembre 17**.*

note

1. agaceries : manœuvres de séduction.

Lettre 159

LA MARQUISE DE MERTEUIL
AU VICOMTE DE VALMONT
(Billet.)

Je n'aime pas qu'on ajoute de mauvaises plaisanteries à de mauvais procédés ; ce n'est pas plus ma manière que mon goût. Quand j'ai à me plaindre de quelqu'un, je ne le persifle pas ; je fais mieux : je me venge. Quelque content de vous que vous puissiez être en ce moment, n'oubliez point que ce ne serait pas la première fois que vous vous seriez applaudi d'avance ; et tout seul, dans l'espoir d'un triomphe qui vous serait échappé à l'instant même où vous vous en félicitiez. Adieu.

*Paris, ce 6 décembre 17**.*

Lettre 160

MADAME DE VOLANGES
À MADAME DE ROSEMONDE

Je vous écris de la chambre de votre malheureuse amie, dont l'état est à peu près toujours le même. Il doit y avoir cet après-midi une consultation de quatre Médecins. Malheureusement, c'est, comme vous le savez, plus souvent une preuve de danger qu'un moyen de secours.

Il paraît cependant que la tête est un peu revenue la nuit dernière. La Femme de chambre m'a informée ce matin, qu'environ vers minuit, sa Maîtresse l'a fait appeler ; qu'elle a voulu être seule avec elle, et qu'elle lui a dicté une assez longue Lettre. Julie a ajouté que, tandis qu'elle était occupée à en faire l'enveloppe, Mme de Tourvel avait repris le transport : en sorte que cette fille n'a pas su à qui il fallait mettre l'adresse. Je me suis étonnée d'abord que la Lettre elle-même n'ait pas suffi pour le lui apprendre, mais sur ce qu'elle m'a répondu qu'elle craignait de se tromper, et que cependant sa Maîtresse lui avait bien recommandé de la faire partir sur-le-champ, j'ai pris sur moi d'ouvrir le paquet.

J'y ai trouvé l'écrit que je vous envoie, qui en effet ne s'adresse à personne pour s'adresser à trop de monde. Je croirais cependant que c'est à M. de Valmont que notre malheureuse amie a voulu écrire d'abord ; mais qu'elle a cédé, sans s'en apercevoir, au désordre de ses idées. Quoi qu'il en soit, j'ai jugé que cette Lettre ne devait être rendue à personne. Je vous l'envoie, parce que vous y verrez mieux que je ne pourrais vous le dire, quelles sont les pensées qui occupent la tête de notre malade. Tant qu'elle restera aussi vivement affectée, je n'aurai guère d'espérance. Le corps se rétablit difficilement, quand l'esprit est si peu tranquille.

Adieu, ma chère et digne amie. Je vous félicite d'être éloignée du triste spectacle que j'ai continuellement sous les yeux.

*Paris, ce 6 décembre 17**.*

Lettre 161

LA PRÉSIDENTE DE TOURVEL À...

(Dictée par elle et écrite par sa Femme de chambre.)

Être cruel et malfaisant, ne te lasseras-tu point de me persécuter ? Ne te suffit-il pas de m'avoir tourmentée, dégradée, avilie, veux-tu me ravir jusqu'à la paix du tombeau ? Quoi ! dans ce séjour de ténèbres où l'ignominie m'a forcée de m'ensevelir, les peines sont-elles sans relâche, l'espérance est-elle méconnue ? Je n'implore point une grâce que je ne mérite point : pour souffrir sans me plaindre, il me suffira que mes souffrances n'excèdent pas mes forces. Mais ne rends pas mes tourments insupportables. En me laissant mes douleurs, ôte-moi le cruel souvenir des biens que j'ai perdus. Quand tu me les as ravis, n'en retrace plus à mes yeux la désolante image. J'étais innocente et tranquille : c'est pour t'avoir vu que j'ai perdu le repos ; c'est en t'écoutant que je suis devenue criminelle. Auteur de mes fautes, quel droit as-tu de les punir ?

Où sont les amis qui me chérissaient, où sont-ils ? mon infortune les épouvante. Aucun n'ose m'approcher. Je suis opprimée, et ils me laissent sans secours ! Je meurs, et personne ne pleure sur moi. Toute consolation m'est refusée. La pitié s'arrête sur les bords de l'abîme où le criminel se plonge. Les remords le déchirent, et ses cris ne sont pas entendus !

Et toi, que j'ai outragé ; toi, dont l'estime ajoute à mon supplice ; toi, qui seul enfin aurais le droit de te venger, que fais-tu loin de moi ? Viens punir une femme infidèle. Que je souffre enfin des tourments mérités. Déjà je me serais soumise à ta vengeance ; mais le courage m'a manqué pour t'apprendre ta honte. Ce n'était point dissimulation, c'était respect. Que cette Lettre au moins t'apprenne mon repentir. Le ciel a pris ta cause ; il te venge d'une injure que tu as ignorée. C'est lui qui a lié ma langue et retenu mes paroles ;

il a craint que tu ne me remisses[1] une faute qu'il voulait punir. Il m'a soustraite à ton indulgence, qui aurait blessé sa justice.

Impitoyable dans sa vengeance, il m'a livrée à celui-là même qui m'a perdue. C'est à la fois, pour lui et par lui, que je souffre. Je veux le fuir en vain, il me suit ; il est là ; il m'obsède sans cesse. Mais qu'il est différent de lui-même ! Ses yeux n'expriment plus que la haine et le mépris. Sa bouche ne profère que l'insulte et le reproche. Ses bras ne m'entourent que pour me déchirer. Qui me sauvera de sa barbare fureur ?

Mais quoi ! c'est lui... Je ne me trompe pas ; c'est lui que je revois. Oh ! mon aimable ami ! reçois-moi dans tes bras ; cache-moi dans ton sein : oui, c'est toi, c'est bien toi ! Quelle illusion funeste m'avait fait te méconnaître ? combien j'ai souffert dans ton absence ! Ne nous séparons plus, ne nous séparons jamais. Laisse-moi respirer. Sens mon cœur, comme il palpite ! Ah ! ce n'est plus de crainte, c'est la douce émotion de l'amour. Pourquoi te refuser à mes tendres caresses ? Tourne vers moi tes doux regards ! Quels sont ces liens que tu cherches à rompre ? pourquoi prépares-tu cet appareil de mort[2] ? qui peut altérer ainsi tes traits ? que fais-tu ? Laisse-moi : je frémis ! Dieu ! c'est ce monstre encore !

Mes amies, ne m'abandonnez pas. Vous qui m'invitiez à le fuir, aidez-moi à le combattre ; et vous qui, plus indulgente, me promettiez de diminuer mes peines, venez donc auprès de moi. Où êtes-vous toutes deux ? S'il ne m'est plus permis de vous revoir, répondez au moins à cette Lettre ; que je sache que vous m'aimez encore.

Laisse-moi donc, cruel ! quelle nouvelle fureur t'anime ? Crains-tu qu'un sentiment doux ne pénètre jusqu'à mon âme ? Tu redoubles mes tourments ; tu me forces de te haïr. Oh ! que la haine est douloureuse ! comme elle corrode[3] le cœur qui la distille[4] ! Pourquoi me persécutez-vous ? que pouvez-vous encore avoir à me dire ? ne m'avez-vous pas mise dans l'impossibilité de vous écouter, comme de vous répondre ? N'attendez plus rien de moi. Adieu, Monsieur.

*Paris, ce 5 décembre 17**.*

suite, p. 389

notes

1. remisses : pardonnasses (subjonctif imparfait du verbe *pardonner*).
2. appareil de mort : apprêts, préparatifs d'une cérémonie mortuaire.
3. corrode : ronge.
4. distille : produit goutte à goutte.

Folie amoureuse

Lecture analytique de la Lettre 161, pp. 377-378.

Cette dernière lettre de la Présidente se situe à un sommet dramatique* de l'œuvre, précédée par la lettre de Mme de Merteuil, humiliée et fomentant sa vengeance, et suivie par l'annonce du duel à mort de Valmont avec Danceny. L'engrenage des passions va désormais broyer ses victimes, à commencer par Mme de Tourvel, la plus innocente et la plus pathétique. Pour elle, qui a choisi de s'adonner tout entière à son amour, au point que Valmont *« est devenu le centre unique de* [ses] *pensées, de* [ses] *sentiments, de* [ses] *actions »* (Lettre 128, p. 320), la trahison ne peut signifier que la mort dont elle accepte lucidement *« la route* [...] *tracée entre la honte et le remords »* (Lettre 143, p. 347).

Fidèle à la tradition romanesque des XVIIe et XVIIIe siècles, où les personnages meurent d'amour, Laclos a voulu nous montrer comment la passion trahie et la culpabilité peuvent détruire l'âme avant d'anéantir le corps, et il a choisi de prêter à son héroïne les mots mêmes du délire. Avant de mourir de façon vertueuse et sublime (*cf.* la Lettre 165, p. 392), Mme de Tourvel est ici en proie à la folie amoureuse, confirmant ainsi sa dimension de grande héroïne tragique, puisqu'elle rejoint Oreste (Racine, *Andromaque*, scène 5 de l'acte V), autre victime de l'amour et de la culpabilité.

Mais cette lettre, dernier grand cri de passion de l'œuvre avant que les héros ne soient ensevelis dans le silence, est aussi un moyen pour le romancier de conserver l'ambiguïté sur le personnage de Valmont, qui, à travers le prisme de la folie de la Présidente, nous présente encore un double visage...

* *Cf.* Lexique.

L'expression de la folie

❶ Faites le plan du texte et relevez les différents destinataires auxquels s'adresse cette lettre.
❷ Comment Mme de Tourvel transforme-t-elle la réalité de ce qu'elle vit ?
❸ Étudiez les changements d'énonciation* et l'effet qu'ils produisent.
❹ Comment la ponctuation, la forme et le rythme des phrases expriment-ils la folie ?

L'expression de la souffrance

❺ Quels reproches Mme de Tourvel adresse-t-elle à ses différents destinataires ?
❻ Comment s'exprime encore la puissance de son amour ?
❼ Relevez le champ lexical de la culpabilité et montrez en quoi Mme de Tourvel fait preuve de lucidité.
❽ Relevez le champ lexical de la souffrance. Quelles en sont les différentes causes ?
❾ En quoi Mme de Tourvel est-elle à la fois tragique et pathétique ?

Le double visage de Valmont

❿ Relevez tous les termes par lesquels Mme de Tourvel désigne Valmont et montrez comment ces mots s'opposent.
⓫ Comment l'image de Valmont tourmente-t-elle l'héroïne ?
⓬ Quelles allusions au passé Mme de Tourvel fait-elle et quelle vision donne-t-elle de sa relation avec Valmont ?

* *Cf.* Lexique.

Lettres d'amour perdu

Lectures croisées et travaux d'écriture

La lettre d'amour fictive, tradition qui remonte à l'Antiquité, est d'abord l'occasion pour les auteurs de faire parler de grands héros mythologiques ou historiques, à travers une forme littéraire lyrique mais aussi très rhétorique (utilisation du vers, du latin au Moyen Âge...). Puis, conjointement à l'apparition du roman moderne qui se veut un genre plus proche de la réalité et plus accessible à tous les lecteurs, le roman épistolaire devient, aux XVIIe et XVIIIe siècles, le support idéal de l'illusion romanesque, Guilleragues aussi bien que Laclos réussissent à faire croire à l'authenticité de leurs lettres fictives (supercherie à laquelle se livre également Diderot dans *La Religieuse*). Parallèlement, les lettres réelles de Mme de Sévigné, Mme du Deffand ou Mme de Lespinasse donnent enfin une voix féminine à la littérature et à la réflexion de leur temps. Profitant de ce goût nouveau pour la sincérité et l'authenticité de l'écriture, les romanciers utilisent la lettre de fiction attribuée aux femmes comme un moyen privilégié d'accès à l'intériorité du personnage et d'expression de la sensibilité.

Ce groupement, qui montre des personnages féminins fictifs (sauf peut-être Héloïse) confrontés à la même situation de trahison et d'abandon, permet de voir comment l'on est passé, à travers les siècles, d'une écriture épistolaire codifiée à une recherche du naturel et de l'effusion du sentiment, laissant même la place aux plus profonds mouvements de l'inconscient.

On peut ainsi s'interroger sur les constantes du discours de la passion, la mise en scène de la souffrance et du désordre amoureux, mais aussi sur la vision de la psychologie féminine ou des relations à l'intérieur du couple...

Texte A : Lettre 161 des *Liaisons dangereuses* de Choderlos de Laclos (pp. 377-378).

Texte B : Ovide, *Héroïdes*

Ovide (43 av. J.-C.-17 ou 18 ap. J.-C.) est un poète latin, célèbre pour ses recueils élégiaques qui chantent l'amour comme plaisir et souffrance...

Les* Héroïdes *sont des lettres imaginaires (écrites en vers) que l'auteur attribue à des figures féminines célèbres de la mythologie ou des œuvres littéraires gréco-romaines. Ici, Didon, reine de Carthage dans l'*Énéide, *épopée de Virgile (70-19 av. J.-C.), écrit à Énée, survivant de Troie, qui l'a quittée sur l'ordre des dieux pour aller fonder une ville qui donnera naissance à Rome.

DIDON À ÉNÉE

Reçois, Énée, la lettre d'Élise[1] qui va mourir ; ce que tu vas lire, ce sont les dernières paroles énoncées par nous. Tel, penché sur les humides roseaux, le cygne au blanc plumage chante aux bords du Méandre[2], quand les destins l'appellent. Ce n'est pas dans l'espoir de te fléchir par ma prière, que je t'adresse ces mots : j'y suis poussée par un dieu qui m'est contraire. Mais après avoir perdu pour un ingrat le fruit de mes bienfaits, mon honneur, un corps chaste et une âme pudique, c'est peu de perdre des paroles. Tu as résolu de t'éloigner cependant et d'abandonner la malheureuse Didon. Tu vas livrer au souffle des vents tes voiles et tes serments. Tu as résolu, Énée, de délier et ton ancre et ta foi, de chercher un royaume d'Italie, que tu ne sais pas même où trouver. [...]

Que tout te réussisse, que tes vœux ne rencontrent point d'obstacles, où trouveras-tu une épouse qui t'aime comme moi ? Je brûle comme ces torches de cire, enduites de soufre, comme l'encens sacré jeté sur le brasier fumant. Énée est toujours, pendant que je veille, comme attaché à mes yeux. La nuit et le jour retracent sans cesse Énée à mon esprit. C'est un ingrat pourtant, que mes bienfaits ne touchent pas, et que je devrais oublier, si je n'étais insensée, et cependant, bien qu'il songe à me trahir, je ne hais pas Énée, mais je me plains de l'infidèle, et ma plainte me le fait aimer davantage. [...]

Sinon, j'ai résolu de renoncer à la vie[3]. Tu ne peux être longtemps encore cruel envers moi. Que n'as-tu devant les yeux la triste image de celle qui t'écrit. Je t'écris, et l'épée troyenne est près de mon sein. Des larmes coulent de mes joues sur cette épée nue, qui bientôt, au lieu de larmes, sera trempée de sang. Que ton présent convient bien à ma destinée, et que le tombeau que tu m'élèves t'aura peu coûté ! Ce n'est pas le premier trait qui perce mon sein. Le cruel Amour y a déjà fait une blessure. Anne ma sœur[4], ma sœur Anne, toi, hélas ! la confidente de ma faute, tu vas bientôt offrir à ma cendre les dons suprêmes. Quand le feu du bûcher m'aura consumée, on ne gravera pas sur ma tombe le nom d'Élise, épouse de Sichée[5]. Mais on lira cette inscription sur le marbre funéraire : « Énée, l'auteur de son trépas, en fournit aussi l'instrument. Didon périt frappée de sa propre main. »

Ovide, *Héroïdes*, extrait de l'épître VII (lettre de Didon à Énée), traduction de Théophile Baudement, 1838.

1. Élise est le premier nom de Didon (en latin, Elissa).
2. Le Méandre est un fleuve d'Asie Mineure dont les Anciens ont célébré le cours sinueux et la beauté de ses cygnes.
3. Dans l'*Énéide*, Didon se tue en se transperçant avec l'épée d'Énée.
4. Didon a confié son amour à sa sœur.
5. Sichée, premier époux de Didon, dont elle est veuve.

Texte C : Première lettre d'Héloïse à Abélard

On sait peu de chose d'Héloïse : née sans doute vers 1100, elle est la nièce de Fulbert. Chanoine à Notre-Dame de Paris, il souhaite donner à la brillante jeune fille la meilleure éducation et, en 1117, il choisit comme précepteur le célèbre philosophe Abélard (1079-1142). Une grande passion naît entre eux : Héloïse, enceinte, est enlevée par Abélard, qui l'épouse secrètement puis lui ordonne de rentrer au couvent. Mais Fulbert fait émasculer Abélard, qui devient à son tour moine. Héloïse sera une abbesse remarquable du couvent du Paraclet, soucieuse du développement intellectuel et spirituel de sa communauté, et obtiendra que la dépouille mortelle d'Abélard y repose.

La correspondance entre les deux époux, rédigée en latin et traduite seulement en 1870, est à l'initiative d'Héloïse, bouleversée d'avoir eu connaissance, plusieurs années après leur séparation, d'une longue missive d'Abélard faisant à l'un de ses amis le récit de ses malheurs. Mais l'authenticité de ces lettres a pu être contestée, puisque les manuscrits conservés ne datent que du XIIIe siècle. Nous lisons ici la première des lettres.

À son seigneur, ou plutôt son père,
à son époux, ou plutôt son frère,
sa servante, ou plutôt sa fille,
son épouse, ou plutôt sa sœur,

à Abélard,
Héloïse.

[...]

Tu sais, mon bien-aimé, comme tous savent, ce que j'ai perdu en toi et dans quelle pitoyable circonstance une immense trahison, aux yeux du monde entier, m'a enlevée à moi-même en t'enlevant à moi, si bien que la douleur provoquée par la façon dont tout s'est passé est incomparablement plus grande que celle de ta perte elle-même. Plus grande est la raison de la douleur, plus grands sont les remèdes à apporter pour l'apaiser : ils ne peuvent pas me venir de quelqu'un d'autre que de toi-même, car toi seul es à l'origine de ma douleur, et toi seul donc dois être à la source de ma consolation. Puisque tu es le seul qui puisse m'apporter la tristesse, tu es le seul à pouvoir me rendre joyeuse ou me consoler. Tu es le seul qui me le doive, et cette obligation est totale, car moi j'ai accompli absolument tout ce que tu m'as commandé : il m'était impossible de te résister en quoi que ce soit, alors j'ai eu la force de me perdre moi-même sur ton ordre. Le plus important, et le plus étonnant, c'est que mon amour s'est tourné en une folie telle que le seul être qu'il désirait, il se l'enlevait lui-même sans espoir de le retrouver, lorsque dès ton ordre je changeais moi-même d'habit et de cœur. Je montrais ainsi que tu étais l'unique maître de mon corps comme de mon âme.

Jamais, Dieu le sait, je n'ai cherché en toi rien d'autre que toi-même : c'est toi que je désirais, non ce qui était lié à toi. Je n'ai attendu ni une alliance matrimoniale[1] ni une dot, et ce ne sont ni mes plaisirs ni mes souhaits mais les tiens, tu le sais bien, que j'ai tâché de satisfaire de tout mon cœur. Et si le nom d'épouse paraît plus sacré et plus fort, le nom d'amie m'a toujours paru plus doux, comme ceux, sans vouloir te choquer, de concubine ou de courtisane : en m'humiliant davantage pour toi, je pensais acquérir une plus grande reconnaissance de ta part, et nuire aussi le moins possible à la grandeur de ta gloire. [...]

Considère, je t'en conjure, ce que je te demande : tu verras que c'est peu de chose, que tu peux très facilement y satisfaire. Puisque je suis frustrée de ta présence, qu'au moins ce que tu m'offrirais par les mots, dont tu es si riche, me rende la douceur de ton image. Comment puis-je attendre que tu sois généreux en actes si tu te montres si avare en paroles ? J'avais cru avoir vraiment acquis beaucoup de mérite à tes yeux, puisque j'avais tout accompli pour toi et que je persévère aujourd'hui surtout pour t'obéir. J'ai entraîné ma tendre jeunesse dans la dureté de la vie monastique non par dévotion mais seulement parce que tu l'avais ordonné : si cela ne m'est d'aucun mérite, juge combien j'ai souffert en vain. C'est une action pour laquelle je n'ai rien à attendre de Dieu, puisque je n'ai rien fait par amour pour Lui. En prenant l'habit[2], je t'ai suivi quand tu te précipitais dans les bras de Dieu, ou plutôt je t'ai précédé. Car, comme si tu te souvenais de la femme de Loth[3] qui s'était retournée (*Gen.*, XIX, 26), tu m'as vouée à Dieu avant de te vouer toi-même, en me faisant revêtir les vêtements religieux et prononcer la profession monastique[4] ; ce qui, je l'avoue, m'a fait souffrir douloureusement comme d'un manque de confiance en moi, le seul de ta part, et m'a couverte de honte. Or, Dieu le sait, je n'aurais pas, moi, hésité à te précéder ou à te suivre sur ton ordre, même si tu te précipitais dans un volcan. Car mon cœur n'était pas avec moi, mais avec toi, et, aujourd'hui surtout, s'il n'est pas avec toi, il n'est nulle part. Il ne peut vraiment pas exister sans toi. Mais, je t'en conjure, fais qu'il se trouve bien avec toi. [...]

Je conclus brièvement cette longue lettre : adieu, mon unique.

Héloïse et Abélard : lettres et vies, extrait de la Lettre II, texte traduit et présenté par Yves Ferroul, coll. « GF-Flammarion », Flammarion, 1996.

1. **alliance matrimoniale** : mariage. 2. L'habit de religieuse. 3. Dans la *Genèse*, Loth est le seul juste qui peut quitter, avec sa famille, la ville de Sodome condamnée à être détruite par Dieu. Mais, contrairement aux ordres divins, sa femme se retourne et est transformée en statue de sel. 4. **prononcer la profession monastique** : prononcer les vœux des religieuses vivant dans un monastère et n'en sortant pas.

Texte D : Guilleragues, *Lettres de la religieuse portugaise*

Gabriel Joseph de Lavergne vicomte de Guilleragues, né en 1628 à Bordeaux, fut homme de lettres et secrétaire du prince de Conti. Puis il devint ambassadeur en Turquie, où il mourut en 1685.

En 1669, les* Lettres d'une religieuse portugaise *sont publiées comme une correspondance réelle dont Guilleragues ne se prétend que le traducteur : cinq lettres écrites à un officier français par une jeune religieuse séduite et abandonnée. Cette supercherie littéraire aura un immense succès, et son véritable auteur ne sera connu qu'au XXe siècle. Nous lisons ici la fin de la dernière lettre.

J'ai vécu longtemps dans un abandonnement[1] et dans une idolâtrie[2] qui me donne de l'horreur, et mon remords me persécute avec une rigueur insupportable ; je sens vivement la honte des crimes que vous m'avez fait commettre, et je n'ai plus, hélas ! la passion qui m'empêchait d'en connaître l'énormité. Quand est-ce que mon cœur ne sera plus déchiré ?

quand est-ce que je serai délivrée de cet embarras[3] cruel ? Cependant je crois que je ne vous souhaite point de mal, et que je me résoudrais à consentir que vous fussiez heureux ; mais comment pourrez-vous l'être si vous avez le cœur bien fait ? Je veux vous écrire une autre lettre, pour vous faire voir que je serai peut-être plus tranquille dans quelque temps. Que j'aurai de plaisir de pouvoir vous reprocher vos procédés injustes après que je n'en serai plus si vivement touchée, et lorsque je vous ferai connaître que je vous méprise, que je parle avec beaucoup d'indifférence de votre trahison, que j'ai oublié tous mes plaisirs et toutes mes douleurs, et que je ne me souviens de vous que lorsque je veux m'en souvenir ! Je demeure d'accord que vous avez de grands avantages sur moi, et que vous m'avez donné une passion qui m'a fait perdre la raison ; mais vous devez en tirer peu de vanité : j'étais jeune, j'étais crédule, on m'avait enfermée dans ce couvent depuis mon enfance, je n'avais vu que des gens désagréables, je n'avais jamais entendu les louanges que vous me donniez incessamment[4] ; il me semblait que je vous devais les charmes et la beauté que vous me trouviez et dont[5] vous me faisiez apercevoir, j'entendais dire du bien de vous, tout le monde me parlait en votre faveur, vous faisiez tout ce qu'il fallait pour me donner de l'amour. Mais je suis enfin revenue de cet enchantement[6], vous m'avez donné de grands secours, et j'avoue que j'en avais un extrême besoin. En vous renvoyant vos lettres, je garderai soigneusement les deux dernières que vous m'avez écrites, et je les relirai encore plus souvent que je n'ai lu les premières, afin de ne retomber plus dans mes faiblesses. Ah ! qu'elles me coûtent cher, et que j'aurais été heureuse si vous eussiez voulu souffrir que je vous eusse toujours aimé ! Je connais bien que je suis encore un peu trop occupée de mes reproches et de votre infidélité, mais souvenez-vous que je me suis promise[7] un état plus paisible, et que j'y parviendrai, ou que je prendrai contre moi quelque résolution extrême que vous apprendrez sans beaucoup de déplaisir ; mais je ne veux plus rien de vous, je suis une folle de redire les mêmes choses si souvent, il faut vous quitter et ne penser plus à vous, je crois même que je ne vous écrirai plus ; suis-je obligée de vous rendre un compte exact de tous mes divers mouvements[8] ?

Guilleragues, *Lettres portugaises* ou *Lettres de la religieuse portugaise*, Lettre V, 1669.

1. abandonnement : vie de péché. **2. idolâtrie :** adoration pour un autre que Dieu. **3. embarras :** trouble, confusion. **4. incessamment :** sans cesse. **5. dont :** que. **6. enchantement :** envoûtement. 7. Texte original. Cela a suscité des interprétations opposées sur le caractère authentique des lettres. **8. mouvements :** sentiments.

Document : Christian-Marie Colin de La Biochaye (1750-1816),
***La Mauvaise Nouvelle* (1794)**

Ce tableau illustre ce que l'on appelle « la peinture de genre », c'est-à-dire la représentation d'une scène de la vie quotidienne contemporaine, avec des personnages anonymes. Le XVIIIe siècle, qui a beaucoup prisé ce type de peinture, a privilégié les scènes d'intérieur sentimentales ou galantes.

Corpus

Texte A : Lettre 161 des *Liaisons dangereuses* de Choderlos de Laclos (pp. 377-378).

Texte B : Extrait des *Héroïdes* d'Ovide (pp. 382-383).

Texte C : Extrait de la première lettre d'Héloïse à Abélard (pp. 383-385).

Texte D : Extrait des *Lettres d'une religieuse portugaise* de Guilleragues (pp. 385-386).

Document : *La Mauvaise Nouvelle* de Colin de La Biochaye (p. 387).

Examen des textes et de l'image

❶ Quelles sont les constantes de l'expression de l'amour dans les quatre extraits ?
❷ Quelles idées d'Héloïse vont à l'encontre de la morale de son époque (texte C) ?
❸ Par quels moyens la religieuse tente-t-elle de se délivrer de sa passion (texte D) ?
❹ Quels sont, dans ce corpus de textes, les reproches adressés par les épistolières à l'objet de leur amour ?
❺ Quels éléments de la pratique épistolaire telle qu'on la voit dans *Les Liaisons dangereuses* retrouvez-vous dans le tableau (document) ?

Travaux d'écriture

Question préliminaire

Comment s'exprime le registre pathétique à travers les quatre extraits et le tableau ?

Commentaire

Vous ferez le commentaire de l'extrait des *Lettres d'une religieuse portugaise* de Guilleragues (texte D).

Dissertation

Danceny, dans *Les Liaisons dangereuses*, dit que la lettre est « *le portrait de l'âme* ». Que pensez-vous de cette affirmation ?

Écriture d'invention

Imaginez la réponse que pourrait apporter l'officier français, amant de la religieuse portugaise, à la dernière lettre de celle-ci. Vous aurez soin de respecter la situation des personnages, les codes de leur époque, ainsi que les informations et les sentiments contenus dans la lettre de la religieuse (texte D).

Lettre 162

LE CHEVALIER DANCENY
AU VICOMTE DE VALMONT

Je suis instruit, Monsieur, de vos procédés envers moi. Je sais aussi que, non content de m'avoir indignement joué, vous ne craignez pas de vous en vanter, de vous en applaudir. J'ai vu la preuve de votre trahison écrite de votre main. J'avoue que mon cœur en a été navré, et que j'ai ressenti quelque honte d'avoir autant aidé moi-même à l'odieux abus que vous avez fait de mon aveugle confiance ; pourtant je ne vous envie pas ce honteux avantage ; je suis seulement curieux de savoir si vous les conserverez tous également sur moi. J'en serai instruit, si, comme je l'espère, vous voulez bien vous trouver demain, entre huit et neuf heures du matin, à la porte du bois de Vincennes, Village de Saint-Mandé. J'aurai soin d'y faire trouver tout ce qui sera nécessaire pour les éclaircissements qui me restent à prendre avec vous.

Le Chevalier DANCENY

*Paris, ce 6 décembre 17**, au soir.*

Lettre 163

M. BERTRAND
À MADAME DE ROSEMONDE

Madame,

C'est avec bien du regret que je remplis le triste devoir de vous annoncer une nouvelle qui va vous causer un si cruel chagrin. Permettez-moi de vous inviter d'abord à cette pieuse résignation, que chacun a si souvent admirée en vous, et qui peut seule nous faire supporter les maux dont est semée notre misérable vie.

M. votre neveu... Mon Dieu ! faut-il que j'afflige tant une si respectable dame ! M. votre neveu a eu le malheur de succomber dans un combat singulier qu'il a eu ce matin avec M. le Chevalier Danceny. J'ignore entièrement le sujet de la querelle : mais il paraît, par le billet que j'ai trouvé encore dans la poche de M. le Vicomte, et que j'ai l'honneur de vous envoyer ; il paraît, dis-je, qu'il n'était pas l'agresseur. Et il faut que ce soit lui que le Ciel ait permis qui succombât !

J'étais chez M. le Vicomte à l'attendre, à l'heure même où on l'a ramené à l'Hôtel. Figurez-vous mon effroi, en voyant M. votre neveu porté par deux de ses agents, et tout baigné dans son sang. Il avait deux coups d'épée dans le corps, et il était déjà bien faible. M. Danceny était aussi là, et même il pleurait. Ah ! sans doute, il doit pleurer : mais il est bien temps de répandre des larmes, quand on a causé un malheur irréparable.

Pour moi, je ne me possédais[1] pas ; et malgré le peu que je suis, je ne lui en disais pas moins ma façon de penser. Mais c'est là que M. le Vicomte s'est montré véritablement grand. Il m'a ordonné de me taire ; et celui-là même qui était son meurtrier, il lui a pris la main, l'a appelé son ami, l'a embrassé devant nous tous, et nous a dit : « Je vous ordonne d'avoir pour Monsieur tous les égards qu'on doit à un brave et galant homme. » Il lui a, de plus, fait remettre, devant moi, des papiers fort volumineux, que je ne connais pas, mais auxquels je sais bien qu'il attachait beaucoup d'importance. Ensuite, il a voulu qu'on les laissât seuls ensemble pendant un moment. Cependant j'avais envoyé chercher tout de suite tous les secours, tant spirituels que temporels[2] : mais, hélas ! le mal était sans remède. Moins d'une demi-heure après, M. le Vicomte était sans connaissance. Il n'a pu recevoir que l'Extrême-Onction ; et la cérémonie était à peine achevée, qu'il a rendu son dernier soupir.

Bon Dieu, quand j'ai reçu dans mes bras à sa naissance ce précieux appui d'une maison si illustre, aurais-je pu prévoir que ce serait dans mes bras qu'il expirerait, et que j'aurais à pleurer sa mort ? Une mort si précoce et si malheureuse ! Mes larmes coulent malgré moi. Je vous demande pardon, Madame, d'oser ainsi mêler mes douleurs aux vôtres : mais dans tous les états, on a un cœur et de la sensibilité ; et je serais bien ingrat, si je ne pleurais pas toute ma vie un seigneur qui avait tant de bontés pour moi, qui m'honorait de tant de confiance.

Demain, après l'enlèvement du corps, je ferai mettre les scellés[3] partout, et vous pouvez vous en reposer entièrement sur mes soins. Vous n'ignorez pas, Madame, que ce malheureux événement finit la substitution, et rend vos dispositions entièrement libres. Si je puis vous être de quelque utilité, je vous

notes

1. possédais : contrôlais.
2. temporels : matériels.
3. mettre les scellés : empêcher que quiconque puisse avoir accès aux affaires privées d'une personne défunte.

prie de vouloir bien me faire passer vos ordres : je mettrai tout mon zèle à les exécuter ponctuellement.

Je suis avec le plus profond respect, Madame, votre très humble, etc.

BERTRAND

*Paris, ce 7 décembre 17**.*

Lettre 164

MADAME DE ROSEMONDE À M. BERTRAND

Je reçois votre lettre à l'instant même, mon cher Bertrand, et j'apprends par elle l'affreux événement dont mon neveu a été la malheureuse victime. Oui, sans doute, j'aurai des ordres à vous donner ; et ce n'est que pour eux que je peux m'occuper d'autre chose que de ma mortelle affliction.

Le billet de M. Danceny, que vous m'avez envoyé, est une preuve bien convaincante que c'est lui qui a provoqué le duel, et mon intention est que vous en rendiez[1] plainte sur-le-champ, et en mon nom. En pardonnant à son ennemi, à son meurtrier, mon neveu a pu satisfaire à sa générosité naturelle ; mais moi, je dois venger à la fois sa mort, l'humanité et la religion. On ne saurait trop exciter la sévérité des Lois contre ce reste de barbarie qui infecte encore nos mœurs ; et je ne crois pas que ce puisse être dans ce cas, que le pardon des injures nous soit prescrit. J'attends donc que vous suiviez cette affaire avec tout le zèle et toute l'activité dont je vous connais capable, et que vous devez à la mémoire de mon neveu.

Vous aurez soin, avant tout, de voir M. le Président de *** de ma part, et d'en conférer[2] avec lui. Je ne lui écris pas, pressée que je suis de me livrer tout entière à ma douleur. Vous lui ferez mes excuses, et lui communiquerez cette Lettre.

Adieu, mon cher Bertrand ; je vous loue et vous remercie de vos bons sentiments, et suis pour la vie toute à vous.

*Du Château de…, ce 8 décembre 17**.*

notes

1. **rendiez** : portiez.

2. **conférer** : discuter.

Lettre 165

MADAME DE VOLANGES
À MADAME DE ROSEMONDE

Je vous sais déjà instruite, ma chère et digne amie, de la perte que vous venez de faire ; je connaissais votre tendresse pour M. de Valmont, et je partage bien sincèrement l'affliction que vous devez ressentir. Je suis vraiment peinée d'avoir à ajouter de nouveaux regrets à ceux que vous éprouvez déjà : mais, hélas ! il ne vous reste non plus que des larmes à donner à notre malheureuse amie. Nous l'avons perdue hier, à onze heures du soir. Par une fatalité attachée à son sort, et qui semblait se jouer[1] de toute prudence humaine, ce court intervalle qu'elle a survécu à M. de Valmont lui a suffi pour en apprendre la mort ; et, comme elle a dit elle-même, pour n'avoir pu succomber sous le poids de ses malheurs qu'après que la mesure en a été comblée.

En effet, vous avez su que depuis plus de deux jours elle était absolument sans connaissance ; et encore hier matin, quand son Médecin arriva, et que nous nous approchâmes de son lit, elle ne nous reconnut ni l'un ni l'autre, et nous ne pûmes en obtenir ni une parole, ni le moindre signe. Hé bien ! à peine étions-nous revenus à la cheminée, et pendant que le Médecin m'apprenait le triste événement de la mort de M. de Valmont, cette femme infortunée a retrouvé toute sa tête, soit que la nature seule ait produit cette révolution, soit qu'elle ait été causée par ces mots répétés de *M. de Valmont* et de *mort*, qui ont pu rappeler à la malade les seules idées dont elle s'occupait depuis longtemps.

Quoi qu'il en soit, elle ouvrit précipitamment les rideaux de son lit en s'écriant : « Quoi ! que dites-vous ? M. de Valmont est mort ! » J'espérais lui faire croire qu'elle s'était trompée, et je l'assurai d'abord qu'elle avait mal entendu : mais loin de se laisser persuader ainsi, elle exigea du Médecin qu'il recommençât ce cruel récit ; et sur ce que je voulus essayer encore de la dissuader, elle m'appela et me dit à voix basse : « Pourquoi vouloir me tromper ? n'était-il pas déjà mort pour moi ! » Il a donc fallu céder.

Notre malheureuse amie a écouté d'abord d'un air assez tranquille ; mais bientôt après, elle a interrompu le récit, en disant : « Assez, j'en sais assez. »

note

1. se jouer : se moquer.

Elle a demandé sur-le-champ qu'on fermât ses rideaux ; et lorsque le Médecin a voulu s'occuper ensuite des soins de son état, elle n'a jamais voulu souffrir qu'il approchât d'elle.

Dès qu'il a été sorti, elle a pareillement renvoyé sa Garde et sa Femme de chambre ; et quand nous avons été seules, elle m'a priée de l'aider à se mettre à genoux sur son lit, et de l'y soutenir. Là, elle est restée quelque temps en silence, et sans autre expression que celle de ses larmes qui coulaient abondamment. Enfin, joignant ses mains et les élevant vers le Ciel : « Dieu tout-puissant », a-t-elle dit d'une voix faible, mais fervente, « je me soumets à ta justice : mais pardonne à Valmont. Que mes malheurs, que je reconnais avoir mérités, ne lui soient pas un sujet de reproche, et je bénirai ta miséricorde ! » Je me suis permis, ma chère et digne amie, d'entrer dans ces détails sur un sujet que je sens bien devoir renouveler et aggraver vos douleurs, parce que je ne doute pas que cette prière de Mme de Tourvel ne porte cependant une grande consolation dans votre âme.

Après que notre amie eut proféré ce peu de mots, elle se laissa retomber dans mes bras ; et elle était à peine replacée dans son lit, qu'il lui prit une faiblesse qui fut longue, mais qui céda pourtant aux secours ordinaires. Aussitôt qu'elle eut repris connaissance, elle me demanda d'envoyer chercher le Père Anselme, et elle ajouta : « C'est à présent le seul médecin dont j'ai besoin ; je sens que mes maux vont bientôt finir. » Elle se plaignait beaucoup d'oppression, et elle parlait difficilement.

Peu de temps après, elle me fit remettre, par sa Femme de chambre, une cassette que je vous envoie, qu'elle me dit contenir des papiers à elle, et qu'elle me chargea de vous faire passer aussitôt après sa mort*. Ensuite elle me parla de vous, et de votre amitié pour elle, autant que sa situation le lui permettait, et avec beaucoup d'attendrissement.

Le Père Anselme arriva vers les quatre heures, et resta près d'une heure seul avec elle. Quand nous rentrâmes, la figure de la malade était calme et sereine ; mais il était facile de voir que le Père Anselme avait beaucoup pleuré. Il resta pour assister aux dernières cérémonies de l'Église. Ce spectacle, toujours si imposant et si douloureux, le devenait encore plus par le contraste que formait la tranquille résignation de la malade, avec la douleur profonde de son vénérable Confesseur qui fondait en larmes à côté d'elle. L'attendrissement

* Cette cassette contenait toutes les Lettres relatives à son aventure avec M. de Valmont.

devint général ; et celle que tout le monde pleurait fut la seule qui ne se pleura point.

Le reste de la journée se passa dans les prières usitées[1], qui ne furent interrompues que par les fréquentes faiblesses de la malade. Enfin, vers les onze heures du soir, elle me parut plus oppressée et plus souffrante. J'avançai ma main pour chercher son bras ; elle eut encore la force de la prendre, et la posa sur son cœur. Je n'en sentis plus le battement ; et en effet, notre malheureuse amie expira dans le moment même.

Vous rappelez-vous, ma chère amie, qu'à votre dernier voyage ici, il y a moins d'un an, causant ensemble de quelques personnes dont le bonheur nous paraissait plus ou moins assuré, nous nous arrêtâmes avec complaisance sur le sort de cette même femme, dont aujourd'hui nous pleurons à la fois les malheurs et la mort ? Tant de vertus, de qualités louables et d'agréments ; un caractère si doux et si facile ; un mari qu'elle aimait, et dont elle était adorée ; une société où elle se plaisait, et dont elle faisait les délices ; de la figure[2], de la jeunesse, de la fortune ; tant d'avantages réunis ont donc été perdus par une seule imprudence ! Ô Providence ! sans doute il faut adorer tes décrets ; mais combien ils sont incompréhensibles ! Je m'arrête, je crains d'augmenter votre tristesse, en me livrant à la mienne.

Je vous quitte et vais passer chez ma fille, qui est un peu indisposée. En apprenant de moi, ce matin, cette mort si prompte de deux personnes de sa connaissance, elle s'est trouvée mal, et je l'ai fait mettre au lit. J'espère cependant que cette légère incommodité n'aura pas de suite. À cet âge-là, on n'a pas encore l'habitude des chagrins, et leur impression en devient plus vive et plus forte. Cette sensibilité si active est, sans doute, une qualité louable ; mais combien tout ce qu'on voit chaque jour nous apprend à la craindre ! Adieu, ma chère et digne amie.

*Paris, ce 9 décembre 17**.*

notes

1. usitées : habituelles.
2. figure : beauté.

Lettre 166

M. BERTRAND
À MADAME DE ROSEMONDE

Madame,

En conséquence des ordres que vous m'avez fait l'honneur de m'adresser, j'ai eu celui de voir M. le Président de ***, et je lui ai communiqué votre Lettre en le prévenant que, suivant vos désirs, je ne ferais rien que par ses conseils. Ce respectable Magistrat m'a chargé de vous observer que la plainte que vous êtes dans l'intention de rendre contre M. le Chevalier Danceny, compromettrait également la mémoire de M. votre neveu, et que son honneur se trouverait nécessairement entaché par l'arrêt de la Cour, ce qui serait sans doute un grand malheur. Son avis est donc qu'il faut bien se garder de faire aucune démarche ; et que s'il y en avait à faire, ce serait au contraire pour tâcher de prévenir[1] que le Ministère public ne prît connaissance de cette malheureuse aventure, qui n'a déjà que trop éclaté[2].

Ces observations m'ont paru pleines de sagesse, et je prends le parti d'attendre de nouveaux ordres de votre part.

Permettez-moi de vous prier, Madame, de vouloir bien, en me les faisant passer, y joindre un mot sur l'état de votre santé, pour laquelle je redoute extrêmement le triste effet de tant de chagrins. J'espère que vous pardonnerez cette liberté à mon attachement et à mon zèle.

Je suis avec respect, Madame, votre, etc.

*Paris, ce 10 décembre 17**.*

Lettre 167

ANONYME
À M. LE CHEVALIER DANCENY

Monsieur,

J'ai l'honneur de vous prévenir que ce matin, au parquet de la Cour, il a été question, parmi MM. les Gens du Roi, de l'affaire que vous avez eue ces jours derniers avec M. le Vicomte de Valmont, et qu'il est à craindre que le Ministère public n'en rende plainte. J'ai cru que cet avertissement pourrait

notes

1. **de prévenir** : d'empêcher.
2. **éclaté** : eu de l'éclat.

vous être utile, soit pour que vous fassiez agir vos protections, pour arrêter ces suites fâcheuses ; soit, au cas que vous n'y puissiez parvenir, pour vous mettre dans le cas de prendre vos sûretés personnelles.

Si même vous me permettez un conseil, je crois que vous feriez bien, pendant quelque temps, de vous montrer moins que vous ne l'avez fait depuis quelques jours. Quoique ordinairement on ait de l'indulgence pour ces sortes d'affaires, on doit néanmoins toujours ce respect à la Loi.

Cette précaution devient d'autant plus nécessaire, qu'il m'est revenu qu'une Mme de Rosemonde, qu'on m'a dit tante de M. de Valmont, voulait rendre plainte contre vous, et qu'alors la Partie publique ne pourrait pas se refuser à sa réquisition. Il serait peut-être à propos que vous pussiez faire parler à cette Dame.

Des raisons particulières m'empêchent de signer cette Lettre. Mais je compte que, pour ne pas savoir de qui elle vous vient, vous n'en rendrez pas moins justice au sentiment qui l'a dictée.

J'ai l'honneur d'être, etc.

*Paris, ce 10 décembre 17**.*

Lettre 168

MADAME DE VOLANGES À MADAME DE ROSEMONDE

Il se répand ici, ma chère et digne amie, sur le compte de Mme de Merteuil, des bruits bien étonnants et bien fâcheux. Assurément, je suis loin d'y croire, et je parierais bien que ce n'est qu'une affreuse calomnie : mais je sais trop combien les méchancetés, même les moins vraisemblables, prennent aisément consistance ; et combien l'impression qu'elles laissent s'efface difficilement, pour ne pas être très alarmée de celles-ci, toutes faciles que je les crois à détruire[1]. Je désirerais, surtout, qu'elles pussent être arrêtées de bonne heure, et avant d'être plus répandues. Mais je n'ai su qu'hier, fort tard, ces horreurs qu'on commence seulement à débiter ; et quand j'ai envoyé[2] ce matin chez Mme de Merteuil, elle venait de partir pour la campagne, où elle doit passer deux jours. On n'a pas pu me dire chez qui elle était allée. Sa

notes

1. **toutes faciles que je les crois à détruire :** bien que je les croie faciles à détruire.

2. **envoyé :** envoyé prendre des nouvelles.

seconde Femme, que j'ai fait venir me parler, m'a dit que sa maîtresse lui avait seulement donné ordre de l'attendre jeudi prochain ; et aucun des Gens qu'elle a laissés ici, n'en sait davantage. Moi-même, je ne présume pas où elle peut être : je ne me rappelle personne de sa connaissance qui reste aussi tard à la Campagne.

Quoi qu'il en soit, vous pourrez, à ce que j'espère, me procurer, d'ici à son retour, des éclaircissements qui peuvent lui être utiles : car on fonde ces odieuses histoires sur des circonstances de la mort de M. de Valmont, dont apparemment vous aurez été instruite, si elles sont vraies, ou dont au moins il vous sera facile de vous faire informer, ce que je vous demande en grâce. Voici ce qu'on publie ; ou, pour mieux dire, ce qu'on murmure encore, mais qui ne tardera sûrement pas à éclater davantage.

On dit donc que la querelle survenue entre M. de Valmont et le Chevalier Danceny est l'ouvrage de Mme de Merteuil, qui les trompait également tous deux ; que, comme il arrive presque toujours, les deux Rivaux ont commencé par se battre, et ne sont venus qu'après aux éclaircissements ; que ceux-ci ont produit une réconciliation sincère ; et que, pour achever de faire connaître Mme de Merteuil au Chevalier Danceny, et aussi pour se justifier entièrement, M. de Valmont a joint à ses discours une foule de Lettres, formant une correspondance régulière qu'il entretenait avec elle, et où celle-ci raconte sur elle-même, et dans le style le plus libre, les anecdotes les plus scandaleuses.

On ajoute que Danceny, dans sa première indignation, a livré ces Lettres à qui a voulu les voir, et qu'à présent elle courent Paris. On en cite particulièrement deux* : l'une où elle fait l'histoire entière de sa vie et de ses principes, et qu'on dit le comble de l'horreur ; l'autre, qui justifie entièrement M. de Prévan, dont vous vous rappelez l'histoire, par la preuve qui s'y trouve qu'il n'a fait au contraire que céder aux avances les plus marquées de Mme de Merteuil, et que le rendez-vous était convenu avec elle.

J'ai heureusement les plus fortes raisons de croire que ces imputations[1] sont aussi fausses qu'odieuses. D'abord, nous savons toutes deux que M. de Valmont n'était sûrement pas occupé de Mme de Merteuil, et j'ai tout lieu de croire que Danceny ne s'en occupait pas davantage : ainsi, il me paraît

* Lettres 81 et 85 de ce Recueil.

note

1. **imputations :** accusations.

démontré qu'elle n'a pu être, ni le sujet, ni l'auteur de la querelle. Je ne comprends pas non plus quel intérêt aurait eu Mme de Merteuil, que l'on suppose d'accord avec M. de Prévan, à faire une scène qui ne pouvait jamais être que désagréable par son éclat, et qui pouvait devenir très dangereuse pour elle, puisqu'elle se faisait par là un ennemi irréconciliable, d'un homme qui se trouvait maître d'une partie de son secret, et qui avait alors beaucoup de partisans. Cependant, il est à remarquer que, depuis cette aventure, il ne s'est pas élevé une seule voix en faveur de Prévan, et que, même de sa part, il n'y a eu aucune réclamation.

Ces réflexions me porteraient à le soupçonner l'auteur des bruits qui courent aujourd'hui, et à regarder ces noirceurs comme l'ouvrage de la haine et de la vengeance d'un homme qui, se voyant perdu, espère par ce moyen répandre au moins des doutes, et causer peut-être une diversion utile. Mais de quelque part que viennent ces méchancetés, le plus pressé est de les détruire. Elles tomberaient d'elles-mêmes, s'il se trouvait, comme il est vraisemblable, que MM. de Valmont et Danceny ne se fussent point parlé depuis leur malheureuse affaire, et qu'il n'y eût pas eu de papiers remis.

Dans mon impatience de vérifier ces faits, j'ai envoyé ce matin chez M. Danceny ; il n'est pas non plus à Paris. Ses gens ont dit à mon Valet de chambre qu'il était parti cette nuit, sur un avis qu'il avait reçu hier, et que le lieu de son séjour était un secret. Apparemment il craint les suites de son affaire. Ce n'est donc que par vous, ma chère et digne amie, que je puis avoir les détails qui m'intéressent, et qui peuvent devenir si nécessaires à Mme de Merteuil. Je vous renouvelle ma prière de me les faire parvenir le plus tôt possible.

P.-S. L'indisposition de ma fille n'a eu aucune suite ; elle vous présente son respect.

*Paris, ce 11 décembre 17**.*

Lettre 169

LE CHEVALIER DANCENY
À MADAME DE ROSEMONDE

Madame,

Peut-être, trouverez-vous la démarche que je fais aujourd'hui bien étrange ; mais, je vous en supplie, écoutez-moi avant de me juger, et ne voyez ni audace ni témérité, où il n'y a que respect et confiance. Je ne me dissimule pas les torts que j'ai vis-à-vis de vous ; et je ne me les pardonnerais de ma vie, si je pouvais penser un moment qu'il m'eût été possible d'éviter de les avoir. Soyez même bien persuadée, Madame, que pour me trouver[1] exempt de reproches, je ne le suis pas de regrets ; et je peux ajouter encore avec sincérité, que ceux que je vous cause entrent pour beaucoup dans ceux que je ressens. Pour croire à ces sentiments dont j'ose vous assurer, il doit vous suffire de vous rendre justice, et de savoir que, sans avoir l'honneur d'être connu de vous, j'ai pourtant celui de vous connaître.

Cependant, quand je gémis de la fatalité qui a causé à la fois vos chagrins et mes malheurs, on veut me faire craindre que, tout entière à votre vengeance, vous ne cherchiez les moyens de la satisfaire, jusque dans la sévérité des lois.

Permettez-moi d'abord de vous observer à ce sujet qu'ici votre douleur vous abuse, puisque mon intérêt sur ce point est essentiellement lié à celui de M. de Valmont, et qu'il se trouverait enveloppé lui-même dans la condamnation que vous auriez provoquée contre moi. Je croirais donc, Madame, pouvoir au contraire compter plutôt de votre part sur des secours que sur des obstacles dans les soins que je pourrais être obligé de prendre pour que ce malheureux événement restât enseveli dans le silence.

Mais cette ressource de complicité, qui convient également au coupable et à l'innocent, ne peut suffire à ma délicatesse : en désirant de vous écarter comme partie[2], je vous réclame comme mon Juge. L'estime des personnes qu'on respecte est trop précieuse, pour que je me laisse ravir la vôtre sans la défendre, et je crois en avoir les moyens.

En effet, si vous convenez que la vengeance est permise, disons mieux, qu'on se la doit, quand on a été trahi dans son amour, dans son amitié et, surtout, dans sa confiance ; si vous en convenez, mes torts vont disparaître à vos yeux. N'en croyez pas mes discours ; mais lisez, si vous en avez le courage, la correspondance que je dépose entre vos mains*. La quantité de Lettres qui s'y trouvent en original paraît rendre authentiques celles dont il

* C'est de cette Correspondance, de celle remise pareillement à la mort de Mme de Tourvel, et des Lettres confiées aussi à Mme de Rosemonde par Mme de Volanges, qu'on a formé le présent Recueil, dont les originaux subsistent entre les mains des héritiers de Mme de Rosemonde.

notes

1. **pour me trouver** : si je me trouve.
2. **partie** : accusatrice.

n'existe que des copies. Au reste, j'ai reçu ces papiers, tels que j'ai l'honneur de vous les adresser, de M. de Valmont lui-même. Je n'y ai rien ajouté, et je n'en ai distrait que deux Lettres que je me suis permis de publier.

L'une était nécessaire à la vengeance commune de M. de Valmont et de moi, à laquelle nous avions droit tous deux, et dont il m'avait expressément chargé. J'ai cru, de plus, que c'était rendre service à la société, que de démasquer une femme aussi réellement dangereuse que l'est Mme de Merteuil, et qui, comme vous le pouvez voir, est la seule, la véritable cause de tout ce qui s'est passé entre M. de Valmont et moi.

Un sentiment de justice m'a porté aussi à publier la seconde pour la justification de M. de Prévan, que je connais à peine, mais qui n'avait aucunement mérité le traitement rigoureux qu'il vient d'éprouver, ni la sévérité des jugements du public, plus redoutable encore, et sous laquelle il gémit depuis ce temps, sans avoir rien pour s'en défendre.

Vous ne trouverez donc que la copie de ces deux Lettres, dont je me dois de garder les originaux. Pour tout le reste, je ne crois pas pouvoir remettre en de plus sûres mains un dépôt qu'il m'importe peut-être qui ne soit pas détruit, mais dont je rougirais d'abuser. Je crois, Madame, en vous confiant ces papiers, servir aussi bien les personnes qu'ils intéressent, qu'en les leur remettant à elles-mêmes ; et je leur sauve l'embarras de les recevoir de moi, et de me savoir instruit d'aventures que, sans doute, elles désirent que tout le monde ignore.

Je crois devoir vous prévenir à ce sujet, que cette correspondance ci-jointe n'est qu'une partie d'une collection bien plus volumineuse, dont M. de Valmont l'a tirée en ma présence, et que vous devez retrouver à la levée des scellés, sous le titre, que j'ai vu, de *Compte ouvert entre la Marquise de Merteuil et le Vicomte de Valmont*. Vous prendrez, sur cet objet, le parti que vous suggérera votre prudence.

Je suis avec respect, Madame, etc.

P.-S. Quelques avis que j'ai reçus, et les conseils de mes amis m'ont décidé à m'absenter de Paris pour quelque temps : mais le lieu de ma retraite, tenu secret pour tout le monde, ne le sera pas pour vous. Si vous m'honorez d'une réponse, je vous prie de l'adresser à la Commanderie de *** par P..., et sous le couvert de M. le Commandeur de ***. C'est de chez lui que j'ai l'honneur de vous écrire.

*Paris, ce 12 décembre 17**.*

Lettre 170

MADAME DE VOLANGES
À MADAME DE ROSEMONDE

Je marche, ma chère amie, de surprise en surprise, de chagrin en chagrin. Il faut être mère pour avoir l'idée de ce que j'ai souffert hier toute la matinée ; et si mes plus cruelles inquiétudes ont été calmées depuis, il me reste encore une vive affliction, et dont je ne prévois pas la fin.

Hier, vers dix heures du matin, étonnée de ne pas avoir encore vu ma fille, j'envoyai ma Femme de chambre pour savoir ce qui pouvait occasionner ce retard. Elle revint le moment d'après fort effrayée, et m'effraya bien davantage, en m'annonçant que ma fille n'était pas dans son appartement ; et que depuis le matin, sa Femme de chambre ne l'y avait pas trouvée. Jugez de ma situation ! Je fis venir tous mes Gens, et surtout mon Portier : tous me jurèrent ne rien savoir et ne pouvoir rien m'apprendre sur cet événement. Je passai aussitôt dans la chambre de ma fille. Le désordre qui y régnait m'apprit bien qu'apparemment elle n'était sortie que le matin : mais je n'y trouvai d'ailleurs aucun éclaircissement. Je visitai ses armoires, son secrétaire ; je trouvai tout à sa place et toutes ses hardes[1], à la réserve de la robe avec laquelle elle était sortie. Elle n'avait seulement pas pris le peu d'argent qu'elle avait chez elle.

Comme elle n'avait appris qu'hier tout ce qu'on dit de Mme de Merteuil, qu'elle lui est fort attachée, et au point même qu'elle n'avait fait que pleurer toute la soirée ; comme je me rappelais aussi qu'elle ne savait pas que Mme de Merteuil était à la Campagne, ma première idée fut qu'elle avait voulu voir son amie, qu'elle avait fait l'étourderie d'y aller seule. Mais le temps qui s'écoulait sans qu'elle revînt, me rendit toutes mes inquiétudes. Chaque moment augmentait ma peine ; et tout en brûlant de m'instruire, je n'osais pourtant prendre aucune information, dans la crainte de donner de l'éclat à une démarche que, peut-être, je voudrais après pouvoir cacher à tout le monde. Non, de ma vie je n'ai tant souffert !

Enfin, ce ne fut qu'à deux heures passées, que je reçus à la fois une Lettre de ma fille, et une de la Supérieure du Couvent de ***. La Lettre de ma fille disait seulement qu'elle avait craint que je ne m'opposasse à la vocation qu'elle avait de se faire Religieuse, et qu'elle n'avait osé m'en parler : le reste

note

1. **hardes** : vêtements.

n'était que des excuses sur ce qu'elle avait pris, sans ma permission, ce parti, que je ne désapprouverais sûrement pas, ajoutait-elle, si je connaissais ses motifs, que pourtant elle me priait de ne pas lui demander.

La Supérieure me mandait qu'ayant vu arriver une jeune personne seule, elle avait d'abord refusé de la recevoir ; mais que l'ayant interrogée, et ayant appris qui elle était, elle avait cru me rendre service, en commençant par donner asile à ma fille, pour ne pas l'exposer à de nouvelles courses, auxquelles elle paraissait déterminée. La Supérieure, en m'offrant comme de raison de me remettre ma fille, si je la redemandais, m'invite, suivant son état, à ne pas m'opposer à une vocation qu'elle appelle si décidée ; elle me disait encore n'avoir pas pu m'informer plus tôt de cet événement, par la peine qu'elle avait eue à me faire écrire par ma fille, dont le projet était que tout le monde ignorât où elle s'était retirée. C'est une cruelle chose que la déraison des enfants !

J'ai été sur-le-champ à ce Couvent ; et après avoir vu la Supérieure, je lui ai demandé de voir ma fille ; celle-ci n'est venue qu'avec peine, et bien tremblante. Je lui ai parlé devant les Religieuses et je lui ai parlé seule ; tout ce que j'en ai pu tirer, au milieu de beaucoup de larmes, est qu'elle ne pouvait être heureuse qu'au Couvent ; j'ai pris le parti de lui permettre d'y rester, mais sans être encore au rang des Postulantes[1], comme elle le demandait. Je crains que la mort de Mme de Tourvel et celle de M. de Valmont n'aient trop affecté cette jeune tête. Quelque respect que j'aie pour la vocation religieuse, je ne verrais pas sans peine, et même sans crainte, ma fille embrasser cet état. Il me semble que nous avons déjà assez de devoirs à remplir, sans nous en créer de nouveaux ; et encore, que ce n'est guère à cet âge que nous savons ce qui nous convient.

Ce qui redouble mon embarras, c'est le retour très prochain de M. de Gercourt ; faudra-t-il rompre ce mariage si avantageux ? Comment donc faire le bonheur de ses enfants, s'il ne suffit pas d'en avoir le désir et d'y donner tous ses soins ? Vous m'obligerez beaucoup[2] de me dire ce que vous feriez à ma place ; je ne peux m'arrêter à aucun parti ; je ne trouve rien de si effrayant que d'avoir à décider du sort des autres, et je crains également de mettre dans cette occasion-ci la sévérité d'un juge ou la faiblesse d'une mère.

notes

1. Postulantes : celles qui demandent à être admises à la vie religieuse.

2. Vous m'obligerez beaucoup : vous me rendrez un grand service.

Je me reproche sans cesse d'augmenter vos chagrins, en vous parlant des miens ; mais je connais votre cœur : la consolation que vous pourriez donner aux autres deviendrait pour vous la plus grande que vous pussiez recevoir.

Adieu, ma chère et digne amie ; j'attends vos deux réponses avec bien de l'impatience.

*Paris, ce 13 décembre 17**.*

Lettre 171

MADAME DE ROSEMONDE AU CHEVALIER DANCENY

Après ce que vous m'avez fait connaître, Monsieur, il ne reste qu'à pleurer et qu'à se taire. On regrette de vivre encore, quand on apprend de pareilles horreurs ; on rougit d'être femme, quand on en voit une capable de semblables excès.

Je me prêterai volontiers, Monsieur, pour ce qui me concerne, à laisser dans le silence et l'oubli tout ce qui pourrait avoir trait et donner suite à ces tristes événements. Je souhaite même qu'ils ne vous causent jamais d'autres chagrins que ceux inséparables du malheureux avantage que vous avez remporté sur mon neveu. Malgré ses torts, que je suis forcée de reconnaître, je sens que je ne me consolerai jamais de sa perte : mais mon éternelle affliction sera la seule vengeance que je me permettrai de tirer de vous ; c'est à votre cœur à en apprécier l'étendue.

Si vous permettez à mon âge une réflexion qu'on ne fait guère au vôtre, c'est que, si on était éclairé sur son véritable bonheur, on ne le chercherait jamais hors des bornes prescrites par les Lois et la Religion.

Vous pouvez être sûr que je garderai fidèlement et volontiers le dépôt que vous m'avez confié ; mais je vous demande de m'autoriser à ne le remettre à personne, pas même à vous, Monsieur, à moins qu'il ne devienne nécessaire à votre justification. J'ose croire que vous ne vous refuserez pas à cette prière, et que vous n'êtes plus à sentir[1] qu'on frémit souvent de s'être livré même à la plus juste vengeance.

note

1. vous n'êtes plus à sentir : vous sentez bien désormais.

Je ne m'arrête pas dans mes demandes, persuadée que je suis de votre générosité et de votre délicatesse ; il serait bien digne de toutes deux de remettre aussi entre mes mains les Lettres de Mlle de Volanges, qu'apparemment vous avez conservées, et qui sans doute ne vous intéressent plus. Je sais que cette jeune personne a de grands torts avec vous : mais je ne pense pas que vous songiez à l'en punir ; et ne fût-ce que par respect pour vous-même, vous n'avilirez pas l'objet que vous avez tant aimé. Je n'ai donc pas besoin d'ajouter que les égards que la fille ne mérite pas, sont au moins bien dus à la mère, à cette femme respectable, vis-à-vis de qui vous n'êtes pas sans avoir beaucoup à réparer : car enfin, quelque illusion qu'on cherche à se faire par une prétendue délicatesse de sentiments, celui qui le premier tente de séduire un cœur encore honnête et simple se rend par là même le premier fauteur de sa corruption, et doit être à jamais comptable des excès et des égarements qui la suivent.

Ne vous étonnez pas, Monsieur, de tant de sévérité de ma part ; elle est la plus grande preuve que je puisse vous donner de ma parfaite estime. Vous y acquerrez de nouveaux droits encore, en vous prêtant, comme je le désire, à la sûreté d'un secret, dont la publicité vous ferait tort à vous-même, et porterait la mort dans un cœur maternel, que déjà vous avez blessé. Enfin, Monsieur, je désire de rendre ce service à mon amie ; et si je pouvais craindre que vous me refusassiez cette consolation, je vous demanderais de songer auparavant que c'est la seule que vous m'ayez laissée.

J'ai l'honneur d'être, etc.

*Du Château de..., ce 15 décembre 17**.*

Lettre 172

MADAME DE ROSEMONDE À MADAME DE VOLANGES

Si j'avais été obligée, ma chère amie, de faire venir et d'attendre de Paris les éclaircissements que vous me demandez concernant Mme de Merteuil, il ne me serait pas possible de vous les donner encore ; et sans doute, je n'en n'aurais reçu que de vagues et d'incertains : mais il m'en est venu que je n'attendais pas, que je n'avais pas lieu d'attendre ; et ceux-là n'ont que trop de certitude. Ô mon amie ! combien cette femme vous a trompée !

Je répugne à entrer dans aucun détail sur cet amas d'horreurs ; mais quelque chose qu'on en débite, assurez-vous qu'on est encore au-dessous de la vérité.

J'espère, ma chère amie, que vous me connaissez assez pour me croire sur ma parole, et que vous n'exigerez de moi aucune preuve. Qu'il vous suffise de savoir qu'il en existe une foule, que j'ai dans ce moment même entre les mains.

Ce n'est pas sans une peine extrême que je vous fais la même prière de ne pas m'obliger à motiver le conseil que vous me demandez, relativement à Mlle de Volanges. Je vous invite à ne pas vous opposer à la vocation qu'elle montre. Sûrement nulle raison ne peut autoriser à forcer de prendre cet état, quand le sujet n'y est pas appelé : mais quelquefois c'est un grand bonheur qu'il le soit ; et vous voyez que votre fille elle-même vous dit que vous ne la désapprouveriez pas, si vous connaissiez ses motifs. Celui qui nous inspire nos sentiments sait mieux que notre vaine sagesse ce qui convient à chacun ; et souvent, ce qui paraît un acte de sa sévérité, en est, au contraire, un de sa clémence.

Enfin, mon avis, que je sens bien qui vous affligera, et que par là même vous devez croire que je ne vous donne pas sans y avoir beaucoup réfléchi, est que vous laissiez Mlle de Volanges au Couvent, puisque ce parti est de son choix ; que vous encouragiez, plutôt que de contrarier, le projet qu'elle paraît avoir formé ; et que dans l'attente de son exécution, vous n'hésitiez pas à rompre le mariage que vous aviez arrêté.

Après avoir rempli ces pénibles devoirs de l'amitié, et dans l'impuissance où je suis d'y joindre aucune consolation, la grâce qui me reste à vous demander, ma chère amie, est de ne plus m'interroger sur rien qui ait rapport à ces tristes événements : laissons-les dans l'oubli qui leur convient ; et sans chercher d'inutiles et d'affligeantes lumières, soumettons-nous aux décrets de la Providence, et croyons à la sagesse de ses vues, lors même qu'elle ne nous permet pas de les comprendre. Adieu, ma chère amie.

*Du Château de…, ce 15 décembre 17**.*

Lettre 173

MADAME DE VOLANGES
À MADAME DE ROSEMONDE

Oh ! mon amie ! de quel voile effrayant vous enveloppez le sort de ma fille ! et vous paraissez craindre que je ne tente de le soulever ! Que me cache-t-il donc qui puisse affliger davantage le cœur d'une mère, que les affreux soupçons auxquels vous me livrez ? Plus je connais votre amitié, votre indulgence, et plus mes tourments redoublent : vingt fois, depuis hier, j'ai voulu sortir de ces cruelles incertitudes, et vous demander de m'instruire sans ménagement et sans détour ; et chaque fois j'ai frémi de crainte, en songeant à la prière que vous me faites de ne pas vous interroger. Enfin, je m'arrête à un parti qui me laisse encore quelque espoir ; et j'attends de votre amitié que vous ne vous refuserez pas à ce que je désire : c'est de me répondre si j'ai à peu près compris ce que vous pouviez avoir à me dire ; de ne pas craindre de m'apprendre tout ce que l'indulgence maternelle peut couvrir, et qui n'est pas impossible à réparer. Si mes malheurs excèdent cette mesure, alors je consens à vous laisser en effet ne vous expliquer que par votre silence ; voici donc ce que j'ai su déjà, et jusqu'où mes craintes peuvent s'étendre.

Ma fille a montré avoir quelque goût pour le Chevalier Danceny, et j'ai été informée qu'elle a été jusqu'à recevoir des Lettres de lui, et même jusqu'à lui répondre ; mais je croyais être parvenue à empêcher que cette erreur d'une enfant n'eût aucune suite dangereuse : aujourd'hui que je crains tout, je conçois qu'il serait possible que ma fille, séduite, n'ait mis le comble à ses égarements.

Je me rappelle encore plusieurs circonstances qui peuvent fortifier cette crainte. Je vous ai mandé que ma fille s'était trouvée mal à la nouvelle du malheur arrivé à M. de Valmont ; peut-être cette sensibilité avait-elle seulement pour objet l'idée des risques que M. Danceny avait courus dans ce combat. Quand depuis elle a tant pleuré en apprenant tout ce qu'on disait de Mme de Merteuil, peut-être ce que j'ai cru la douleur de l'amitié, n'était que l'effet de la jalousie, ou du regret de trouver son Amant infidèle. Sa dernière démarche peut encore, ce me semble, s'expliquer par le même motif. Souvent on se croit appelée à Dieu, par cela seul qu'on se sent révoltée contre les hommes. Enfin, en supposant que ces faits soient vrais, et que vous en soyez instruite, vous aurez pu, sans doute, les trouver suffisants pour autoriser le conseil rigoureux que vous me donnez.

Cependant, s'il était ainsi, en blâmant ma fille, je croirais pourtant lui devoir encore de tenter tous les moyens de lui sauver les tourments et les dangers d'une vocation illusoire et passagère. Si M. Danceny n'a pas perdu tout sentiment d'honnêteté, il ne se refusera pas à réparer un tort dont lui seul est l'auteur ; et je peux croire enfin que le mariage de ma fille est assez avantageux pour qu'il puisse en être flatté, ainsi que sa famille.

Voilà, ma chère et digne amie, le seul espoir qui me reste ; hâtez-vous de le confirmer, si cela vous est possible. Vous jugez combien je désire que vous me répondiez, et quel coup affreux me porterait votre silence*.

J'allais fermer ma Lettre, quand un homme de ma connaissance est venu me voir, et m'a raconté la cruelle scène que Mme de Merteuil a essuyée avant-hier. Comme je n'ai vu personne tous ces derniers jours, je n'avais rien su de cette aventure ; en voilà le récit, tel que je le tiens d'un témoin oculaire.

Mme de Merteuil, en arrivant de la Campagne, avant-hier Jeudi, s'est fait descendre à la Comédie Italienne, où elle avait sa loge ; elle y était seule, et, ce qui dut lui paraître extraordinaire, aucun homme ne s'y présenta pendant tout le spectacle. À la sortie, elle entra, suivant son usage, au petit salon, qui était déjà rempli de monde ; sur-le-champ il s'éleva une rumeur, mais dont apparemment elle ne se crut pas l'objet. Elle aperçut une place vide sur l'une des banquettes, et elle alla s'y asseoir ; mais aussitôt toutes les femmes qui y étaient déjà se levèrent comme de concert, et l'y laissèrent absolument seule. Ce mouvement marqué d'indignation générale fut applaudi de tous les hommes, et fit redoubler les murmures, qui, dit-on, allèrent jusqu'aux huées.

Pour que rien ne manquât à son humiliation, son malheur voulut que M. de Prévan, qui ne s'était montré nulle part depuis son aventure, entrât dans le même moment dans le petit salon. Dès qu'on l'aperçut, tout le monde, hommes et femmes, l'entoura et l'applaudit ; et il se trouva, pour ainsi dire, porté devant Mme de Merteuil, par le public qui faisait cercle autour d'eux. On assure que celle-ci a conservé l'air de ne rien voir et de ne rien entendre, et qu'elle n'a pas changé de figure ! mais je crois ce fait exagéré. Quoi qu'il en soit, cette situation, vraiment ignominieuse pour elle, a duré jusqu'au moment où on a annoncé sa voiture ; et à son départ, les huées scandaleuses ont encore redoublé. Il est affreux de se trouver parente de cette femme. M. de Prévan a été, le même soir, fort accueilli de tous ceux des Officiers de son Corps qui se trouvaient là, et on ne doute pas qu'on ne lui rende bientôt son emploi et son rang.

La même personne qui m'a fait ce détail m'a dit que Mme de Merteuil avait pris la nuit suivante une très forte fièvre, qu'on avait cru d'abord être l'effet de la situation violente où elle s'était trouvée ; mais qu'on sait, depuis hier au

* Cette Lettre est restée sans réponse.

soir, que la petite vérole s'est déclarée confluente[1] et d'un très mauvais caractère. En vérité, ce serait, je crois, un bonheur pour elle d'en mourir. On dit encore que toute cette aventure lui fera peut-être beaucoup de tort pour son procès, qui est près d'être jugé, et dans lequel on prétend qu'elle avait besoin de beaucoup de faveur.

Adieu, ma chère et digne amie. Je vois bien dans tout cela les méchants punis ; mais je n'y trouve nulle consolation pour leurs malheureuses victimes.

*Paris, ce 18 décembre 17**.*

Lettre 174

LE CHEVALIER DANCENY
À MADAME DE ROSEMONDE

Vous avez raison, Madame, et sûrement je ne vous refuserai rien de ce qui dépendra de moi, et à quoi vous paraîtrez attacher quelque prix. Le paquet que j'ai l'honneur de vous adresser contient toutes les Lettres de Mlle de Volanges. Si vous les lisez, vous ne verrez peut-être pas sans étonnement qu'on puisse réunir tant d'ingénuité et tant de perfidie. C'est, au moins, ce qui m'a frappé le plus dans la dernière lecture que je viens d'en faire.

Mais surtout, peut-on se défendre de la plus vive indignation contre Mme de Merteuil, quand on se rappelle avec quel affreux plaisir elle a mis tous ses soins à abuser de tant d'innocence et de candeur ?

Non, je n'ai plus d'amour. Je ne conserve rien d'un sentiment si indignement trahi ; et ce n'est pas lui qui me fait chercher à justifier Mlle de Volanges. Mais cependant, ce cœur si simple, ce caractère si doux et si facile, ne se seraient-ils pas portés au bien, plus aisément encore qu'ils ne se sont laissés entraîner vers le mal ? Quelle jeune personne, sortant de même du Couvent, sans expérience et presque sans idées, et ne portant dans le monde, comme il arrive presque toujours alors, qu'une égale ignorance du bien et du mal ; quelle jeune personne, dis-je, aurait pu résister davantage à de si coupables artifices ? Ah ! pour être indulgent, il suffit de réfléchir à combien de circonstances indépendantes de nous tient l'alternative effrayante de la délicatesse, ou de la dépravation de nos sentiments. Vous me rendiez donc

note

1. petite vérole [...] confluente : forme grave de la variole, maladie couvrant la peau de boutons et laissant des traces indélébiles.

justice, Madame, en pensant que les torts de Mlle de Volanges, que j'ai sentis bien vivement, ne m'inspirent pourtant aucune idée de vengeance. C'est bien assez d'être obligé de renoncer à l'aimer ! il m'en coûterait trop de la haïr.

Je n'ai eu besoin d'aucune réflexion pour désirer que tout ce qui la concerne, et qui pourrait lui nuire, restât à jamais ignoré de tout le monde. Si j'ai paru différer quelque temps de remplir vos désirs à cet égard, je crois pouvoir ne pas vous en cacher le motif ; j'ai voulu auparavant être sûr que je ne serais point inquiété sur les suites de ma malheureuse affaire. Dans un temps où je demandais votre indulgence, où j'osais même croire y avoir quelques droits, j'aurais craint d'avoir l'air de l'acheter en quelque sorte par cette condescendance de ma part ; et, sûr de la pureté de mes motifs, j'ai eu, je l'avoue, l'orgueil de vouloir que vous pardonnerez cette délicatesse, peut-être trop susceptible, à la vénération que vous m'inspirez, au cas que je fais de votre estime.

Le même sentiment me fait vous demander, pour dernière grâce, de vouloir bien me faire savoir si vous jugez que j'aie rempli tous les devoirs qu'ont pu m'imposer les malheureuses circonstances dans lesquelles je me suis trouvé. Une fois tranquille sur ce point, mon parti est pris ; je pars pour Malte : j'irai y faire avec plaisir et y garder religieusement des vœux qui me sépareront d'un monde dont, si jeune encore, j'ai déjà eu tant à me plaindre ; j'irai enfin chercher à perdre, sous un Ciel étranger, l'idée de tant d'horreurs accumulées, et dont le souvenir ne pourrait qu'attrister et flétrir mon âme.

Je suis avec respect, Madame, votre très humble, etc.

*Paris, ce 26 décembre 17**.*

Lettre 175

MADAME DE VOLANGES
À MADAME DE ROSEMONDE

Le sort de Mme de Merteuil paraît enfin rempli, ma chère et digne amie, et il est tel que ses plus grands ennemis sont partagés entre l'indignation qu'elle mérite, et la pitié qu'elle inspire. J'avais bien raison de dire que ce serait peut-être un bonheur pour elle de mourir de sa petite vérole. Elle en est revenue, il est vrai, mais affreusement défigurée ; et elle y a particulièrement perdu un œil. Vous jugez bien que je ne l'ai pas revue ; mais on m'a dit qu'elle était vraiment hideuse.

Le Marquis de ***, qui ne perd pas l'occasion de dire une méchanceté, disait hier, en parlant d'elle, que la maladie l'avait retournée, et qu'à présent son âme était sur sa figure. Malheureusement tout le monde trouva que l'expression était juste.

Un autre événement vient d'ajouter encore à ses disgrâces et à ses torts. Son procès a été jugé avant-hier, et elle l'a perdu tout d'une voix. Dépens, dommages et intérêts, restitution des fruits[1], tout a été adjugé aux mineurs : en sorte que le peu de sa fortune qui n'était pas compromis dans ce procès est absorbé, et au-delà, par les frais.

Aussitôt qu'elle a appris cette nouvelle, quoique malade encore, elle a fait ses arrangements, et est partie seule dans la nuit et en poste[2]. Ses Gens disent, aujourd'hui, qu'aucun d'eux n'a voulu la suivre. On croit qu'elle a pris la route de la Hollande.

Ce départ fait plus crier encore que tout le reste ; en ce qu'elle a emporté ses diamants, objet très considérable, et qui devait rentrer dans la succession de son mari ; son argenterie, ses bijoux ; enfin, tout ce qu'elle a pu, et qu'elle laisse après elle pour près de 50 000 livres de dettes. C'est une véritable banqueroute[3].

La famille doit s'assembler demain pour voir à prendre des arrangements avec les créanciers[4]. Quoique parente bien éloignée, j'ai offert d'y concourir : mais je ne me trouverai pas à cette assemblée, devant assister à une cérémonie plus triste encore. Ma fille prend demain l'habit de Postulante. J'espère que vous n'oubliez pas, ma chère amie, que dans ce grand sacrifice que je fais, je n'ai d'autre motif, pour m'y croire obligée, que le silence que vous avez gardé vis-à-vis de moi.

M. Danceny a quitté Paris, il y a près de quinze jours. On dit qu'il va passer à Malte, et qu'il a le projet de s'y fixer. Il serait peut-être encore temps de le retenir ?... Mon amie !... ma fille est donc coupable ?... Vous pardonnerez sans doute à une mère de ne céder que difficilement à cette affreuse certitude.

Quelle fatalité s'est donc répandue autour de moi depuis quelque temps, et m'a frappée dans les objets les plus chers ! Ma fille et mon amie !

Qui pourrait ne pas frémir en songeant aux malheurs que peut causer une seule liaison dangereuse ! et quelles peines ne s'éviterait-on point en y réfléchissant davantage ! Quelle femme ne fuirait pas au premier propos d'un

notes

1. **fruits :** bénéfices.
2. **en poste :** très rapidement.
3. **banqueroute :** faillite.
4. **créanciers :** personnes à qui l'on doit de l'argent.

séducteur ? Quelle mère pourrait, sans trembler, voir une autre personne qu'elle parler à sa fille ? Mais ces réflexions tardives n'arrivent jamais qu'après l'événement ; et l'une des plus importantes vérités, comme aussi peut-être des plus généralement reconnues, reste étouffée et sans usage dans le tourbillon de nos mœurs inconséquentes.

Adieu, ma chère et digne amie ; j'éprouve en ce moment que notre raison, déjà si insuffisante pour prévenir nos malheurs, l'est encore davantage pour nous en consoler*.

*Paris, ce 14 janvier 17**.*

* Des raisons particulières et des considérations que nous nous ferons toujours un devoir de respecter, nous forcent de nous arrêter ici.

Nous ne pouvons, dans ce moment, ni donner au Lecteur la suite des aventures de Mlle de Volanges, ni lui faire connaître les sinistres événements qui ont comblé les malheurs ou achevé la punition de Mme de Merteuil.

Peut-être quelque jour nous sera-t-il permis de compléter cet Ouvrage ; mais nous ne pouvons prendre aucun engagement à ce sujet : et quand nous le pourrions, nous croirions encore devoir auparavant consulter le goût du Public, qui n'a pas les mêmes raisons que nous de s'intéresser à cette lecture.

Note de l'Éditeur.

Les Liaisons dangereuses : bilan de première lecture

❶ De qui est la première lettre du roman ?
❷ Quel est le projet de Mme de Merteuil à propos de Cécile ?
❸ De qui les deux libertins veulent-ils se venger et pourquoi ?
❹ Quel âge ont respectivement Cécile et Mme de Tourvel ?
❺ Où se trouvent réunis les personnages dans la deuxième partie ?
❻ Quel stratagème Valmont utilise-t-il pour rentrer dans les bonnes grâces de la Présidente ?
❼ Pourquoi Valmont décide-t-il de se charger de corrompre Cécile ?
❽ Comment Valmont parvient-il à s'introduire auprès de Mme de Tourvel dans la quatrième partie ?
❾ Quelles confidentes Mme de Tourvel a-t-elle au cours du roman ?
❿ Qui est Émilie et quel rôle joue-t-elle ?
⓫ Qui Mme de Merteuil a-t-elle comme amants au cours du roman ?
⓬ Comment Valmont meurt-il ?
⓭ Quels sont les « châtiments » de Mme de Merteuil à la fin du roman ?
⓮ Quel est le rôle particulier de Mme de Rosemonde à la fin du roman ?
⓯ Que deviennent Danceny et Cécile à la fin du roman ?

Dossier Bibliolycée

Choderlos de Laclos, militaire et écrivain

Comme souvent les auteurs d'un seul chef-d'œuvre, Laclos (1741-1803) a pour nous un côté énigmatique : comment cet honnête militaire, bon mari, lecteur des philosophes et franc-maçon, a-t-il pu écrire ces sulfureuses *Liaisons dangereuses* ?

Un honnête militaire

Pierre Ambroise Choderlos de Laclos naît à Amiens en 1741 dans une famille de récente noblesse « de robe » (c'est-à-dire acquise par l'exercice d'une charge dans l'administration, par opposition à la noblesse « d'épée »). Ayant l'ambition de faire une brillante carrière militaire, il entre à 18 ans à l'école d'artillerie de La Fère : les autres corps d'armée étant réservés à des nobles « patentés », cette arme savante lui permet de consolider sa noblesse fraîchement acquise. Il brillera dans ce domaine en participant à l'élaboration du boulet creux, ancêtre de l'obus, et en se spécialisant dans les fortifications. Durant la première partie de sa carrière, comme la France est en paix, il n'a pas l'occasion de s'illustrer sur les champs de bataille, mais il progresse lentement dans la hiérarchie, de garnison en garnison. Il fréquente ainsi la bonne société des villes de province.

En 1779, il est affecté à l'île d'Aix pour travailler aux fortifications ; la vie sur l'île est morose, sans distraction... Est-ce pour tromper son ennui qu'il y commence la rédaction des *Liaisons dangereuses* ? Ou bien s'agissait-il pour lui de prendre sa revanche sur une carrière militaire médiocre et de *« faire un ouvrage qui sortît de la route ordinaire, qui fît du bruit, et qui retentît encore sur la Terre quand* [il] *y aurai*[t] *passé* », selon ses propres paroles, rapportées plus tard dans les *Mémoires* de son ami Tilly ? Finalement, Laclos obtiendra plusieurs mois de congé, qui lui permettront d'achever son roman, publié en avril 1782.

L'année suivant cette publication, il débute sa liaison avec Marie-Solange Duperré, de 18 ans sa cadette, qui lui donne un fils illégitime en 1784 et qu'il épouse en 1786. De cette union heureuse naîtront deux autres enfants.

La traversée de la Révolution

En 1789, Laclos devient le secrétaire de Philippe-Égalité (Philippe d'Orléans, cousin de Louis XVI, mais qui n'hésitera pas à voter la mort de celui-ci), favorable aux réformes libérales et membre du Club des jacobins (partisans des idées républicaines et de la centralisation étatique). Il est nommé commissaire du pouvoir exécutif en 1792 grâce à l'intervention de Danton : chargé de réorganiser l'armée de la République, il prépare ainsi la victoire de Valmy. Mais, sous la Terreur, instaurée par le Comité de salut public, qui obéissait à Robespierre, pour combattre les ennemis de la nation, Laclos est emprisonné en 1793 et échappe de peu à la guillotine. Libéré après la chute de Robespierre le 9 Thermidor (27 juillet 1794), il se lie avec Napoléon Bonaparte, artilleur comme lui, et soutient le coup d'État du 18 Brumaire (9 novembre 1799). Pour le récompenser, Bonaparte le nomme général de brigade en 1800 et l'affecte à l'armée du Rhin, où il reçoit enfin le baptême du feu à la bataille de Biberach. Devenu commandant de l'artillerie de l'armée d'observation dans les États du royaume de Naples le 21 janvier 1803, il meurt à Tarente, le 3 septembre, de dysenterie et de malaria.

L'œuvre de Laclos

Durant ses nombreux temps libres en garnison, Laclos s'est consacré à l'écriture de vers légers (notamment des épîtres) et d'un opéra comique, *Ernestine*, qui sombre après la première représentation en 1777. Au milieu de cette médiocre production, *Les Liaisons dangereuses* apparaissent comme un météore : le livre, publié en quatre volumes, remporte un succès immédiat et fulgurant mais lui vaut aussi un blâme de la part de son commandement ! L'année suivante, en 1783, il écrit un traité intitulé *Des femmes et de leur éducation*, très inspiré des idées de Rousseau. Cet ouvrage apporte un éclairage intéressant sur *Les Liaisons dangereuses*, puisqu'il y est recommandé pour les femmes une éducation éclairée qui les sorte de leur état d'ignorance et de dépendance et les fasse accéder à une véritable liberté. Enfin, pendant la période révolutionnaire, il composera des traités militaires et publiera des articles dans les journaux jacobins.

Portrait présumé de Mme Boucher par François Boucher (1703-1770), peintre français dont la peinture est l'exemple type du style rococo (style maniéré et souvent surchargé, en vogue au XVIIIe siècle).

Entre exaltation et inquiétude

Le déclin de la noblesse

La France de la seconde moitié du XVIIIe siècle est assez florissante : suite au traité de Paris en 1763, qui met fin à la guerre de Sept Ans, le royaume est en paix ; le commerce s'est développé, l'industrialisation est en marche. Mais cette expansion va causer une grave crise qui aboutira à la Révolution. La bourgeoisie contribue largement à la richesse du pays et réclame une vraie place politique ; au contraire, la vieille noblesse d'épée ne peut plus s'illustrer dans un pays en paix et poursuit son déclin amorcé au siècle précédent : une partie de celle-ci se replie dans une oisiveté corrompue, méprisant les valeurs bourgeoises de travail et de morale. Le roman confirme cette image d'une aristocratie décadente, sans aucun poids politique ni social, vivant dans un univers mondain régi par les lois de la séduction et de l'apparence.

Sensibilité et liberté

La sensation, fondement de toute connaissance

Après les sombres années de la fin du règne de Louis XIV (période de guerres et d'austérité religieuse), le XVIIIe siècle s'ouvre par la Régence, marquée par la libéralisation des mœurs, la douceur de vivre, et la recherche du plaisir et du divertissement. La sensation se trouve désormais au fondement de la connaissance, de la philosophie, de l'esthétique, du bonheur ; l'empirisme* du philosophe anglais John Locke (1632-1704) remet en question la théorie cartésienne* des idées innées, en soutenant que toute connaissance provient de la sensation et de l'expérience qui conditionnent la conscience rationnelle.

Les arts et l'émotion

Cette philosophie a des répercussions dans le domaine artistique : le Beau n'est plus universel ni éternel, mais relatif et éphémère, dépendant de la sensibilité, de l'expérience de chacun, de la rencontre entre le créateur et son public. Tous les arts réhabilitent l'émotion et privilégient la subjectivité et l'expressivité pour toucher le public, en particulier à travers le pathétique. En plus de sa valeur morale, l'œuvre

* *Cf.* Lexique.

littéraire prend une dimension psychologique, car elle transcrit les émois, les mouvements du cœur, ce qui permet d'accéder à la vérité et à l'authenticité de l'être. Le XVIIIe siècle est l'époque des « âmes sensibles », pour qui il n'est plus honteux de se laisser aller aux larmes, de montrer ses émotions...

Bonheur et plaisir

Le bonheur devient une préoccupation essentielle de l'individu et ne peut se réaliser sans épanouissement de cette part de la personnalité conjuguant sensualité, sensibilité et sentiment – ce dont Mme de Tourvel fera l'expérience à travers la découverte de la passion. Le plaisir fait partie de ce projet d'accomplissement total de l'être et se voit revendiqué non pas comme simple débauche, mais comme expérience d'une liberté ayant pour base l'insoumission et faisant prévaloir la nature sur la morale sociale, négative et hypocrite.

L'idée de nature

Le XVIIIe siècle s'interroge avec passion sur la nature humaine, en voulant la dégager des dogmes religieux, comme celui du péché originel : l'homme naît innocent, son désir de bonheur terrestre est légitimé... Mais ce postulat de liberté peut entraîner une certaine inquiétude, du fait que désormais c'est à l'individu de construire sa vie à partir de son éducation et de son expérience, sans certitude de lois morales « venues d'en haut ». Laclos nous montre bien les conséquences de cette exigence à travers les destins opposés de Mme de Merteuil et de la présidente de Tourvel : la première fait sa propre éducation et choisit le libertinage pour accomplir son désir d'indépendance et de domination ; la seconde se rend compte que ses principes religieux ne suffisent pas à son bonheur et découvre les valeurs de la passion. Quant au personnage de Cécile, il montre à quel point la nature humaine est malléable, sans morale innée, et peut être facilement corrompue, si elle n'est pas éduquée à la liberté et à la conscience de soi.

L'inquiétude de la seconde moitié du siècle

L'année 1750 amorce un tournant après la légèreté, la frivolité de la Régence et du début du règne de Louis XV : la situation politique se tend, la lutte autour de l'*Encyclopédie* devient âpre, la foi dans le progrès matériel et moral se lézarde, les grandes valeurs des Lumières montrent des côtés plus sombres... Le bonheur, lié au désir de multiplier sensations, plaisirs et expériences, engendre une certaine inquiétude, dès lors que l'on prend conscience de son caractère éphémère et toujours inassouvi, et se voit sans cesse guetté par l'ennui, ce qu'illustre très bien la « fuite en avant » dans la jouissance et la conquête des deux libertins de Laclos. Le jeu des masques, qui participait au plaisir du divertissement dans le théâtre de Marivaux, devient ici cruel et mortel, quand Valmont sacrifie Mme de Tourvel au culte de son image de libertin ; la sensibilité se transforme en fatalité dans une société sclérosée et hypocrite qui ne permet pas de se réaliser... L'empirisme* ou le sensualisme, qui fait de la sensation la base de la construction individuelle, aboutissent à une certaine opacité de la conscience qui empêche de comprendre l'autre ou de se connaître soi-même : le relativisme des points de vue dans le roman épistolaire exprime parfaitement cette difficulté à accéder à la vérité de l'être.

* *Cf.* Lexique.

Structure : un mécanisme rigoureux

Laclos, voulant redonner noblesse et sérieux au genre romanesque, a privilégié la rigueur dans la construction de son roman.

Une tragédie en 4 actes

Laclos a divisé son roman en quatre parties, à peu près égales dans le temps et le nombre de lettres, qui structurent parfaitement l'intrigue.

1re partie : l'« exposition »

(Lettres 1 à 50, du 3 août au 1er septembre)

• Cette partie, qui correspond à l'« exposition » d'une tragédie, présente les personnages et leurs projets :
– **Projet de Mme de Merteuil :** se venger de Gercourt, qui a offensé les deux libertins, en corrompant Cécile de Volanges, sa jeune fiancée. Valmont refusant de s'en charger, Mme de Merteuil devient la confidente de Cécile et manipule le chevalier Danceny, amoureux de la jeune fille.
– **Projet de Valmont :** séduire la présidente de Tourvel, modèle de vertu.
– **Pacte conclu par Mme de Merteuil avec Valmont :** « *Aussitôt que vous aurez eu votre belle Dévote, que vous pourrez m'en fournir une preuve, venez, et je suis à vous* » (L. 20, p. 56).
– **Tentative de séduction de Cécile par Danceny.**

• À la fin de cette partie, **l'intrigue se resserre :** Valmont accepte de se charger de corrompre Cécile pour se venger de Mme de Volanges qui a médit de lui auprès de Mme de Tourvel (L. 44).

2e partie : manœuvres et attentes

(Lettres 51 à 87, du 2 au 26 septembre)

• Les personnages principaux (sauf Mme de Merteuil) sont réunis chez Mme de Rosemonde : Valmont peut intervenir directement dans le couple Cécile / Danceny.

• Mais les deux « liaisons » ne progressent pas beaucoup : les deux jeunes sont séparés et Mme de Tourvel résiste à Valmont.

• Cette partie est dominée par une sorte d'**apologie du libertinage**, avec le récit de trois « exploits » libertins : Valmont et la Vicomtesse (L. 71), Prévan et les « inséparables » (L. 79), Mme de Merteuil et Prévan (L. 85) ; ainsi que la fameuse Lettre 81 où la Marquise expose ses principes. Mais ces anecdotes ne sont pas extérieures à l'action : elles montrent d'abord de quoi sont capables les libertins, avant qu'ils ne s'en prennent directement aux autres héros ; elles contribuent à corser encore les relations entre Mme de Merteuil et Valmont, en fonctionnant comme des sortes de défi et de mise en avant de la vanité de chacun.

3e partie : les rebondissements

(Lettres 88 à 124, du 26 septembre au 25 octobre)

• Viol de Cécile (L. 96).
• Aveu de l'amour de Mme de Tourvel pour Valmont (L. 90).
• Fuite précipitée de Mme de Tourvel (L. 100).
• Cette partie, centrée sur la destruction du seul couple encore « pur » et réciproque – Valmont est devenu l'amant de Cécile et Mme de Merteuil commence à séduire Danceny –, semble confirmer la **victoire du vice sur la vertu**, puisque Mme de Tourvel ne peut trouver de salut que dans la fuite.

4e partie : le dénouement

(Lettres 125 à 175, du 29 octobre au 14 janvier)

• Cette partie s'ouvre sur le coup de théâtre de la chute de Mme de Tourvel. Cet événement va alors déplacer l'action sur la rivalité entre les deux libertins, et singulièrement sur Mme de Merteuil, puisque c'est elle qui retarde sans cesse l'accomplissement du pacte de la Lettre 20 et qui va enclencher **l'engrenage tragique** :
– Mme de Merteuil « dicte » à Valmont la lettre de rupture destinée à Mme de Tourvel (L. 141, 142) ;
– elle refuse d'honorer leur pacte et trompe Valmont (L. 146) ;
– ultimatum de Valmont (L. 151) ;
– déclaration de guerre de Mme de Merteuil (L. 153) ;
– vengeance de Valmont qui manipule Danceny pour faire échouer son rendez-vous avec Mme de Merteuil (L. 155) ;
– vengeance de celle-ci qui donne à lire à Danceny des lettres de Valmont (L. 162) ;
– duel avec Danceny et mort de Valmont, qui se venge *post mortem* en donnant ses lettres à Danceny (L. 163) ;

– mort de Mme de Tourvel (L. 165) ;
– fuite de Cécile au couvent (L. 170) ;
– Mme de Merteuil est huée à l'Opéra, défigurée par la petite vérole ; elle perd son procès qui devait lui permettre de conserver l'héritage de son mari et s'enfuit en Hollande (L. 173, 175).

• On peut remarquer que le mécanisme soigneusement ordonné et équilibré du début, centré sur deux séductions parallèles, se complexifie et semble se désorganiser au fur et à mesure que la violence des sentiments (amour, jalousie, volonté de pouvoir) l'emporte sur la rigueur de la volonté, la maîtrise du système, l'ordre des principes... Ce qui peut expliquer cette « catastrophe » du dénouement où les clans se désagrègent, puisque les anciens complices sont devenus des ennemis, et où toutes les « liaisons » sont dénouées par la mort, l'exil ou le silence.

La concentration de l'action

Laclos utilise toutes les ressources de la polyphonie* épistolaire mais sans la diluer dans un nombre excessif de personnages : dans *Les Liaisons dangereuses*, les lettres sont écrites par une dizaine d'épistoliers qui jouent tous un rôle dans l'action, et les quatre principaux (Valmont, Merteuil, Tourvel et Cécile) se partagent 128 lettres sur 175.
Laclos resserre également le temps et l'espace romanesques, puisque l'action se déroule sur quelques mois, en majeure partie dans le château de Mme de Rosemonde.
Mais la plus grande prouesse du romancier consiste dans la combinaison et l'entrelacement des intrigues :
– en acceptant de corrompre Cécile, Valmont rejoint le projet de la Marquise ;
– les deux libertins interfèrent ainsi dans le couple des jeunes amoureux (Valmont viole Cécile et Mme de Merteuil séduit Danceny) ;
– le pacte de la Lettre 20 lie le couple Valmont / Tourvel et celui des deux libertins (la Marquise va briser le premier couple avec la lettre de rupture et Valmont détruit la liaison de Mme de Merteuil avec Danceny).
Cet entrelacement explique le caractère fatal du dénouement qui, selon les principes de la tragédie classique, obéit à des lois purement

* *Cf.* Lexique.

internes, sans intervention extérieure ; seul le mécanisme des passions et des jeux de pouvoir provoque la catastrophe finale.
L'omniscience* des libertins accentue encore cette concentration de l'action : la Marquise est la confidente de Cécile, de sa mère et de Danceny ; Valmont s'empare des lettres de Mme de Tourvel et contrôle toute la correspondance entre Cécile et Danceny.
Enfin, la destinée des lettres obéit au même principe de concentration : la Présidente confie sa correspondance avec Valmont, par l'entremise de Mme de Volanges, à Mme de Rosemonde (L. 165), de même que Danceny lui donne les lettres de Cécile et celles que Valmont lui a remises (L. 169, 174).

Un temps romanesque subjectif

La fiction se déroule entre août et janvier et le romancier a très bien su rendre la subjectivité du temps qui n'avance pas de façon linéaire : la forme épistolaire provoque l'impatience des scripteurs (et du lecteur !) qui attendent de savoir comment leur missive sera perçue, et Laclos s'amuse bien des fois à retarder la réponse (c'est de plus en plus le cas de la Marquise qui se complaît à faire attendre le Vicomte). Le rythme de la narration fait habilement alterner des coups de théâtre qui exigent des réactions immédiates (fuite de la Présidente, dénouement) et des périodes de latence où l'évolution est lente ; ces ralentissements correspondent aux étapes de séduction de Mme de Tourvel dont nous sont exposées toutes les subtilités psychologiques. Mais cette lenteur devient un enjeu de rivalité entre le Vicomte et Mme de Merteuil qui se moque de lui (L. 10, p. 41 : « *Eh ! depuis quand voyagez-vous à petites journées et par des chemins de traverse ?* ») ; elle est aussi le révélateur des sentiments de Valmont qui a plaisir à observer la lente reddition de sa victime, mais aussi à s'attarder à jouir de son bonheur (contrairement à tous les principes libertins qui prônent que seules comptent la victoire et l'efficacité stratégique !) : « *jamais je n'avais goûté le plaisir que j'éprouve dans ces lenteurs prétendues* » (L. 96, p. 218).

* *Cf.* Lexique.

La succession des lettres

Les effets d'opposition

L'auteur suit strictement l'ordre chronologique des lettres mais exploite particulièrement les effets d'opposition. Ainsi, l'œuvre débute par une missive de la jeune Cécile, pleine de naïveté et d'ignorance, qui contraste immédiatement avec celle de la Marquise exposant d'emblée le plan machiavélique dont la jeune fille sera victime. L'auteur a recours de très nombreuses fois à ce procédé pour nous faire sourire par le heurt entre la manipulation perverse et la crédulité, comme dans les Lettres 110 et 111 : Valmont y apprend à Cécile le « *catéchisme de débauche* », alors que la lettre de Gercourt fait apparaître son scripteur comme le « dindon de la farce », grotesque dans son assurance. Dans les Lettres 104 et 105, Mme de Merteuil donne des conseils absolument opposés à Mme de Volanges puis à sa fille – façon de mettre en valeur la duplicité et l'habileté du personnage qui manipule toutes les consciences. Au contraire, la succession des Lettres 125 (le récit de la chute de la Présidente) et 126 (Mme de Rosemonde la félicitant d'avoir su sacrifier son amour) accentue le tragique du destin de Mme de Tourvel en soulignant le choix irrémédiable qu'elle a fait et la défaite de ses valeurs.

Le suspense

La disposition peut aussi jouer sur le suspense, en faisant lire des lettres qui ne peuvent être comprises du fait d'un manque d'informations qui ne viendront que plus tard. Ainsi la catastrophe inexpliquée qui s'est abattue sur les jeunes amoureux à la Lettre 59 ne se révèle qu'à la Lettre 63 le fruit d'une manigance de la Marquise ! Notre curiosité est attisée aussi dans l'épisode de l'affront d'Émilie, raconté d'abord par Mme de Tourvel (L. 135), et l'on attend avec impatience la justification que va pouvoir en donner Valmont (L. 137). Laclos se sert également des contraintes épistolaires, dépendant des horaires de levées du courrier, pour retarder un récit : c'est le cas de la « charité » de Valmont dont l'histoire, interrompue à la Lettre 21, ne reprend que deux lettres plus loin, le retard étant d'autant plus savoureux que la lettre qui s'intercale est précisément celle de Mme de Tourvel racontant le même épisode.

La perfection du roman épistolaire

Le roman au XVIIIe siècle : un genre décrié

Au XVIIIe siècle, le roman est en vogue mais guère estimé sur le plan esthétique : il ne possède pas de règles fixes et s'adresse à un public peu cultivé (en particulier les femmes) ; surtout, il passe pour immoral, car il évoque la passion de façon séduisante, comme dans le roman sentimental (Richardson, *Clarisse Harlowe*) ou libertin (Crébillon fils, *Égarements du cœur et de l'esprit*, 1736). C'est ainsi que Rousseau dans l'*Émile*, son traité d'éducation, veut supprimer tous les romans sauf *Robinson Crusoé* !

Mais, au cours du siècle, le genre devient une manière plaisante de faire passer une réflexion philosophique (*Candide* de Voltaire en 1759, *Jacques le Fataliste* de Diderot en 1796). L'œuvre romanesque qui a le plus marqué le XVIIIe siècle reste *Julie ou la Nouvelle Héloïse* (1761), où Rousseau fait la synthèse entre une vertueuse aventure sentimentale et un tableau du monde dans tous ses aspects. En prenant Rousseau comme modèle (*cf.* l'épigraphe*), en affirmant dès la préface l'utilité morale de son œuvre et en privilégiant la rigueur du style et de la structure, Laclos s'inscrit dans ce mouvement de réhabilitation d'un genre.

La vogue du roman épistolaire

Le XVIIIe siècle est un siècle de communication : on échange propos spirituels ou philosophiques dans les cafés et les salons ; le théâtre est florissant et devient le lieu de débats d'idées (*La Colonie* et *La Dispute* de Marivaux) ; les philosophes recourent fréquemment à la forme du dialogue (*Le Neveu de Rameau* de Diderot). La lettre devient alors le prolongement de la conversation ou de la discussion (il nous reste plus de 10 000 lettres de Voltaire !), une des plus importantes occupations mondaines, un instrument de « liaison » sociale.

En ce siècle d'affirmation de l'individu et d'exaltation du naturel, les lecteurs sont lassés des excès romanesques et recherchent des senti-

* *Cf.* Lexique.

ments plus vrais : c'est ce que relève avec perspicacité Mme de Merteuil lorsqu'elle dénonce *« le défaut des Romans ; l'Auteur se bat les flancs pour s'échauffer, et le Lecteur reste froid »* (L. 23, p. 79). Le roman épistolaire se présente alors comme un recueil de lettres authentiques, où s'exprime un (ou plusieurs) locuteur(s) et où se font jour les plus subtils mouvements de la sensibilité. La 1re personne permet d'abolir la distance entre le narrateur et le lecteur qui est appelé à un rôle actif de décryptage : à lui de se reconnaître et d'en reconnaître d'autres, à lui de démêler la vérité au milieu des points de vue subjectifs... La garantie d'authenticité affirmée dans la préface des *Liaisons dangereuses* est une sorte de pacte tacite entre l'auteur et le lecteur, ce dernier privilégiant la fiction ou s'amusant à chercher des clés (c'est-à-dire les personnes réelles qui se cachent derrière les personnages).

Laclos n'innove donc pas mais s'inscrit dans une tradition florissante à son siècle où le roman épistolaire abonde, qu'il soit à tendance exotique, comme les *Lettres persanes* de Montesquieu (1721), ou sentimentale, comme *Clarisse Harlowe* de l'écrivain anglais Samuel Richardson (1748), que lit la Présidente en pleine mélancolie amoureuse (L. 107).

Les caractéristiques du genre épistolaire

La séparation des personnages

Dans le roman, les protagonistes sont éloignés par la distance (Merteuil / Valmont, Danceny / Cécile), par les convenances qui leur interdisent les tête-à-tête (Valmont / Tourvel) ou par simple refus de se voir. Ainsi, Laclos diffère la rencontre des deux libertins jusqu'au moment fatal où Valmont surprend Danceny chez Mme de Merteuil (L. 151). Ce retard peut être le fait d'empêchements, d'une absence de l'un ou de l'autre, ou de la volonté délibérée de la Marquise ; toujours est-il que cet éloignement favorise les tensions et les incompréhensions entre les deux complices, comme le fait remarquer Valmont au début de la Lettre 115.

La présence de « confidents »

Le romancier a besoin de ces personnages à qui les épistoliers peuvent se livrer en toute sincérité. Laclos sait rendre signifiant ce qui ne pourrait paraître qu'une « ficelle » du genre, d'une part, en faisant des libertins eux-mêmes les confidents et donc les manipulateurs de leurs victimes ; d'autre part, le changement de confident révèle la culpabilité des personnages et leur désir d'une oreille plus indulgente (Mme de Rosemonde remplace Mme de Volanges pour la Présidente et Mme de Merteuil succède à Sophie auprès de Cécile). D'ailleurs, en créant Mme de Merteuil, « oreille » de tous et public privilégié de Valmont, Laclos a su transformer une « confidente » hors pair en personnage principal et manipulateur de tous les autres...

La disparition du narrateur omniscient*

C'est encore une autre difficulté à laquelle l'écrivain se trouve confronté. Le romancier doit mettre le lecteur au courant de tout mais sans invraisemblance. Laclos, une fois de plus, transforme un procédé d'information en enjeu essentiel du roman, en faisant de ses deux libertins l'intelligence omnisciente de l'œuvre : ceux-ci lisent toutes les lettres, les commentent, les distribuent, voire les dictent... ce qui leur confère les prérogatives du narrateur !

Les jeux de point de vue

Ces jeux offrent au lecteur une vision polyphonique et ambiguë des événements et des êtres qui :
– fait ressortir les erreurs de jugement des personnages trop crédules : éloge de Mme de Merteuil par Mme de Volanges (L. 32) ou par Cécile (L. 39), éloge de Valmont par Mme de Tourvel ou par Danceny (L. 60), mauvaise interprétation d'une conduite (L. 98, 170, 173), etc. ;
– met en valeur l'hypocrisie virtuose des libertins en donnant plusieurs versions d'un même événement : la « charité » de Valmont (L. 21, 22), l'« affaire Prévan » (L. 85, 87), la rencontre à l'Opéra (L. 135, 137, 138).
Ce jeu des points de vue donne de la société une vision très pessimiste, comme un monde de masques, où il semble n'y avoir aucune place pour la sincérité et où les rapports humains ne sont faits que de mensonges. Ce kaléidoscope empêche également d'atteindre la vérité de l'être, puisque les protagonistes changent de masque selon le destinataire : faut-il croire Valmont quand il termine son avant-dernière lettre, envoyée à Danceny, sur ces mots que l'on pourrait croire sincères – « *Ce que j'ajoute encore, c'est que je regrette Mme de Tourvel ; c'est que je suis au désespoir d'être séparé d'elle ; c'est que je paierais de la moitié*

* *Cf.* Lexique.

de ma vie le bonheur de lui consacrer l'autre » (L. 155, p. 371) –, alors même que tout le reste de la lettre n'est qu'un tissu d'hypocrisies destinées à manipuler Danceny pour se venger de la Marquise ? Est-il plus sincère quand il affirme son cynisme libertin à la Marquise ? La volonté affichée de Laclos est que le lecteur ne puisse jamais répondre à cette question.

Les différents types de lettres

La lettre d'information

L'épistolier s'y charge du rôle de narrateur en informant du progrès de l'action, comme dans les « *bulletins* » de Valmont (L. 25, p. 66), racontant les étapes de la séduction de la Présidente ou des « aventures » de Cécile. Mais, à la différence du roman traditionnel, l'épistolier oriente constamment son récit en fonction du destinataire : il cherche à démontrer sa vision des faits (L. 22, 138), à impressionner l'autre en lui exposant ses succès ou à le rendre jaloux (L. 10). Au lecteur alors de chercher l'intention cachée qui préside au récit...

La lettre-analyse

Elle reprend également la fonction du narrateur omniscient* qui dévoile les mobiles des personnages, explique des comportements... Les libertins, qui subordonnent la jouissance à l'intelligence, aiment raisonner, exposer leurs tactiques (L. 40), se justifier de leurs propres principes, analyser ou critiquer les réactions de l'autre (L. 33), ou créer des typologies psychologiques (L. 81, 113).

La lettre-confidence

Lettre la plus répandue dans le roman épistolaire traditionnel, elle est « *le portrait de l'âme* » (p. 361) et s'apparente à une forme de journal intime. Elle permet de décrire les hésitations de la conscience, la progression d'un sentiment, tous les mouvements de la sensibilité, sur l'instant et au jour le jour, puisque les personnages disent leur vie en même temps qu'ils la vivent. Mais, dans le roman de Laclos, les seules lettres vraiment sincères où l'épistolière n'essaie pas d'influer sur son destinataire, mais ne désire que se confier, épancher son âme, sont celles entre Mme de Tourvel et Mme de Rosemonde.

* *Cf.* Lexique.

La lettre-action

L'événement est ici créé par les paroles mêmes, privilégiant la fonction impressive* de la lettre, qui vise à provoquer une réaction chez le destinataire ou à l'influencer. La correspondance est bien une « liaison dangereuse », comme Mme de Tourvel l'apprendra à ses dépens, alors qu'elle croyait la lettre plus « inoffensive » que le discours ou le geste amoureux ! Valmont saura parfaitement exploiter la volonté de justification de la Présidente et l'amener où il veut en douze missives, en jouant habilement de la culpabilisation, de l'attendrissement, et même des sentiments religieux de sa victime, en l'étourdissant littéralement de mots. La lettre peut même devenir une véritable arme : à fleuret moucheté entre les libertins, jusqu'à la Lettre 153 et sa réponse qui vaut déclaration de guerre ; meurtrière comme la lettre de rupture (L. 141) qui tuera la Présidente. La possession des lettres constitue aussi un enjeu, et leur dévoilement progressif précipitera les catastrophes du dénouement.

La perversion du circuit épistolaire

La lettre, instrument de mensonge

Les personnages de Laclos font de la lettre un vecteur du double langage – comme l'enseigne la Marquise à Cécile : « *vous dites tout ce que vous pensez, et rien de ce que vous ne pensez pas.* [...] *Vous voyez bien que, quand vous écrivez à quelqu'un, c'est pour lui et non pas pour vous : vous devez donc moins chercher à lui dire ce que vous pensez, que ce qui lui plaît davantage* » (L. 105, p. 258) – et écrivent avec des styles d'emprunt (l'amant respectueux ou le nouveau converti pour Valmont, la moraliste pour Mme de Merteuil...). Ils peuvent même mentir sur l'identité du scripteur : lettre de Valmont timbrée de Dijon pour faire croire à la Présidente qu'elle est de son mari (L. 36), lettres inspirées ou dictées aux jeunes gens (L. 64, 65, 93, 115), lettre de rupture de la main de Valmont mais inventée par la Marquise.

La relation intime avec un correspondant se voit sans arrêt « violée » : Valmont s'empare des lettres de Mme de Tourvel, lit celles des deux amoureux, puisqu'il en est le « facteur », et les transmet toutes à la Marquise. Cette perversion du circuit reflète alors la perversion même

* *Cf.* Lexique.

des héros, et l'espace épistolaire de sincérité se voit envahi et corrompu de l'intérieur par ces lettres ouvertes, copiées, dictées...

Un lecteur omniscient* et complice

Le lecteur plonge dans la conscience des épistoliers, en assistant « en direct » à l'écriture de la lettre. Mais il est le seul à avoir un point de vue surplombant et à savoir ce que tous pensent et projettent à l'insu des autres : par exemple, il connaîtra avant Valmont la trahison de Mme de Merteuil en lisant sa lettre à Danceny (L. 146). Il dispose de l'ensemble des lettres et devrait parvenir à une vérité sur les personnages, à condition de savoir décrypter ce qui se cache derrière les mots.
Comme les libertins, il entre par effraction dans les correspondances intimes et devient complice de leur voyeurisme. En admirant leur tactique, en s'amusant de voir leurs victimes dupées, le lecteur se retrouve involontairement de leur côté, et il est le seul, avec les deux libertins, à pouvoir apprécier les sous-entendus grivois de certaines lettres (L. 48, 59, 110, 117...). Plus que dans le contenu, c'est dans cette complicité que se situe le côté fortement dérangeant de ce roman.

Les principaux registres

Le pathétique

Ce registre est très à l'honneur dans les productions artistiques du XVIIIe siècle qui veulent exprimer les mouvements du cœur et émouvoir leur public. Dans *Les Liaisons dangereuses*, le *pathos** peut servir d'arme aux libertins, comme pour Valmont qui met en scène sa « charité » ou s'affiche en victime de la rigueur de Mme de Tourvel pour mieux la culpabiliser. Mais le « vrai » pathétique trouve aussi sa place avec le personnage de la Présidente, tourmentée par la passion puis mourant d'amour. Toute la fin du roman, une fois que le cynisme ironique des libertins a été réduit au silence, est empreinte de ce registre, même dans le récit de la mort de Valmont par Bertrand, l'intendant de Mme de Rosemonde, dont la tristesse ne peut être entachée de la moindre ambiguïté (L. 163). Le pathétique devient ainsi un véritable enjeu du roman : Valmont reste-t-il fidèle à son credo libertin de dominer toute émotion par l'esprit de système ou se laisse-t-il envahir par le sentiment au point de devenir lui aussi un personnage pathétique ?

* *Cf.* Lexique.

Le tragique

Laclos est marqué par la rigueur de la tragédie classique et l'on retrouve dans son roman quelques grands thèmes raciniens :

– **La lucidité torturante :** c'est en toute connaissance de cause que Mme de Tourvel se livre à la passion, de même qu'après la rupture elle assume la responsabilité totale de son acte sans chercher aucune échappatoire. Son choix lucide de la mort lui confère ainsi grandeur et noblesse, et son délire fait de remords et de passion la place au rang de personnages raciniens comme Oreste dans *Andromaque*. Pour Valmont, c'est sa complice qui joue le rôle de conscience en le mettant cruellement devant la vérité de ses choix (L. 145).

– **Le piège tragique :** le dénouement nous montre les personnages victimes de leurs propres passions ; Mme de Tourvel meurt de s'être entièrement adonnée à son amour ; Valmont sacrifie sa personne et son amour à sa vanité et à son personnage de libertin ; quant à Mme de Merteuil, qui choisit la « guerre », c'est-à-dire qui se laisse dominer par la jalousie et le désir de pouvoir, elle joue le rôle du *fatum** antique, en manipulant les destinées de tous et en provoquant la perte de Mme de Tourvel, de Valmont et finalement... d'elle-même.

– **L'amour fatal :** comme chez Racine, la passion chez Laclos est meurtrière ; Valmont éprouve un sentiment trouble pour Mme de Tourvel, fait d'amour et de volonté de puissance, et il tue son amante en la trahissant. Mais sa propre mort reste ambiguë : est-elle due seulement au hasard du duel ou s'agit-il d'un suicide masqué ?

L'ironie

Dans cette œuvre où triomphe le double langage, le registre ironique est évidemment magistralement utilisé par les deux libertins qui dissimulent sans cesse leur pensée et leur vraie nature derrière un masque. C'est le cas des lettres d'amour de Valmont à Mme de Tourvel, où celui-ci use avec délectation du style de l'amoureux transi ; de même, Mme de Merteuil s'amuse à plaider auprès de Mme de Volanges « *les principes inaltérables de pudeur, d'honnêteté et de modestie* » (L. 104, p. 252) ! L'ironie est encore une de ses armes favorites face à Valmont et elle joue à employer un langage de femme soumise pour mieux provoquer le Vicomte, se moquer de ses prétentions masculines et surtout revendiquer sa liberté de femme : « *Comment voulez-vous que je supporte*

* *Cf.* Lexique.

l'idée accablante d'encourir votre indignation, et surtout que je ne succombe pas à la crainte de votre vengeance ? » (L. 152, p. 365).

Le comique

Le roman a recours à des procédés comiques théâtraux, comme le personnage du serviteur rusé qui seconde le libertinage de son maître (Azolan qui séduit la servante, soudoie, espionne...). Le quiproquo est utilisé dès la première lettre pour souligner la naïveté de Cécile qui prend le cordonnier pour son fiancé ! Le lecteur s'amuse aussi des stratagèmes dans l'histoire de Prévan, de la Vicomtesse, etc.

Pour le reste, il faudrait plutôt parler d'« esprit » dans le ton du XVIIIe siècle, avec ses jeux sur les mots et les doubles sens... Le principal ressort comique vient du contraste entre la virtuosité des manipulateurs et la crédulité de leurs victimes, dont le lecteur omniscient* peut apprécier tout le sel !

* *Cf.* Lexique.

Un roman des Lumières

Le système libertin

Le libertinage est un courant de pensée né au XVIIe siècle, qui veut s'affranchir des codes de la morale et de la religion. Il se développe sur le plan intellectuel avec des penseurs comme Gassendi ou Cyrano de Bergerac, dont hériteront les philosophes des Lumières. Mais, parallèlement, on assiste à un libertinage de mœurs dans la haute société aristocratique, pour qui la séduction remplace la guerre.

« Libertinage d'esprit »

Si le roman de Laclos fascine, c'est qu'il nous confronte non à de vulgaires débauchés, mais à des êtres qui élèvent jusqu'au système leur libertinage, beaucoup plus cérébral que sensuel : leur jouissance provient de leur intelligence, du plaisir réflexif de l'analyse, du goût de la difficulté, de la stratégie. L'érotisme des libertins consiste, dans un dédoublement permanent, à construire son propre plaisir, à se regarder jouir et à jouir encore de le raconter : c'est en cela que la forme épistolaire n'est pas un ornement du roman mais son essence même, puisqu'elle transforme l'acteur en témoin, le destinataire en public et le lecteur en voyeur – d'autant que les libertins excellent autant à manier le langage qu'à manipuler les autres. L'écriture peut même devenir le substitut de l'acte sexuel (« *Jamais je n'eus tant de plaisir en vous écrivant* », avoue Valmont, dans la Lettre 48, p. 107), en transformant l'érotisme ou la méchanceté pure en esthétisme* séduisant...

Volonté de puissance

Le libertin, doué d'un orgueil et d'un narcissisme démesurés, se sent supérieur à tous les êtres faibles et crédules qui l'entourent. Sa plus grande jouissance est donc de manipuler les autres à sa guise, et la séduction en constitue le moyen le plus éclatant, surtout pour les hommes, la Marquise brillant pour sa part dans la manipulation intellectuelle et morale. Séduire Mme de Tourvel signifie pour Valmont non pas seulement la conquérir, mais surtout la détourner des valeurs religieuses et morales qui la constituent, la forcer à se renier elle-même : « *Ce n'est pas assez pour moi de la posséder, je veux qu'elle se livre* » (L. 110, p. 269). Et les deux libertins atteignent les sommets du cynisme

* *Cf.* Lexique.

en dévoilant leurs projets concernant Cécile : « *pour se servir de celle-ci sans danger, il faut se dépêcher, s'arrêter de bonne heure et la briser ensuite* » (L. 106, p. 260) ; ils prennent un plaisir pervers à façonner la jeune fille, en lui ôtant toute structure morale, pour n'en faire plus qu'une « *machine à plaisir* » *(ibid.).* Leur but est de rabaisser leurs victimes au rang commun : « *dégradée par sa chute, elle ne sera plus pour moi qu'une femme ordinaire* » (L. 96, p. 218).
Leur sentiment de puissance les conduit même tous deux à se prendre pour Dieu : « *Je serai vraiment le Dieu qu'elle aura préféré* », écrit Valmont (L. 6, p. 26) ; quant à la Marquise, elle proclame : « *Me voilà comme la Divinité, recevant les vœux opposés des aveugles mortels, et ne changeant rien à mes décrets immuables* » (L. 63, p. 130). Ainsi placés au-dessus des lois et des codes sociaux, ils se sentent à part, comme le dit Valmont : « *je suis tenté de croire qu'il n'y a que vous et moi dans le monde, qui valions quelque chose* » (L. 100, p. 235).

Masque et théâtre

Le libertin, parfaitement maître de lui, sait prendre tous les masques dont il a besoin, surtout la femme pour qui cette comédie est vitale puisqu'elle ne peut afficher son libertinage au grand jour. Valmont joue ainsi tous les rôles, au point que l'on ne sait plus quel est son vrai visage... Il met véritablement en scène la séduction de la Présidente, se composant une conversion et étudiant gestes, paroles, mimiques et disposition des lieux lors du grand jour.
La comédie a besoin d'un public pour prendre son sens et sa saveur : pour Valmont, c'est le « *grand Théâtre* » du monde, sur lequel il doit raconter ses exploits pour conserver sa réputation de glorieux libertin. Mais la tâche est plus difficile pour la Marquise qui doit passer pour prude ; c'est en cela que Valmont lui est indispensable pour lui renvoyer son image de libertine hors pair. Toujours en représentation, les libertins dépendent finalement de leur public et deviennent tragiquement prisonniers de leur masque, au point d'en arriver à se détruire eux-mêmes plutôt que de mettre à mal l'image qu'ils veulent donner d'eux.

Un roman moral ?

Conformément aux codes romanesques de l'époque, le Rédacteur proclame dans la préface sa volonté d'édification*. Mais, contrairement à la prétention du Rédacteur et à ce que semble indiquer l'« hécatombe » finale, qui laisse à penser que Laclos agit par contrainte à l'égard d'une société conformiste, le libertinage n'est pas clairement condamné. Certes, le système libertin s'effondre, mais les libertins, en recevant la punition de leur propre inconséquence, sont plutôt disqualifiés que jugés, car ils sont victimes de leur mutuelle volonté de se nuire, et non d'une instance morale supérieure. Comment le lecteur peut-il d'ailleurs se fier à une morale édictée par Mme de Volanges qui brille par son aveuglement et son étroitesse de vue ? L'ambiguïté sur le message délivré par Laclos demeure, puisque, tout au long du roman, le lecteur s'amuse de l'esprit des libertins, admire leur duplicité virtuose et se rend complice de leurs manœuvres, et que Laclos les sauve par la mort ou le silence... Finalement, ne serait-ce pas l'hypocrisie sociale que veut dénoncer l'auteur en nous montrant Prévan, libertin notoire, réhabilité, dans un monde où ce n'est pas la faute qui est punie mais le scandale ? Conformément aux idées de son maître Rousseau, l'auteur ne voudrait-il pas signifier que le mal n'est pas dans l'homme mais dans la société, qui réduit les êtres à leur apparence et à leur réputation ?

Échos des interrogations de l'époque

Le bonheur individuel

Le XVIIIe siècle s'interroge sur les conditions du bonheur individuel : le respect de la morale, de l'honneur ou des conventions sociales ne peut plus combler l'individu qui recherche l'épanouissement de sa sensibilité ; le bonheur ne dépend plus de valeurs métaphysiques (la religion ne suffit pas à rendre Mme de Tourvel heureuse) mais s'inscrit dans la légitimation des désirs terrestres. Dans le roman de Laclos, presque tous les personnages aiment, malgré les principes qui le leur interdisent (système libertin, éducation du couvent, lois morales). Même Mme de Volanges en vient à pencher pour un mariage de sentiment qui verrait sa fille « *heureuse avec l'époux que son cœur a choisi, ne connaissant ses devoirs que par la douceur qu'elle trouve à les remplir* » (L. 98, p. 226).

* *Cf.* Lexique.

L'amour y apparaît comme une valeur authentique qui peut apporter le bonheur – il n'est dégradé que quand il est faux ou purement sensuel (lettre de Valmont chez Émilie, personnage de Cécile). Mme de Tourvel meurt de son amour mais ne regrette pas de s'y être livrée ; elle pleure son erreur et sa trahison mais ne condamne pas le sentiment.

La morale

À travers le personnage de Cécile, Laclos pose la question des bases de la morale, souvent évoquée par les philosophes des Lumières : est-elle naturelle ? peut-elle s'enseigner ? Cécile incarne une fausse morale basée sur les préjugés et l'ignorance et fait écho au sensualisme de Condillac (1714-1780), selon lequel l'homme n'a pas de faculté ni de pensées innées mais se construit par son expérience sensible. Cécile, qui n'est gouvernée que par ses pulsions – « *tout près de l'ordure originelle* », selon le terrible jugement de Baudelaire – et ne se rend même pas compte de sa propre corruption (L. 106, 115), semble prouver que la vertu naturelle n'existe pas. Au contraire, l'épanouissement physique et affectif de Mme de Tourvel dans la passion pourrait montrer qu'il existe une authentique morale naturelle, mais que la société sclérosée n'en permet pas la réalisation.

L'éducation

Cette question de la morale rejoint celle de l'éducation, abordée dans le roman à travers différents personnages : Cécile représente la faillite d'une éducation répressive, coupée des réalités de la vie et de l'être, qui fait d'elle un jouet des désirs des autres ; Mme de Tourvel semble victime de l'aliénation qui l'a privée de toute la part sensuelle de son être ; Mme de Merteuil, refusant carcan moral et soumission au pouvoir masculin, est obligée de faire sa propre éducation et de se doter des strictes règles de conduite du libertinage... Quelques années avant la Révolution, Laclos nous donne donc une vision très pessimiste de la société partagée entre dominants et dominés, victimes et bourreaux, où l'individu est prisonnier des conventions ou de ses masques et de la comédie sociale.

Le plaisir de l'écriture

Le goût du naturel

Un contemporain de Laclos, l'abbé Batteux, écrivait : « *le genre épistolaire n'est autre chose que le genre oratoire rabaissé jusqu'au simple entretien* ». En effet, on y retrouve la souplesse, la vivacité d'une simple conversation, avec ses apostrophes, ses questions, ses réactions aux paroles de l'autre, ses mouvements d'humeur (L. 20, 44, 74, 82...). Laclos a pris plaisir également à jouer de la variété des styles, en les adaptant à la personnalité de chacun : maladresse naïve de Cécile, langage conventionnel de l'amoureux précieux chez Danceny, lyrisme de la Présidente, persiflage ironique des libertins...

L'art du second degré

Les deux complices prennent plaisir à raconter leurs exploits avec distance, pour mieux se donner en spectacle à leur destinataire, comme la Marquise dans l'histoire de Prévan (L. 85) ou Valmont dans la scène de la « charité » (L. 21). Le recours fréquent à la citation d'auteurs connus (La Fontaine, Rousseau, Racine...) contribue à ce même effet de distanciation* dans le récit.

Tous deux cultivent également l'art du double sens, signifiant ainsi que toute parole doit être décryptée, comme dans l'épisode où la Marquise se moque des jeunes amoureux : « *Ils doivent répéter beaucoup de Duos, et je crois qu'elle se mettrait volontiers à l'unisson* » (p. 24). Ce procédé dépasse le simple jeu d'esprit, puisqu'il crée une complicité entre les libertins mais aussi avec le lecteur, les seuls à pouvoir comprendre le sens grivois des propos tenus...

Cet art du double langage culmine dans la parodie – c'est-à-dire la reprise et le détournement des codes d'un certain type de langage –, que Mme de Merteuil pratique avec virtuosité dans ses conseils moralisants à Mme de Volanges (L. 104), de même que Valmont qui, dans ses lettres à la Présidente, manipule tous les poncifs de l'amour précieux et joue le débauché repenti, plein de respect et de soumission envers sa dame.

Mais les deux libertins pratiquent aussi la parodie entre initiés : la Marquise imite le style des épopées chevaleresques – ce qui n'est pas innocent de sa part, puisque la femme y est placée en position

* *Cf.* Lexique.

dominante (L. 2, 10) –, et Valmont cultive la parodie ironique en usant d'un vocabulaire religieux pour narrer à sa complice les progrès de la séduction de Mme de Tourvel (L. 4, p. 21 : « *Mon bon Ange m'a conduit ici, pour son bonheur et pour le mien.* [...] *Elle ne se doute pas de la Divinité que j'y adore* »).

Le plaisir du persiflage

La virtuosité dans le maniement du langage permet aussi de donner quelques coups de griffes, qu'il s'agisse d'une moquerie plaisante (L. 113) ou d'une pointe plus perverse (L. 4, p. 22 : « *J'ai dans ce moment un sentiment de reconnaissance pour les femmes faciles, qui m'amène naturellement à vos pieds* », écrit Valmont à Mme de Merteuil). Le persiflage passe aussi par la citation des termes de son correspondant, méthode dans laquelle excelle la Marquise dont la redoutable perspicacité lui permet de mettre son destinataire face à ses contradictions (L. 10), de lui signifier son aveuglement (L. 134) ou de lui révéler la présomption de son langage (L. 127). À la fin, le persiflage devient méchanceté pure, arme pour humilier et provoquer la vanité de l'autre (L. 152, 158).

Une œuvre érotique ?

Les deux libertins ne s'abandonnent jamais au plaisir mais l'observent et le racontent. Ce ne sont pas leurs sensations qu'ils décrivent, car ils emploient alors systématiquement le langage conventionnel (« *ivresse* », « *transports* », « *délire* », « *bonheur* ») ou le sous-entendu, la litote* euphémique* (L. 71, p. 146 : « *j'ai été content de moi* » ; L. 96, p. 222 : « *nous ne nous sommes séparés que satisfaits l'un de l'autre* »). L'érotisme n'est jamais dans le mot cru mais dans le détour, dans l'élégance de la formule, qui fait de la sexualité un plaisir esthétique, redoublé par la jouissance du verbe. La scène érotique est parfois l'expression d'une complicité dans l'impudeur et l'irrespect, mais surtout l'occasion d'exciter la jalousie de l'autre (histoire de Belleroche, de Prévan) ou d'affirmer son triomphe (Prévan ou la Présidente pour Valmont).

* *Cf.* Lexique.

Les personnages : liaisons et antagonismes

La construction des personnages

Des êtres de papier

Les personnages de Laclos n'existent que par leurs lettres, sans narrateur pour les « expliquer » ou les décrire (Mme de Tourvel a droit à une double ébauche de portrait – Lettres 5 et 6 – mais vague et surtout partiale) ; on ignore tout de leur passé, à l'exception notable de celui de Mme de Merteuil (L. 81) et de quelques éléments de l'ancienne relation entre les deux libertins (les moyens de pression évoqués, L. 81 et 152). Laclos ôte toute prise sur le monde à ses personnages qui n'ont ni relation avec l'extérieur ni fonction sociale, transformant ainsi son roman en une sorte d'expérience clinique, avec des êtres que l'on observe en vase clos, sur un court laps de temps.

Les choix du « Rédacteur »

Comme dans beaucoup de romans épistolaires, le Rédacteur prétend n'être que le collecteur de lettres réelles (affirmation démentie d'emblée par l'Éditeur, autre masque sous lequel se cache Laclos !) qu'il s'est permis seulement de choisir et d'organiser... Ainsi privilégie-t-il la séduction de Mme de Tourvel par Valmont (la vertu confrontée au vice) au détriment de celle de Cécile par Danceny, moins intéressante par la jeunesse et la naïveté des protagonistes. Dans l'ombre du Rédacteur, Laclos choisit délibérément l'ambiguïté, en multipliant les regards opposés sur les personnages (L. 8, 9), en dissimulant ses héros libertins derrière des masques (L. 131 : la Marquise est-elle sincère quand elle avoue avoir aimé Valmont ?). La suppression la plus riche d'interprétation est celle de la dernière lettre de Valmont à la Présidente : Mme de Volanges, qui doit en être l'intermédiaire, s'interroge sur sa sincérité (p. 368 : « *D'abord faut-il y croire, ou veut-il seulement tromper tout le monde, et jusqu'à la fin ?* »), et le Rédacteur rajoute cette note étonnante selon laquelle « *c'est parce qu'on n'a rien trouvé dans la suite de cette Correspondance qui pût résoudre ce doute, qu'on a pris le parti de supprimer la Lettre de M. de Valmont* » (p. 369). Laclos choisit donc clairement de laisser planer une ambiguïté totale sur son personnage qui garde ainsi son secret... Les principaux héros disparaissent dans le silence et on ne saura rien des raisons de la fuite de Cécile au couvent, ni des sentiments de Mme de Merteuil après son humiliation.

Des « liaisons dangereuses »

Séduire l'autre

La forme épistolaire met clairement en valeur les liens entre les personnages et leur volonté d'influer sur l'autre... Les deux libertins « séduisent » au sens premier du terme, c'est-à-dire détournent leurs victimes de leurs valeurs, en amenant la vertueuse Présidente à renier sa fidélité et sa foi et en faisant de l'innocente Cécile une « *machine à plaisir* » (p. 260). Chacun veut conduire le destinataire à adhérer à son système de valeur : si Valmont veut entraîner Mme de Tourvel vers l'amour, celle-ci aussi, mais plus inconsciemment, veut « séduire » le libertin, pour le ramener sur la voie du Bien, et parle d'« *une belle conversion à faire* » (L. 8, p. 38). Et Laclos a la cruauté de la montrer prise à son propre piège et regrettant d'avoir si bien réussi cette conversion, qui va entraîner son propre oubli (L. 124). De la même manière, Mme de Merteuil veut ramener son complice dans le camp libertin et celui-ci lui prouver qu'il ne l'a pas quitté...

Le besoin de l'autre

La volonté de puissance et la dépendance à son amour-propre peuvent devenir pour Valmont une véritable fatalité : si ses victimes se soustraient à son pouvoir, son image de lui-même s'effondre, et Laclos nous le montre totalement désemparé par la fuite de la Présidente (L. 100), au point de s'écrier : « *devais-je donc être humilié à ce point ?* » (p. 233). L'honneur des libertins et leur réputation réclament des spectateurs, d'où la nécessité d'avoir un complice qui les reconnaisse et les célèbre comme des héros libertins. Cette vanité exacerbée et le culte de l'image de soi représentent le moteur même des relations entre les deux libertins, qui vont s'affronter sur le terrain du libertinage. La Marquise se moque sans cesse des atermoiements, voire des erreurs de Valmont, et dévalue ses succès en se posant comme bien supérieure à lui. Prévan joue ainsi le rôle d'un double de Valmont (L. 74, p. 150 : « *je m'établis juge entre vous deux* », dit la Marquise) : séduisant, brillant comme lui, il a la prétention de se mesurer à la Marquise et sera défait en quelques jours ! Puis Mme de Merteuil s'attaque à Valmont lui-même, en refusant de satisfaire aux exigences de leur pacte et en échappant ainsi à son pouvoir. Mais le plus grave reste qu'elle met en cause son image de libertin, en montrant qu'il déroge à ses propres principes dans sa liaison avec Mme de Tourvel : « *Vous voilà donc vous conduisant sans principes, et donnant tout au hasard, ou plutôt au caprice* » (L. 10, p. 41). Valmont se voit donc acculé à reconquérir la Marquise par tous les moyens, puisqu'il y va de sa propre identité. Et c'est à cette image de lui-même comme libertin qu'il va sacrifier son amour pour la Présidente, en envoyant la lettre « dictée » par la Marquise qui a beau jeu de lui faire sentir où l'a mené sa vanité : « *ce n'est pas sur elle que j'ai remporté cet avantage ; c'est sur vous :* [...] *parce que je m'amusais à vous en faire honte, vous l'avez bravement sacrifiée* » (L. 145, p. 351). Baudelaire déjà soulignait l'ironie tragique du destin du héros : « *Valmont est dupe. Il dit à sa mort qu'il regrette la Tourvel, et de l'avoir sacrifiée. Il ne l'a sacrifiée qu'à son Dieu, à sa vanité, à sa gloire.* »

Un système d'oppositions

Laclos bâtit son roman sur des oppositions nettes entre les personnages, mais ce système va se lézarder progressivement, conférant toute sa richesse et sa complexité à son œuvre.

Vertu et vice

C'est le clivage le plus net, opposant les libertins à l'innocence (Cécile, Danceny), à la vertu (Tourvel) et à la morale sociale (Volanges). Et le vice semble l'emporter, puisque la Présidente cède à Valmont, que celui-ci corrompt Cécile, tandis que la Marquise séduit Danceny. Cependant, Laclos suggère que c'est une fausse vertu qui est vaincue, laquelle repose sur des codes mondains, l'apparence et le refus du monde (l'éducation au couvent)...

Mme de Tourvel découvre que cette morale n'est qu'un cadre vide qui ne peut pas la faire vivre et que sa passion pour Valmont n'est pas en contradiction avec ses valeurs de générosité et de dévouement, mais lui permet même de les accomplir. Elle ne subit dans le roman aucune condamnation morale : elle-même, tant qu'elle est heureuse, se situe au-delà de la culpabilité pour assumer pleinement son choix (L. 128) et elle bénéficie constamment de l'indulgence et même de l'estime de Mme de Rosemonde. Laclos nous présente en elle un personnage positif, authentique et parfaitement lucide une fois qu'elle a constaté les limites de sa propre vertu.

Au contraire, Laclos nous montre à travers le personnage de Cécile que l'innocence ne protège pas du vice. Faute d'avoir la confiance de sa mère, la jeune fille tombe sous l'influence des deux libertins ; faute d'une conscience morale, elle devient une « *machine à plaisir* » (L. 106, p. 260), un être totalement dissocié, comme le dit Mme de Merteuil à Valmont : « *vous ne possédez absolument que sa personne ! je ne parle pas de son cœur,* [...] *mais vous n'occupez seulement pas sa tête* » (L. 113, p. 276). Si le récit que Cécile fait de son viol est si dérangeant, c'est bien à cause de cette ingénuité qui la conduit à la perversité par ignorance de ses propres pulsions : « *il y avait des moments où j'étais comme si je l'aimais...* » (L. 97, p. 223). Elle devient finalement l'être le plus dépravé du roman, car elle n'en a même pas conscience, transformée en pur objet sexuel dont on peut « *obtenir ce qu'on n'ose même pas exiger de toutes les filles dont c'est le métier ; et cela, sans la déranger en rien de son tendre amour* » (L. 115, p. 281).

Cœur et esprit

Le libertin place tout son être sous le contrôle de l'esprit et tous ses actes sont préparés, combinés, en fonction d'une ligne de conduite inexorable : « *quand m'avez-vous vue m'écarter des règles que je me suis prescrites, et manquer à mes principes ?* », proclame la Marquise dans la Lettre 81 (p. 172). Elle y apparaît dotée d'une maîtrise de soi parfaite, n'étant gouvernée ni par son cœur, ni par ses sens, comme les « *femmes inconsidérées* », mais par sa seule volonté. Chez elle, c'est l'esprit qui domine (p. 173 : « *je ne désirais pas de jouir, je voulais savoir* »), et l'amour n'est pas un sentiment qui aliène mais un instrument de pouvoir : si elle s'y adonne, c'est « *non pour le ressentir à la vérité, mais pour l'inspirer et le feindre* » (p. 175). Sa jouissance est de n'obéir qu'à elle-même et de manipuler les autres, de séduire pour le seul plaisir de dominer.

Face à cette « femme de tête » et aux libertins sacrifiant tout à l'esprit de système, Mme de Tourvel incarne la « femme de cœur », modèle de sincérité et de sensibilité, « *une femme délicate et sensible, qui fît son unique affaire de l'amour, et qui, dans l'amour même, ne vît que son Amant ; dont l'émotion, loin de suivre la route ordinaire, partît toujours du cœur, pour arriver aux sens* », comme l'évoque Valmont lui-même (p. 329).

Mais le personnage de Valmont fait éclater cette opposition à cause de toutes les failles qui apparaissent dans ses principes, et ce dès sa première lettre où il avoue : « *J'ai bien besoin d'avoir cette femme, pour me sauver du ridicule d'en être amoureux* » (p. 22). Il sent bien que ses sentiments risquent de l'emporter sur sa volonté (L. 4), et le cœur sur les sens (L. 6, 125) ; loin de dominer ses émotions, le Vicomte se laisse aller à des accents de lyrisme (L. 99) ou de passion racinienne (L. 100) bien éloignés du cynisme libertin (p. 233 : « *il n'est plus pour moi de bonheur, de repos, que par la possession de cette femme que je hais et que j'aime avec une égale fureur* »). Dans le « *bulletin de victoire* » de la Lettre 125, Valmont se montre d'une étonnante lucidité sur les limites de son système, oubliant même qu'il s'adresse à la Marquise... Et celle-ci aussi laisse la jalousie s'emparer d'elle au mépris de toute raison, et, comme sa rivale, elle fait de cette passion un absolu qui va la détruire. L'amour pur et sincère de Mme de Tourvel semble faire tomber les masques et l'emporter sur le froid cynisme, en consacrant une victoire qui serait celle du cœur et de la sensibilité : ne peut-on pas dire qu'elle sauve Valmont en lui rendant un cœur ?

Homme et femme

On trouve un écho des préoccupations de Laclos sur la place et l'éducation des femmes dans ce roman où tous les âges et tous les statuts féminins sont représentés. Les relations entre les sexes sont traitées sur le mode de l'antagonisme : les femmes apparaissent comme asservies aux hommes (mariées à 15 ans, soumises à leur époux, sans vie indépendante), victimes de leurs désirs (Cécile convoitée par Gercourt, Valmont et Danceny), toujours instrumentalisées et enjeux de paris (Merteuil pour Prévan), de défis (Tourvel pour Valmont) ou de vengeance (Cécile pour les deux libertins).

Mme de Merteuil se rebelle contre cette infériorité et se lance dans une véritable « guerre des sexes » (p. 172 : « *Née pour venger mon sexe et maîtriser le vôtre* »), voulant « *faire de ces hommes si redoutables le jouet de* [ses] *caprices ou de* [ses] *fantaisies* » (p. 171). La séduction n'est pas pour elle un simple jeu mais devient un enjeu vital où il faut « *vaincre ou périr* » (p. 178). Elle souligne à quel point la partie est inégale dans cette société où tout est permis aux hommes sur le plan de la morale et rien aux femmes (on le voit bien à la fin, quand Mme de Merteuil est cruellement punie et Prévan, libertin notoire, réhabilité et acclamé). La Marquise n'est pas « féministe » dans la mesure où elle méprise les autres femmes, faibles et sentimentales, mais tous ses efforts visent à prouver sa supériorité sur les hommes (*« où est le mérite qui soit véritablement à vous ? »*, dit-elle à Valmont, p. 170) et à sauvegarder son indépendance et sa liberté de conduite, apanages masculins (L. 152). Elle aussi veut, comme un homme, agir selon son caprice, prendre et quitter ses amants à son gré, *« tromper* [...] *pour* [son] *plaisir, et non par nécessité »* (L. 152, p. 365), et surtout *« que personne n'ait le droit de trouver à redire à* [ses] *actions » (ibid.).* Les relations entre les deux libertins vont se tendre dès que Valmont voudra exiger d'elle l'accomplissement du pacte, dans lequel elle ne verra, peut-être à juste titre, que l'assouvissement d'un fantasme masculin : *« J'ai pu avoir quelquefois la prétention de remplacer à moi seule tout un sérail ; mais il ne m'a jamais convenu d'en faire partie »* (L. 127, p. 309) !

Laclos semble donc montrer, avec pessimisme, qu'il n'y a pas de place pour un amour vrai dans la société qui, pour la femme, fait de l'homme *« son tyran ou son esclave »* (L. 141, p. 345) et ne lui laisse le choix qu'entre la souffrance d'aimer et l'endurcissement dans le libertinage.

Lexique d'analyse littéraire

Apprentissage (récit d'–) Récit qui présente le parcours d'un héros passant de l'enfance à l'âge adulte et qui relate les étapes de sa formation et de son développement.

Cartésien Propre au philosophe et mathématicien René Descartes (1596-1650) qui fonda son système philosophique sur le doute méthodique, l'exercice libre de la pensée et la conviction de l'existence d'idées innées.

Commedia dell'arte Théâtre italien d'origine populaire, fondé sur l'improvisation, le mouvement et des types codifiés de personnages (Arlequin, Pierrot…). Ce théâtre comique très libre, qui évoluera au XVIIIe siècle vers une forme plus subtile de théâtre de caractère, a beaucoup influencé Molière, Marivaux…

Dandy Le terme, né en Angleterre au début du XIXe siècle, désigne un jeune homme de la haute société qui règle la mode. À l'époque romantique, il évoque un personnage dont le raffinement excentrique témoigne du mépris des conventions sociales et de la morale bourgeoise.

Digression Développement qui s'écarte du thème ou du récit principal.

Distanciation Prise de distance, recul dans la façon de raconter ou de montrer.

Dramatique En littérature, tout ce qui a un effet sur l'action, dans un récit ou une pièce de théâtre.

Édification Volonté d'amener quelqu'un au bien, à la vertu.

Élégie Poème lyrique chantant la douleur, la tristesse ou la mélancolie, sur le ton de la plainte (registre élégiaque).

Empirisme Doctrine philosophique selon laquelle toute connaissance provient de notre expérience sensible.

Énonciation Façon dont le locuteur produit son énoncé : choix des pronoms, des temps et des modes, des marques de jugement ; relation avec son destinataire.

Épigraphe Citation placée en tête d'un livre ou d'un chapitre.

Éponyme Se dit d'un héros qui donne son nom à l'œuvre (Phèdre, Madame Bovary…).

Esthétisme Recherche exclusive de la beauté.

Euphémique Relatif à l'euphémisme, figure de style consistant à remplacer un terme désagréable ou choquant par une formulation adoucie.

Expressive (fonction –) Une des fonctions du langage, permettant au locuteur d'exprimer ses émotions, ses convictions.

Fatum Terme latin désignant le destin (a donné *fatal* en français).

Impressive (fonction –) Une des fonctions du langage, visant à provoquer action ou réaction chez le destinataire.

Litote Figure de style consistant à dire le moins pour suggérer le plus (ex. : « *je ne te hais point* » = « je t'adore »).

Métaphore filée Métaphore qui se prolonge sur plusieurs phrases et s'appuie en général sur des termes d'un même réseau lexical.

Omniscience En littérature, qualité du narrateur qui connaît tout de la réalité qu'il décrit et de ses personnages (leur passé, leurs pensées, leurs motivations).

Omniscient(e) Voir *Omniscience*.

Pamphlet Texte court et polémique, qui s'en prend avec virulence à une personne, une institution, une œuvre…

Pathos Terme grec signifiant « sentiment, passion » ; désigne le recours à l'émotion, au sentiment dans une production littéraire ou artistique.

Polyphonie Système d'écriture (musicale ou littéraire) à plusieurs voix.

Précieuses Femmes de la haute société qui, au début du XVIIe siècle, revendiquaient plus de raffinement et de délicatesse, dans les mœurs, le langage ou l'expression du sentiment, et plus de respect pour les femmes.

Bibliographie, filmographie

Bibliographie

Sur Laclos et le roman

– Michel Delon, *P.-A. Choderlos de Laclos, « Les Liaisons dangereuses »*, PUF, 1992.
– René Pomeau, *Laclos ou le Paradoxe*, Hachette Littérature, 1993.
– Jean Rousset, *Forme et Signification* (chap. IV consacré au roman par lettres), José Corti, 1963.
– Laurent Versini, *Le Roman le plus intelligent : « Les Liaisons dangereuses » de Laclos*, coll. « Unichamp », Honoré Champion, 1998.

Lectures complémentaires

– Abbé Prévost, *Manon Lescaut* (1731).
– Vivant Denon, *Point de lendemain* (1777).
– Hella Haasse, *Une liaison dangereuse : lettres de La Haye* (1976, traduction parue au Seuil en 1994), qui imagine une correspondance avec Mme de Merteuil, exilée en Hollande.
– Christiane Baroche, *L'Hiver de beauté* (Gallimard, 1987), qui évoque la suite du destin de Mme de Merteuil.

Filmographie

– *Les Liaisons dangereuses 1960* de Roger Vadim (1959), avec Gérard Philipe et Jeanne Moreau : le réalisateur actualise l'histoire, qui se déroule dans les milieux chics à Megève et Deauville, avec des musiques de jazz de Thelonious Monk.
– *Les Liaisons dangereuses (Dangerous Liaisons)* de Stephen Frears (1988), avec John Malkovich, Glenn Close, Michelle Pfeiffer, Uma Thurman.
– *Valmont* de Milos Forman (1989), avec Annette Bening, Colin Firth, Meg Tilly.

Crédits photographiques
pp. 4, 5, 9, 11 : photos Photothèque Hachette. **p. 8 :** photo Production/Cocinor. **pp. 15, 27, 29 :** *La Cage* (détail), tableau de François Boucher, photos Photothèque Hachette. **p. 35 :** photo RMN/Hervé Lewandowski. **p. 78 :** photo du haut, photo Production/NFH Limited ; photo du bas, photo Sunset Boulevard/Sygma/Corbis. **pp. 111, 179, 181 :** illustration de la Lettre 85, dessin pour l'édition de Londres de 1796, photos Photothèque Hachette. **p. 187 :** photo RMN/Agence Bulloz. **pp. 207, 239, 240, 242 :** Valmont et la Présidente de Tourvel, photos Photothèque Hachette. **p. 249 :** photo Photothèque Hachette. **pp. 299, 311, 313, 379, 381 :** la Présidente de Tourvel se mourant, photos Photothèque Hachette. **p. 364 :** photo Production/NFH Limited. **p. 387 :** photo RENNES/RMN. **p. 416 :** photo Photothèque Hachette.

Conception graphique
Couverture : *Karine Nayé*
Intérieur : *ELSE*

Édition
Fabrice Pinel

Mise en page
MCP

Achevé d' imprimer en Italie par Rotolito Lombarda
Dépôt legal : Septembre 2013 - Collection n° 64 - Edition n° 03
28/1409/3